콜버그의 도덕발달

콜버그의 도덕발달

김진 지음

UUP

콜버그의 도덕발달

■

- 2018년 9월 18일 **초판 3쇄 발행**
- 2013년 7월 15일 **초판 2쇄 발행**
- 2013년 2월 15일 **초판 발행**
- **지은이** 김진
- **펴낸이** 오연천
- **펴낸곳 UUP.**(울산대학교출판부) 680-749 울산광역시 남구 대학로 93(무거동) 울산대학교 출판부
- 전화 (052)259-2488 팩스 (052)277-3011 ▪ **홈페이지** http://uup.ulsan.ac.kr
- **출판등록** 제370-1996-000001호(1996.3.13)
- ₩ 20,000

이 도서의 국립중앙도서관 출판도서목록(CIP)은,
e-CIP 홈페이지(http://www.nl.go.kr/ecip)에서 이용하실 수 있습니다.

ISBN 978.89.7868.295.4 (93160)

서문

하버드대학교 교수를 역임하였던 로렌스 콜버그는 발달심리학의 대가로 잘 알려진 분이다. 콜버그는 특히 도덕발달의 문제를 전문적으로 연구하면서 소크라테스, 플라톤, 아리스토텔레스, 아우렐리우스, 스피노자, 칸트, 프로이트, 듀이, 피아제, 롤즈, 하버마스, 테이야르 드 샤르댕과 같은 사상가들을 다루게 되었고, 따라서 자연스럽게 철학과 심리학의 영역을 아우르게 되었다.

콜버그의 주저인 『도덕발달의 철학』(1981)과 『도덕발달의 심리학』(1984)은 그의 관심사를 확실하게 보여준다. 『도덕발달의 철학』은 그가 경험심리학적 연구에서 얻은 성과들을 바탕으로 보편적인 도덕발달의 단계를 제시하려는 노력을 집약하고 있으며, 특히 칸트와 롤즈, 그리고 피아제를 주축으로 하여 도덕판단 능력의 발달단계를 보편화하려는 시도, 즉 칸트나 롤즈와 동일한 선상에서 보편적인 규범윤리학의 정초 가능성을 탐구하고자 했던 것이다. 그리하여 본서의 제1부에서는 콜버그가 자신의 도덕발달론을 어떻게 정초하는가를 상세하게 다루었다. 콜버그는 심리학에서의 경험적인 지식들과 철학에서의 선험적 원리들이 일치하는 도덕발달의 법칙을 수립하고자 많은 공력을 기울였다.

콜버그의 도덕발달론은 거의 독보적인 권위를 가진 채 군림해왔으나 그의 제자였던 캐롤 길리건이 여성주의를 표방하는 윤리학을 숙고하면서 강력한 도전을 받게 되었다. 우리는 길리건과 콜버그학파의 논쟁을 제2부에서 집중적으로 다루었다. 길리건은 콜버그의 윤리학이 성차적 편견에 기초한다고 공격해 왔다. 또한 길리건은 콜버그가 중시하는 정의의 원리가 남성 중심적인 덕목인데다가 콜버그의 연구실험에서조차도 여성들이 전적으로 배제되어 있어서 그의 방법론은 근본적으로 잘못을 범하고 있다고 맹렬하게 비난하였다. 길리건은 여성들에게는 정의보다는 배려의 원리가 더 친근하다고 주장하면서 남성 위주의 정의 원리와의 대결 구도를 만드는데 주력하였다. 그러나 길리건의 주장은 콜버그 학파의 검증 노력들을 통하여 사실이 아니라는 점이 드러나게 되었다. 길리건이 주장하는 성차는 콜버그의 정의 원리에서 기인하는 것이 아니라, 교육이나 문화적 차이에서 비롯된다는 것이 밝혀진 것이다. 이러한 사실에 대하여 길리건은 분명한 입장을 개진하지 않은 채 배려의 원리와 정의의 원리가 상호보완적으로 공존할 수 있다는 새로운 주장을 제시하였다. 콜버그학파는 그에 대한 분명한 거부 의사를 밝힌다. 길리건의 주장이 설득력을 갖기 위해서는 배려의 덕목이 보편적인 도덕원리로 정초될 수 있는 가에 대한 실증적인 근거 자료들을 제시해야 한다고 반박한 것이다. 길리건의 논의를 넘어서서 배려 원리의 보편화 가능성 조건에 대하여 관심이 있는 독자들은 필자의 『페미니즘 윤리학』(UUP 2007)을 참고하기 바란다.

현대철학자들 가운데서 학문에서의 최후정초, 즉 마지막 근거설정이 가능하다고 생각하는 사람은 거의 드물지만, 하버마스와 아펠은 그러한 가능성을 끝까지 부정하지 않았던 학자들이다. 하버마스와 아펠은 자연스럽게 콜버그의 도덕발달론의 정초 과정에 대하여 철학적 물음을 제기하였다. 다시 말하면 콜버그가 경험심리학적 사실에서 도덕철학적 당위를 도출하려고 했던 시도가 타당한 것인가, 그리고 콜버그가 말하는 단계 6의 보편성이 최후적인 것인 가에 대한 의문들이 곧바로 제기된 것이다. 이른바 도덕발달론과 담론윤리학 또는 의사소통공동체의 철학에서 보편적인 규범윤리학의 정초 가능성에 대한 문제가 새롭게 재연된 것이다. 이들의 논의는 단계 6의 불가능성 문제에까지 번지게 되면서 단계 7의 존재요청이라는 전혀 색다른 형이상학적 논쟁으로 이어졌는데, 우리는 이 문제들을 제3부에서 다루었다.

오늘날에도 도덕이 필요한 것인가? 도덕은 반드시 지켜야 하는 것인가? 아니면 도덕은 모든 사람들의 편의에 맡겨야 할 개인적인 문제이며 상대적인 것에 불과한 것인가? 도덕이 필요한 것이라면 그 보편화 가능성을 정초할 수 있는 것인가? 이처럼 도덕에 대한 물음들은 마치 안주할 곳을 찾지 못한 유령처럼 아직까지도 허공을 떠돌고 있다. 이러한 현대인들에게 콜버그는 신선한 충격으로 다가온다. 그는 칸트와 롤즈의 도덕철학을 피아제의 발달심리학과 결합시키는데 성공한 금세기 최고의 도덕철학자임이 분명하다. 이 책은 지금까지 필자가 칸트와 아펠의 연구 과정에서 만난 콜버그를 나름대로 정리해본 것이다. 아직은 많은 것이 부족하지만 콜버그사상을 철학 쪽에서 살펴볼 수 있는 관점과 기회를 제공할 수 있다고 본다. 콜버그를 철학적 관점에서 조망하는 이 책의 출판으로 2013년을 새롭게 시작할 수 있게 되어 기쁘게 생각한다.

2013년 1월 25일, 울주군 두서면 선필마을에서

김 진 배상

목차

제2부 콜버그의 도덕발달 논쟁

제3부 아펠과 하버마스의 콜버그 이해

제1부
콜버그의 도덕발달론

제1장 콜버그의 삶과 사상

하버드대학교 교수를 역임한 로렌스 콜버그(Lawrence Kohlberg, 1927~1987)는 도덕발달의 철학과 심리학 분야에서 대가로 평가받고 있는 명성 있는 학자이다. 콜버그는 1927년 뉴욕시의 브롱빌(Bronxville)에서 부유한 유대인 아버지 알프레드 콜버그(Alfred Kohlberg 1887~1960)와 개신교도로서 성공적인 화학학자였던 그의 두 번째 부인 샬로테 알프레히트(Scharlotte Albrecht) 사이에서 태어났다. 그의 아버지 알프레드는 중국과의 실크 무역으로 안락한 생활을 할 수 있었지만, 정치와 언론에서 공산주의와 격렬하게 투쟁하는 보수주의자였다. 알프레드는 1948년에 공산주의의 타도를 외치는 유대인 동맹을 결성하였던 맥카시 상원의원(Senator Joe McCarthy)과 함께 일하기도 하였다.[1] 알프레드는 1921년에 결혼해서 두 남매를 낳고서 1932년에 이혼하였고, 1933년에 다시 두 번째 부인과 결

1) Joseph Keeley, *The China lobby man. The story of Alfred Kohlberg*, New Rochelle 1969, S.250; Detlef Garz, *Lawrence Kohlberg zur Einführung*. Hamburg 1996, S. 11f에서 재인용.

혼하여 두 남매를 낳았는데, 그 가운데서 콜버그가 태어났다. 소년 시절의 콜버그는 도덕적이고 종교적인 주제에 심취하여 도스토옙스키(Dostojewski)는 물론이고 에머슨(Emerson), 휘트맨(Whitman), 유진 오닐(Eugine O'Neill), 칼 샌드버그(Carl Sandburg)와 같은 미국의 초월주의자들을 읽었다. 그리고 그는 청년시절에 이데아의 실재를 신봉한 '플라톤적 실재론자'(ein platonischer Realist)로서 살았으며, 그는 대학원에서 배웠던 심리학이 이데아의 힘을 부정했다는 이유에서 전적으로 잘못된 것이라고 생각하기도 하였다.[2] 칼리지(College)를 마친 1945년의 가을에 그는 상선을 타고 유럽으로 건너갔다. 홀로코스트와 대륙의 파괴를 직접 경험한 콜버그는 화물선 '파두카'(Paducah)의 무임 기술자로 일하면서 동유럽에서 팔레스타인으로의 유대인 이주를 돕는 일에 투입되기도 하였다. 이 일로 콜버그의 배는 영국군에 나포되었으며 그 역시 구금되었다. 소년시절의 이상주의와 이기주의의 혼조 속에서 콜버그는 도덕에 대한 생각을 갖게 되었으며, 영국군의 구금상태에서 풀려나자 도덕과 정치 영역에서의 정의 문제에 대하여 관심을 갖게 되었고, 정신병원에서 실습을 하면서 제도적인 부정의를 인식하게 되면서 심리학을 공부하기로 작정하였다.

1948년에 시카고대학교에 입학한지 1년 만에 콜버그는 심리학의 학사과정(BA)을 마쳤다. 콜버그가 입학하기 이전에 시카고대학교에서 활동하였던 존 듀이(John Dewey, 1894~1904 시카고대학 교수 재직), 제임스 로우랜드 안젤(James Rowland Angell, 1894~1920 재직), 하비 카(Harvey A. Carr, 1908~1938 재직)는 시카고 기능주의 심리학을 주도하였다.[3] 또한 철학계에서는 1870년에서 1930년까지 이른바 '미국철학의 황금기'라 일컬어지는 이 시기에 찰스 샌더스

2) Detlef Garz, *Lawrence Kohlberg zur Einführung*, S. 13.
3) Detlef Garz, *Lawrence Kohlberg zur Einführung*, S. 25.

퍼어스(Charles Sanders Peirce, 1839~1914), 윌리엄 제임스(William James, 1842~1910), 조지 산타야나(George Santayana, 1863~1952), 존 듀이(John Dewey, 1859~1952)가 활동했으며, 콜버그에게 친숙하게 알려진 심리학자들로는 마크 볼드윈(Mark Baldwin, 1861~1934), 존 듀이, 장 피아제(Jean Piaget, 1896~1980) 등이 있다.

그는 박사과정에서 아동의 인지발달을 연구한 스위스 출신의 장 피아제의 이론에 매료되기 시작하였고, 10세에서 16세까지의 아동들이 생각하고 선택하는 방식들이 어떻게 발달하는가를 주제로 한 논문으로 1958년에 박사학위를 받았다.[4] 그러나 이때까지만 해도 콜버그가 발달심리학을 그렇게 중요하게 생각하지는 않았던 것으로 보인다. 그러다가 그의 논문을 지도하였던 헬렌 코흐(Helen Koch)를 통하여, 표준적인 심리학 자료들이지만 그가 아직 살펴보지 못했던 볼드윈(James Mark Baldwin), 미드(George Herbert Mead), 피아제(Jean Piaget)의 저술들을 살펴보게 되면서부터, 그리고 특히 듀이 저술들과의 연관 속에서 그들 저술들의 의미를 알게 되면서 인간발달의 문제에 눈뜨게 되었다.[5]

시카고대학교에서 연구하는 동안 콜버그는 서로 다른 철학적 성향을 가진 두 거장에게서 영향을 받았는데, 그들 중 한 사람은 1929년부터 1945년까지 시카고대학교의 총장을 지냈으며 1945년부터 1951년까지 명예총장을 역임하면서 '그레이트 북스'(Greats Books) 프로그램을 주도하였던 교육학자 허친스(Robert Maynard Hutchins 1899~1977)였고, 다른 한 사람은 아리스토텔레스, 토마스 아퀴나스, 칸트의 철학에 밝았으며, '그레이트 북스' 운동을 이끌었던 철학자 아들러(Mortimer Adler 1902~2001)였다. 이들의 영향 속에서 콜버

4) Lawrence Kohlberg, "The Development of Modes of Thinking and Choices in Years 10 to 16." Ph. D. Dissertation, University of Chicago, 1958.

5) Detlef Garz, *Lawrence Kohlberg zur Einführung*, S. 17f.

그는 『오딧세이』로부터 셰익스피어의 작품들과 홉즈의 『리바이어단』을 거쳐서 마크 트웨인, 니체, 프로이트에 이르는 세계고전을 섭렵하게 되었으며, 이로부터 "반성되지 않은 삶은 살 가치가 없다."[6] 라는 소크라테스적-스토아적 분위기가 감도는 삶의 모토를 항상 염두에 두고 살게 되었다.[7]

소크라테스와 아리스토텔레스의 철학은 시카고에서의 콜버그 사상에 지대한 영향을 주었으며, 특히 1894년에서 1904년까지 시카고에서 가르쳤던 존 듀이(John Dewey 1859~1952) 역시 그에게 많은 영향을 끼쳤다. 그리하여 콜버그는 시카고대학 시절에 허친스와 아들러의 보수주의와 듀이의 진보주의를 함께 숙지할 수 있었던 것이다. 또한 1950년대의 미국 심리학은 전혀 다른 세 가지 전통의 학문이론으로 대별되는데, 그것은 바로 행동주의 심리학자 야곱 게비르츠(Jacob Gewirtz), 정신분석학자 브루노 베텔하임(Bruno Bettelheim), 인본주의 심리학자 칼 로저스(Carl Rogers)이다. 또한 그는 미드(Georg Herbert Mead)의 저술을 편집했던 철학자 찰스 모리스(Charles Morris), 방법론과 학문이론의 대가 찰스 스테펜슨(Charles Stephenson), 문학비평가 헨리 샘스(Henry W. Sams), 노이가르텐(Bernice Neugarten)과 하비히후르스트(Robert Havighurst)와 같은 발달심리학자들, 그리고 특히 사회학자 스트라우스(Anselm Strauss) 등의 대가들로부터 영향을 받았다.[8]

1955년에 콜버그는 루실 스티버그(Lucille Stigberg)와 결혼하여 두 아들을 낳았다. 1956년부터 1961년까지 예일대학교의 심리학 조교수(assistant professor of psychology)로 일했으며, 1962년부터 1965년까지 시카고대학교의 심리학과 인간발달 조교수(assistant professor of psy-

6) "The unexamined life is not worth living." In Plato, *Apology*, 38.
7) Detlef Garz, *Lawrence Kohlberg zur Einführung*, S. 15.
8) Detlef Garz, *Lawrence Kohlberg zur Einführung*, S. 16.

chology and human development), 그리고 1965년부터 68년까지 같은 대학의 부교수(associate professor)로 일하였다. 1968년에 콜버그는 하버드대학교의 교육학 및 사회심리학 교수(professor of education and social psychology)로 초빙되어 10년 동안 재직하였다.[9]

1969년에 콜버그는 이스라엘의 키부츠(kibbutz)를 방문하였는데, 여기에서 초등학교에서와 같이 상호 신뢰와 존경을 기본적인 학습 환경으로 갖추고 있는, 이른바 '올바른 공동체'(just communities)라는 개념을 생각해냈다. 그리고 「단계와 연속. 사회화에 대한 인지적 발달론적 접근」을 발표하였다.[10] 1971년에 '올바른 공동체' 프로젝트의 일환으로 감옥에서의 정의 구조에 대한 실천적인 연구를 시작하였다.

1971년부터 1972년까지 중남미 카리브해 인접국인 영국령 혼두라스(오늘날의 벨리즈, Belize)에서 연구를 수행하는 도중에 치료 불가능한 열대병(tropical disease)에 걸린 이후 약 10년 동안 신체적인 고통과 우울증에 계속 시달렸다. 1974년에 "도덕교육 및 발달 센터"(Center for Moral Education and Development)를 설립하고, 학교에서의 정의 구조에 대한 실천적인 연구를 시작하였다. 1981년에 콜버그의 주저 『도덕발달의 철학』이 출판되었다.[11] 1983년에 콜버그는 찰스 레빈(Charles Levine), 알렉산드라 휴어(Alexandra Hewer)와 함께 『도덕단계들』[12]을, 그리고 앤 콜비(Anne Colby), 존 깁스

---

9) http://en.wikipedia.org/wiki/Lawrence_Kohlberg

10) Lawrence Kohlberg: "Stage and Sequence. The cognitive-develop- mental approach to socialization", in: D.A. Goslin(ed.), *Handbook of socialization theory and research*, Chicago 1969, p. 347-480; 독일어 판: "Stufe und Sequenz. Sozialisation unter dem Aspekt der Kognitiven Entwicklung", in: ders., *Zur kognitiven Entwicklung des Kindes*, Frankfurt, 1974, S. 7-255.

11) Lawrence Kohlberg: *The philosophy of moral development*, Essays on moral development vol. 1, Sanfrancisco 1981 (약어: PhMD). 한국어판: 『도덕발달의 철학』, 김민남 외 역, 교육과학사 2000.

12) Lawrence Kohlberg, Charles Levine, Alexandra Hewer, *Moral stages: A*

(John Gibbs), 마르쿠스 리버만(Marcus Liberman)과 함께 『도덕판단의 종단연구』[13]를 발표하였다. 1984년에 콜버그의 도덕발달에 관한 에세이 제2권 『도덕발달의 심리학』이 출판되었다.[14]

1987년 1월 17일, 병마에 시달리던 콜버그는 병원에서 빠져나와 바닷가에서 자살한 것으로 추정되고 있다. 1987년 4월 6일, 대서양 연안 보스톤 인근에서 그의 시신이 발견되었다.[15] 이 해에 앤 콜비(Ann Colby)와 함께 펴낸 『도덕판단 평가』,[16] 리타 드 프리스(Rheta de Vries)와 함께 『초기 교육의 구상들』,[17] 그리고 『아동 심리학과 아동 교육』[18]이 출판되었다. 1년 후에 하버드대학교 대학원 교육학부에 모인 600여명의 인사들은 4월 15일을 로렌스 콜버그의 날로 선포하였다.[19] 1989년에 클라크 파우어(Clark Power)와 앤 히긴스(Ann Higgins)는 『도덕교육에 관한 로렌스 콜버그의 관점』을 출판하였다.[20]

---

current formulation and a response to critics, Basel 1983. 한국어판: 『콜버그의 도덕성 발달이론』, 문용린 역. 아카넷 2000.

13) Anne Colby, Lawrence Kohlberg, John Gibbs, Marcus Liberman, *A longitudinal study of moral judgement, Monograph of the Society for Research in Child Development*, Nr.200, vol. 48, 1983.

14) Lawrence Kohlberg: *The psychology of moral development*, Essays on moral development vol.2, Sanfrancisco 1984 (약어: PsMD). 독일어판: *Die Psychologie der Moralentwicklung*, Frankfurt 1995. 한국어판: 『도덕발달의 심리학』, 김민남 외 역, 교육과학사 2001.

15) Detlef Garz, *Lawrence Kohlberg zur Einführung*. Hamburg 1996, S. 23f.

16) Anne Colby, Lawrence Kohlberg, *The measurement of moral judgement*, 2 vols., Cambridge 1987.

17) Rheta De Vries, Lawrence Kohlberg, *Programms of early education*, New York 1987.

18) Lawrence Kohlberg, *Child psychology and childhood education*, New York 1987.

19) Lawrence Kohlberg, at http://relong.myweb.uga.edu/

20) Clark Power, Ann Higgins, Lawrence Kohlberg, *Lawrence Kohlberg's*

콜버그의 도덕발달론에서 가장 기본적이면서도 가장 중요한 요소는 '하인즈 딜레마'(Heinz dilemma)로 알려진 도덕적 딜레마들(moral dilemmas)이며, 가장 기본적인 이야기는 다음과 같다.

유럽에서 어떤 부인이 치명적인 병으로 죽어가고 있다. 그 병은 일종의 암이다. 의사들이 보아 그녀를 구할 수 있는 약이 한 가지 있다. 그 약은 그 도시에 살고 있는 어느 제약사가 최근에 발견한 라듐 형태의 약이다. 약의 생산가는 아주 높았다. 그래서 제약사는 약을 만드는 데 든 총비용의 열 배 정도를 약값으로 매겨 놓았다. 그 약을 생산하는 데 든 비용은 200달러 정도에 불과했지만, 약값은 2,000달러로 매긴 것이었다. 부인의 남편인 하인즈는 돈을 빌리기 위해 아는 사람을 다 찾아 다녔지만 약값의 절반밖에 되지 않는 겨우 1,000달러를 구하는 데 그쳤다. 제약사에게 자기 아내가 죽어가고 있다는 것을 말하고, 좀 싸게 해서 팔든지 아니면 나머지 돈을 외상으로 해주기를 간청했다. 그러나 제약사는 이렇게 말한다. "안 됩니다. 나는 약을 만드는 사람이고 그 약을 팔아 돈을 좀 벌 참입니다." 하인즈는 절망한 나머지, 아내의 목숨을 구하기 위해 약방을 털었다.[21)]

콜버그는 이 도덕 딜레마에 대하여 아동들이 어떻게 반응하는가를 살핌으로써 도덕적 추론(moral reasoning)의 발달과정을 다각적으로 관찰하였다. 이 질문에 대하여 '예' 또는 '아니오'라고 대답하는 것은 크게 중요하지 않다. 중요한 것은 피험자가 왜 그렇게 생각하게 되었는가이고, 그 대답 내용의 수준에 의하여 '단계'(stage)를 측정할 수 있다. 여기에서 콜버그가 말하는 '단계들'은 추론양식에서 '질적인 차이를 나타내는 것'으로서, 그에 의하면 여섯 가지의 단계들이 있다.

---

approach to moral education, New York 1989.

21) PhMD, 12;『도덕발달의 철학』, 51.

이 단계들은 '불변적인 계열'을 이루고 있으며, 항상 낮은 단계에서 높은 단계로 발달하게 된다. 물론 이러한 발달은 연령 순으로 점진적으로 전개하지만, 문화와 교육의 차이에 따라서 더디게 나타날 수도 있다(PhMD, 353). 콜버그는 그러한 경험심리학적 결과들과 칸트주의적-피아제적 원리들을 통합하여 세 가지 수준(three levels)과 여섯 가지 유형으로 이루어진 도덕발달 단계론(theory of stages of moral development)을 제시하였다. 그가 말한 세 가지 수준은 '관습 이전'(pre-conventional), '관습적'(conventional), '관습 이후'(post-conventional)이고, 여섯 단계는 제1단계 "복종과 처벌의 정향"(Obedience and punishment orientation), 제2단계 "자기 이익의 정향"(Self-interest orientation), 제3단계 "상호 동조와 순응"(Interpersonal accord and conformity), 제4단계 "권위와 사회질서유지의 정향"(Authority and social-order maintaining orientation), 제5단계 "사회계약의 정향"(Social contract orientation), 제6단계 "보편적 도덕원리"(Universal ethical principles)이다.

이와 같은 도덕적 추론의 단계발달론을 통하여 그는 피아제의 인지발달(cognitive development) 심리학[22]의 그늘로부터 완전하게 벗어났다. 그가 박사학위 논문에서 새롭게 제시한 개념은 바로 '도덕발달'(moral development)이었으며, 투리엘(Elliot Turiel)과 레스트(James Rest)가 그에 동조하였다.[23] 1986년에 레스트는 콜버그의 이론을 발전시킨 『도덕발달』을 펴내었다.[24] 같은 해에 개리 새프(Gary

22) Jean Piaget, *The Moral Judgment of the Child*. London: Kegan Paul, 1932.

23) 특히 레스트는 콜버그의 평정방식을 개선하여 1979년에 DIT (Defining Issues Test)를 개발하여, 도덕발달에 대한 평정을 일반화하였다. James Rest, *Development in Judging Moral Issues,* University of Minnesota Press, 1979.

24) James R. Rest, *Moral Development. Advances in Research and Theory*, New York: Praeger Publishers, 1986. 한국어판: 『도덕발달 : 이론과 연구』, 문용린 외 역, 학지사 2008.

L. Sapp)는 『도덕발달 핸드북』[25]을 펴냈으며, 2005년에 멜라니 킬렌(Melanie Killen)과 쥬디스 스메타나(Judith Smetana)는 콜버그의 도덕 발달론 분야에서 가장 완벽하고 결정적인 『도덕성 발달 핸드북』을 간행하였다.[26]

---

25) Gary L. Sapp(ed.), *Handbook of moral development: Models, Processes, Techniques, and Research*, Birmingham, Alabama: Religious Education Press, 1986. 296 pages.

26) Melanie Killen, Judith Smetana(ed.), *Handbook of moral development*, Mahwah, New Jersey, London: Lawrence Erlbaum Associates Inc., 2005. 790 pages. 한국어판: 『도덕성 발달 핸드북』, 김태훈 역, 1, 2권, 인간사랑 2010.

제2장 콜버그의 윤리상대주의 비판

1. 도덕을 바라보는 시각

콜버그의 도덕발달론은 오늘날의 도덕 윤리 교육에서 가장 광범위하게 다루어지고 있으며, 학생들의 도덕의식 함양에 필수적으로 요구되는 주제 분야이다. 그러므로 도덕 윤리 분야의 교과교육 연구에서 가장 일차적으로 다루어질 필요가 있다. 콜버그는 피아제의 발달심리학 사상으로부터 결정적인 영향을 받았으며, 피아제의 단계설을 칸트와 롤즈 등의 보편적인 규범윤리학자들의 논의와 종합하려고 시도하였다. 또한 그는 피아제와 칸트가 전제하는 선험적인 발달 단계 구조의 존재를 경험적-실증적 방식의 면접 조사를 통하여 증명하고자 하였다. 따라서 본 연구에서는 콜버그가 윤리상대주의에 대한 비판을 통하여 보편적으로 타당한 도덕발달론의 단계설을 확립해 나가는 과정을 검토하고자 한다.1)

---

1) 여기에서 다루는 범위는 콜버그 자신의 입론 과정에 국한한다. 콜버그는 자신의 이론을 비판하는 부분들에 대하여 별도로 체계적인 쟁론을 펼친 바 있다.

콜버그의 도덕발달론 관련 주저로서는 『도덕발달의 철학』2)과 『도덕발달의 심리학』3)이 있는데, 『도덕발달의 철학』에서는 주로 소크라테스(플라톤), 아리스토텔레스, 칸트, 밀, 듀이, 롤즈 등의 규범윤리학자들과의 논의와 평가를 통하여 자신의 도덕발달 단계론의 정당성을 확보하고자 노력하였다. 반면에 『도덕발달의 심리학』에서는 도덕발달 단계를 평가하기 위한 횡단 및 종단 연구를 통하여 실증적인 자료들을 수집하고 자신의 이론체계와의 정합성을 확인하고자 하였다.

여기에서 우리는 콜버그가 소크라테스의 윤리학과 롤즈의 정의론에 입각하여 자신의 도덕발달론 및 단계이론을 구축하고 정당화하는 논의 과정을 중점적으로 살펴본 후에, 그가 제시한 논거들이 어떤 근거에서 타당성을 가질 수 있는가의 문제를 다루고자 한다. 이 문제는 윤리학에서 가장 고전적인 물음, "왜 도덕적이어야 하는가?"(Warum moralisch?), 그리고 그 현대적인 변용으로서 "오늘날에도 도덕적인 주장은 여전히 타당한 것인가?" 라는 물음과 관련된다. 이 물음 앞에서 콜버그는 두 가지 사실에 직면하게 되는데, 그 하나는 존재와 사실에서 가치와 당위가 도출될 수 없다는 자연론적 오류의 문제이고, 다른 하나는 어떻게 도덕과 가치, 그리고 문화 영역에서

따라서 콜버그와 칸트, 콜버그와 롤즈, 콜버그와 길리건, 그리고 콜버그와 하버마스의 비교 논의는 본서의 별도 장에서 다루었다. 또한 필자는 콜버그와 콜비의 직접 면담에 대한 표준평정법의 작성 이후, 레스트(J. Rest)가 새로 개발한 DIT(Defining Issues Test) 검사방식의 신빙성에 대해서도 회의적인 입장을 가지고 있다는 사실을 미리 밝힌다.

2) Lawrence Kohlberg, *The Philosophy of Moral Development. Moral Stages and the Idea of Justice*. San Francisco 1981 [Abk.: PhMD]; 『도덕발달의 철학: 도덕단계와 정의의 관념』, 김봉소, 김민남 역, 서울, 교육과학사 1985.

3) Lawrence Kohlberg, *The Psychology of Moral Development*. Harper & Row, San Francisco 1984 [Abk.: PsMD]. 한국어판: 『도덕발달의 심리학』, 김봉소, 김민남 역, 서울, 교육과학사 1985.

상대주의의 문제를 극복할 수 있는가이다. 전자는 별도로 다루기로 하고, 여기에서는 주로 후자에 대한 물음을 다루기로 할 것이다.

이와 같은 문제제기는 오늘날 포스트모던 사회에서 도덕교사들은 학생들에게 도덕교육을 어떻게 수행할 수 있으며, 어떤 근거에서 도덕적 구속성이나 정당성의 문제를 언급할 수 있는가라는 교육현장에서 가장 심각하고 중요한 물음의 접근 방식 및 그 해결책을 숙고하는데 일조할 것이다. 특히 정의론을 중심으로 하는 도덕교육의 필요성을 인식하는 계기를 마련하는 것이 오늘날의 도덕교육에서 가장 시급한 과제라는 생각이다. 또한 이 물음들은 현대의 도덕 윤리 교과교육에서도 긴급하게 다루어야 할 중요한 위치를 차지한다. "왜 도덕적으로 행해야 하는가?" "도덕적인 태도를 취할 경우에 오히려 그런 사람들만 피해 보는 것은 아닌가?" "왜 그렇게 해야 하고, 다른 방식으로는 아닌가?" 등의 현실적인 도덕 물음들에 대하여 도덕 교사들과 학생들이 어떻게 접근해야 하는가를 고민할 필요가 있다. 윤리적 가치가 하나인지 여럿인지, 그 하나와 여럿은 관계 가능한 것인지 아니면 전적으로 대립적인 것인지도 밝혀야 할 것이다.

콜버그의 도덕발달론은 소크라테스의 선의 인식과 롤즈의 정의 개념에 입각하여 학생들이 당면하고 있는 도덕적 문제들을 자신들의 눈높이에서 고민하고 성찰할 수 있는 가능한 기회를 제공하고 있지만, 이런 부분들이 우리들의 도덕교육에서 실제로 적절하게 반영되고 있는지 다시 한 번 성찰할 수 있는 계기를 마련해 볼 필요가 있을 것이다.

2. 콜버그와 '윤리상대주의'의 문제

콜버그는 소크라테스, 플라톤, 칸트, 밀, 롤즈에 이르는 윤리 보편주의의 입장에 서 있다. 따라서 윤리상대주의에 대한 비판적 대응은 그의 도덕철학적 논의에서 가장 핵심적인 부분이다. 그가 보편적인 규범윤리학의 모델로서 새롭게 제시한 도덕발달론은 바로 길리건과 같은 윤리상대주의자에 의하여 위협받고 있으며, 이 논쟁은 여전히 진행 중에 있다. 콜버그의 도덕발달론은 단계 6의 보편적인 도덕원리가 있다는 사실을 전제하고 있다. 윤리 및 가치, 그리고 문화상대주의자들에게는 수긍하기 어려운 주장이다. 콜버그는 도덕발달의 여섯 단계가 있으며, 단계 1에서 단계 6까지의 도덕원리가 구체적으로 작동되는 도덕성의 핵심 내용을 '정의'(justice, Gerechtigkeit) 개념으로 규정한다. 이와 같은 콜버그의 주장은 피아제를 확장한 것으로서, 소크라테스(플라톤)와 칸트와 그리고 롤즈의 전통을 따르는 것이다.

그렇다면 콜버그는 자신의 도덕발달론 체계를 어떻게 정초할 수 있었을까? 콜버그의 상대주의 비판은 소크라테스와 아리스토텔레스의 윤리학에서 시작하지만 결국 칸트와 롤즈의 보편적 규범윤리학을 채택함으로써 완성된다. 콜버그가 소크라테스와 롤즈를 해석하고 수용하는 과정에서 가장 일차적인 과제는 바로 윤리상대주의를 극복하는 것이었다. 우리는 여기에서 콜버그가 어떻게 덕 윤리학을 비판하고 선험적 형식주의 윤리학으로 이행하는가를 살피고자 한다.

콜버그는 윤리 및 가치교육에서 교화주의(indoctrination)와 상대주의(relativity)의 문제점을 직시하면서, 그 양자를 넘어설 수 있는 보편적인 윤리 및 가치교육의 틀을 확립하고자 하였다(PhMD, 6-28). 전자는 교사 자신이 올바르다고 확신하는 가치를 학생들에게 적극적으로 주입하는 것이고, 후자는 가치가 그것을 대하는 사람에 따라서 다를 수 있다고 가르치는 것이다. 전자의 경우는 가치 독단주의나 전제주의로 기울어질 수 있고, 후자는 가치는 각자가 생각하는 대로 내버려두어야 한다는 가치 방임주의나 모든 사람들이 추구해야 할 어떤 참된 가치도 없다는 가치 회의주의로 치달을 수 있다. 그리하여 콜버그는 『도덕발달의 철학』에서 심리학과 도덕철학의 구조 이론 사이의 상관성에 천착하면서 '가치의 상대성'(relativity of values) 문제를 해결하는데 일차적인 목표를 두었다(PhMD, xxvii). 콜버그는 교사로서 뿐만 아니라 인간으로서 가치에 대한 인식을 분명하게 갖지 못하거나 다르게 가질 경우에, 어떻게 학생들이나 다른 사람들을 대해야 하는가를 물으면서 이 문제를 '덕목의 주머니'(bag of virtues)로 풀 수 있는가를 타진하고자 하였다(PhMD, xxviii). 그러나 콜버그는 덕목을 열거한 아리스토텔레스의 방식을 지양하고 소크라테스, 칸트, 피아제를 수용하면서 인간과 사회가 추구해야 할 원리로서의 덕, 즉 정의 개념에 천착하게 된다. 콜버그에 의하면 철학적 측면에서 구조주의적 틀은 '덕'을 정의로 규정하는 이론이다(PhMD, xiii). 플라톤, 듀이, 피아제가 비록 정의에 대하여 조금씩 다른 의미를 부여하지만, 콜버그는 그들 모두가 정의를 사회나 인간에게 '첫 번째 덕'이라는 인식을 갖는 점에서 동일하다고 보았다. 그들은 정의를 '구조', 즉 사회나 집단의 조화 내지 평형의 패턴으로 인식하였다. 민주적 방식으로 해석한 정의 개념은 모든 사람을 동등하게 존중하는 것이다. 콜버그는 도덕심리학의 인지발달이론의 기초가 되는 구조주의적 틀, 즉 관념들의 관계에 대한 보편적인 불변 체계를 수립함으로써 가치 교조주의와 가치상대주의를 동시에 극복하고자 한 것이다.

스키너(Burrhus Frederic Skinner, 1904~1990)는 콜버그가 비판하는 가치상대주의자 중의 한 사람이다.[4] 콜버그는 스키너가 범한 '심리학자의 오류'(the psychologist's fallacy)[5]와 그의 문화상대주의를 비판한다. 스키너는 '좋은 것'(good things)을 '적극적인 보강자'(補强者, positive reinforcers)라고 규정한다. 좋은 것은 힘을 적극적으로 강화하는 특성을 가진 것이라는 의미이다. 물리학과 생물학은 물건의 가치에 관계없이 연구한다. 그러나 행동과학은 그 물건의 보강적 효과를 중시한다. 그가 보기에 행동과학은 조작적 보강(operant reinforcement)에 관련된 가치과학이다. '물건이 좋다는 것'은 종(種)의 진화를 일으키는 생존력이므로 '좋은'('적극적으로 강화된') 것이다. 또한 스키너는 특정한 방식으로 강화되는 '인간성'이라는 발생적 천부적 재능이 있으며, 효과적 보강자는 관찰의 문제이므로 아무도 논박할 수 없다고 하였다.[6]

콜버그는 스키너가 '적극적 보강'이라는 사실 개념(fact word)에

---

4) 콜버그는 찰스 레빈과 알렉산더 휴어와 더불어 저술한 "비판의 개관과 응답"에서 릭 슈에더(Rick Shweder, 1982), 심프슨(E.L. Simpson, 1974)과 같은 가치상대주의자들과 비판적 논쟁을 벌이고 있다(PsMD, 320-333). R. Shweder, "Review of Lawrence Kohlberg's *Essays on Moral Development, Vol. I: The Philosophy of Moral Development*," in *Contemporary Psychology* (June 1982). E.L. Simpson, "Moral Development Research: A Case Study of Scientific Cultural Bias," *Human Development* 17(1974), pp. 81-106. 특히 인류학자 슈에더는 상대주의 철학자 매킨타이어(Alisdair MacIntyre, 1982)에 근거하여 도덕이 역사적, 문화적으로 상대적이 아니라는 콜버그의 주장을 비판하면서 단계 5와 6의 추론 근거가 되는 실증적 자료가 존재하지 않는다고 반박하였다. 심프슨 역시 콜버그가 제시한 단계가 문화적으로 보편적일 필요가 없다고 주장하였다.

5) 콜버그가 말한 '심리학자의 오류'는 사실에서 당위를 도출하려는 자연론적 오류의 일종이다. 심리학자들이 저지르는 자연론적 오류는 "인간적 성질, 인간적 가치, 인간적 욕망이 당연히 무엇이어야 하는가에 관한 진술은 그런 것들이 무엇인가의 진술로부터 직접 도출된다." 는 것이다. 콜버그는 이 오류는 소망된 것(사실)과 소망스러운 것(가치) 사이의 구별을 간과한 데서 비롯한다고 보았다(PhMD, 66).

6) B. F. Skinner, *Beyond Freedom and Dignity*. Knopf, New York 1971, p. 104. PhMD, 66.

서 '좋은'이라는 가치 개념(value word)을 도출하거나 동일시한다고 지적하였다(PhMD, 67). 스키너의 주장에 대하여 사람들은 언제든지 왜, 그리고 어떻게 적극적 보강이 좋은 것인가를 물을 수 있다. 콜버그가 보기에 스키너는 심리학자의 오류나 자연주의적 오류를 철학자의 '열린 물음'(open question)으로 간주하고 적절하게 대처하지 않았던 것이다. 또한 스키너는 선(善)을 '문화적 생존'(cultural survival)이라고 규정하는데, 콜버그는 문화적 생존을 궁극적 가치로서 전제하는 것도 결국에는 스키너 자신이 말한 것과 같은 '열린 물음'이 아닌가라고 비판하였다. 그리하여 콜버그는 "왜 나치문화(또는 미국문화)가 생존해야 하는가?" 라고 묻는다. 콜버그는 스키너가 생존에 관한 열린 물음에 대한 답변을 제시하지 않은 것은 그가 문화적 상대주의자이기 때문이라고 보았다. 스키너는 '선이 무엇인가' 라는 물음이나 '도덕원리의 타당성'에 대하여 사실에 근거하지 않은 어떤 추론도 무의미하다고 믿는다. 스키너는 이렇게 말한다. "특정 집단의 사람들이 선이라고 부르는 것은 하나의 사실이다. 선이란 집단 성원들이 그들의 발생적 천부적 재능의 결과로서, 그리고 그들이 대면해온 자연적, 사회적 우연성의 결과로서 강화를 발견한 것에 지나지 않는다. 각 문화는 고유한 일련의 선을 가지고 있으며, 한 문화에서 선이더라도 다른 문화에서는 선이 아닐 수 있다."7) 콜버그는 이와 같은 스키너의 가치 상대주의(value relativism)가 다음과 같은 몇 가지 사실을 전제하고 있다고 본다. 첫째, 모든 원리의 타당한 추론은 사실적이거나 과학적이다. 둘째, 가치에 관한 타당한 진술은 가치 결정의 사실에 관한 진술이어야 한다. 셋째, 사람들이 실제로 가치를 부여하는 대상은 다르다(PhMD, 67).

스키너는 앞의 두 가지 사실에서 가치가 상대적이라는 사실을 논

7) Skinner 1971, 104; PhMD, 67.

증하고자 했다. 그러나 콜버그는 앞의 두 진술은 수많은 철학자들에 의하여 자연론적 오류에 해당하는 잘못된 것으로 밝혀졌다고 지적한다. 사실에 관한 논의를 가치에 관한 논의와 혼동하는 상대주의자는, 윤리적 판단이 실증과학의 대상일 수 없으므로 윤리적 판단은 합리적이지 못하다고 믿는다. 콜버그는 스키너와 같은 상대주의자는 과학과 합리성을 동일시하는 잘못된 경향성이 있다고 비판한다.

콜버그는 현대의 철학은 신념과 표준을 비판적으로 평가하기 위한 '개념의 명료화'(clarification of concepts)에 종사한다고 보면서, 기본적으로 철학이 관여하는 신념(beliefs)은 '규범적 신념'(normative beliefs)이나 '표준'(standards)이고, 그것은 '무엇인가'(what is) 보다는 '무엇이어야 하는가'(what ought to be)에 관한 신념이라고 강조한다(PhMD, 67). 여기에는 '올바른 것'이나 '선한 것'의 표준(윤리학), '참된 것'의 표준(인식론), '아름다운 것'의 표준(미학)이 포함된다. 콜버그는 과학에서 사실적 신념(factual beliefs)에 대한 비판적 평가는 인과적 설명(causal explanation)과 예측(prediction)으로만 가능하다고 보면서, 규범적 신념에 대한 '과학적'(scientific) 비판적 평가는 규범적 신념들을 사실의 유(類)인 것처럼 한정하는 잘못을 범한다고 지적하였다(PhMD, 68). 반대로 철학은 과학의 가설적 인과적 설명 사실을 바탕으로 규범적 신념의 합리적 정당화와 비판을 추구한다. 그리하여 철학자들은 윤리적 판단의 타당성 기준이 과학적 예측적 기준과 관계없이 확립될 수 있다고 믿으며, 따라서 스키너가 강조한 것처럼 '과학적' 윤리학('scientific' ethics)이나 '과학적이지 않은 모든 것'은 '상대적'이라는 두 주장 모두를 반박할 수 있다고 보았다. 또한 도덕판단의 준거를 과학적 판단의 준거와 구분하려는 철학자들은, 과학적 판단의 '방법론적 비상대주의'(methodological nonrelativism)처럼 도덕판단의 '방법론적 비상대주의'를 받아들일 수 있다고 강조하였다.[8] 과학적 비상대주의가 과학적 장법이나 과학적 판단의 원리에 기초하는 것처럼, 윤리적 비상대주의 역시 도덕판단의 원리에 기초하고 있다는 것이다.

3. 소크라테스의 도덕교육

콜버그는 소크라테스에게서 보편적인 도덕교육의 가능성에 대하여 많은 것을 얻었다. 그는 "덕 있는 사람은 누구이며, 덕 있는 사람을 교육시키는 덕 있는 학교와 사회란 어떤 것인가?"라는 물음을 제기하면서(PhMD, 29), 소크라테스에 기대어 답을 얻고자 하였다.[9] 그는 우선 '덕 주머니'(a bag of virtues)가 도덕교육을 지도할 수 있는가를 묻는다(PhMD, xv). 덕 주머니 이론은 우선 아리스토텔레스를 연상하게 한다. 아리스토텔레스가 제시한 덕목으로는 절제(temperance), 관대(liberality), 긍지(pride), 온후함(good temper), 성실성(truthfulness), 정의(justice) 등이 있다(PhMD, 31). 덕론에서 인격 형성은 아이들에게 열거된 덕을 실천하도록 권고하는 것이다. 그리고 실천하고자 하는 노력에 따라서 행복이 주어진다고 훈계하는 것이다.[10] 또한 주변의 어른들은 덕을 예증하는 살아 있는 표본이 되어야 하고, 아이들에게 덕을 실천할 기회를 주어야 한다.

그러나 콜버그는 아리스토텔레스적 덕론에 반대의사를 밝히고 있다. 첫째는 그와 같은 덕목들이 없다는 것이고, 둘째는 있다고 하더라도 그것을 가르칠 수 없다는 점 때문이었다(PhMD, 34). 다시 말하

---

8) R.B. Brandt, *Ethical Theory*. Prentice-Hall, New York 1959.

9) "Education for Justice: A Modern Statement of the Socratic View"(1970), in PhMD, 29-96.

10) 예를 들면, "훌륭한 시민이 되어라. [...] 조용히 공부하라. 싸우지 마라. [...] 품위있게 행동하라." 등이다(PhMD, 33).

면 누가 어떻게 그것을 가르칠 수 있을 것인가에 대하여 모른다는 것이다. 단지 무엇인가 할 수 있다면, 덕이나 악덕이라고 불리는 것에 근거하여 사람들을 칭찬하거나 비난하는 정도에 불과하다. 그러나 콜버그가 보기에 이런 행위는 도덕적 결정에 필요한 사고방식이 아니다. 어떤 사람은 '지옥의 사자'를 정직하지 않다고 생각하는 반면에 어떤 사람은 그를 정직하다고 볼 수 있기 때문이다. 따라서 콜버그는 아리스토텔레스가 제시한 덕론보다는 소크라테스가 덕과 선 그 자체를 추론해나가는 방식에 더 이끌리게 된다.

도덕교육의 한 방법으로서 소크라테스 대화는 개인이 갖고 있는 덕의 정도에 기초하고 있으며, 그것은 신념과 행위에 대한 다음과 같은 확신으로 나타난다(PhMD, 30). 덕은 궁극적으로 하나이고 다수가 아니다. 덕은 문화, 환경을 넘어서서 언제나 동일한 이상적 형식, 즉 정의로서 존재한다. 선(善) 역시 하나이고, 선의 지식이 덕이며, 선이 무엇인가를 아는 사람은 선을 행할 수 있다. 선의 지식으로서의 덕은 관습적인 신념을 수용하는 것이나 의견이 아니라, 선의 이상적 형식에 대한 철학적 지식이고 직관이다. '선'은 가르칠 수 있으며, 선을 가르치는 교사는 어떤 의미에서 철인 왕이어야 한다. 우리는 이미 어렴풋이 혹은 낮은 수준에서 선을 알고 있으므로 선을 가르칠 수 있다. 선을 가르치는 것은 소명이다. 동일한 선이 수준에 따라서 다르게 알려지고, 그 모든 수준에 맞게 교육하는 것은 불가능하기 때문에 어떤 이들은 선을 가르칠 수 없다고 생각한다. 그러나 덕을 가르친다는 것은 답을 주는 것이 아니고, 질문을 제기하고 그 길을 보여주는 것이다. 도덕교육이란 전에는 없던 지식을 마음속에 주입하는 것이 아니라 사람들을 보다 높은 곳으로 인도하는 일이다.

소크라테스는 "훌륭한 사람이라고 해서 누군가에게 선함 그 자체를 건네주는 방법을 알고 있을까?"라고 묻고서, 덕이 없는 아들을 두었던 덕이 있는 희랍 지도자들을 차례차례 들추어냈다(PhMD,

35f). 도덕적으로 성숙한 아버지에게 도덕적으로 성숙한 아들이 있다고 기대할 수 없는 것과 마찬가지로, 도덕발달 수준이 낮은 아버지에게 도덕 수준이 낮은 아들이 있으리라는 보증도 없다. 훌륭한 아버지라고 해서 유덕한 교사로서의 자격을 보증 받은 것은 아니라는 소크라테스의 관찰은 덕 윤리학의 한계를 드러내고 있다. 콜버그는 덕은 곧 정의이고, 정의는 오직 '선'(the good)의 지식에 의존하며, 도덕교육은 대화를 통한 내부적 합의라는 소크라테스의 주장에 근거하여 도덕단계를 정초한다.

콜버그는 개인적 수준에서 '도덕적 덕'(moral virtue)을 규정할 수는 없으나, 사회적 수준에서나 학교의 중심 가치로서 그것을 '정의'(justice)로 규정할 수 있다고 주장한다(PhMD, 39). 그리하여 정의는 '평등하고 보편적인 인권의 문제'(a matter of equal and universal human rights)가 되는 것이다. 콜버그는 플라톤의 형상인 정의(Platonic form, justice)처럼 덕은 다수가 아닌 하나이고, 그것은 바로 정의라는 사실을 논증하고자 하였다. 정의는 일상적인 의미에서 '성품의 특징'(character trait)이 아니고, 또한 정직(honesty)과 같은 덕목의 배후에 있는 '구체적인 행위 규칙'(concrete rule of action)도 아니다. 콜버그에 의하면 '정직하다는 것'은 '속이거나 훔치거나 거짓말을 하지 말라는 것'으로써, 규칙이나 규칙의 다발이 아닌 '도덕원리'(moral principle)이다. 콜버그가 여기에서 말하는 도덕원리는 "모든 사람들이 모든 상황에서 항상 선택하기를 원하는 행위 선택의 규칙이고 보편적인 행위 선택의 방식이다." 그것은 곧 칸트가 말하는 정언명법(kategorischer Imperativ)의 형식이다.

콜버그가 도덕원리에서 강조하는 것은 어떤 물질적 보상이나 사회적 친밀성과 기대, 그리고 국가 법 체계의 유지라는 조건들에도 구속됨이 없이 언제 어디에서나 자유롭게 보편적 가치를 가장 우선적으로 선택할 수 있는 양심 상태를 말한다. 생명을 구하기 위해서는 훔치는 일까지도 정당화할 수 있는 것은 인간의 생명권이 타인의 소유권보다 우선하기 때문이다. 때로는 살인을 정당화할 수도 있으며, 만일 어떤 독일인이 히틀러를 죽이려고 한 경우에도 우리는 그 살인이 정의롭다고 말할 수 있다. 이는 인간생명의 가치에 대한 존중심은 많은 목숨들을 앗아가는 살인자를 죽이도록 요청하고 있기 때문이다. 콜버그는 규칙에는 예외가 있을 수 있지만, 원리에는 어떤 예외도 있을 수 없다고 말한다. '도덕적 의무'는 다른 사람의 권리나 주장을 존중하라는 의무이기 때문이다. 도덕원리는 경쟁하는 주장들, 여러 사람들의 주장들 사이에서 제기되는 갈등을 해소하는 원리로서 정의나 평등과 같은 것이다. 모든 사람의 주장은 그 사람이 누구인지에 관계없이 공평하게 다루어야 한다. 도덕원리는 행위규칙이 아니라 행위 이유이다. 행위 이유로서의 정의는 곧 '사람에 대한 존중'이다(PhMD, 40). 콜버그가 여기에서 강조하고 있는 도덕원리는 하나의 도덕적 형식, 그것은 바로 칸트의 형식주의가 제시하는 보편적 규범윤리학의 전형적인 모습을 취하고 있다.

콜버그는 도덕적으로 성숙한 사람이 일련의 규칙들보다 정의의 원리를 따른다면 오직 하나의 도덕적 덕만이 존재할 것이라고 보았다(PhMD, 40). 그것은 소크라테스(플라톤)가 어떤 행위를 덕이 있게 하는 것은 바로 선의 지식이고, 따라서 유덕한 행위는 선의 지식에 의한다고 주장한 것과 같은 내용이다. 그러므로 덕이 있는 행위가 선의 지식을 토대로 한다면 덕은 단 하나일 것이다. 선의 지식이 하나이기 때문이다. 콜버그는 선은 정의이고, 선의 지식은 하나라는 자신의 주장을 다양한 도덕발달 면접조사를 통하여 확인하고자 하였다. 그 결과 그는 모든 문화권에는 동일한 도덕적 사고의 형식이 존재하며, 여섯 개의 도덕적 사고의 형식들이 불변의 단계계열을 구성한다는 사실을 발견하였다. 그리하여 콜버그는 '문화적으로 보편적인 단계의 존재'(existence of culturally universal stages) 사실로부터 '선의 지식'(knowledge of good)이 하나라는 사실을 확인하였다. 이 경우에 동일한 발달 수준의 사람들은 어떤 상황이나 어떤 국면에서도 매우 유사한 사고를 하게 된다. 그는 인지적 영역에서의 지능처럼 도덕판단의 성숙에도 일반적인 요인이 있다고 보았다. 따라서 어떤 사람이 특정한 수준의 선의 한 국면을 알고 있다면, 그는 같은 수준에 있는 선의 다른 국면도 알 수 있다. 각 단계마다 선의 단일한 원리가 존재하는데, 그것은 오직 그보다 높은 수준의 도덕원리에 접근해 간다. 모든 수준에서 법 존중과 권리 존중에 대한 추리가 나타나는데, 가장 높은 단계에서의 법 존중은 '보편적인 도덕법의 존중'(regard for universal moral law)이고, 권리 존중은 '보편적인 인권의 존중'(regard for universal human rights)으로 나타난다. 이 점에서 법 존중과 인권 존중은 정의에 근거하여 정초하고 있으며, 보다 낮은 단계로 갈수록 그 근거는 애매하거나 혼란스럽게 나타난다. 그리하여 단계 1의 처벌과 복종, 단계 2의 도덕적 상대주의, 단계 3의 승인과 정의(情意), 단계 4의 사회질서유지, 단계 5의 사회계약 수준에 점진적으로 도달하게 된다(PhMD, 41-43).[11] 그리고 마지막 단계

---

11) 콜버그는 단계 5의 실례로서 소크라테스의 크리톤과의 대화 일부를 인용하고 있다: "누구나 자신의 협약을 지켜야 하지?" 라고 소크라테스가 묻는다. "그런 다음 그 결과를 생각해보게. 아테네의 법과 헌법이 우리와 마주서서 이렇게 묻는다고 상상해 보게. '소크라테스여, 당신이 우리를 파멸시킬 힘을 가지고 있는 한, 당신의 행위로 당신이 우리를 파멸시키려고 한다는 것을 부인할 수 있는가? 당신은 선언된 법률적 판단이 한 개인에 의하여 무효가 되고 파괴된다면, 도대체 이 도시가 존속할 수 있다고 생각하는가? 예전에 당신은 죽음의 가능성에 대하여 무관심한 듯이 고상하게 표현했다. 지금 당신은 예전에 한 고백을 존중하지도 않으며, 국가의 성원으로서 당신이 동의한 계약에도 불구하고 도망치려고 함으로써 법 존중도 보여주지 않고 있다. 단지 말로써가 아니라 행동으로써 복종하는 시민의 삶을 살기로 했다고 말할 때, 우리는 서로 이 진리를 말하고 있는 게 아닐까? 당신은 지금 어떠한 강요나 오해도 없는 상태에서 우리와 만든 서약을 분명 깨뜨리고 있다. 우리가 만족스럽지 않다거나 그 계약이 공정

6은 '보편적 도덕원리'인데, 콜버그는 그에 대한 사례를 마르틴 루터 킹의 "버밍햄 감방에서 온 편지"(1965)에서 인용하였다:[12)]

성장에 필요한 건설적 비폭력의 긴장이 존재한다. 소크라테스가 사람들이 반쪽 진리의 굴레로부터 벗어나기 위하여 마음속에 긴장을 일으키는 것이 필요하다고 느낀 것처럼, 우리도 인간이 편견과 인종주의의 깊은 수렁에서 빠져나오기 위해서는 그런 종류의 긴장을 생성시킬 비폭력의 불복종이 필요하다는 것을 읽어야만 한다. 어떤 이는 이렇게 물을 지도 모른다. "당신이 A법에는 복종하고 B법에는 불복하는 것을 어떻게 옹호할 수 있겠는가?" 법에는 정의로운 법과 불의의 법이 있다는 사실에서 그 대답을 얻을 수 있다. 정의의 법에는 누구나 복종해야 할 법률적 책임뿐만 아니라 도덕적 책임이 있다. 그리고 불의의 법에는 누구나 불복할 도덕적 책임이 있다. 불의의 법이란 법과 자연법에 그 뿌리를 두지 않은 인간의 법이다. 인간 퍼스낼리티를 향상시키는 법이라면 그것은 정의의 법이며, 인간 퍼스낼리티를 실추시키는 법은 어떤 것도 불의의 법이다. 불의의 법은 수의 우세를 점한 권력집단이 수의 열세에 있는 집단에게 복종하도록 강요하는 강령이지만, 그 자체가 구속력을 갖고 있지는 않다. 이 차이가 합법성의 주요한 요소이다. 나는 과격한 인종차별주의자들이 하는 것과 같은 식으로 법을 어기거나 거부하는 것을 지지하지 않는다. 그것은 무정부주의를 낳을 뿐이다. 불의의 법을 어기는 사람은 범법에 대한 처

하지 않다고 느끼면 이 나라를 떠날 수도 있었는데 당신은 70년을 살았다.'" (PhMD, 42f) 소크라테스는 친구 크리톤과의 대화에서 합의한 것이 올바른 것이라면 반드시 이행해야 한다고 주장하면서, 소크라테스 자신과 의인화된 법률 및 시민 공동체 사이의 입장을 소개하고 있다(『크리톤』 49e-54d). 콜버그는 크리톤과의 마지막 대화에서 소크라테스가 공동체와의 합의 정신을 중시한 사실을 단계 5의 사회계약 또는 공리주의적 입법 정신이라고 해석하였다.

12) Martin Luther King, "Letter from a Birmingham Jail"(1965), PhMD, 43에서 재인용.

벌을 기꺼이 달게 받으려는 의지가 있어야만 한다. 양심이 부당하다고 판명한 법을 어기면서, 불의에 대한 공동체 양심을 불러일으키기 위해 투옥되는 형벌마저도 기꺼이 감수하는 사람만이, 실질적으로 법을 가장 존중하는 사람일 것이다.

킹은 법에 대한 '도덕적 불복'과 '도덕적 복종'은 정의의 존중이라는 동일한 근거에서 나온다는 사실을 강조하고 있다(PhMD, 43). 우리가 법을 존중하는 이유는 평등한 정치적 권리의 원리에 의하여 모든 이의 권리를 보호할 목적으로 제정되었기 때문이다. 따라서 단계 5는 모든 이에게 부과되는 법의 제정에 관한 원칙으로 드러내면서도, 잘못된 법을 심판하려는 정의의 도덕성은 자유로운 인격적 이상으로 간주한다. 그러나 단계 6의 시민불복종은 단계 5의 계약법 부정에 따른 형벌을 감수하도록 요구한다. 킹은 단계 6에 해당하는 진술을 명쾌하게 제시하고 있다. 여기에서 콜버그는 클리톤과의 마지막 대화에서 소크라테스의 진술을 단계 5로 분류하면서도, 도덕교사로서 행한 그의 시민불복종에 대한 진술은 단계 6으로 평가하였다(PhMD, 44). 이처럼 콜버그는 도덕적 선의 지식은 하나라고 주장하면서, 플라톤처럼 실천의 덕이 곧 선의 지식이라는 것을 보여주고자 하였다. 플라톤은 의견, 신념에 근거한 선의 지식은 덕이 아니라고 보았다. 개인은 속이는 것이 매우 나쁘다는 신념을 가질 수는 있지만, 그가 실생활에서 속이지 않기 위하여 저항할 것이라고 예단할 수 없다. 흑인에 대한 편견 없는 태도를 옹호한다고 해서, 편견을 가진 사람들이 어울리는 분위기에서도 그 주장을 기꺼이 지키리라고 예단할 수 없는 것이다. 콜버그의 단계 1에서 단계 3은 주로 개인의 신념에서 행위 선택이 이루어질 수 있다. 그러나 진실한 지식, 정의 원리의 지식만은 유덕한 행위를 예단할 수 있다. 콜버그는 단계 5와 단계 6의 사람들만이 정의의 본질적 요소를 이해하는 것으로 보았다.

그렇다면 이와 같은 정의의 원리는 어떻게 가르칠 수 있는 것일까? 콜버그는 덕(정의)에 관한 소크라테스(플라톤)의 관점에서 어떻게 덕을 가르칠 수 있는가를 논의한다. 소크라테스의 관점은, 어떤 의미에서 선의 지식은 항상 우리 안에 있으며, 『메논』(Menon)에서 노예 소년이 기하학적 지식을 끌어내는 것처럼 안에서 끌어낼 필요가 있다는 것을 암시해준다(PhMD, 46). 콜버그는 일련의 실험 연구를 통하여 사람들은 그들이 이해할 수 있는 가장 높은 수준의 도덕추리를 가장 훌륭한 것으로 여긴다는 것을 확인하였다. 아동들은 특히 자신들에게 익숙한 단계에 근거하여 바로 위의 단계를 좋아한다는 사실이 드러났다. 따라서 콜버그는 덕을 가르칠 때 학생 스스로가 선의 지식에 관하여 불만을 느끼도록 부추기는 소크라테스적 방법을 활용해야 한다고 주장한다(PhMD, 47). 자신의 원리로는 해결할 수 없는 도덕 갈등 상황에 학생들을 노출시킨 후에 동료들과 충돌하고 논박할 기회를 제공한다. 또한 플라톤의 관점에서 학생들의 인지적 갈등을 북돋우고, 그 다음의 절차에 이르도록 길을 열어주면, 학생들은 이전에는 보지 못했던 중요한 것들을 보게 될 것이다. 이처럼 콜버그는 소크라테스와 플라톤의 관점으로부터 도덕적 선이 하나이고, 그것을 가르칠 수도 있다는 사실을 발견하고서, 상대주의를 물리칠 수 있는 보편적인 규범윤리학의 체계로서 자신의 도덕발달론을 수립하게 되었다.

4. 도덕 형식의 구조

소크라테스와 플라톤은 오직 하나의 덕, 선의 지식이 존재한다고 보았다. 콜버그는 '문화적으로 보편적이고 불변적인 도덕 계열(moral sequence)에 대한 증거'를 찾고자 노력하였다. 그는 청소년 집단에 대한 종단연구를 통하여 도덕 단계가 도덕적 적절성(moral adequacy)의 순서를 반영하고 있으며, 이 도덕 계열이 피험자들에 의하여 보다 적절한 것으로 지각된 '인지적 복합체의 점증적인 위계'(cumulative hierarchy of cognitive complexity)를 나타낸다는 사실을 알게 되었다. 콜버그가 말하는 각 단계의 논리 구조는 다음과 같다(PhMD, 168). 첫째, 보다 높은 단계는 새로운 논리적 특징을 갖는다. 둘째, 보다 높은 단계는 보다 낮은 단계의 논리적 특징을 통합한 것이다. 셋째, 보다 높은 단계는 보다 낮은 단계에 의하여 인식되지 않거나 해결되지 않은 문제를 해결할 수 있다.

콜버그는 특히 도덕 갈등의 상황에서 모든 단계에 공통적으로 적용될 수 있는 역할채택의 패턴을 정의 구조에서 찾았으며, 이를 바탕으로 관습 이전의 수준에서 관습 수준과 관습 이후의 도덕적 수준에 이르는 모든 가능한 도덕결정 및 판단을 일관되게 도출할 수 있는 도덕발달론을 수립하였다. 콜버그는 도덕판단에 관한 자신의 심리학 이론이 특정한 형태의 철학적 기본전제를 가정하고 있다는 사실을 인정한다.[13)]

---

13) 이에 대하여 올스톤(Alston)은 콜버그에서 '단계 전환'(stage transition)의 과정은 특정한 주제를 다루는데 어떤 사고방식이 보다 더 적절한가를 보여주는 방식이라고 지적하면서, 그렇다면 콜버그가 자신의 도덕적 주장에서 '우수성'(superiority)은 무엇을 뜻하고, 그것은 어떻게 정당화되는가를 물었다. W. P. Alston, *"Comments on Kohlberg's 'From Is to Ought.'"* In: T. Mischel, ed., *Cognitive Development and Epistemology*. Academic Press, New York 1971, pp. 273-274. 콜버그는 올스톤의 물음이 '보다 높은 도덕단계는 철학적으로 더 좋은 것'이라는

물론 콜버그는 '적절성의 기준'(criterion of adequacy)이 독특하고 독자적인(sui generis) 도덕성의 영역이라고 주장한다. 도덕성이 일반적 형식적 기준에 의하여 규정되어야 하는 독특한 특성이라는 점에서 콜버그의 메타윤리 개념은 형식주의적(formalistic)이다(PhMD, 170). 콜버그가 도덕성의 내용보다는 도덕판단, 방법, 관점이라는 형식적 특성에 준하여 도덕성을 규정하는 점에서, 그는 칸트 이래의 의무론적 도덕철학자들과 뜻을 같이 하고 있다. 도덕판단의 형식적 특성들로서는 비인격성(impersonality), 이상성(ideality), 보편화 가능성(universalizability), 선취성(preemptiveness) 등이 있다. 콜버그는 형식주의 철학자의 도덕형식에 근접해 들어가는 도덕판단의 발달 수준이 존재한다는 것을 인식할 때만이, 도덕성에 대한 형식적 규정들, 즉 판단을 도덕적인 것으로 만드는 형식적 기준이 있으며, 그 기준들은 도덕판단의 가장 성숙한 단계에서 충분히 만족되며, 성숙한 판단단계는 보다 덜 성숙한 단계보다 더 도덕적이라는 사실을 의미 있게 주

주장의 의미를 보다 명료하게 하는데 도움이 된다고 생각하여, 철학적 주장을 지지하기 위해 심리학적 발견과 개념을 사용하는 것, 즉 '사실'에서 '당위'로에 대한 쟁점과 직접 연관시키면서, 적절한 대답을 시도하고자 하였다(PhMD, 169). 이에 대해 콜버그는 첫째, 보다 높은 단계가 "우수성을 갖는다는 주장"(claims of superiority)은 개인의 도덕적 가치를 서열화하는 체계를 주장하기 위한 것이 아니고, 어떤 형식의 도덕적 사고가 다른 어떤 형식의 사고보다 더 큰 적절성을 갖는다는 것을 보여주기 위한 것이라고 하였다. 그는 '도덕'이라는 용어는 '판단'(*judgement*)이나 의사결정과정(*decision-making process*)의 유형을 지시하는 것이고, 행동, 정서, 사회제도의 유형을 지시하는 것이 아니라고 보았다. 둘째, 콜버그는 단계 6을 '도덕성의 의무론적 이론'(*deontological* theory of morality)이라고 규정하면서, 단계 6의 '의무와 권리(또는 정의)'에 대한 판단체계는 권리와 의무에 대한 어떤 다른 판단 체계보다 더 우수하다고 주장하였다. 여기에서 콜버그는 과학적인 '합리성'(rationality)이나 메타윤리적 또는 인식론적 '정교화'(sophistication)가 아닌 도덕성 그 자체만을 기준으로 삼고 있으나, 칸트에서처럼 순수한 철학적 형식주의가 도덕성을 자율성으로 규정하는 규범윤리학적 전제에만 머물러 있는 것은 아니다.

장할 수 있다고 보았다.

콜버그는 발달이론이 적절성의 형식주의의 기준, 즉 분화와 통합의 수준에 대한 기준을 가정하고 있다고 보았다. 이 두 기준은 도덕에 대한 형식주의적 정의를 나타내며, 각 단계는 비도덕적인 것으로부터 도덕적인 것의 계속적인 분화와 도덕형식의 보다 충분한 실현을 나타낸다. 따라서 도덕판단은 분화(differentiation)와 통합(integration)의 기준들과 병행하는 규정성(prescriptivity)과 보편성(universality)이라는 형식적인 도덕철학적 기준에 의거하여 발달한다(PhMD, 171). 발달이론에 의하면 이러한 분화와 통합은 보다 나은 평형상태에 이르게 되며, 보다 규정적이고 보다 보편적인 단계 6의 반응은 보다 안전하고 일관된 반응을 생성한다. 그러나 규칙 공리주의자에 해당하는 단계 5의 철학자들은 의무의 보편성과 규정성에 철저하지 못하기 때문에 단계 6과는 다른 딜레마 해결책을 도모한다.

콜버그는 자신의 발달적 메타윤리 개념이 도덕판단을 생성하는 규범윤리적 원리가 아니라는 사실을 강조한다(PhMD, 172). 칸트와 같은 형식주의 철학자들이 의무론적 원리로부터 벌이나 비난의 규칙 및 선이나 덕의 이론을 건축하려고 시도한 것과는 다르게, 그는 단계 6의 규범윤리가 '선'(the good), '덕'(virtue), '칭찬, 비난, 벌을 위한 규칙'(rules for praise, blame, and punishment) 등을 정당하게 생성할 수 있다고 생각하지 않았다. 사회는 도덕교육과 사회통제를 위하여 처벌과 보상의 규칙이나 덕과 악덕의 규칙을 필요로 하지만(단계 5), 단계 6의 정의 원리는 사회적 유용성에 의하여 벌과 비난이 필요하더라도 우리에게 직접 처벌하고 비난하는 의무를 부과하지는 않는다. 콜버그는 단계 6의 규범윤리 표준과 형식주의자의 메타윤리 기준에 의하여 단계 5나 단계 4보다 더 도덕적인 판단양식이라고 본 것이다. 어떤 행위가 특정상황에서 단계 6의 원리와 일치하는 경우에 그 행위를 도덕적이라고 규정할 수 있지만, 그러나 이것이 개인의 가치나 행위의 가치를 매기는 규칙을 생성하는 것은 아니라는 것이다. 콜버그의 형식주의 메타윤리학은 "왜 도덕적인가?" 또는 "어떠한 선이 정의인가?"와 같은 질문에 답하지도 않는다. 그런 질문은 규범윤리 이론에 해당하며, 도덕 개념을 사용한다고 해서 대답될 수 있는 것이 아니다. 그것은 마치 형식논리 이론이 논리추론은 무엇이고 또 무엇이어야 하는가에 대한 이론일 뿐, "어떠한 선이 논리인가?" 또는 "왜 논리인가?" 라는 질문에 답하지 않는 것과 같다. 단계 6의 규범윤리 이론 역시 이런 메타윤리적 질문에 답변하지 못한다.

콜버그는 형식주의(의무론적) 이론이 개진한 많은 논점들 가운데서 몇 개를 원용함으로써 단계 6이 도덕적인 것에 가장 적절한 설명방식이라는 사실을 보여주고자 하였다(PhMD, 173). 그러나 도덕철학자들이 도덕적인 것의 명백한 특징이 무엇인가에 대하여 전혀 합의하지 못한 사실이 잘 알려져 있다는 올스톤의 논평에도 불구하고,[14] 콜버그는 도덕판단의 형식적 속성들에 대하여 형식주의자들이 상당히 높은 정도의 합의에 이르고 있다는 사실을 강조하였다.[15] 그리하여 콜버그는 도덕성에 대한 형식주의 정의에 반대하는 사람들은 도덕성이 그 자신의 체계와 일치한다는 것과 상대적이라는 것을 제외하면 어떤 적극적 대안도 가지고 있지 않다고 보았다.

콜버그는 단계 6에서 도덕원리의 형식적 개념을 다음과 같이 분석하고 있다(PhMD, 220). 첫째, "도덕원리는 합법적인 대안들 사이에서 선택하기 위한 규칙이나 방법이다." 규칙은 물건을 훔치지 않아야 한다거나 가족의 생명을 지켜야 한다고 알려주지만, 그 중에서 어떤 선택이 더 좋은가를 알려주지는 않는다. 그러나 원리는 그러한

14) W.P. Alston, *"Comments on Kohlberg's 'From Is to Ought.'"* In: T. Mischel, ed., ibid., p. 276.

15) W.K. Frankena, *Ethics*. New York 1963.

선택에 대한 이유(추론)를 제시한다. 둘째, "도덕원리는 선택을 위한 보편적, 일반적 기초를 포함하고 있다." 원리는 이성이나 결정의 규칙이 보편적이어야 한다는 사실을 함축하고 있다. 선택의 기본은 모든 사람들이 사용하기를 원할만한 것이어야 한다. 콜버그에 의하면 도덕원리는 도덕판단에서 규칙을 생성하기 위한 절차적 원리(procedural principles)로서 사용된다. 이는 규칙 공리주의나 사회계약에 연관되는 '2차적' 원리로서 규칙을 만들 때 사용된다.

하인즈 딜레마에서 철학자 1은 "희귀한 상품은 공정성의 원리에 의하여 분배되어야만 한다." 고 말하면서도 남편의 의무를 직접 규정하지는 못한다(PhMD, 221). 철학자 2에 의하면 남편은 "최선을 다해 아내를 돌보라." 는 규칙을 따라야 하지만, 그것은 "규칙의 일반적 준수는 손해보다 이익이 더 많다." 라는 유용성의 원리에 따른 것이다. 철학자 1과 철학자 2 모두 의무가 원리적 조망으로부터 입법된 결정이라고 여기지만, 여기에서 입법자를 지배하는 원리와 피입법자를 지배하는 원리는 동일하지 않다. 콜버그가 보기에 철학자 1과 철학자 2는 이차적인 결정자이다. 이와 대조적으로 철학자 3은 남편의 자리에 있는 개인이 원리적이고, 보편화가 가능하며, 공평한 기반으로부터 결정해야 할 것에 준하여 의무를 규정한다. 원리를 남편의 결정에 적용하는 것은 이차적이 아니라 직접적이다. 롤즈의 이론이 본질적으로 규정하고 정당화하려는 것은 일차적인 원리이다. 롤즈의 두 정의 원리는 사회계약을 통하여 합의할 수 있는 정의의 실체적 원리이다. 사회계약론은 법을 정당화하기 위한 이차적 원리로서 활용된다. 규칙공리주의도 원리가 아닌 규칙에 도달하기 위한 이차적 절차이자 원리이다. 칸트의 정언명법도 그 자체가 결정의 실체적 원리를 인도하기 보다는, "거짓말하지 말라."와 같은 규칙을 정당화하고 해석하기 위한 이차적 원리로 사용된다.

콜버그에서 단계 6은 도덕적 원리의 단계이다(PhMD, 157). 단계

5에서의 법은 모든 사람들의 복지를 극대화하기 위한 입헌적 계약의 절차에 의하여 만들어져야 하고, 그 사회의 모든 구성원들은 계약 당사자로서 법에 복종해야 한다. 그러나 이와 같은 규칙 공리주의적 관점에 의하여 생성된 도덕적 주장은 자의적이거나 문화적으로 상대적인 한계를 가질 수 있다. 콜버그는 철학자 1과 철학자 2의 태도에서 그런 사실을 확인한다. 철학자 1은 하인즈가 한 일은 나쁘지 않으며, 희귀한 약의 분배는 공정성 원리에 의해 규정되어야 한다고 주장한다(PhMD, 160). 철학자 1은 하인즈가 아내를 살리기 위하여 약을 훔친 행위는 나쁘지 않지만 그의 의무가 아니라고 보았다. 그것은 의무의 요구를 넘어서는 일종의 공덕의 행위라는 것이다. 철학자 1은 하인즈가 검거될 경우에 법관에 의하여 처벌받아야 하는가라는 질문에 대해서, 법관은 법이 규정한 바를 시행해야 하지만, 정상이 법적 처벌을 피하도록 보장해 주는 것인지 아니면 그런 조건에서 훔치는 것이 괜찮다는 선례를 남겨주어도 좋은 것인지에 대하여 분명한 판단을 내리지 못한다.

철학자 2는 하인즈가 약을 훔치는 것이 아무래도 올바르다고 주장한다(PhMD, 160). 철학자 2는 법에 복종해야 할 의무가 있지만, 법을 어기는 것이 보다 유익한 경우가 있다고 말하면서, 하인즈가 약을 훔치는 것이 바로 그런 사례라고 강조한다. 그러나 철학자 2는 아내뿐만 아니라 친구를 위해서도 약을 훔쳐야 하겠지만, 별로 친하지 않는 친구나 이방인일 경우에는 선행으로 할 수는 있어도 의무는 아니라고 말한다. 하인즈가 붙잡히면 그는 법관에 의해 처벌받아야 하는가라는 질문에 대해서도 철학자 2는 법관은 그를 방면하거나 명목상의 형벌을 내려야 한다고 주장한다. 그를 방면하는 것은 도덕적 이유로 법을 어긴 사람을 보호하는 것이 더 많은 선을 만들 것이라는 이유에서이고, 명목상의 형벌은 법을 파괴하면 처벌이 따른다는 원리를 정당화하기 위한 것이다.

콜버그는 철학자 1과 철학자 2의 반응에는 법과 사회계약의 기반이 전제되어 있으며, 일관된 도덕적 관점을 정립하지 못한 단계 5의 피험자에게서 볼 수 있는 것이라고 진단한다(PhMD, 161). 철학자 1은 약제사는 약을 주지 않을 법률적, 도덕적 권리를 가지고 있지만, 동시에 약의 강탈에 대하여 불평할 어떤 도덕적 근거도 가지고 있지 않다는 입장이다. 또한 하인즈가 약을 훔치는 것이 나쁘지는 않지만 그렇게 해야 할 의무를 가진 것도 아니라는 입장이다. 따라서 철학자 1은 법 제정의 유용성과 그 폐해도 인식하고 있지만, 어떤 경우에 도덕적 의무가 법을 넘어서도 좋은지에 대한 명백한 입장은 확립하지 못한 것으로 보인다. 철학자 1의 주장은 남편이 약을 훔쳐야 할 의무나 법관이 처벌하지 않아도 되는 근거를 주장하지 않고 있다.

철학자 2의 경우에도 법의 복종 그 자체가 규칙 공리주의적 준거에 의하여 검토된 도덕 규칙으로 설정되고 있지만, 법에 대한 불복을 정당화할 수 있는 근거가 무엇인지에 대한 원리적 규정이 제시되지 않고 있다(PhMD, 161). 다시 말하면 법적 의무와 도덕적 의무 간의 갈등 해소에 대한 방법이나 기준이 없다는 것이다. 철학자 2는 규칙 공리주의를 도덕 '원리'로 규정하고 있지만, 그러한 규칙을 행위자 모두에게 보편적으로 적용하지 않고 있다. 아내와 친한 친구에게는 훔칠 의무가 있지만 별로 친하지 않은 친구나 이방인에게는 그런 의무가 없다고 생각한 것이다.

이러한 사실에서 콜버그는 단계 5와 그 확장으로는 모든 사람들이 동의할 수 있는 보편적인 도덕성을 산출할 수 없다고 본다(PhMD, 161). 단계 5는 사람들이 동의할 수 있는 일련의 '절차적 원리'를 생산할 수는 있지만, 모든 사람들이 동의할 수 있는 실체적인 도덕 의무나 선택을 제공하지 못한다. 보편적 협약의 토대를 마련할 수 있는 도덕성이 있다면, 도덕 의무를 실체적 도덕원리로부터 직접적으로 도출할 것이다. 콜버그는 이것이 행위 공리주의와 칸트적인 정언명법의 본래 취지이기는 하지만, 실제로 이것들 역시 결정을 내릴 경우에 제도화된 규칙이나 실체적 정의 중 어느 것에 비중을 둘지는 명확하지 않다고 보았다.

콜버그는 철학자 3의 반응에서 정의의 원리, 역할채택의 원리, 인격존중의 원리에 준하여 도덕 의무를 규정하는 보다 보편적인 도덕적 정향인 단계 6에 해당하는 표현을 발견하였다(PhMD, 162).

철학자 3은 남편이 약을 훔치는 것은 법률적으로는 나쁘지만 도덕적으로는 올바르다는 입장이며, 누구든지 그렇게 해야 할 경우에 생명을 구하는 것은 의무라고 보았다(PhMD, 162). 훔치지 말아야 하는 법률적 의무는 생명을 구해야 하는 도덕적 의무보다 우선적이지 않다는 것이다. 그러나 이와 같은 도덕적 의무의 실행은 사회제도를 생성하고 유지하려는 공리주의적 입법 행위와 갈등을 빚을 수 있으며, 심지어는 모순 관계에 빠질 수도 있는데, 이 경우에 단계 6의 도덕 주체는 사회 구성원으로서의 계약에 따른 처벌을 감수할 수 있어야 한다. 철학자 3은 가격을 규제하는 실정법이 없는 경우에 약제사가 높은 가격을 마음대로 붙일 권리가 있는가라는 물음에 대하여 법 제도상 그럴 권리를 가질 수는 있으나 도덕적 권리를 가지는 것은 아니라고 주장한다. 그가 인간 생명을 목적 자체가 아닌 수단, 특히 이익 창출을 위한 수단으로만 취급하고 있기 때문이다. 또한 철학자 3은 남편이 아내에 대하여 애정이 없다고 느낄 때에도 약을 훔쳐야 하는가라는 물음에 대하여 그렇다고 대답한다. 인간 생명의 가치는 그 자체로 목적이기 때문이다. 철학자 3은 하인즈를 처벌해야 하는가라는 물음에 대해서도 법관은 절도 혐의로 하인즈를 기소해야 하고, 명시적인 이유를 열거하여 그의 형벌을 면제해야 한다고 주장한다.

콜버그는 철학자 3이 단계 6에 해당한다고 말한다(PhMD, 164). 철학자 3은 단계 5의 규칙 공리주의적 전제 위에서 사회계약 추리를 수용하는 동시에 그보다 높은 수준의 '도덕법'을 규정하는 두 가지 도덕원리를 주장하고 있다. 그 하나는 "사람은 무조건적 가치를 지닌다."는 원리이다. 콜버그는 이 원리가 "모든 사람들을 수단이 아닌 목적으로 대하도록 행위하라."는 칸트의 원리라고 말한다. 다른 하나는 "법에 성문화된 경우만이 아니라 모든 상황에서 자신의 주장에 대한 동등한 숙고를 요구할 각 개인의 권리이다." 각 개인의 생명에 대한 존중은 "약을 훔쳐서 나오는 선과 악의 양을 참작하는 것"(행위공리주의)이나, "모든 이의 행위결과를 규칙 위에서 고려하는 것"(규칙공리주의)보다 더 높은 수준의 것이다. 철학자 3은 '정의'와 '인간존중'이라는 두 원리에서 가능하다면 언제나 생명을 구해야 하는 의무라는 '무조건적 의무'를 도출할 수 있다고 믿었다.

콜버그에 의하면 철학자 3의 개념은 '이상주의적'인 동시에 '보편주의적'이다(PhMD, 165). 철학자 3이 견지하는 보편성은 바로 역할채택의 원리, 즉 "어떤 사람도 그 상황에서 하지 않으면 안 될 바의 것을 고려하라."는 원리이다. 콜버그는 이와 같은 단계 6의 원리가 칸트의 정언명법과는 약간 다른 정향성을 가진다고 말한다. 콜버그는 "너의 준칙이 동시에 보편적 입법의 원리가 될 수 있도록 행위하라."는 칸트의 정언명법이 강조하는 보편성에는 다소간에 '보수적이고, 규칙유지적인 힘'이 들어 있다고 보았다. 칸트의 경우에는 생명을 구하기 위하여 거짓말 하는 것도 나쁜 일에 해당된다. 선한 명분을 위하여 거짓말하는 것을 보편화할 경우에 그것은 곧 진실의 의미를 부정할 것이기 때문이다. 따라서 칸트의 보편성은 어떤 경우에도 예외적인 규칙을 인정하지 않는데, 그 이유는 사람들 모두가 그렇게 할 경우에 도대체 어떻게 되겠는가라는 단계 4의 체제 유지적 사고 때문이다. 단계 4는 규칙 제정보다는 규칙 유지의 조망에서 본 보편성을 활용하고 있다.

콜버그는 철학자 3의 두 가지 기본 원리, 즉 정의와 인간존중의 원리는 준칙이나 규칙과는 다른 의미에서 보편화될 수 있다고 주장한다. 그것은 "진실을 말하라" 혹은 "아내를 도와라"와 같은 차원의 것이 아니다. 이 원리 자체는 모든 사람들이 인간성을 고려한다는 사실에서 보편적인 것이다. 콜버그는 철학자 3의 주장에서 도덕판단의 완전한 보편화는 도덕적 형식주의 이상의 것을 필요로 한다고 보았다. 그것은 바로 '실체적 도덕원리'(substantive moral principles)이다(PhMD, 166). 철학자 3이 사용하는 '원리적'(principled)이라는 용어는 모든 도덕상황에 처한 모든 도덕 행위자에게 보편화할 수 있는 도덕결정을 내리려는 태도와 관련되어 있다. 그것을 만족시키는 실체의 원리가 바로 '정의'와 '인간 존중'이다. 이 두 개념은 어느 정도 등가적이다. 모든 사람들을 목적으로 대할 경우에 그들은 평등하게 대접받기 때문이다.

비록 칸트적 보편성이 형식적인 정의나 무당파성과 같은 것이라고 하더라도, 정의, 평등, 인간 존중과 같은 실체적 원리들은 '목적 그 자체'라는 공식을 실행할 수 있게 한다(PhMD, 166). 정의의 원리는 '목적 그 자체'로서 사람을 대우하는 일이 권리에 의거하여 규정되어야 한다는 세부조건을 첨가시킨다. 이것은 라파엘이 말한 것처럼 의무와 권리가 상관적이라는 것을 뜻한다.[16] 의무는 항상 구체적인 개인에 대한 관념이다. 데이비드 로스와 같은 의무론적 직관주의자들은 공리주의적 사고로는 환원될 수 없는 일련의 자명한(prima facie) 의무, 즉 일반적 정의 관념과 '연관되지 않은 의무 더미'(heap of unconnected obligations)가 있다는 것을 믿고 있다.[17]

모든 단계에서 의무의 근본 내용은 정의, 즉 상호성과 평등성이다(PhMD, 166). 단계 5에서 정의의 핵심은 자유(liberty)나 민권(civil rights),

---

16) D. D. Raphael, *Moral Judgement*. London 1955, p. 49.

17) W. D. Ross, *The Right and the Good.* Oxford University Press, New York 1930. PhMD, 166.

기회의 평등(equality of opportunity), 계약(contract)인데, 이 세 관념은 다른 사람의 자유에 대한 존중을 중심으로 결합되어 있으며, 이 자유는 민권(civil rights)과 민법(civil law)에 구체화되어 있다. 그러나 단계 6에서의 정의감은 시민사회와는 독립된 인간성의 권리에 초점이 맞추어져 있다(PhMD, 167). 그 자체 목적으로서 동등한 가치를 가진 인간 존재에 대한 존중에 기반을 두고 있는 것이다. 이것은 첫째로 민권은 존중받아야 할 인간의 기본 목적을 표현하고, 둘째로 기회의 균등은 모든 인간을 근본적으로 평등한 가치를 가진 존재로 대우하는 것을 뜻하며, 셋째로 계약 관계는 동의(협약)가 아니라 신뢰에 의하여 규정된, 그 자체 목적을 지닌 공동체의 근본형식임을 뜻한다.

그렇다면 구체적 갈등 상황에서 도덕적인 선택을 할 때 단계 6의 원리는 어떻게 사용될 수 있는 것일까? 그것은 철학자 3이 '보편화 가능성'과 '가역성'을 같은 것으로 생각하는 데서 알 수 있다(PhMD, 167). 가역성은 평형화된 역할채택을 근본적으로 드러내는 단어이다. 단계 3의 황금률에 대한 이상적 역할채택으로는 평형화된 해결책에 도달하지 못한다. 평형화된 해결이란 완전히 가역적이어서, 당사자 모두가 입장을 서로 바꾸어 봄으로써 똑같은 해결책을 얻을 수 있는 그런 해결이다. 평등이나 정의는 분배 문제에 대한 가역적인 해결이다. 이러한 가역성의 요소는 의무가 권리와 상관적이거나 호혜적인 관계라는 관념 속에 들어있다. 가역성의 또 다른 요소는 권리가 타인의 권리를 인정해야 할 의무를 함축한다는 것이다. 단계 5는 다른 이의 권리(자유)가 자신의 권리(자유)를 제한하고, 다른 이의 권리를 침범한 개인은 그에 준한 어떤 권리 주장도 존중받을 수 없다는 관념이다. 그러나 단계 6에서는 이 관념들이 보다 적극적인 의미를 띠게 된다. 도덕딜레마에 대한 정의로운 해결은 모든 당사자들에게 받아들여질 수 있는 해결책이다. 그것은 각 당사자들을 자유롭고 평등한 것으로 고려하며, 그 상황에서 그들이 어떤 역할을 하게 될 지를 아무도 모른다고 가정한다(PhMD, 168). 보편화 가능한 결정(universalizable decision)이란 그 상황에 연루되어 있는 어떤 사람에게도 받아들여질 수 있는 결정을 말한다.

콜버그의 단계 6은 칸트가 시도했던 형식주의 윤리학의 보편적인 체계를 보완한 점에서 의의를 가질 수 있다. 그는 칸트의 정언명법에 내포된 단계 4의 요소들을 넘어서고자 했던 것이다.[18] 그러나 이와 같은 콜버그의 성과는 칸트적인 원리와 방법에 대한 체계적 정당화를 최초로 시도했던 롤즈의 분명한 기여 없이는 불가능한 것이었으며, 콜버그도 이 사실을 잘 알고 있다. 롤즈는 그의 저서 『정의론』에서 "로크, 루소, 칸트에서 발견되는 것과 같은 사회계약이라는 잘 알려진 이론을 보다 높은 수준으로 추상화하여 일반화할 수 있는 정의 개념을 제시하는 것"을 목표로 삼았다.[19] 롤즈는 권위와 법을 규정하기 위한 계약보다는 원리를 규정하기 위한 계약을 통하여 정의 개념을 제시하고자 한 것이다. 콜버그가 보기에 롤즈의 도덕이론은 선험적 도덕이론(단계 5)을 '일반화'하고 '추상화'하려고 한 것이 아니라, 단계 5의 도덕판단 이론에서 단계 6의 도덕판단을 정당화하는 방향으로 나아가려는 시도였다(PhMD, 226). 이와 같은

---

18) 콜버그와는 반대로 미드(G. H. Mead)는 칸트의 정언명법이 자연권과 사회계약이론의 입장을 일반화했다고 평가하면서, 칸트가 도덕적 교의의 기초를 수립했다고 간주하였다. "칸트는 자연권과 사회계약의 이론에 연루되어 있는 입장을 일반화하였다. 이 이론은 다른 사람에게도 똑같이 인정해 줄 수 있는 주장만을 그 자신을 위해서도 주장해야 한다는 이론이다. 그는 이것을 일반화시켜서 그의 도덕적 교의의 기초로 삼았다. 모든 행위는 그것이 동일한 조건 아래서 모든 사람에게 보편적이 될 수 있을 그런 특성을 지녀야 한다는 정언명법이 바로 그것이다." G. H. Mead, *Movements of Thought in the Nineteenth Century*. University of Chicao Press, 1966; PhMD, 225.

19) J. Rawls, *A Theory of Justice,* Harvard University Press, Cambridge 1971, p. viii.

정의 원리는 루소나 칸트의 규범원리와는 차별화된 방식으로서 시민불복종이나 근본적인 소득 균등화의 문제를 정당화 할 수 있다. 따라서 콜버그는 롤즈의 시도가 단계 6의 판단을 생성시키고 정당화하는데 보다 나은 이론이라고 평가했던 것이다.

5. 정의 원리의 논증

콜버그의 근본 의도는 정의 원리에 따른 단계 6에 대한 실체적 정의를 지지하는 것이다(PhMD, 173). 그에 의하면 도덕판단이란 언제나 모든 상황에서 모든 사람들이 채택하기를 원하는 보편적인 도덕원리 위에 성립할 것을 요구한다. 그러나 콜버그가 중요하게 생각하는 것은 도덕원리가 특정한 행위를 일방적으로 강제하지 않는다는 것이다. 도덕원리는 모든 사려 깊은 사람들이 행위 규칙으로 삼아야 한다는 것보다는 선택에 대한 일반적인 안내라는 성격이 더 강하다는 것이다(PhMD, 174). 콜버그는 밀의 공리주의나 칸트의 의무론과 같은 도덕원리들은 모든 인간과 모든 상황에 보편적인 적용이 가능해야 하고 어떤 상황에서도 절대적으로 올바른 행위를 규정하고 있는 사실을 잘 알고 있었다. 그는 '행복에 대한 공리주의적 극대화'(the utilitarian maximization of happiness)나 '정언명법'과 같은 원리에 도덕 행위를 정당화하는 거의 모든 추론들이 원리적으로 포함되어 있다는 사실을 실증적으로 발견하였다. 그것은 콜버그가 제시한 범주들이 '권위에 대한 존경'(respect for authority)이라는 심리학 범주 이외에는 모두 시즈윅(Sidgwick)이 제시한 '분별력'(prudence)과 '자아실현'(self-realization), '타인의 복지'(welfare for others), '권위, 사회, 인간에 대한 존중'(respect for authority, society, or people), 그리고

'정의'(justice)의 범주들과 일치하고 있다.[20] 콜버그에 의하면 성숙한 원리란 규칙이나 수단도 아니고 가치나 목적도 아니다. 그것은 구체적인 상황에서 도덕적으로 적합한 모든 요소들을 통합하고 지각하기 위한 안내자에 지나지 않는다. 도덕원리는 지침으로 제시된 덕목이 아니라 특정한 도덕적 상황에서 모든 사람들이 언제나 마땅히 선택하고자 하는 그런 행위 방식을 결정할 수 있게 인도하는 것이다.

콜버그는 철학자들이 제시한 일반 원리 가운데서 내용을 담고 있는 것들로는 '유용성'(utility)이나 '선의'(benevolence)의 원리를 지목한다(PhMD, 175). '선의'는 사람들이 다른 모든 인간의 복지를 돌보아야 한다는 방식, 즉 양적 극대화의 방법을 제외하고는 보편적인 복지에 대한 갈등을 해소할 수 없다. 이 경우에 도덕적 관심과 주장의 내용이 항상 복지임에도 불구하고, 복지를 극대화하는 것이 곧 진실한 도덕원리가 되는 것은 아니다. 이것은 단계 5의 규칙공리주의가 안고 있는 한계이기도 하다. 다른 사람의 복지에 대한 관심, '감정이입', '역할 채택'은 도덕 갈등을 경험하기 위한 선행 조건이지, 도덕 갈등을 해결하기 위한 기제는 아니다. 공리주의의 핵심 주장은 '극대화 원리'(the maximization principle)이다. 그러나 콜버그는 "모든 이의 행복을 똑같이 고려하는 것"이 정의의 핵심 원리는 아니라고 지적한다. 예를 들면, 단계 6의 피험자는 "누구를 위해서라도 약을 훔쳐라. 그것이 아내이건 아니건 모든 사람은 살 권리를 가지고 있다."라고 말할 것이다. 그러나 이것은 남편이 아내의 행복과 낯선 이의 행복을 똑같이 취급해야 한다고 주장하는 것이 아니다. 또한 그들은 아내의 행복에 대한 남편의 선택을 '규칙 공리주의적 토대 위에서' 합리화하려고 하지 않을 것이며, 그보다는 약혼, 계약, 상호신뢰, 사랑의 관계에 대하여 말하고자 할 것이다. 콜버그는 이

20) H. Sidgwick, *Method of Ethics*. London: Macmillan, 1887.

것이 더 이상 '유용성'이나 '선의'의 요구가 아니라, '소통적 상호성'(communicative reciprocity)이나 정의(justice)의 요구라고 보았다. 다시 말하면 '유용성'과 '선의'의 원리는 단계 6에까지 적용 가능한 도덕의 원리가 되지 못하는 것이다. 콜버그는 '정의'의 원리만이 단계 6에 이르기까지 보편적으로 적용 가능하다고 보았다.

그리하여 콜버그가 '정의'를 기본적인 도덕원리라고 주장하는 근거들을 다음과 같이 체계적으로 정리할 수 있다(PhMD, 175f). 심리학적으로 복지 관심(welfare concerns)과 정의 관심(justice concerns)은 도덕성이 출현할 때 나타나고, 이후에 계속되는 모든 단계에서도 나타나는데, 발달이 진행되면서 보다 더 분화되고 통합되면서 보다 더 보편화된 형식을 취하게 된다(PhMD, 176). 그러나 복지와 정의 가운데서 정의만이 가장 높은 단계의 발달에서 원리적인 특성(의무론적, 정언적)을 드러냄으로써 복지와 법보다도 우선권을 갖게 된다. 물론 정의 이외의 '원리들'이 관습적 수준이나 단계 5의 계약 합의의 도덕성을 초월하려고 애쓰는 사람들에 의하여 시도될 수는 있지만, 그런 원리들은 도덕 갈등을 해소할 수 없고, 설사 해소한다고 하더라도 직관적으로 잘못된 방식으로 갈등을 해소하기 때문에, 원리로서 작용하지 못하는 한계를 갖는다. 정의를 유일한 원리라고 생각하는 많은 철학자들의 직관적 감정은 낮은 단계의 도덕성에서도 상응한다. 정의의 원리는 시민불복종의 상황에서 가장 명백히 드러난다. 정의의 원리만이 시민불복종을 나쁘다고 여기는 단계 5의 계약법 논증을 극복할 수 있는 합당한 이유를 제공해 줄 수 있다. 철학자들이 정의가 '유일한'(the) 도덕원리라고 주장하기를 삼갔던 것은 그들이 형식적 의미에서의 도덕적 선택, 즉 원리에 입각한 개별 선택보다 더 포괄적인 원리를 추구해 왔기 때문이다. 그러나 콜버그는 라파엘과 롤즈의 규범윤리학을 지지하면서,21) 정의를 원리적 도덕성의 핵심 개념이라고 주장하였다.

콜버그는 형식주의자들이 정의를 제1의 원리로 승인하지 않는 이유는 그들이 도덕성을 내용적으로 완전한 중립 상태로 유지하고자 했기 때문이라고 지적한다. 그런 의도에서라면 콜버그는 정의가 형식주의자들의 도덕원리로 채택되더라도 하등의 문제가 없다는 입장이다. 왜냐하면 어떤 의미에서 정의 그 자체는 내용이 없기 때문이다. 정의는 단지 원리가 공평하게 모든 사람에게 적용되어야 한다는 사실을 규정하고 있을 뿐이다. 따라서 콜버그는 정의 이외의 어떠한 원리도 보편적 규정적 원리라는 형식적 개념을 충족시키지 못한다고 주장한다. 그러나 콜버그는 한 걸음 더 나아가서 단계 6의 형식은 '공평성'(equity)으로서의 정의를 함축하고 있다고 주장한다. 그것은 곧 사람을 도덕적으로 동등하게 대우한다는 원리이다. 또한 그는 단계 6의 형식이 상호성, 계약, 신뢰로서의 교환적 정의를 포함하고 있다고 말한다. 이것은 정의 개념이 형식주의 윤리학에 타당한 개념이라고 하더라도 도덕단계의 차이에 따라서 내용적으로 여러 가지 모습으로 나타날 수 있다는 사실을 보여준다. 콜버그는 정의의 원리야말로 도덕적 형식주의와 발생적 심리학의 가설을 동시에 만족시켜 줄 수 있는 유일한 것이라고 생각했던 것이다.

6. 가역성으로서의 정의

콜버그는 『도덕발달의 철학』 제2편 "도덕단계와 정의의 문제"에서 "가역성으로서의 정의: 최고의 도덕단계의 적절성 주장"(1978)이

---

21) D. D. Raphael, *Moral Judgement*. Allen & Unwin, London 1955; J. A. Rawls, *"The Sense of Justice."* Philosophical Review 72, 1963, pp. 281-305; Rawls, *A Theory of Justice*. Harvard University Press, Cambridge 1971.

라는 주제로 단계 6의 판단 과정과 원리를 정교하게 정리하는 동시에 그에 대한 정당화 근거로서 롤즈(Rawls)의 이론을 차용하고 있다(PhMD, xv). 콜버그가 보기에 롤즈의 책은 철학의 역사에서 도덕원리를 규정하고 입증하려는 가장 치밀한 노력의 산물이었으며, 그는 롤즈의 도덕원리를 나름대로 소화하여 정의의 단계 6으로 규정하였다. 그러나 콜버그는 롤즈가 단계 5의 선험적 권리와 사회계약의 원리를 견지하는 사람들에게 유효한 이론 틀을 제공하고 있으며, 따라서 롤즈의 논증만으로는 현존하는 사회의 표준이 곧 도덕성이라고 보는 문화적, 윤리적 상대주의자들에게 단계 5의 원리에 대한 확신을 주지 못할 것이라고 비판하였다. 그리하여 콜버그는 어떤 특정한 원리를 입증하기보다는 정의 추론에서 나중의 단계가 그 앞 단계보다 보다 좋은 추론 방법이라고 주장할 수 있는 타당한 이유를 살피고자 하였다(PhMD, xxxii). 단계 5의 입장에서 도덕적 질문에 답할 경우에는 누군가의 권리를 유보한 상태로서 사회적 법률적 제약으로부터 여전히 자유롭지 못하다. 단계 5의 추론에서는 누군가의 생명을 구하기 위하여 필요하다면 훔치는 것을 의무로 삼을 수 있는가에 대하여 대답할 수 없다. 그러나 단계 6에서는 이 물음에 대하여 모든 합리적 도덕 행위자들이 따를 수 있는 대답을 시도할 것이다.

그렇다면 '가역성'(reversibility)이란 무엇인가? 윤리학에서는 '황금률'(the Golden Rule)과 같은 하나의 도덕원리가 있다고 가정하는데, 이 황금률의 다른 이름이 바로 가역성이다(PhMD, xxxii). 이는 자기 자신을 '다른 모든 사람의 위치에 놓고 보는 것'으로써, '정의의 의자 찾기 놀이'(moral musical chairs)라고도 부른다. 모든 사람들에게 선택하기 전에 자리를 서로 바꾸어 보게 함으로써, 최선과 최악의 경우 모두를 직접 느껴볼 수 있게 하는 것이다. 롤즈는 사회를 위한 합리적 원리들을 '공정성으로서 정의'(justice as fairness)의 원리들이라고 보았다. 그것은 우리가 사회에서 어떤 위치에 있게 될 것인가를 알지 못하는, 이른바 '무지의 장막'(veil of ignorance) 뒤에서 선택하고 계약하는 원리를 말한다(PhMD, xxxiii). 그러나 콜버그는 윤리학에서 가역성으로서의 정의의 평형은 피아제가 논리적 도덕적 추론의 최고단계로 규정했던 '움직이는 평형'(moving equilibrium)이다.

콜버그에 의하면 피아제의 인지발달론은 다음과 같은 특징을 가지고 있다(PhMD, 147). 도덕판단은 역할 채택 과정(role-taking process)이다. 도덕판단은 피아제의 논리단계들과 병행하고, 단계마다 새로운 논리 구조를 갖는다. 도덕판단의 구조는 정의 구조로서 가장 잘 공식화된다. 정의 구조는 발달 단계에서 보다 더 포괄적이고 분화적이며, 평형화가 더 잘 이루어진다. 피아제는 논리가 사고조작의 이상적 평형을 표상하는 것처럼, 정의는 사회적 상호작용의 이상적 평형을 표상한다고 보면서, 상호성 또는 가역성을 논리적 평형과 도덕적 평형의 핵심 조건으로 보았다. 피아제의 이론에서, 논리단계와 도덕단계가 상호작용한다는 것은 아동의 행위 도식(schemata)과 다른 사람의 행위 갈등을 통합하는 평형 형식들이 결합되어 있다는 것을 뜻한다. 역할 채택의 기회는 우리들 자신의 행위 및 평가뿐만 아니라 다른 사람의 행위 및 평가 간의 균열이나 갈등을 경험하는 기회이다. 따라서 도덕상황에서의 역할 채택이란 여러 형태의 도덕 갈등을 경험하는 것이다. 사회 환경은 역할 채택의 기회를 제공하고, 그 단계에 속한 정의의 기본 원리에 의하여 통합이 이루어진다. 아동 자신의 수준이나 그 보다 위의 수준에 있는 정의 형식에 의하여 통합될 수 있는 사회도덕적 갈등을 경험할 수 있는 기회를 통하여 발달이 자극되는 것이다.

콜버그는 미국 사회의 대부분의 성인들이 관습단계, 즉 단계 3과 단계 4에 머물고 있으며, 단계 5와 단계 6은 소수의 시민에게만 나타난다고 주장하였다.[22] 그럼에도 불구하고 그는 미국과 서구세계에서 우세한 이데올로기를 단계 5의 '자유주의적 사회계약'의 관점으로 보았다. 단계 4의 도덕판단은 사회 구성원들이 법체계를 유지하려는 경향성이 주도적이다. 단계 4에서 법의 권위는 자유로운 계약이 아닌 신적, 자연적, 사회적 권위에 의존하며, 따라서 법을 유용성이나 공공복지의 극대화 원리에 비추어 수정할 수 있다고 인식하지 못한다. 그러나 단계 5의 도덕 관념은 사회계약, 공리주의, 그리고 사회에 앞서 있는 입법 조망으로부터 나오고, 법의 권위와 기능에 대하여 단계 4의 숙고를 포함하므로 인지적으로 더 우수할 뿐만 아니라 여기에서의 법 유지는 무질서를 막는다는 의미에서 공리주의적 의미를 갖는다(PhMD, 190). 단계 5는 모든 인간의 '자연적' 인권을 지키기 위한 사회계약을 통하여 성립한다.

도덕 형식의 기준은 칸트의 형식주의에서 비롯하여 헤어(Hare), 프랑케나(Frankena), 브란트(Brandt), 라파엘(Raphael), 롤즈(Rawls)에 이르는 현대 윤리학자들을 통하여 정교하게 다듬어졌으며, 가장 중요한 형식주의적 도덕성의 기준들로서는 '내적 의무에 대한 판명한 개념'으로서의 '규정성'(prescriptivity), '판단은 모든 사람들이 행할 수 있는 것이어야 한다는 의미'에서의 '보편화 가능성'(universalizability), 그리고 '도덕적 숙고가 무도덕적 숙고 위에' 있다는 '우선성'(primacy)을 들 수 있다(PhMD, 191). 이런 도덕적 기준들은 보다 낮은 단계보다는 보다 높은 단계에서 더 분명하게 나타나며, 따라서 단계 5가 단계 4보다 더 고차적이라는 사실을 보여주는 근거가 되는 것이다.

이러한 사실을 바탕으로 콜버그는 자신의 심리학 이론이 롤즈의 규범윤리학적 정의론과 어떤 관계에 있는가를 정리하고 있다(PhMD, 192). 콜버그의 시각에 의하면 롤즈의 정의론은 크게 두 가

22) 콜버그는 이 주제를 『도덕발달의 철학』 제6장 "서구세계의 지배적 이데올로기로서의 자유주의 미래"에서 다루고 있다(PhMD, 231-242).

지 목적을 수행하고자 한다. 첫째는 구조 언어학자가 화자의 문법 규칙을 생성하기 위한 모형을 세우려는 것처럼, '숙고된 도덕판단'(considered moral judgements)을 설명하기 위한 체계적인 구조 모형을 건축하고자 한 것이다. 둘째는 그 모형으로 숙고된 도덕판단의 토대를 이루는 정의의 원리를 정당화하는 것이다. 전자에 대하여 콜버그는 설명적 구조 모형으로서 롤즈의 이론은 어떤 문화권이든 모든 인간의 숙고된 도덕판단에서 사용되는 실체적 원리와 방법을 성공적으로 기술하고 있다고 평가했다. 물론 이것은 하나의 중요한 조건을 전제한다. 다시 말해서 롤즈의 이론은 도덕판단의 계열을 완수해왔으며, 가장 높은 단계, 즉 미국 성인의 5% 가량의 사람들이 도달한 단계 6에 있는 사람들만이 가질 수 있는 도덕판단을 성공적으로 성립시킨다는 사실이다. 이런 의미에서 롤즈의 '숙고된 판단' 혹은 '반성적 평형'(reflective equilibrium)의 관념은 최고 도덕단계의 판단에 해당하는 것이다. 콜버그는 롤즈의 이론이 자신의 도덕발달론과 동일한 뿌리에서 나온 것이라고 생각하였다. 그것은 바로 도덕철학에서는 칸트의 형식주의 이론이고, 심리학에서는 피아제의 형식주의 이론이다. 콜버그 자신의 이론은 수백 명의 피험자들의 도덕판단에 대한 실증자료에 근거하고 있다. 반면에 롤즈의 이론은 철학적 반성을 제외한 어떤 실증자료도 가지고 있지 않다. 따라서 콜버그는 롤즈의 이론과 자신의 것 사이의 대응관계를 음미함으로써 롤즈의 이론을 강화할 수 있다고 믿었다. 후자에 대하여 콜버그는 롤즈가 자신이 시도하지 않았던 어떤 것을 하고 있다고 인정한다. 그것은 곧 합리적인 사람들에게 숙고된 도덕판단의 원리를 규정하고 정당화하는 일이다. 롤즈가 정당화에 성공한 이상, 그것은 바로 왜 높은 단계가 더 좋은 단계인가를 논증한 것이나 다름이 없다. 보다 높은 단계가 보다 좋은 단계인 이유는, 높은 단계의 판단이 롤즈 이론이 정당화하려고 시도하는 원리들과 모형으로부터 생성된 단계

6의 판단에 매우 근접하기 때문이다.

그리하여 콜버그는 단계 6의 판단원리가 형식적으로 '보다 도덕적'이고, 단계 6의 판단원리의 실체(내용)가 그 보다 낮은 단계들의 판단원리의 실체보다 더 좋은 것이라고 주장한다(PhMD, 193). 단계 6의 구조나 추리 방법은, 보다 낮은 단계들의 방법보다 구체적인 딜레마에서 더 정의롭거나 혹은 더 '도덕적으로 올바른' 결론을 실질적으로 인도한다. '정의로운', 즉 '도덕적으로 올바른' 원리, 혹은 정의로운 결정은 합리적 도덕성을 지닌 사람이라면 누구나 기꺼이 동의하고, 또한 동의할 수 있는 것들이다.

콜버그는 롤즈와 피아제 이론의 공통 가정이 '가역성'(reversibility)과 '평형'(equilibrium)이라고 보았다(PhMD, 193). 그는 먼저 자신이 정립한 단계 6은 의무(obligation) 개념을 중심으로 도덕판단을 행하는 점에서 명백히 칸트적인 특징을 갖는다고 말한다. 여기에서 의무 개념은 인간존중(respect for person)의 원리와 정의(justice)의 원리에 의하여 규정되며, 이 점에서 콜버그의 도덕 및 심리학 이론은 초기의 '형식주의자' 또는 '구조주의자'의 핵심 주장과 상응한다(PhMD, 194). 또한 도덕성에 대한 콜버그의 심리학 이론 대부분은 피아제(Piaget, 1948)에 근거하고 있으며, 두 사람 모두 논리와 도덕성이 단계를 거쳐 발달하고, 각 단계는 형식적으로 그 앞 단계보다 더 나은 평형 상태에 있는 구조라고 주장하는 점에서 공통적이다. 그러나 콜버그는 자신의 이론에서 도덕판단(도덕 평형)은 논리 영역에서는 발견할 수 없는 두 개의 관련된 과정이나 조건을 요구한다고 주장하였다. 그 하나는 논리 판단이 대상들에 대한 관점을 단지 조정하는데 그치는 반면에 도덕판단은 타인을 주체로 간주하여 관점을 취하고 조정하는 역할채택까지를 포함한다는 점이고, 다른 하나는 평형화된 도덕판단은 정의의 원리나 공정성의 원리를 포함한다는 점이다. 도덕단계에서 역할채택은 완전한 평형상태에 이르기까지 계속된다.

따라서 상충하는 주장들이 아직 해소되지 않은 채로 존재하는 '불평형의 도덕 상황'은 도덕성의 원리적 단계에 이르게 되면 순수한 반성적인 평형상태로 이행하게 된다. 그리하여 콜버그의 심리학 이론이 가정하는 '평형' 개념은 칸트로부터 롤즈에 이르는 '윤리학의 형식주의' 전통과 자연스럽게 연결되고 있다.

콜버그는 자신의 이론에서와 같이 롤즈의 규범 이론이나 정당화 이론에서도 도덕의 과업은 반성적 평형을 이룬 도덕판단에 도달하는데 있다고 보았다(PhMD, 195). 롤즈가 말하는 '반성적 평형'이란 "채택된 일반적인 도덕원리와 상황에 대한 특정한 판단 간의 평형"을 뜻한다. 피아제는 도덕성뿐만 아니라 과학 및 인지까지도 '원리'와 '구체적인 경험' 사이의 반성적 평형을 통하여 발달한다고 보았다. '단계'란 사실이나 구체적인 경험을 해석하거나 그것을 동화하는 '이론'이나 '원리'를 뜻하고, 경험은 이론이 그것을 동화할 수 있는 만큼 확장될 수 있을 뿐이다. 그리고 롤즈의 평형 관념은 두 가지 부가적인 의미를 가지고 있는데, 그 하나는 합리적인 자기 본위의 거래자들이 도달한 평형지점으로서의 '사회계약'(social contract) 개념이다. 여기에서 롤즈는 경제 게임에서 수학 이론과 경제학 이론이 추구하는 평형 관념, 즉 '최소치극대화'(maximin)의 개념을 만들어낸다(PhMD, 196). 이는 '차등의 원리'(the difference principle)가 적용된다면 각자가 얻을 수 있는 최대한의 것을 수익배분의 평형지점으로 선호하기 때문에 형성된 개념으로서, 수익배분에서 '불평등'(inequalities)은 최소 수혜자에게 그보다 더 큰 이익을 바랄 수 없는 경우에만 수용될 수 있다는 사실을 전제한다. 이와 같은 롤즈의 최소치극대화라는 평형 개념은 '순수 절차적 정의'(pure procedural justice)를 예증하는 분배(distribution)의 방법이기도 하다. 절차에서의 정의가 확립되지 않을 경우에 이해 당사자를 포함한 구성원들은 언제든지 그와 같은 부정의에 의하여 불이익을 당할 수가 있다.

그러므로 콜버그는 롤즈의 정의 원리는 칸트의 형식주의에 준하면서도 도덕 단계의 발달 정도에 따라서 구체적인 내용을 다르게 표상하는 자신의 발달론 사상을 적절하게 반영할 수 있는 이점이 있다고 보았다. 우선 롤즈의 정의 원리는 경쟁하는 주장들 간의 평형을 추구한다. 그러나 정의가 평형 상태에 도달할 수 있기 위해서는, 각각의 수행자가 그 사회의 기존 권위체제에 선행하는 원초적 입장에서, 또는 어느 누구도 그 사회에서 자신의 위치를 알지 못하고 자신의 타고난 재능이나 능력도 염두에 두지 않은 이른바 '무지의 장막'(veil of ignorance) 아래에서, 선택해야 한다는 사실을 가정하고 전제해야 한다(PhMD, 197). 여기에서 '무지의 장막'이란 '무당파성'(impartiality)이나 '보편화 가능성'(universalizability)과 같은 도덕적 관점의 근본적인 형식조건을 뜻한다. 무당파성은 어떤 편견이나 사심도 없는 객관적인 판단을 요구하고 있으며, 보편화 가능성은 칸트의 정언명법에서처럼 도덕적 주체의 행위 원칙(준칙)이 보편적 의지나 도덕법 그 자체와 일치할 것을 요구하고 있다.

사회 정의를 현실적으로 가능하게 하는 실체적 원리로서 칸트가 요구한 것은 구체적인 딜레마에서 도덕결정을 이끌어 낼 수 있는 원리가 도출 가능한 보편화 가능성의 형식이었다(PhMD, 197). 이 때문에 칸트의 윤리학은 가장 전형적인 의미에서의 형식주의로 분류되고 있다. 칸트의 전통을 따르고 있는 롤즈 역시 '원초적 입장'(original position)의 관념을 통하여 보편화 가능성의 형식을 예시하고자 하였다. '원초적 입장'은 거래계약에서 평형상태를 유지하려는 롤즈 특유의 관념으로서 정의를 산출하는데 결정적인 역할을 한다. 콜버그는 그와 같은 롤즈의 '평형'(equilibrium) 관념을 '가역성'(reversibility)이라고 규정하였다. 가역성의 이념은 평형에 도달한 체계의 속성이다. 롤즈의 정의론에서 원초적 입장이나 무지의 장막은 평형을 유지하기 위하여 언제나 이미 전제되지 않으면 안 되는 가능성 조건이다. 무지의 장막은 형식주의자의 보편화 가능성 관념을 예시한다. 그것은 다른 사람과 자리를 바꾸더라도 내린 판단이나 결정이 유효해야 한다는 도덕판단의 가역성 관념, 즉 헤어(Hare)의 형식주의 관념을 예시하고 있다. 가역성은 "만약 네가 다른 이의 의자에 네 자신을 놓아 보아도 그것이 올바르다면, 그것은 올바르다." 라는 '황금률'의 명제 속에 함의된 형식적 준거에 다름 아니다. 따라서 롤즈의 이론에서 정의의 원리는 바로 공정성이며, 이것은 그 상황에서 어느 누구의 입장에 서게 되더라도 기꺼이 선택하게 되는 원리, 즉 원초적 입장에서 선택되는 원리라는 사실을 뜻한다. 그리고 이 경우의 선택을 가역적이라고 한다. 콜버그의 '가역성' 개념은 '이상적 역할 채택'(ideal role taking)이나 '정의의 의자 찾기 놀이'(moral musical chair)와 같은 것이다(PhMD, 199).

그런데 콜버그는 여기에서 롤즈가 '원초적 입장' 혹은 '무지의 장막'이라는 관념을 통하여 보편화 가능성과 가역성의 관념을 구체화하면서도 가역성 준거에 함축되어 있는 평형 관념을 충분하게 발전시키지는 못하였다고 지적했다(PhMD, 199). 이는 그가 사회계약을 거래게임으로 개념화할 때의 평형 개념을 정립하는 데만 마음을 썼기 때문이다. 콜버그에 의하면 이상적인 역할 채택을 통하여 공정성에 이르는 첫 번째 가역성의 과정은 다음 두 가지 국면으로 나타난다. "첫째, 결정자는 상상 속에서 각기 다른 행위자의 자리에 자신을 놓아 보면서, 각자의 입장에서 성립된 주장을 하나하나 숙고해 보아야 한다. 둘째, 당사자의 입장에서 나온 주장이 다른 이의 입장에서 나온 주장과 충돌할 경우, 각자 자신의 상상 속에서의 위치를 교환해 보아야 한다. 만일 당사자가 자신의 주장이 다른 이의 관점에 대한 인식 부재에서 비롯되었다는 것을 인정한다면 자신의 주장을 버려야 한다"(PhMD, 199). 콜버그는 황금률의 역할 채택을 사용하여 평형을 이루는 과정이 수익분배를 결정하는 롤즈의 방식과 형식적으로 동일하다고 간주하였다.

또한 콜버그는 '가역성'의 의미를 롤즈와 피아제의 이론과 연관시켜서 다루고 있다(PhMD, 201). 피아제의 평형 이론에서 도덕성의 평형과 논리의 평형 모두의 근본적인 형식조건은 가역성이다. 콜버그도 도덕추론 단계의 핵심 구조가 정의 또는 공정성을 규정하는 일련의 조작으로 구성된다고 보았다. 정의 조작(justice operation)은 논리적으로 병행하는 평등의 조작과 상호성의 조작이다. 롤즈, 피아제, 콜버그 모두가 '반성적 평형' 이론을 지지하고 있다. 피아제는 정의가 왜 의무를 강제하는 '자연적' 규범이고, 정의 개념이 왜 보다 큰 평형으로 변화하는가를 설명적, 심리학적으로 다루었으나, 롤즈는 정의 이론의 정당화 논변에 치중하고 있다. 롤즈의 정당성 주장과 병행하여 콜버그는 단계 6과 같은 정의 원리가 선택되는 이유는 그 원리가 가역적이고, 이전 단계에서 사용된 정의 원리 보다 더 좋은 평형을 이루고 있기 때문이라고 설명하였다.

콜버그는 피아제 이론에서 사회적 판단의 핵심은 상호성과 가역성을 포함하는 정의 구조에 있다고 보았다. 이는 보다 높은 단계일수록 가역성의 정도가 더 높아진다는 것이다(PhMD, 201f). 예를 들면 단계 1의 상호성 관념은 어떤 행동에 대하여 그와 동일한 방식으로 복수하는 것을 정의라고 생각한다. 콜버그는 자신의 어린 아들에 대한 사례를 통하여 이 사실을 설명하고 있다. 한 에스키모 인이 바다표범을 죽여서 먹었을 때, 콜버그의 어린 아들은 그 에스키모 인을 죽여서 먹는 것을 올바르다고 생각했다고 한다(PhMD, 202). 이 경우에 그의 아들은 단계 1의 수준에 있다. 이처럼 초기 상태의 상호성 관념은 황금률의 준거를 충족시키지 않으므로 가역적이지 않다. 비록 에스키모 인이 바다표범을 죽였다고 하더라도, 어떤 사람이 그 에스키모인의 처지에 있다고 가정할 때 다른 사람들이 자기 자신을 죽여도 좋다고 생각하기는 어렵기 때문이다. 에스키모 인을 죽여도 좋은가를 물을 경우에, 그 에스키모인 대신에 자기 자신을 대입하게 되면, 그 물음에 대한 답은 분명하게 될 것이다. 단계 1에서는 상호성을 가역성이 아닌 보복을 통한 교환으로 해석하지만, 그러한 생각은 가역적이지 않다는 것이 드러난다. 이러한 현상은 단계 1과 단계 2의 아동들에게서 전형적으로 나타난다.

그러나 단계 3에서의 상호성은 황금률을 가진 가역성과 동일한 것으로 받아들여진다. 그리고 황금률은 '교환적 행위'(exchanging acts)가 아닌 '이상적인 역할채택'(ideal role taking)이나 '가역적 조망'(reversing perspectives)을 포함하고 있으며, 가역적 조망 역시 '그의 입장에서 무엇을 할 것인가'라는 '현실적인 것' (the real) 대신에 '무엇을 하기를 바라는가'라는 '이상적인 것'(the ideal)이 두드러진다는 것이다. 물론 이 경우에도 이상적인 역할채택이나 가역적 조망은 완전하지 않고, 따라서 이기적이거나 무도덕적 성격을 탈피하지 못한 상태에 있을 것이다.[23] 콜버그는 하인즈 딜레마와 안락사 딜레마에서 단계 2, 3, 4의 해결책은 여전히 불균형 상태에 있으며, 단계 5에 이르러서야 비로소 가역적인 해결책을 이끌어낼 수 있다고 보았다. 콜버그는 '선장 딜레마'(변형 1)[24]와 '자살임무 딜레마'(변형 2)[25]에

---

23) 하인즈 딜레마에서 단계 3의 토미는 남편이 아내를 사랑하고 또한 아내 없이는 슬퍼할 것이므로 남편은 아내의 안락사를 허락해서는 안 된다고 주장한다. 이 경우에 콜버그는 토미의 관점이 '이기적'(selfish) 또는 '무도덕적'(nonmoral)이라고 지적한다. 왜냐하면 남편은 자신의 슬픔을 피하기 위하여 아내가 고통을 당하도록 내버려두기 때문이다(PhMD, 203).

24) 콜버그의 '선장 딜레마'는 남태평양에서 추락한 경비행기의 비행사(선장)와 두 승객(어깨뼈가 부러진 노인과 건장한 젊은이) 중에서 누구로 하여금 뗏목을 떠나게 해야 하는가를 결정해야 하는 문제이다. 뗏목은 두 사람만 탈 수 있으며, 약 3주간의 항해로 섬에 닿을 수 있다. 식량이 부족하고 폭풍우가 오고 있다. 선장이 없으면 안전 항해는 불가능하다. 노인이 떠날 경우 안전 항해의 가능성은 약 80% 정도이고, 젊은이가 떨어질 경우는 약 50%인데, 아무도 뗏목을 떠나겠다고 자원하지 않고 있다. 이 경우에 선장은 어떻게 해야 하는가?

서 어떤 사람의 생명을 구해야 하는가라는 물음에 대한 철학자들의 세 가지 반응을 소개하면서 단계 5와 단계 6의 가역성 문제를 다루고 있다.

콜버그는 제시한 생명 딜레마에 대한 두 철학자의 반응을 소개하고 있다. 단계 5에 해당하는 '철학자 2'와 단계 6에 해당하는 '철학자 3'의 태도이다. '철학자 2'는 폭파 전문가에게 교량 폭파를 명령함으로써 분대의 안전을 지켜야 한다는 입장이다(PhMD, 206). 제비뽑기를 할 경우에는 작전이 실패할 우려가 있기 때문에 최선의 선택이 되지 못할 것이다. 폭파 전문가는 전시 임무를 수행하기 위하여 특별 훈련을 받았으므로 명령을 따라야 한다. 이 결정에서 가장 중요한 사항은 폭파 임무를 완수함으로써 많은 사람들의 생명을 구하는 것이다. 분대장은 한 대원의 죽음이 다른 사람들에게 미치는 효과를 고려하여 결정해야 한다. '철학자 2'의 공리주의의 극대화 원리를 염두에 두고 있으며, 분대장이 부하들을 분별력 있게 대함으로써 최소의 희생으로 최대의 생명을 구하고자 하는 공리주의적 판단인 것이다.

'철학자 3'은 대원들에게 제비뽑기를 시행함으로써 모든 사람들의 살 권리를 동등하게 보장하고자 했다(PhMD, 207). 분대장이 폭

그는 (1) 노인에게 내리도록 명령한다 (2) 제비를 뽑는다(선장은 제비뽑기 참여 여부를 스스로 선택할 수 있다) (3) 세 사람 모두 배에 타고 있는다. 그렇다면 왜 그렇게 해야 하는가?(PhMD, 205f)

25) 콜버그의 '자살 임무 딜레마'는 한국에서 열 명의 해병분대가 후퇴하는 중에 교량 폭파 임무를 누구에게 부여할 것인가의 문제이다. 교량을 폭파하지 않으면 전원 몰살이 분명하다. 폭파할 경우 분대는 안전하게 후퇴할 수 있지만, 폭파 임무를 맡은 자는 살 가능성이 없다. 지원자는 아무도 없다. 분대장은 후퇴를 지휘할 수 있는 유일한 사람이다. 분대장이 폭파 전문가에게 임무를 부여할 경우 성공 가능성은 80%이다. 제비뽑기를 할 경우, 만일 일반병이 지목되었다면 성공 확률은 70%이다. 분대장은 폭파 전문가에게 명령해야 하는가, 아니면 제비뽑기를 해야 하는가? 왜 그러한가?(PhMD, 205f)

파 전문가에게 명령한다면 생명에 대한 동등한 권리를 부정하는 것이 될 것이다. 동시에 그의 희생은 다른 사람들의 복지나 공리의 극대화를 위한 수단이나 도구가 됨으로써 정의로운 선택이라고 볼 수 없는 한계를 드러낸다. '철학자 3'은 각각의 사람들의 생명에 관한 권리를 동등하게 인정함으로써 가역성이 반성적 평형상태에 도달했다고 볼 수 있다. '철학자 2'의 판단에 대해서는 폭파 전문가의 입장이 고려되지 않았지만, '철학자 3'의 판단에 대해서는 모든 사람들이 동등하게 고려된 사실에서 원리적인 선택이라고 할 수 있다. 롤즈에 의하면 '평등'이나 '인간 존중'은 유용성의 원리에 반하는 원초적 입장에서 선택되는 원리이다. 그렇게 원초적 입장에서 선택한 원리는 경쟁하는 유용성의 원리보다 더 좋은 평형상태에 이를 수 있으므로, 구성되기만 하면 자연스럽게 선호할 수 있다는 것이다(PhMD, 213). 어떤 피험자가 원초적 입장에 서서 "만약 내가 폭파전문가를 보내는 것을 지지했을 경우에, 그와 같은 지지가 균형을 잃은 것임을 알게 되었다." 라고 한다면, 그는 이미 단계 5의 수준을 넘어서고 있다고 말할 수 있다. 롤즈의 이론은 모든 이의 판단이 아니라 가장 높은 도덕추리 단계에 있는 사람들만의 '숙고한 판단'을 정당화하는 이론이다. 오직 단계 6의 피험자들만이 롤즈의 평등 원리를 일관성 있게 선택하며, 오직 그들만이 그 원리를 세우고 정당화하면서 원초적 입장의 조망에 맞도록 활용할 것이다. 따라서 콜버그는 오직 단계 6의 도덕판단이 반성적 평형에 이르렀다고 말할 수 있고, 롤즈의 이론에서도 단계 6의 판단은 그 보다 낮은 단계의 판단보다 더 좋다고 말할 수 있다.

콜버그는 이같은 실험적 검증을 바탕으로 '반성적 평형'(reflective equilibrium) 가설을 다음과 같이 정리하고 있다(PhMD, 211). 첫째, "원초적 입장이나 정의의 의자 찾기 놀이 검사에서 가역적이지 않은 도덕판단은 평형상태에 있지 않다." 둘째, "평등이나 공평성(차등의 원리)의 원리 위에 기초하지 않은 도덕판단은 가역적이지 않고 평형 상태에 있지 않다." 셋째, "사람들은 자신의 판단에서 가역성이 부족하다는 것을 인지할 경우에 보다 가역적인 해결에 이르도록 판단이나 원리를 변화시킬 것이다." 넷째, "이와 같은 평형 탐색은 다음 단계로 나아가려는 기반이다." 다섯째, "최종단계인 단계 6은 완전한 평형상태에 이른 단계이다. 따라서 단계 6의 판단은 완전하게 가역적이다. 이것은 단계 5에는 해당되지 않으며, 더 낮은 단계에서는 더욱 더 해당되지 않는다." 여섯째, "단계 6의 판단은 가역적이므로, 단계 6의 모든 주체들은 당면한 사례의 여러 사실들에 대하여 같은 이해를 가지고 동의한다."[26)]

콜버그와 롤즈의 연구 결과는 전적으로 이상적인 합리적 인간이 동의할 수 있는 원리는 단계 6에 의하여 선택되는 정의의 원리라는 사실을 보여준다(PhMD, 214). 가역성이라는 형식적 준거, 즉 콜버그가 강조하는 이상적인 합치는 단계 6이 최선의 것이라는 사실을 보여주는 다른 두 가지 형식적 준거, 즉 분화와 통합을 필수적으로 요구한다.

7. 도덕발달과 도덕교육의 과제

콜버그의 도덕발달론은 현대의 윤리적 문제들을 해결하는데 적절한 방책을 제시할 수 있는가? 현대는 포스트모던적 시민사회인데다

---

26) 반성적 평형 가설에 대한 콜버그의 실증적인 검토에 대한 연구는 어디내스트(A. Erdynast)의 하버드대학교 박사학위 청구논문을 통하여 이루어졌다. A. Erdynast, *"Improving the Adequacy of Moral Reasoning: An Exploratory Study with Executives and with Philosophy Students."* Ph. D. dissertation, Harvard University, 1973.

가 정치사회, 종교문화 등 다양성 요구가 폭주하는 특성을 가지고 있어서 보편적인 하나의 틀을 가지고 문제들을 해결하기는 불가능하다는 생각들이 지배적이다. 또한 길리건의 성차적 주장으로 인하여 보편주의를 표방하는 콜버그의 도덕발달론은 새로운 위협에 직면한 것도 분명한 현실이다. 그리고 매킨타이어는 아리스토텔레스적인 의미에서 덕 윤리의 부활을 새롭게 모색하기도 하였다. 그러나 이와 같은 현대의 다양성 주장은 합리적 소통을 위한 방책으로써 또 다른 선험적 이념(또는 가치)을 요구할 수밖에 없다. 이 점에서 콜버그의 도덕발달론은 현행 도덕교육의 중심 틀로서 활용할 수 있다고 본다.

콜버그는 발달심리학 영역에서의 경험적인 조사연구와 선험적인 도덕철학적 전제들이 일치하는 지점에서 하나의 도덕원리가 도덕판단의 발달 단계 유형에 따라서 독특한 방식으로 구현되는 사실을 발견함으로써 윤리상대주의나, 가치 및 문화상대주의를 극복할 수 있는 도덕발달 단계론을 확립하였다. 콜버그는 도덕이론에서 상대주의를 물리칠 수 있는 객관적인 자료를 확립하였다고 확실하게 믿었다.[27] 그리고 새롭게 확립한 도덕발달론은 아리스토텔레스의 덕

27) J.R. Snarey는 1982년의 연구(*The Social and Moral Development of Kibbutz Founders and Sabras: A Cross-Sectional and Longitudinal Study*. Dissertation. Cambridge, Mass.: Harvard Graduate School of Education)와 1985년의 공동연구(Snarey, J.R., Reimer, J. and Kohlberg, L.: "Development of sociomoral reasoning among Kibbutz adolescents: A longitudinal cross-cultural study." *Developmental Psychology*, 21, 3-17)에서 콜버그가 제시한 단계 6에 속한 사람을 찾지 못했다고 보고한 사실이 있다. 따라서 이를 바탕으로 콜버그의 단계 6은 경험적으로 입증된 것이 아니라고 주장할 수 있을지 모른다. 그러나 그런 사실들은 선험철학적 도덕원리와 경험심리학적 도덕사실 사이의 일치를 통하여 콜버그가 도덕 상대주의자들을 비판할 수 있었다는 사실에 대한 반론이 되지 못한다. 왜냐하면 콜버그 스스로도 극소수의 사람들만이 이 단계에 속하며, 설사 단계 6에 속한다 하더라도 실제 상황에서 단계 6에 걸맞은 행위를 할 것인지는 알 수 없다

이론과 같은 교화주의와 개개인의 도덕적 감정을 모두 인정하는 상대주의의 한계를 동시에 극복할 수 있는 비책이라는 믿음을 숨기지 않았다. 콜버그는 칸트의 정언명령조차도 그 명령의 수행에만 집착할 경우에 단계 4에 머물 수 있다고 지적함으로써 칸트와의 차별성을 강조하기도 한다.

콜버그의 도덕발달론, 특히 도덕판단의 단계론에서 나타나는 유연성은 소크라테스의 도덕교육 방법론에서 원용한 것이다. 콜버그는 소크라테스(플라톤)가 선의 지식을 하나의 덕으로 이해한 것처럼 정의 개념을 유일한 도덕원리로 상정하였다. 정의의 덕은 단계라는 형식적인 구조 안에서 서로 다른 도덕적인 행위 내용을 산출함으로써, 형식주의 윤리학(의무론)과 내용주의 윤리학(덕 윤리)의 상반된 두 가지 요소를 통일적으로 구현할 수 있는 특성을 지니고 있다. 그는 단계 6을 도덕원리 그 자체로 특성화함으로써 그 이하의 단계에서

는 태도를 취했기 때문이다. 콜버그가 중시한 것은 도덕철학의 선험적 전제들 없이는 도덕발달론적 논의를 시작할 수 없으며, 도덕심리학적 경험사실에 의한 확인을 통하여 도덕철학의 선험적 전제들을 개선하고 보완할 수 있다는 사실이었다. 따라서 콜버그의 단계 6이 도덕철학의 선험적 원리의 측면을 가진다고 해서 경험적이고 객관적인 근거를 결여하고 있다고 단정할 수 없고, 모든 조사에서 단계 6에 속한 사람들을 확인할 수 있어야 한다고 주장할 필요도 없다. 콜버그의 이런 태도에 대하여 칼-오토 아펠은 그가 단계 6을 충분하게 정초하지 못했다고 비판하기도 했다(이에 대해서는 필자의 『아펠과 철학의 변형』, 297쪽 이하를 참조할 것). 그러나 정작 아펠과 그의 동료 하버마스는 콜버그의 단계 6에 만족하지 않고 담론윤리학적 차원의 7단계를 요청하기도 했다. 이러한 7단계의 요청 사실은 이미 그들이 콜버그의 단계 6을 인정하는 것을 뜻한다. 최근 필자의 지도하에 실시한 김장배의 조사연구에서도 단계 6에 속한 사람은 나타나지 않았으나, 평정 과정에서 부분적으로 단계 6에 해당하는 다수의 판단들이 발견되었다(김장배, 「콜버그의 도덕발달론 연구: 실증적 조사 연구를 중심으로」, 울산대학교 대학원, 2011, 부록 참조). 이러한 사실에서 필자는 콜버그의 단계 6이 칸트에서처럼 선험적 이념에 그치는 것이 아니라 실재적 크기를 갖는다고 보았다.

정의라는 덕 그 자체가 구체적으로 발현된다는 취지를 체계화함으로써 플라톤의 이데아론을 도덕이론의 틀 속에 수용하고 있다.[28)]

따라서 현대사회에서 도덕 윤리 교사들은 덕 그 자체이자 도덕원리로서의 정의 개념이 다섯 개의 단계에서 어떻게 구현되는가를 실제로 확인하게 함으로써 학생들의 도덕판단 능력의 발달과정을 지도할 수 있을 것이다. 콜버그의 도덕발달론은 황금률의 의무적 수행을 강제하기보다는 도덕적 행위 주체가 어떤 특정한 상황에서 어떻게 결정하고 그렇게 판단한 이유와 근거는 무엇인가를 검토함으로써 행위 주체의 도덕판단 능력을 측정하고자 한다. 따라서 보이스카우트처럼 특정한 덕목의 강제적 이행을 독려하는 교화주의를 극복할 수 있으며, 동시에 예외를 인정하지 않는 칸트적인 정언명령의 자체 함정으로부터도 자유로울 수 있다. 히틀러의 유대인 학살이 자행되는 현장에서 게쉬타포가 집 주인에게 유대인을 숨겨두었는가를 묻는 상황에 처했을 때, 도덕적 행위 주체에게 거짓말이 허용될 수 있는가의 문제를 생각해 보자. 콜버그의 도덕발달론은 이 두 가지 답변 가능성 중에서 어떤 것을 선택하는 가에 따라서 도덕성을 측정하는 것이 아니라, 그 각각의 경우에 도덕적 행위 주체가 도달한 판단 근거를 보고서 도덕판단 능력의 단계를 가늠하는 것이다. 이와 같은 콜버그의 새로운 관점은 칸트의 정언명법을 새롭게 해석하는 데도 기여할 수 있을 것이다.

앞에서 지적한 것처럼 포스트모던적 시대를 살아가는 우리들에게 전통적인 규범윤리학에서처럼 "절대로 ~해서는 안 된다."라는 근본적인 행위 원칙을 강조할 경우에, 도덕적 행위 주체는 딜레마 상황에 빠질 수밖에 없게 된다. 이 때 도덕교사는 학생에게 어떻게 하는

---

28) 플라톤에서의 덕은 하나이지 결코 다수가 아니다. 콜버그의 도덕단계론에서는 그 하나의 덕, 즉 정의가 다수 가운데 실현되는 모습을 기술하고 있는 것이다(PhMD, 30, 40).

것이 도덕적이라고 가르쳐야 하는 것일까? 그리고 그와 같은 교사의 가르침은 자의적이고 상대적인 것인가 아니면 필연적이고 보편적인 것인가? 그렇게 생각한 근거는 무엇인가? 이러한 물음들은 콜버그의 도덕발달론과 도덕판단 능력의 단계론에서 그 해답을 찾을 수 있다. 콜버그의 도덕발달론은 현대의 도덕교육에서 필수적으로 요구하는 자율적인 가치판단의 발달론적 근거를 제시하고 있다. 따라서 딜레마 상황에서 도덕적 행위 주체의 판단 근거를 중시하는 콜버그의 도덕교육 방법론의 취지를 현장 교육에서 적극 활용할 필요가 있다.

우리나라의 학계에서도 김민남, 문용린, 김상윤 등의 주도하에 콜버그 연구가 진행되고 있으나, 이들의 연구는 주로 교육학이나 심리학 영역에서의 조사연구에 따른 것이어서 철학적, 윤리학적 접근이 결여된 상태에 있다. 그들과는 반대로 본 연구에서는 콜버그의 도덕발달론이 형성된 철학적, 윤리학적 배경을 살펴봄으로써 현대의 도덕 윤리 교과연구 분야에서 콜버그에 대한 바르고 새로운 이해 지평을 마련코자 하였다. 이처럼 도덕발달론의 체계성과 현장 교육에서의 그 정당성 논거를 동시에 성찰함으로써 교수와 학생들이 열린 자세로 도덕성과 정의 개념에 접근해 나갈 수 있는 새로운 교수법 구축을 위하여 노력해야 할 것이다.

제3장 콜버그의 도덕발달 정초

1. 보편적인 도덕의 정초는 가능한가?

콜버그는 보편적인 도덕발달의 단계를 제시하고자 하였다. 이로부터 우리는 또 다시 보편적인 도덕의 정초가 가능한가, 그렇다면 그것은 어떻게 가능한가라고 묻게 된다. 이 물음은 두 가지 선행 사실에 대한 검토를 요구하고 있다. 그 하나는 '자연주의적 오류'에도 불구하고 보편적으로 타당한 도덕원리를 정초할 수 있는가라는 물음이고, 다른 하나는 문화적, 종교적, 역사적 차이에도 불구하고 규범윤리학의 원칙들이 서로 다른 상황 속에서 보편적으로 적용될 수 있는가라는 물음이다. 우리는 이 두 가지 물음들에 대한 검토를 통하여 앞에서 제기한 보편적인 도덕발달론의 정초 가능성에 관한 조건들을 살펴보고자 한다. 첫 번째 문제는 흄과 무어가 제기했던 윤리학 또는 가치판단 자체의 성립 가능성에 대한 전통적인 의문, 곧 사실에서 당위를 도출하는 것은 범주적 오류를 범하는 것이라는 지적과 관련이 있다. 두 번째 문제는 칸트의 정언명법(도덕법)과 황금률과 같은 도덕원리가 역사와 종교, 그리고 사회문화적 전통의 차이에도 불구하고 예외 없이 모든 상황에서 보편적인 구속성을 발휘할 수 있는가라는 지적과 관련되어 있다.

물론 콜버그의 시도 이전에도 보편적 규범윤리학의 정초를 시도한 학자들이 있다. 칸트는 모든 사람들에게 선천적으로 주어진 것으로 간주하였던 '선의지'와 '양심'의 자유에 근거하여 '정언명령'이라는 보편적인 도덕원리가 정초될 수 있다고 주장하였다. 롤즈는 무지의 장막이 처져있는 원초적 상태에서 모든 사회 구성원들이 존중할 수 있는 정의의 원칙을 수립함으로써 보편적인 규범윤리학의 정초가 가능하다고 보았다. 콜버그는 칸트와 롤즈의 이론을 적극적으로 수용하여 선의지, 양심, 정의의 원리가 도덕판단 능력의 발달 단계에 따라서 질적 차이를 가진 특별한 형태로 구현될 수 있다는 이른바 도덕발달 단계론을 정초하고자 하였다. 따라서 여기에서는 콜버그가 보편적 규범윤리학의 정초 가능성을 전면적으로 부정하는 윤리 상대주의 및 문화 상대주의의 비판 전략을 바탕으로 자연주의적 오류의 문제를 넘어서서 칸트와 롤즈의 도덕철학과 정의의 원리의 내용적 전개를 실증적으로 제시하고자 했던 '도덕적 통합형식의 위계'로서의 '도덕단계'의 정초 과정을 중점적으로 분석하면서, 보편적인 도덕발달론의 정초 가능성 조건들에 대하여 숙고하고자 한다.

2. 콜버그와 '자연주의적 오류'의 문제

콜버그는 도덕발달론의 정초 과정에서 윤리 상대주의와 '자연주의적 오류'의 문제를 극복하기 위하여 고심한 바 있다. 그는 특히 「사실로부터 당위로」[1])라는 논문에서 어떻게 자연주의적 오류를 범하게 되고, 도덕발달 연구에서 이 오류를 회피할 수 있는가를 묻고 있다. 그는 결국 이 문제 역시 가치의 문화적 상대성이라는 문제와 연결되어 있다는 인식을 가지고 있다.

콜버그는 '심리학자의 오류'[2] 대신에 '발달·철학적' 전략을 제안하고서 철학적 원리와 실증심리학적 발견을 통합하려고 했다. 그러나 어떻게 철학적으로 그에 대한 기초를 수립할 수 있는지의 문제는 「사실로부터 당위로」에서 다루고자 하였다(PhMD, 7). 콜버그 스스로 『도덕발달의 철학』에서 가장 핵심적인 부분이라고 말하고 있는 이 글에서 그는 도덕단계에 내재한 정의(justice) 개념을 정교화 하는 동시에, 심리학자의 오류나 자연주의적 오류를 범하지 않고서도 심리학의 이론 및 연구 사실로부터 도덕적 당위, 즉 타당한 도덕원리를 이끌어낼 수 있다고 주장한다.[3] 그러므로 콜버그에서 '사실(Is)로부터 당위(Ought)로'는 바로 '도덕발달의 사실'(the facts of moral development)로부터 '도덕관념의 인식론적 지위와 이상적 내용'(the ideal content and epistemological status of moral ideas)으로의 이행을

---

1) L. Kohlberg, *From Is to Ought:* How to commit the naturalistic fallacy and get away with it in the study of moral development, in: T. Mischel, ed., *Cognitive Development and Epistemology*. Academic Press, New York 1971, and in PhMD, 1982.

2) 스키너의 '심리학자의 오류' 및 문화상대주의에 대한 콜버그의 비판에 대해서는 이 책의 제2장 "콜버그의 윤리상대주의 비판"에서 다룬 바 있다.

3) 이에 대하여 올스톤(Alston)은 콜버그가 도덕심리학의 모자에서 도덕철학이라는 토끼를 끄집어내려 한다고 비판하였다(PhMD, 97). 또한 그는 콜버그가 '도덕'이라는 개념을 그의 편견(기호)이 아니고 객관적인 표준을 가진 의미로 사용했다는 것을 보여주어야 한다고 지적하였다(PhMD, 103). W.P. Alston, "Comments on Kohlberg's From *Is* to *Ought*", in: T. Mischel, ed. *Cognitive Development and Epistemology*. Academic Press, New York 1971, pp. 276-278. 피터스(Peters)도 콜버그의 도덕발달론이 일반 윤리이론(general ethical theory)이 아니라고 비판했다(PhMD, 104). R.S. Peters, "Moral Development: A Plea for Pluralism", in: T. Mischel ed., ibid., p. 264.

뜻한다(PhMD, 102).

우리는 콜버그 자신이 「사실로부터 당위로」라는 논문에 대하여 개괄적으로 제시한 부분에서 그의 의도를 보다 분명하게 파악할 수 있다(PhMD, xxxi-xxxii). 그가 여기에서 중점적으로 밝히려는 것은 도덕철학과 도덕심리학의 관계 규명이다.[4] 콜버그에 의하면 철학자들은 심리학자들에게 단순히 사람들이 무엇을 '좋은 것' 혹은 '바른 것'이라고 결정하는가에 관한 연구로서 선(the good)과 올바름(the right)의 철학을 정초할 수 없기 때문에 사실로부터 당위로 이행할 수 없다고 한다. 그렇게 할 경우 '자연주의적 오류'를 범하게 된다는 것이다. 그리고 콜버그 역시 일단 이 사실에 동의한다. 그러나 콜버그는 심리학자들 역시 철학적 가정과 실증적 발견을 중시해야 하는 점에서 철학자들과 특별히 다를 바가 없다고 본다. 콜버그는 도덕발달에 관한 실증심리학적 연구를 추진하려면, 그 전에 이미 '도덕'(moral)과 '발달'(development)이라는 용어에 대한 도덕철학적 명료화와 정당화를 요구한다는 것이다. 심리학의 실증연구가 철학을 요구하고, 도덕철학은 도덕심리학자의 실증연구를 필요로 하는 것이다.[5] 이것은 마치 폴 틸리히에서 철학과 신학의 '상호연관'(correlation)이나 칼 포퍼의 반증이론의 연구 방법론을 연상하게 한다. 따라서 그 가정들이 실증적 결과 사실 앞에서 무력할 경우에 그것들을 수정, 보완할 수

---

4) 이와 관련하여 콜버그는 다음과 같은 두 가지 중요한 물음을 제기한다. "(1) 도덕개념의 발달에 대한 심리학 연구는 우리에게 그 개념의 인식론적 또는 도덕철학적 지위에 관하여 무엇을 말해 줄 수 있는가? (2) 도덕개념의 발달에 관한 심리학 연구는 도덕추론에 관한 인식론적 또는 도덕철학적 가설에 대하여 무엇을 요구하는가?"(PhMD, 101)

5) 콜버그는 자신이 도덕발달심리학에 대한 연구에 착수할 때 도덕철학에 대한 지식이 필요하다고 깨달았다고 하는데(Kohlberg, Dissertation 1958), 실제로 그는 자신의 발생적 연구가 철학적 윤리학에 상당히 중요한 사실들을 알려주었다고 자평했다(PhMD, 102).

있으므로, 실증적 연구에 의한 도덕단계의 발견 역시 도덕발달에 관한 최초의 철학적 가정을 지지하거나 반박할 수 있다. 그리하여 콜버그는 도덕철학적 가설이 실증적 탐구를 인도하고 도덕심리학적 발견의 성과와 결론이 다시 도덕철학적 가설에 반영되어야 한다고 주장한다. 도덕발달에 관한 실증연구의 시작과 마지막 부분에서 동시에 도덕철학을 요청해야 한다는 것이다.

이러한 사실로부터 콜버그는 "도덕성에 대한 심리학적 연구에는 철학적으로 어떤 중립적인 출발점도 없다."라는 핵심 가설을 제기한다(PhMD, 98). 베르코비츠(Berkowitz)는 "도덕가치를 일정한 사회 성원들에 의하여 '올바르다'고 믿어지는 행위의 평가"라고 규정하면서, 이를 '중립적'(neutral)이라고 주장한 바 있다.[6] 그러나 콜버그의 테제에 의하면 철학적으로 중립적인 출발점이 있다고 주장하는 문화적 상대주의 역시 철학적으로 중립이 아니다.

콜버그는 상대주의와 과학적 중립성을 지지하는 사회과학의 영역에서 몇 가지 혼란이 발생한다고 지적한다(PhMD, 106-114). 브란트(Brandt)에 의하면 현대 사회과학자들이 이해하는 상대주의는, (1) 도덕원리가 근본적으로 문화적 다양성을 가지고 있으며, (2) 도덕신념의 현저한 차이를 해소할 수 있는 어떤 합리적 원리나 방법도 없으므로 그런 다양성은 논리적으로 불가피하고, 따라서 (3) 사람들은 각자가 지지하는 도덕원리에 따라서 살아야 한다는, 세 가지 신념을 기초로 하고 있다.[7] 콜버그는 가치상대주의자들 역시 적어도 네 가지 정도의 오류에 빠져 있다고 지적한다.

첫 번째의 오류는 문화적 상대주의와 윤리적 상대주의 사이의 혼

---

6) PhMD, 104, 112; Leonhard Berkowitz, *Development of Motives and Values in a Child*. Basic Books, New York 1964, p. 4.

7) PhMD, 106; R.B. Brandt, *Value and Obligation: Systematic Readings in Ethics*. Harcourt, New York 1961, p. 433.

란인 동시에, 사실과 가치의 혼돈이다. 브란트는 (1)을 문화적 상대주의, (2)를 윤리적 상대주의라고 규정하면서, 문화적 상대주의자가 아닌 사람은 윤리적 상대주의자도 아니지만, 윤리적 상대주의자가 아닌 자는 문화적 상대주의자일 수 있다고 하였다. 콜버그는 많은 사회과학자들이 지지하는 가치상대주의는 모든 사람들이 수용하는 어떤 표준은 없다고 하는 '사실'의 문제와 모든 사람이 당연히 수용해야 할 표준이 없다는 '가치'의 문제를 혼돈하는, 이른바 자연주의적 오류를 범한다고 지적하였다(PhMD, 107).[8)]

두 번째의 오류는 "어떤 도덕 신념이나 원리도 절대적으로 타당한 것은 아니라는 상대주의의 윤리적 명제(2)와, 어떤 인간의 도덕 신념이나 원리와 상관없이 그 인간에 대한 존경과 자유를 허락하는 것이 타당한 도덕원리라는 비상대주의적 자유주의 명제(3) 사이의 혼란이다(PhMD, 110). 콜버그는 (3)의 타당성이 (2)로 인한 것은 아니라고 주장한다. 관용의 원리 자체가 '상대적'이거나 '자의적'인 것이 아니므로, (3)이 윤리적으로 타당하다고 해서 (2)가 윤리적으로 타당한 것일 수도 없다.

세 번째의 오류는 윤리적 상대주의(2)와 '가치중립성'(value neutrality), 즉 '과학적 무당파성'(scientific impartiality) 사이의 혼란이다. 벌코비츠는 도덕 가치를 특정 사회의 성원들의 일반적 평가라고 규정하면서, 그것을 '중립적'(neutral or impartial)인 것으로 보았다.[9)] 콜버그는 벌코비츠의 주장이 바로 이런 오류에 해당한다고 보았다.

---

8) 콜버그는 포이어(Feuer)가 가치의 합리성이나 순수성에 대한 윤리적 진술이 그 가치의 기원에 대한 경험적 진실을 확립하는 일에서 직접 도출할 수 있다고 믿었는데, 이는 사실판단과 가치판단을 동일시하는 자연주의적 오류를 범한다고 비판했다. PhMD, 108; L. S. Feuer, *Psychoanalysis and Ethics*. Thomas, Springfield 1955, pp. 5-11.

9) Leonard Berkowitz, *Development of Motives and Values in a Child*. New York 1964, p. 4. PhMD, 112.

그의 주장은 도덕 분야를 규정하는데 도움을 줄 수 있는 문화적으로 보편적인 근거가 없다고 가정한다. 그리고 문화적 평가에서 생기는 여러 사실들을 어떤 보편적 근거에 의하여 적절하거나 도덕적이라고 사정될 수 없다고 가정한다. 따라서 이런 가정들을 미리 전제하는 그의 주장이 과학적으로 중립적이거나 무당파적이라고 볼 수 없는 것이다.

네 번째의 오류는 '과학적인 것 또는 사실적인 것'(the scientific or factual)으로서의 '합리적인 것'과 '가치중립적인 것'(value neutral)으로서의 '합리적인 것' 사이의 혼란이다(PhMD, 113). 콜버그는 벌코비츠의 오류는 사실과 당위의 혼란보다는 막스 베버와 같은 사회과학자가 주장하는 합리성 개념이 사실과 가치 중립 사이에서 혼란하게 사용된 데서 기인한다고 보았다.[10] 사회과학자의 '가치중립성'(4) 개념은 윤리적 상대주의를 정당화하는 것이 아니라 오히려 그것을 전제하고 있다고 비판한다. 콜버그는 베버가 과학적 중립의 필요성, 즉 행동의 사실-인과적 연관성에 대한 검사를 기본적으로 요청하는 사실에 대해서는 공감한다. 그러나 콜버그에 의하면 베버는 연구될 가치의 적절성에 대한 근거를 과학자가 사용하는 것과 그 과학자의 편견을 혼동하고 있다. 다윈의 진화에 대한 신념의 성장 가운데서 객관적인 과학적-역사적 연관을 정립하려면 그 자신의 신념에 대한 인지적-과학적 적절성에 대하여 정당화할 수 있는 어떤 입장을 가정해야 하는 데서 알 수 있듯이, 콜버그는 탐구하는 행위의 적절성 기준을 무시한 상태에서 사실을 조사하는 것은 불가능하다고 보았다(PhMD, 14).

이처럼 콜버그는 문화적 상대주의와 윤리적 상대주의에 치우쳐 있는 사회과학자들의 선험적 가설들과 그 오류를 지적함으로써, 도덕발달과 도덕 진화를 발견할 수 없으며 어떤 합의에도 이를 수 없다는

10) M. Weber, *The Methodology of the Social Sciences*. New York 1949.

주장을 물리치는 동시에 도덕적 합의의 가능성에 대한 철학적 논증을 시도하고자 한 것이다. 그리하여 콜버그는 도덕의 신념과 실천에 대한 사실의 연구는 객관성을 필수적으로 요구하지만, 도덕 관념의 발달과 역사에 대한 연구는 도덕성의 반성적 합리적 표준과 원리에 의하여 인도되어야 한다고 보면서, '근본적인 도덕원리'(basic moral principles)야말로 보편적이라고 주장하였다.11)

앞에서 살핀 것처럼 콜버그는 '자연주의적 오류'의 사례가 주로 가치의 문화적 상대성이라는 쟁점과 관련되어 있다고 보았으며, 특히 사회과학자들과 같은 상대주의자들이 도덕가치를 문화에 관련된 것으로 보았다고 지적한다. 콜버그는 자신의 연구를 통하여 '보편적 단계계열을 통하여 발달하는 보편가치에 관한 사실들'이 밝혀졌음에도 불구하고 대부분의 문화상대주의자들은 여전히 철학적, 윤리적 상대주의를 지지한다고 비판하였다. 따라서 콜버그는 도덕발달에 대한 그들의 사실적 탐색 역시 발달 진행에 대한 그들 나름대로의 적절한 표준에 근거하므로 '가치 편향적'이고 '비과학적'이라고 주장한다. 그러나 콜버그는 과학이나 윤리학 모두 도덕적 방법이나 표준에 대한 가정을 확신하지 않고서는 앞으로 나아갈 수 없다고 주장한다. 콜버그는 상대주의자들도 언제나 이미 '관용의 원리'(the principle of tolerance)가 모든 이들에게 바람직하다는 사실을 수용하고 있다고 지적하면서, 그와 같은 상대주의자들의 주장은 기본 권리의 동등한 보호에 근거하는 단계 5, 즉 사회계약의 핵심이라고 보았다(PhMD, xxxi). 콜버그는 어떤 문화권에서도 단계 5(또는 6)에 도달

---

11) 콜버그의 보편적인 도덕이론에 대하여 심프슨과 설리반은 콜버그의 통문화적 연구 성과들은 간과한 채, 문화적으로 편향된 서구 자유주의 이론이라고 비판하였다. E.L. Simpson, "Moral Development Rearch: A Case of Scientific Cultural Bias", in: *Human Development 17*, 1974, pp. 81-106. Edmund V. Sullivan, *Kohlberg's Structuralism: A Critical Appraisal*. Ontario Institute for Studies in Education, Toronto 1977.

한 사람들은 보편적으로 적용 가능한 원리들을 정식화하려고 하는데, 그들이 정초하려는 원리들은 문화적 차이에도 불구하고 능히 알아볼 수 있을 정도로 유사하다고 주장하면서, 어떤 이론도 이러한 보편성을 인정하지 않을 수 없다고 강조한다(PhMD, 98). 이 점에서 콜버그는 도덕추리(moral reasoning)나 원리들(principles)에서의 가역성(reversibility)이나 보편화 가능성(universalizability)과 같은 기준들은 보편적으로 적합하다는 '방법론적 비상대주의'(methodological non-relativism)를 지지한다. 이것은 도덕 표준에 대한 뚜렷한 문화적 차이가 있더라도 그 차이를 화해시키거나 동의할 수 있는 합리적인 원리와 방법이 있다고 믿는 입장이다.

콜버그는 '도덕적 통합 형식들의 위계'(hierarchy of forms of moral integration)를 '도덕 단계'(moral stages)라고 규정한다(PhMD, 99). 단계적 발달에 대한 심리학적 설명과 보다 높은 단계의 철학적 정당화 사이의 '구조적 동형성'(structural isomorphism)이 있다. 심리학과 철학에서 구조 이론의 관점에서 보면 도덕판단과 추론은 서로 다른 적절성의 정도를 가진 형식적 특성이라는 점이 특별하다. 도덕 단계의 형식적 특징은 그 단계가 도달하는 균형(balance)과 평형상태(equilibrium)의 유형에 의하여 나타나는데, 보다 높은 단계는 그 앞의 단계보다 높은 평형에 도달한 상태이다. 이 경우에 균형과 평형은 정의의 중심을 지시하는 개념이다. 이처럼 콜버그는 「사실로부터 당위로」라는 글에서 도덕적 평형의 구조적 형식인 도덕 단계들이 존재한다는 사실에서 자연주의적 오류에 빠지지 않고서도 보편적인 규범윤리학의 정초가 가능하다고 믿었다.

3. '사실'로부터 '당위'로

'도덕성이란 무엇인가'라는 물음은 '우리에게 도덕성은 당연히 무엇이어야 하는가'라는 물음과 통한다. 콜버그는 우선 이 물음과 관련하여 필연적으로 제기되는 세 가지 형식의 자연주의적 오류를 회피하고자 한다(PhMD, 177).

첫 번째 유형의 자연주의적 오류는 도덕판단의 자연주의적 관념이 저지르고 있는 것처럼, '심리학적, 인지 · 예측적 판단'(pychological, cognitive-predictive judgements)이나 또는 '쾌락 · 고통 진술'(pleasure-pain statements)로부터 도덕판단을 끌어내는 일이다. 콜버그 자신은 도덕판단을 진정으로 다른 어떤 다른 것으로 가정될 수 없는 규정적(prescriptive)이고 자존적인 것(sui generis)으로 이해하였다.

두 번째 유형의 자연주의적 오류는, 도덕성 또는 도덕적 성숙은 생물학적 인간 본성의 일부라고 가정하거나 생물학적으로 더 오래된 것이 더 나은 것이라고 가정하는 오류이다(PhMD, 178).

세 번째 유형의 오류 형식은 '도덕판단이 무엇이어야 하는가'(what moral judgement ought to be)에 대한 어떤 개념도 '그것이 무엇인가'(what it is)에 관한 적절한 개념 위에 성립한다고 주장하는 오류이다. 콜버그 자신도 이 오류를 범하고 있다고 인정한다. 콜버그에서 도덕적인 것에 관한 개념이 경험적으로도 '작동'한다는 사실은 그것의 철학적 적절성을 위해 중요하다. 콜버그는 벤담의 행복주의(단계 2)와 뒤르껭의 집단권위(단계 4)는 도덕성의 본질에 대한 문제를 간과하고 있기 때문에 살아남을 수 없다고 본다. '적절한'(adquate) 또는 '이상적인'(ideal) 도덕판단이 무엇이어야(should) 하는가에 대한 어떤 개념도, 사람들의 정신 속에서 도덕판단은 실제로 무엇인가(is)에 관한 적절한 정의에서 성립한다는 것이다.

도덕발달에서 '사실'과 '당위'의 논란에 대하여 콜버그는 자신의 독자적인 입장을 확립하였다(PhMD, 178). "첫째로, 발달에서 연속적으로 일어나고 정의의 원리에 중심을 두고 있는 보편적인 도덕형식이 있다는 것은 과학적 사실이다." 이것은 콜버그가 실증적 면접조사 연구를 통하여 정의의 원리가 여섯 가지 단계의 형태로 나타난다는 사실 확인에 근거한 것이다.

"둘째로, 칸트적 도덕 형식은 사실과 가치의 구분을 가정하는 형식이며, 도덕적인 사람은 그가 자신의 도덕판단이 사실(fact)과의 일치가 아니라 이상적 규범(ideal norm)과의 일치에 근거한다고 생각한다." 이 점에서 콜버그는 칸트주의자이다.

셋째로, 콜버그에 의하면 과학은 철학자의 도덕성 개념이 현상학적으로 심리학적 사실과 부합하는가를 검사할 수 있으나, 도덕성이 무엇이어야 하는가라는 점에서 도덕성의 개념을 정당화할 수는 없다고 보았다. 가치는 도덕적 담론을 위한 사실과 다르며, 도덕적 자율성이 가장 중요한 핵심이기 때문이다. 과학적 담론의 규칙은 도덕적 담론의 규칙이 아니므로, 과학은 도덕성을 입증하거나 정당화시킬 수 없다는 것이다. 이로써 콜버그는 도덕과 과학의 담론 방식의 차이를 지적하고자 하였다.

넷째로, 콜버그는 논리적 또는 규범윤리적 분석을 통하여, 단계 4의 도덕철학 유형은 도덕성이 당연하게 다루어야 할 문제를 다루거나 해결하지 않은 반면에, 단계 5의 도덕철학 유형은 그 문제를 다룰 수 있다는 사실을 확인하였다. 콜버그는 사람들의 신념에 대한 사실조사를 통하여 왜 발달적으로 보다 낮은 철학이 다루지 못한 문제를 보다 높은 철학은 다룰 수 있는가에 대한 내적 논리적 분석을 시도함으로써, 과학은 어떤 도덕이론이 다른 것보다 더 좋은가에 대한 도덕적 담론에 공헌할 수 있다고 보았다(PhMD, 178f).

다섯째로, 사람들이 왜 실제로 단계에서 단계로 상향 이동 하는가에 대한 과학 이론과, 사람들이 왜 실제로 낮은 단계보다 높은 단계를 더 좋아하는가에 대한 과학 이론은, 넓게 보아서 사람들이 왜 낮은 단계보다 높은 단계를 더 좋아해야만 하는가에(should) 대한 도덕 이론과 같다(PhMD, 179). 바꾸어 말하자면, 왜 사람들이 도덕 이념에서 상향 이동하는가에 대한 심리학 이론은, 왜 사람들이 항문기에서 생식기로 움직이는가의 심리학 이론과 같은 것은 아니다. 본능의 진보에 대한 프로이트 이론이 왜 생식활동은 배설활동보다 더 좋은가에 대한 윤리적 정당화라고 말하는 것은 자연주의적 오류이다. 그러나 인지 및 도덕성의 상호작용적(interactional), 위계적(hierarchical) 단계이론과 성숙적(maturational), 발생론적(embryological) 단계이론은 그 논리에서 중요한 차이를 갖고 있다.[12)]

첫 번째에서 네 번째까지의 주장에서 콜버그는 결국 도덕심리학과 도덕철학의 협력을 호소한다. 콜버그의 다섯 번째 주장에 반대하는 올스톤(Alston)은 콜버그가 "모자 속에서 도덕철학을 끌어내려고" 애쓴다고 비판한다.[13)] 콜버그는 올스톤의 비판이 발달적 사실로부터 도덕철학을 위한 어떠한 것을 도출한다는 것은 논리적으로 불가능하다는 의미인지, 아니면 논리적으로 가능하지만 너무 어려운 시도라서 콜버그가 완전히 성공하지 못하고 있다는 것인지 모호하다고 지적한다. 그는 일단 후자의 사실에 동의하면서, 만약 자신의 논증이 완전히 성공한다면 도덕철학의 기본문제를 해결해 줄 것이라고 말한다. 발달의 사실이 도덕적 '당위'를 논증하는 데 어떠한 유용성도 있을 수 없다는 앞부분의 지적에 대해서는, 세플러(Scheffler)의

12) L. Kohlberg, "Stage and Sequence: The Cognitive-Developmental Approach to Socialization", in: D.A. Goslin, ed., *Handbook of Socialization Theory and Research*. Chicago 1969.

13) Alston, "Comments on Kohlberg's From *Is* to *Ought*", in: T. Mischel, ed. *Cognitive Development and Epistemology*. Academic Press, New York 1971, p. 277.

견해를 지지하는 것으로 대신하였다.[14)]

콜버그는 규범이론을 도덕판단의 사실에 대한 확고한 관점으로부터 정초할 필요가 있다는 생각을 가지고 자신의 시야를 확대하고자 한다. 그리하여 그는 윤리상대주의자와 문화상대주의자를 반대하는 편에 서서 보편적 특성을 주장하고자 한 것이다(PhMD, 180). 그리하여 콜버그는 심리학 이론과 규범윤리 이론이 서로 환원될 수는 없지만 병행론적 관점에서 상호 접근이 가능하다는 입장을 견지한다. 도덕판단 구조에 대한 적절한 심리학 분석과, 판단에 대한 적절한 규범적 분석은 유사한 용어로 이루어진다는 것이다. 우선 도덕단계에 대한 심리학 기술은 규범윤리학 체계의 '심층구조'(deep structure)와 상응한다고 볼 수 있다. 단계들 간의 논리관계는 도덕판단 발달의 적절한 이론구조, 즉 왜 도덕판단의 A체계가 B체계보다 더 좋은가에 대한 적절한 이론구조를 표상하고 있다. 콜버그는 분화와 통합의 준거, 즉 '구조적 평형'(structural equilibrium)이라는 형식 심리학적 발달 준거가 규정성(prescriptiveness)과 보편성(universality)이라는 형식도덕적 준거 속에 자리잡을 수 있다는 생각에서, 심리학 발달이론과 형식주의 도덕이론 간의 병행론(parallelism)을 주장한 것이다. 그는 만일 병행론이 세밀한 구석까지 통할 경우에, 형식주의 철학자들은 평형개념을 규범윤리 이론의 일부로서 통합할 수 있을 것이고 그 역도 가능할 것이라고 보았다. 그것은 현대 경제학 이론에서 사람들이 어떻게 경제적 결정을 내려야 하는가에 관한 이론과, 사람들이 실제 결정을 내리는 방식이 서로 매우 밀접히 연결되어 있다고 보는 것처럼, 심리학적 발달이론과 형식주의적 도덕이론이 동시에 작동하는 합리적 도덕판단 이론이 성립할 것이라고 보았다.

콜버그는 단계 심리학(stage psychology)이 어떻게 도덕철학자의

14) I. Scheffler, "Anti-Naturalistic Restrictions in Ethics", in: *Journal of Philosophy*, 1, 1953; PhMD, 179.

임무를 안내할 수 있는가에 대하여 설명한다(PhMD, 181). '비판적, 분석적 도덕철학'은 '일상적 의식의 명료화'(clarification of ordinary consciousness)를 목표하지만, 여섯 단계들이 존재하고, 각 단계는 낮은 단계의 도덕원리들의 '재구성'(reconstruction)한 것이므로, 도덕원리는 '능동적인 구성'(active constructions)이 된다. 따라서 도덕철학은 단순하게 분석과 명료화에 그치지 않고 '구성'(construct)을 요구한다. 콜버그에 의하면 합리적인 도덕성을 구성하려는 철학자들은 대개 두 개의 메타윤리적 입장 중의 하나를 택하는데, 그 중 하나는 '도덕선택을 위한 합리적 체계'(rational system for moral choice)란 합리적인 추론 방법 이외의 어떤 것도 수용하지 않는 행위자에게 자명한 원리로부터의 연역과 선택을 최적화하는 원리들로부터의 연역을 통하여 구성해야 한다는 입장으로서, 기술적(記述的) 메타윤리(descriptive meta-ethic)의 자연적 형식에 이르는 고전적인 '벤담의 공리주의적 입장'(Benthamite utilitarian stance)이다. 다른 하나는 철학자들이 보통 사람들이 불분명하게 직관하는 일상적인 도덕성(ordinary morality)으로부터 도덕성을 일관성 있게 구성하고 규정하는 입장으로서, 칸트(Kant)나 시즈윅(Sidgwick)의 윤리설에 해당한다. 콜버그는 레스트의 연구[15]를 바탕으로 '칸트의 정언명법'(Kants's categorical imperative)이 관습단계의 피험자들에게 이해되지 않고 있는 사실이 입증되었다고 주장한다. 이러한 연구 결과에 근거하여 콜버그는 원리가 본유적(innate)이고, 보편적(universal)이며, 아프리오리(a priori)하다고 보는 칸트의 관점이나 자연주의적인(naturalistic) 벤담의 관점 모두를 거부한다.

콜버그의 발달론적 조망에 의하면 도덕원리는 경험심리학, 즉 '경험의 능동적인 재구성'(active reconstructions of experience)에서 나

15) J. Rest, *Developmental Hierarchy in Preference and Comprehension of Moral Judgement*. Ph.D. dissertation, University of Chicago, 1968.

온 것이다(PhMD, 181). 도덕판단이 보편 형식을 요구한다는 인식은 '인간성의 아프리오리한 보편적 직관'(a universal a priori intuition of huma- nity)도 아니고, 또한 '철학자에 의한 특별한 발명'(a peculiar invention by a philosopher)도 아니라는 것이다. 콜버그에 의하면 그와 같은 인식은 오직 단계 5에서 단계 6으로 발달하는 과정에서 판단을 보편적으로 재구성할 때 나타나는 일부 현상일 뿐이다. 바로 이 점에서 콜버그는 칸트와 차별화한다. 그는 칸트적인 도덕 직관주의를 촘스키가 모든 언어에 적용한 '심층구조의 변형'(the deep structure transformations)의 구문론과 같은 것으로 이해하면서, 5세의 모든 아이들에게 알려진 오직 '하나의 직관적인 문법체계'(one grammatical system of intuition)에 의해 성인이 된 촘스키 자신도 동일한 구문을 말한다고 생각하였다. 이와 반대로 콜버그는 '원리의 성문화'(the codification of principles)는 도덕성의 능동적인 재구성(active reconstruction of morality)이라는 사실을 주장하면서, 단계 6의 원리적 도덕성은 관습적 단계 4의 도덕성과는 근본적으로 다른 것임을 논증하고자 하였다(PhMD, 182).

콜버그는 자신의 단계심리학처럼 규범윤리의 논증 역시 단계적이어야 한다고 생각하였다. 그는 롤즈(Rawls)에게서 그 전형을 발견한다. 롤즈에 의하면 사회의 질서는 사회계약이 규정하는 헌법에 의하여 성립한다는 일련의 '형식적 가정'(콜버그의 단계 5에 해당)을 전제하며, 그러한 사회가 어떻게 정의원리나 평등원리에 기초해야 하는가를 보여준다.[16] 다시 말하면 롤즈는 사회정치의 선택이 단계 6의 도덕성을 규정한다는 전제하에서, 형식적 논증을 사용하여 단계 5로부터 단계 6의 도덕성을 도출함으로써 체계화하고자 한 것이다. 이러한 사실에서 콜버그는 단계로부터 그 다음 단계로 가는 운

16) John Rawls, *A Theory of Justice*. Havard University Press, Cambridge 1971.

동의 '심층 논리구조'가 본질적으로 존재하며, 이 구조는 운동의 심리학 이론과 일단의 철학적 논증에 모두 관련이 있다고 보았다. 이러한 사실에 근거하여 콜버그는 사실과 당위의 관계를 새롭게 조망하였으며, 따라서 도덕철학자의 과업에 대해서도 새롭게 접근할 것을 요구하였다.

4. '사고'로부터 '행위'로

콜버그의 발달론적 관점은 사실에서 당위를 도출하는 것이 자연주의적 오류를 범한다는 흄과 무어의 주장을 넘어서고 있다. 도덕심리학적 사실과 도덕철학적 당위는 상호 의존적인 관계에 있다는 것이다. 콜버그는 이제 사고(thought)와 행위(action)의 관계를 통하여 보편적인 도덕발달론의 정초 가능성을 모색하고자 한다.

우리가 흔히 생각하는 도덕결정(moral decision)은 두 가지 이상의 행위 노선들 사이에 존재하는 갈등에 대한 인식과 강력한 정서적 구성인자에 의하여 이루어진다(PhMD, 183). 심리학에서 도덕적인 '양심'(conscience) 개념은 예언자들의 지적으로부터 시작하여 이드와 초자아 사이의 다툼이라는 프로이트의 개념에까지 이르렀다. 수많은 심리학 교과서에서 상투적으로 인용하는 바울로와 아우구스티누스의 유혹과 저항에 대한 텍스트들은 육욕의 갈망(욕구), 가볍게 짓눌린 자아나 의지에 의하여 매개된 죄의식의 예상(초자아)으로 해석되기도 한다. 콜버그는 하트숀(Hartshorne)과 메이(May)의 연구결과[17]에 의지하여 사고와 행위의 관계에 대한 두 가지 주장을 피력한

---

17) H. Hartshorne and M.A. May, *Studies in the Nature of Character*. Vol. 1: *Studies in Deceit*. Vol. 2: *Studies in Self-Control*. Vol. 3: *Studies in the Organization of Character*. New York: Macmillan, 1928-1930.

바 있다. 그 하나는, "정직한 사람과 정직하지 않은 사람으로 세계를 나눌 수 없으며, 어떤 때에는 거의 모든 사람들이 속임수를 쓴다."는 것이고, 다른 하나는 "사람들이 어떤 한 상황에서 속이는 것이 다른 상황에서도 속이거나 속이지 않을 것임을 의미하지는 않으며, 상황에 따른 속임수 검사들 간에 상관관계는 거의 없다."는 것이다. 이런 사실로부터 콜버그는 아동이 특정한 상황에서 거짓말을 하는 것은 '부정직'(dishonesty)이라는 인격적 특성 때문이라고 보지 않았다. 이러한 사실은 양심의 다툼을 보여주는 지표를 얻기 위한 실험을 통하여 밝혀졌다. 콜버그의 제자 레러(Lehrer)의 박사학위 논문에서 사격술 점수를 쉽게 속일 수 있도록 유도한 상황에서는 80%의 아동이 속임수를 썼지만, 그보다 훨씬 실감나면서도 긴장하게 만드는 기계장치 하에서는 15%만이 속임수를 썼던 사실이 관찰된 것이다.[18] 이것은 아동들의 속임수가 양심에 따른 결과가 아니라, 그 사격 장치의 기계적 정교성으로 인하여 속임수를 쓰기가 어려웠기 때문인 것으로 알려졌다.

이런 사실에 근거하여 콜버그는 덕주머니론에 대하여 회의적인 태도를 취한다. 그는 이와 같은 덕 주머니론에서 '정직'과 같은 덕이 모든 사람들의 덕목으로 채택되지 않을 수도 있으며, 설사 채택된다 하더라도 그 개념 정의가 동일하지 않을 수도 있다는 점을 지적한다. 더 나아가서 그는 하트숀과 메이의 속임수 검사 실험을 하면서 아동들에게 적성 검사라고 말하는 것은 그들을 속이는 일이라고 지적하였다. 그런 행위는 아이들이 속이는 것과 동일한 의미에서의 부정행위임에도 불구하고, 이런 특별한 의도를 가진 속임수가 정당하다고 주장하게 되는 문제를 거론한 것이다.

콜버그가 덕목에 대하여 반대하는 이유는 분명하다. 덕과 악덕

18) L. Lehrer, *"Sex Differences in Moral Behavior and Attitudes."* Ph.D. dissertation, University of Chicago, 1967. PhMD, 183.

(virtues and vices)은 다른 사람들을 칭찬하거나 비난할 때 붙이는 것이고, 그들 자신들이 도덕결정을 내릴 때의 방식이 아니기 때문이다. 조사연구자가 아동들을 속이는 것을 두고서 부정직하거나 비도덕적이라고 할 수 있지만, 연구자 스스로는 자신의 도덕원리와 행위의 일치 여부에 따라서 도덕적이라고 생각할 것이다. 따라서 동일한 행동이 평가자의 입장에 따라서 달라질 수 있다는 문제를 제기한다. 콜버그는 여기에서 "도덕 행동에 대한 어떤 타당한 심리학적 규정도 존재하지 않는다." 라고 주장한다. "그것은 곧 '밖으로부터' 또는 '행동주의적으로' 행동을 관찰하고 범주화하는 방식으로는 심리학적으로 타당한 어떤 의미에서도 그 행동의 도덕적 지위를 규정할 수 없다는 뜻이다"(PhMD, 184). 콜버그는 그러나 '도덕 행동 그 자체와 같은 것'(moral behavior as such)은 없다고 하더라도, '개인의 도덕원리'(individual moral principles)와 일치하는 행동이나 '도덕결정' (moral decision)에서 나오는 행동과 같은 것은 있다고 말한다. 이 경우에 그와 같은 행동에 대하여 어떤 것을 알고자 한다면, 먼저 그 사람의 도덕판단이나 원리들을 알아야 한다.[19)]

콜버그는 도덕판단에서 주로 나타나는 개인 또는 집단의 차이를 '발달적 차이'(developmental differences)로 규정한다(PhMD, 185). 그는 도덕판단(moral judgement), 즉 '도덕 사고'(moral thought)의 성숙성이 '도덕 행동'(moral action)의 성숙성을 규정한다고 생각하였다. 콜버그는 도덕상황 속에 있는 사람들이 그 상황 밖에서 그들이 해야 한다고 말한 것을 그대로 행한다고 생각하지 않았다. 오히려 그와는

---

19) 콜버그가 여기에서 말하는 '개인의 도덕원리'는 칸트가 말하는 '준칙'(Maxime)에 국한되는 것이 아니다. 그것은 준칙을 넘어서 '도덕법칙'(Moral-gesetz) 그 자체가 될 수도 있다. 콜버그는 어떤 개인의 도덕원리가 무엇인지를 정확하게 알아야만 그 사람의 행위를 이해할 수 있고, 그 도덕적 지위를 규정할 수 있다는 측면을 강조하고자 하였다.

반대로 특정한 형식의 도덕행위는 그 '선행 조건'(prerequisites)으로서 특정한 형식의 도덕사고를 필요로 한다고 보았다. 따라서 그는 '판단-행위의 관계'(judgement-action relationship)를 "개인의 도덕판단의 일반적 성숙성과 그 도덕행위의 성숙성 간의 대응관계"라고 규정하였다. 콜버그는 여기에서 도덕판단과 도덕행위의 성숙은 비중 있는 인지적 구성요소를 가진다는 인지-발달적 주장을 함축한다는 사실과, '덕 주머니'(bag of virtues)가 표상하는 것보다는 더 광범위한 도덕행동의 발달적 관점을 제시하고자 하였다.

콜버그는 자신의 학위 논문(Kohlberg 1958)에서 10세에서 16세에 이르는 72명의 시카고 소년들의 양심 및 인격 특성에 대하여 담당교사들이 직접 평정할 수 있도록 하였는데, 그 결과 도덕판단 성숙도와 양심 점수 사이의 상관성이 측정되었다(PhMD, 185). 콜버그는 다른 연구자들의 결과에서도 원리적 피험자들이 관습적 피험자들보다 훨씬 덜 속인다는 사실을 확인하였다.[20] 또한 사회적 기대와 질서 유지에 관심을 갖는 관습적 아동들이 속이지 않으려는 이유는 자신들의 관심에 대한 기대가 무너질 경우 곧바로 무의미하게 되는 반면에, 단계 5의 사람은 속임수 상황을 사회계약 또는 불평등한 기회 창출의 문제로 규정하였다. 이러한 사실은 속임수가 나쁘다는 사실에 대한 이유가 단계의 차이에 따라서 다르게 나타나는 데서도 확인할 수 있다. 이 사실은 태도검사에 의하여 측정된 도덕 태도만으로 개인의 도덕적 갈등상황을 규정할 수 없다는 것을 보여준다. 도덕단계는 가치의 내용(content)보다는 구조(structure)를 통하여 규

20) R. L. Krebs, "Some Relationships Between Moral Judgement, Attention, and Resistance to Temptation." Ph. D. dissertation, University of Chicago, 1967; S. Schwartz, K. Feldman, M. Brown, and A. Heingartner, "Some Personality Correlates of Conduct in Two Situations of Moral Conduct." *Journal of Personality 37*, 1969, pp. 41-57. 크렙스의 연구에서 원리적 피험자의 20%가 속인데 비하여 그보다 낮은 단계의 피험자는 67%가 속였던 것으로 나타났다. PhMD, 185.

정되므로, 피험자가 어떤 상황에서 어떤 방식으로 판단할 것인가는 예측할 수 없기 때문이다. 단계 4에 속하는 피험자들은 하인즈 딜레마 상황에서 법과 재산권의 존중에서 약을 훔치지 않을 수도 있고, 혼약의 책임과 인간생명의 가치를 존중하여 약을 훔칠 수도 있다. 콜버그는 단계의 구조는 미리 규정되어 있으나, 특정한 단계에서 가치 내용의 선택은 아직 규정되지 않았다는 사실을 지적하고 있다. 다시 말하면 법과 재산, 그리고 생명의 가치 중에서 어느 쪽을 더 우선시할 것인가는 확정되지 않았다는 것이다. 단계 2의 피험자들은 개인적인 욕구만을 앞세울 것이지만, 단계 6에서는 생명존중의 도덕원리가 사회질서보다 더 높은 위계를 가지고 있다. 이처럼 도덕판단은 특정한 상황에서 권리와 의무에 대한 구체적인 정의(定義)를 거쳐서 행위를 결정하는 것이다(PhMD, 186).

5. 콜버그의 도덕발달과 보편적인 단계 정의

콜버그의 도덕발달론은 '정의'(justice) 개념을 덕의 근본 원리로 정위하고, 도덕판단의 발달 정도에 따라서 세 가지 '수준'(levels)과 여섯 개의 '단계'(stages)[21]로 분류한다.

여기에서 '수준'이란 '관습'(conventional) 수준을 기준으로 하여 '관습 이전'(preconventional) 수준과, '관습 이후와 원리적'(postcon-

---

21) 콜버그는 박사학위논문(*The Development of Modes of Thinking and Choices in Years 10 to 16*. Ph. D. dissertation, University of Chicago, 1958) 이후에 쓴 초기 논문에서 엄격한 계열 단계 대신에 '이상적 유형'(ideal type)이라는 개념을 사용하였다. L. Kohlberg, "The Development of Children's Orientation Toward a Moral Order: I. Sequence in the Development of Moral Thought," in: *Vita Humana 6*, 1963, pp. 11-33.

ventional and principled) 수준으로 구분하고 있다. 전통적으로 형성된 도덕적 관행은 역사와 문화적 차이에 따라서 각각 다를 수 있을지 모른다. 그러나 어느 사회에서든지 전통은 존재하고, 그것이 형성되기 이전의 국면과 전통의 문제점을 개선한 국면을 생각할 수 있다. 따라서 콜버그의 '수준' 분류는 역사적, 문화적 차이에도 불구하고 보편적인 구조를 갖는다. 콜버그가 제시한 '수준 A'(관습 이전 수준)는 '도덕 이전'(premoral)의 수준이고, '수준 B'(관습 수준)는 '관습적 역할 동조성의 도덕성'(morality of conventional role conformity) 수준이며, '수준 C'(관습 이후 수준)는 '자기수용적 도덕원리의 도덕성'(morality of self-accepted moral principles) 수준이다.[22] 관습 이전의 수준에서 행위자는 대체로 행위 이후에 따르는 즉각적인 결과로서 상벌과 호의의 교환이 미치는 물리적 힘에 의하여 영향을 받는다. 관습 수준에서 행위자는 그가 속한 가족, 집단, 국가의 규칙과 기대에 대하여 신의와 충성을 다하는 것을 가치 있는 일로 여긴다. 관습 이후의 수준에서 행위자는 사회와 국가의 권위보다도 개인의 자율적인 도덕원리를 우선적으로 신뢰한다.

콜버그의 단계론은 세 가지 수준에 이어서 여섯 단계로 분류하였으며, 하나의 수준에는 각각 두 개의 단계들이 속하여 있다. 콜버그가 제시한 단계 1은 '벌과 복종의 정향'(punishment and obedience orientation), 단계 2는 '개인의 도구적 목적과 교환'(individual instrumental purpose and exchange) 또는 '소박한 도구적 쾌락주의'(naive instrumental hedonism), 단계 3은 '개인 간의 상호적 기대, 관계, 동조'(mutual interpersonal expectations, relationships, and conformity) 또는 '훌륭한 관계유지, 타인에 의하여 인정받는 착한 사람 도덕성'(good-boy morality of maintaining good relationship, appro-

22) L. Kohlberg, *The Psychology of Moral Development*. Harper & Row, San Francisco 1984 [Abk.: PsMD], xxix.

val by others), 단계 4는 '사회체제와 양심 유지'(social system and conscience maintenance) 또는 '권위 유지의 도덕성'(authority-maintaining morality), 단계 5는 '우선적 권리, 사회계약 또는 유용성'(prior rights and social contract or utility) 또는 '계약, 개인 권리 및 민주적 협약에 따른 법의 도덕성'(morality of contract, of individual rights and democratically accepted law), 그리고 마지막으로 단계 6은 '보편적 윤리 원리들' (universal ethical principles) 또는 '개별적 양심 원리의 도덕성(morality of individual principles of conscience)에 정향되어 있다(PhMD, 17-19, 409-412).

그런데 콜버그의 '단계' 개념은 다음과 같은 네 가지 특성들을 가지고 있으며, 이 때문에 콜버그의 도덕발달론을 일반적으로 보편적인 규범윤리학으로 규정하는 것이다(PhMD, 57f). 첫째, 각 단계는 동일한 문제를 해결하는 사고방식의 분명한 질적 차이를 뜻한다. 둘째, 사고방식의 차이는 개인의 발달에서 불변의 계열(invariant sequence), 순서(order), 연속(succession)을 형성한다. 문화 요인들(cultural factors)은 발달의 속도에 변화를 초래할 수는 있지만 계열 자체를 변화시키지는 못한다. 셋째, 이처럼 다른 계열을 이루는 사고방식들은 '구조적 전체'(structural whole)를 형성한다. 넷째, 인지 단계들은 위계적 통합(hierarchical intergrations)이다. 단계는 하나의 공동 기능을 수행하기 위하여 분화하면서 통합을 이루는 구조들(structures)의 순서를 형성한다.[23)]

---

23) 제2편 "도덕단계와 정의 관념", 4장 "사실로부터 당위로" 에서 콜버그는 도덕단계가 만족시켜야 할 세 가지 조건을 제시한 바 있다(PhMD, 137). 그것은 첫째, 단계는 다양한 환경 조건 아래서도 불변의 순서, 즉 계열을 포함한다. 둘째, 단계는 '구조적 전체', 즉 여러 유형의 반응들을 결합하고 통일하는 심층구조나 조직을 뜻한다. 단계는 정보의 양적 증가나 반응강도의 양적 증가보다는 반응상의 질적 차이를 뜻한다. 셋째, 단계는 위계적 통합이다. 즉, 보다 높은 단계는 낮은 단계를 보다 높은 수준에서 재통합하는 구성력이다. 보다 높은 단계에

이처럼 콜버그의 도덕발달론은 특정한 도덕결정이나 도덕 행위의 내용과는 관계없이 도덕사고의 일반적 단계를 기술하는 유형론적 도식을 정교하게 구축하고자 하였다(PhMD, 16). 그는 '정의' 개념에 근거하여 도덕판단과 도덕 단계를 구성하고자 했으며, 그에 앞서 피아제가 인지발달론에서 '단계' 개념과 '철학자로서의 아동' 관념을 통하여 이미 개진한 것이다.

피아제는 1960년의 논문에서[24] 단계의 네 가지 특징을 확립한 사실이 있으며, 콜버그의 도덕단계설은 그로부터 계승한 것이다. 피아제는 아동들이 같은 문제를 서로 다른 방식으로 생각하고 해결하려

있는 사람은 낮은 단계를 보다 잘 이용하고 이해할 수 있다. 그는 낮은 단계보다 높은 단계를 선호하는 위계질서를 지킨다. 레스트의 연구에서 이 조건은 콜버그의 단계에도 해당하는 것으로 밝혀졌다(Rest, 1968; Rest, Turiel, Kohlberg, 1969).

24) J. Piaget, "The General Problem of the Psychological Development of the Child", in: J.M. Tanner and B. Inhelder, eds., *Discussions on Child Development: A Consideration of the Biological, Psychological, and Cultural Approaches to the Understanding of Human Development and Cultural Approaches to the Understanding of Human Development and Behavior. Vol.4.* New York: International Universities Press, 1960. (99p) 인지발달은 아동의 인지구조와 환경구조 사이의 대화를 중시한다. 아동과 그의 사회 환경과의 관계는 인지적이고, 사고와 상징적 상호작용을 포함하기 때문이다. 따라서 인지발달이론은 본능, 정서, 감각운동 패턴 등의 계발보다는, 자아와 세계에 관한 일반적인 사고 패턴이나 인간 고유의 사고 패턴의 인지적 변화를 중시한다. 인지발달 이론은 경험에 반응하는 방식과 경험을 지각하는 방식을 강조하기 때문에, 지적 발달 대 사회적 발달이라는 전통적 이분법을 지양한다. 상호작용이론, 인지발달이론의 중심에는 인지단계설이 있으며, 피아제의 단계 개념은 콜버그의 단계설에 결정적인 영향을 끼친다. 피아제에 의하면, 단계는 아동의 사고양식에 있어서 판명한 질적 차이를 뜻하며, 이와 같은 사고양식의 차이는 개인의 발달 과정에서 불변 계열, 순서, 계승을 형성한다. 문화적 요인들이 발달을 가속화하거나 정지시킬 수 있지만 그 계열을 변화시키지는 못한다. 계열을 이루는 각 사고양식은 '구조적 전체'(structral whole)이다. 인지단계는 위계적 통합이며, 단계는 하나의 공통 기능을 수행하기 위해 점차 더 분화되고 더 통합된 구조들의 순서를 나타낸다(Piaget 1960, pp. 13-15).

는 질적 차이를 '단계'로 이해하였다. 그는 이와 같은 사고방식의 차이가 개인의 발달 과정에서 순서와 연속성에서 하나의 불변 계열을 이루고 있다고 보았다. 다시 말하면 아동의 발달은 문화적 요인으로 촉진되거나 완화되고, 심지어 정지될 수는 있지만, 발달의 계열 자체를 변화시키지는 못한다는 것이다. 이처럼 질적인 차이를 가지고 있지만 순서와 계열을 이루고 있는 단계들을 '구조적 전체'(structured whole) 혹은 '위계적 통합체'(hierarchical integrations)로 파악하였다(PsMD, 14). 콜버그는 이와 같은 피아제의 인지발달론적 주장들을 그대로 수용한 것이다.

콜버그는 도덕발달의 단계를 구체적으로 다음과 같이 기술하고 있다. '수준 A'('관습 이전 수준')에는 '벌과 복종의 단계'(단계 1)와 '개인의 도구적 목적과 교환의 단계'(단계 2)가 나타난다.

단계 1에 속하는 아동들은 규칙과 권위에 절대 복종하는 것이 올바른 것이고, 그런 경우에만 벌을 피하고 신체적 손상을 입지 않을 것이라고 판단한다. 다시 말하면 아이들이 올바르게 행하려는 이유는 권위자의 강력한 힘 앞에서 벌을 피하려는데 있다. 단계 1은 '자기중심적'(egocentric) 관점을 취한다. 따라서 다른 사람의 이해관계를 생각하지 못한다. 물론 단계 1의 아동들 역시 나쁜 행위나 나쁜 사람은 벌을 받아야 한다고 생각하지만, 이 경우의 '정의'는 평등이나 상호성이 아니고 지위와 소유의 차이에 의한 일방적인 복종일 뿐이다. 여기에서 사회 질서를 유지하는 원리는 '약자의 강자에 대한 복종'과 '일탈하는 이들에게 내리는 강자의 벌'이다(PhMD, 147f).

단계 2에 속하는 아동들은 자신의 이해관계나 욕구를 충족시키면서, 다른 사람도 그렇게 하도록 내버려두는 것을 올바르다고 생각한다. 구체적으로 동등한 교환과 거래를 하는 경우, 즉 도구적 목적과 교환이 보장되는 경우에 올바르다고 여기게 된다. 자신의 욕구와 이해관계를 성취하는 것이 중요하고, 다른 사람에게도 동일한 정도로 보장되어야 한다고 생각한다. 단계 2는 개인들 사이의 교환과 분배에서 양적 평등을 공정성의 원리로 취한다. 이는 상호성과 호의에 따른 동등한 교환이나 인격의 동등한 교환으로 이해될 수 있지만, 동시에 다른 사람의 몫에 대하여 간섭하거나 탈취하지 않는 것이 올바르다고 여기는 것이다. 따라서 어떤 이가 나를 해치지 않으면, 나 역시 그를 해치지 않는다는 것이다. 물론 이 원리는 "눈에는 눈, 이에는 이"라는 부정적인 방식으로 작동할 수도 있다(PhMD, 148).

콜버그가 제시한 '수준 B'('관습 수준')에는 '개인간의 상호적 기대, 관계, 동조의 단계'(단계 3)와 '사회체제와 양심 유지의 단계'(단계 4)가 나타난다.

단계 3에 속하는 아이들은 자신이 속한 가족, 집단에서의 기대에 부응하려고 노력하는 것이 올바른 일이라고 생각한다. 자기에게 맡겨진 임무를 충실하게 수행하고 구성원으로서 규칙과 기대에 부응하는 것이 착하고 훌륭하다고 여기는 것이다. 올바른 것과 훌륭한 것은 집단과 조직에서 신뢰, 충성, 존경, 감사를 견지하는 것이다. 이 단계의 아이들은 다른 사람과의 관계를 예상하면서 자신의 입장을 취하며, 서로 공유하고 있는 감정, 협약, 기대가 개인적 이해관계보다 우위에 있다는 사실을 알고 있다. 따라서 단계 3의 관념은 구체적이고 적극적인 인간 상호관계에 근거한 우정이나 가족제도에 잘 부합된다. 그러나 단계 3은 법 질서의 준수나 도덕원리의 차원에서 사고하지는 못한다(PhMD, 148-150). 길리건은 콜버그가 여성들의 도덕성을 단계 3에 해당하게 함으로써 평가절하 했다고 비판하였다.

단계 4에 속하는 사람들은 사회에서 자신의 의무를 다하고, 사회질서를 지키며, 사회 복지를 유지하는 것을 올바르다고 생각한다. 그것은 바로 국가와 사회가 부과한 법 제도를 따르는 것이고 사회적 의무를 준수하는 것이다. 국가의 제도 자체를 유지하기 위하여 자신의 의무를 수행하는 것은 자기존경과 양심을 보존하는 일이다. 단계

4는 개인 상호간의 협약의 차원을 넘어서서, 각 개인과 사회체제 사이의 관계로 이행한다. 따라서 단계 4의 정의는 개인의 도덕선택을 위한 것이라기보다는 사회질서를 위한 원리를 지향한다.[25] 그러나 단계 4의 정의는 사회체제와 규칙의 유지를 위하여 보상과 벌의 분배를 유지하는 것에 불과하며, 사회질서를 배열하기 위한 이상적 원리는 아니다. 단계 4는 질서(민족국가)의 외부에 있는 사람들이나 질서의 규칙을 인식하지 못하는 사람들에게 분명하게 의무를 규정해 주지 못하고, 사회변화에 따른 새로운 규범이나 법 제정을 합리적으로 인도하지 못하는 한계를 가지고 있다. 또한 단계 4에서는 법 유지자의 조망과 입법자의 조망이 혼동되고 있으며,[26] 원칙적으로

25) 콜버그는 프로이트와 피아제는 단계 4의 '규칙-권위유지 조망'과 단계 1의 '규칙-권위복종 조망'을 구분하지 못함으로써, 단계 4를 외부 명령을 내면화하는 원초적(primitive) 단계로 취급하는 잘못을 범하였다고 비판하였다. 동시에 그는 단계 4가 프로이트와 피아제가 주장하는 것처럼 양친 금기 및 양친 권위의 원초적 내면화도 아니고, 뒤르껭(Durkheim)이 주장하는 것처럼 성인의 단체 규칙과 단체 신념의 직접적인 내면화도 아니라고 단정하였다. 콜버그는 단계 4를 이전의 단계들로부터 진보적으로 생성된, 상당히 높은 수준의 '합리성'을 추구하는 계열로서, 성인의 도덕판단에서 가장 빈번하게 나타나는 높은 양식으로 규정하였다(PhMD, 151f).

26) 법 유지 조망과 법 제정 조망 간의 혼란은 롤즈(1963)가 규정한 '실천에 포섭되는 행위를 정당화하는 것'(justifying an action falling under a practice)과 '그 실천을 정당화하는 것'(justifying the practice) 간의 혼란이다. 단계 4의 초점은 '실천에 포섭되는 행위를 정당화하는 것'에 놓여있다. 즉 "왜 판사는 범죄인을 벌해야 하는가"에 대해 "그는 법을 깨뜨렸고 유죄임이 발견되었기 때문이다"라고 대답한다. 단계 4는 또한 복지 결과를 참조하여 "그 실천을 정당화"하려고 할 것이다. "왜 우리가 재판을 해야 하고 벌해야 하는 가"의 대답은, "사람들로 하여금 범죄를 저지르지 못하게 하고 선량한 시민을 해치지 않게 하기 위해서"이다. 이것은 분명 시민들에게 제도를 정당화시키는 논증이다. 제도의 정당화는 실천을 향상하기 위한 준거도 아니며 실천을 정당화하는 것도 아니다. 법 유지 조망과 법 제정 조망의 구분은 또한 법과 사회의 존중에 연관된 두 가지 다른 태도에 표현되어 있다. 단계 4에서 법과 사회의 존중은 그것의 적에 대항하여

합리적 개인의 조망이 아니라 법과 질서를 유지하려는 '사회'의 조망이다(PhMD, 150-152).

콜버그는 '관습 수준'과 '관습 이후 수준' 사이에 '수준 B/C'(전환기 수준)를 설정하는데, 여기에는 관습 이후에 속하면서도 원리적이지 못한, 이른바 '4½ 단계'라는 비정상적인 퇴행 현상이 나타난다. 전환기 수준의 4½ 단계에 속하는 사람들은 사적이고 주관적이며, 감정에 치우치는 선택을 하게 된다. 이 경우에 양심은 자의적이고 상대적인 것으로 비친다. 이와 같은 퇴행은 이른바 파시즘과 같이 체계적으로 왜곡된 사회에서 법체계의 유지에 맹목적으로 헌신하려는 태도에서 출현할 수 있다.

콜버그가 제시한 '수준 C'('관습 이후 및 원리적 수준')에는 '우선적 권리, 사회계약 또는 유용성의 단계'(단계 5)와 '보편적 윤리 원리들의 단계'(단계 6)이 나타난다. 도덕적 결정은 공정성과 선의에 기초한 사회에서 모든 개인이 합의할 수 있는 권리와 가치, 그리고 특히 원리로부터 이루어진다.

단계 5에 속하는 사람들은 기본권, 기본가치, 사회의 합법적 계약을 지지한다. 이 단계에서는 모든 이의 복지를 위하여 법을 지키는데, 그것은 바로 자신의 권리와 다른 사람의 권리를 보호하기 위한 사회계약이기 때문이다. 여기에서는 법이나 규칙을 만들기 위한 '합리적' 접근이 요구되며, 따라서 단순히 법체계를 유지 하려는 차원

질서를 방어하는 문제이다. 범죄, 반체제, 해외의 적 등에 대한 악의와 응징은, 이 적에 의해 공격받고 있는 법, 국가, 신 등에 대한 존중심을 기르는 일이다. 법과 질서의 목적은 공동의 적에 대항하여 개인 시민('훌륭한 미국인')을 방어하는 것이며, 여기서 적이란 법과 질서를 존중하지 않는 어떤 사람이라고 규정된다. 법 유지 태도는 개인의 자기이해 관계 및 법 준수자의 복지를 집단구조의 유지와 혼동한다. 법 유지 태도는 또한 사회구조의 기본을 적이 공격하고 있는 대상과 혼동하는 것이다(예컨대 사유재산은, 사회를 구성하는 개인들의 복지를 극대화하기 위한 제도적 장치보다는 우리 사회의 기본으로 상정된다). PhMD, 152f.

을 넘어서서 좋은 법을 제정하고자 하는 입법적 조망이 관건이다. 법과 의무의 제정은 사회 전체의 유용성, 즉 '최대다수의 최대 이익'이라는 합리적인 계산에 근거하여 이루어진다. 그리하여 단계 5는 사회에 앞서서(prior-to-society) 사회적 계약에 선행하는 가치와 권리를 깨달은 합리적인 개인의 조망을 취하고, 협약, 계약, 공평성, 정당한 과정 등과 같은 형식적 기제에 의하여 모든 입장들을 통합하려고 하지만, 도덕과 법률의 관점을 숙고함에 있어서 그것들이 갈등을 일으켜서 통합하기가 어렵다는 사실을 인지하고 있다. 법과 질서의 유지를 벗어나서 개인의 복지를 극대화하기 위한 법 제정으로 주의를 환기하면 법에 대한 새로운 존중의 태도가 나타난다. 이 경우의 법의 기능은 서로 적대하는 개인적인 이해관계와 재산권의 관계를 규명하는 데 있다. 이를 위해서는 재산권에 앞선 정의, 자유, 평등의 개념을 필요로 하며, 법의 제정은 형식적으로 정의롭고 공평무사한 절차적 규칙을 토대로 해야 한다. 입헌 민주주의와 공리주의 정신이 이에 해당한다. 단계 4에서는 다수의 규칙이나 일반의지가 강조되는 반면에 단계 5에서는 개인이나 소수까지를 고려하는 민주적 절차가 강조된다. 또한 단계 5에서는 다른 이의 기대에 부응하기 위한 합리적인 자기이해까지도 희생할 수 있다. 단계 5의 사회계약은 사회도덕적 질서의 기초가 되며, 협약 당사자들의 상호성과 협약에 선재하는 협약 당사자들 간의 평등을 기본적으로 가정하는 정의 개념에 바탕을 두고 있다. 이와 같은 계약에서는 계약 당사자들의 자유가 가장 중요하며, 상호성이나 평등성과 같은 정의의 다른 요소들보다 우선적인 지위를 갖는다. 예를 들면 분배 정의의 경우에 단계 5의 개념은 기회균등이다. 실체적 평등에 도달하기 위한 형식적 자유의 평등이 우선적 권한을 갖기 때문이다. 따라서 단계 4에서의 사회적 불의는 업적에 대한 보상의 결여나 불성실에 대한 묵인이지만, 단계 5에서의 사회적 불의는 재능과 이해관계에 대하여 동등한 기회를 주지 못하는 것이다(PhMD, 152-157).

단계 6은 모든 인간성이 따라야 할 보편적인 윤리의 원리를 제시한다. 모든 사회적 약속, 규정, 협약의 도덕적 정당성은 보편적인 윤리의 원리에 의하여 정당화될 수 있는가의 여부에 의하여 결정된다. 그것은 정의의 보편원리, 인간 권리의 평등성과 개인으로서의 인간 존엄성 존중이다. 이 단계는 사회제도를 도출하는 도덕적 관점의 조망을 취하며, 도덕성의 본질을 인정하고 다른 사람을 수단이 아닌 목적으로 존경하는 합리적인 개인의 조망이다. 콜버그는 도덕원리를 평등성과 상호성으로서의 정의를 중심으로 하여 조직된 역할 채택의 인지구조적 형식이라고 이해한다. 도덕원리는 외적 규칙이 내면화한 것도 아니고, 유기체의 자연적 자아 경향성도 아니다. 콜버그는 도덕원리가 사회적 상호작용에 의하여 생성되었다고 본다. 이 점에서 그는 피아제를 추종한다. 피아제에 의하면, "처음부터 아동에게 밖으로부터 부과된 특정 규칙이 아닌, [...] 정의의 규칙은 사회관계의 일종의 내재적(imminent) 조건이고, 그 관계의 평형을 지배하는 법칙이다"(PhMD, 147). 단계 5에서는 모든 이의 복지를 극대화하기 위한 입헌적 계약절차에 의하여 법을 제정하고, 또한 시민은 계약 당사자로서 법을 존중해야 한다. 그러나 단계 5의 사람들은 법과 사회계약의 외부에서 일어나는 개인의 도덕적 선택에서는 상대주의나 자의성에 빠져들 여지가 매우 크다. 이 중에서 가장 결정적인 것은 실증법에 저항하는 시민불복종에 대한 요구이다. 어떤 법이 불의의 행동을 지지하기 때문에 불복해야 한다는 상황이 제기될 경우에 단계 5의 사람들은 혼란에 빠지게 된다. 그러나 단계 6의 사람들은 그것을 도덕의 원리에 입각하여 적절한 행위를 선택하게 된다(PhMD, 157).

6. 보편적 규범윤리학의 콜버그적 구성

콜버그가 도덕발달론의 체계를 확립해 나가는 과정은 보편적인 규범윤리학을 정초하는데 있어서 필연적으로 요구되는 가능성 조건들이 무엇인가를 순차적으로 보여주고 있다. 콜버그의 도덕발달의 철학은 도덕판단 단계들의 '위계적 통합'(hierarchical intergrations)과 '구조적 전체'(structural whole)를 특징으로 하는 보편적인 규범윤리학의 체계이다. 그런데 이와 같은 규범윤리학은 선험적으로 주어진 것이 아니라 콜버그가 실증적 연구를 통하여 확립한 도덕단계(moral stages)들로 재구성한 것이다. 그가 제시한 도덕단계들은 다음과 같은 특징을 가지고 있다. 첫째로 "단계는 다양한 환경조건 아래서도 불변의 순서, 즉 계열(invariant order or sequence)을 지킨다." 둘째로 "단계는 '구조적 전체'(structured whole), 즉 여러 유형의 반응들을 결합 통일시키는 심층구조 또는 조직을 뜻한다. 단계는 정보의 양적 증가 혹은 반응강도의 양적 증가보다는 반응 양식의 질적 차이를 나타낸다." 셋째로 "단계는 위계적 통합(hierarchical integrations)이다. 즉, 보다 높은 단계는 낮은 단계를 보다 높은 수준에서 재통합해내는 구성력이다. 따라서 보다 높은 단계에 있는 사람은 낮은 단계를 보다 잘 이용하고 잘 이해할 수 있다. 그 사람은 낮은 단계보다 높은 단계를 선호하는 위계질서를 지킨다."(PhMD, 136f)

이처럼 콜버그의 도덕발달론의 체계가 보편적인 윤리학으로서 기능한다는 사실은 적어도 두 가지 유형의 윤리학적 아포리아를 극복했다는 것을 의미한다. 그 하나는 콜버그가 윤리학에서의 상대주의설을 극복했다는 이야기가 된다. 이는 철학적 상대주의에서, 윤리적 상대주의, 그리고 문화적 상대주의의 논점들을 모두 극복하고 윤리학에서의 보편주의의 정초 가능성에 대한 논증적 기술을 확보했다는 것을 뜻한다. 다른 하나는 윤리학 자체의 성립 가능성을 부정하는, 이른바 '자연주의적 오류'(naturallistic fallacy)의 문제를 극복했다는 이야기가 된다. 흄이나 무어는 사실에서 당위가 도출될 수 없다는 사실을 바탕으로 윤리학의 정초 가능성을 부정한 바 있다. 그러나 콜버그는 도덕심리학의 발견 사실들과 도덕철학적 당위의 전제들은 상호적으로 연계되어 있다고 보았다. 도덕발달의 실증적 연구를 시작하려면 도덕철학의 원칙들을 전제하지 않으면 안 되고, 도덕심리학적 발견의 성과와 결론이 다시 도덕철학적 가설에 반영되어야 한다고 주장한다. 이처럼 콜버그는 윤리 상대주의와 자연주의적 오류를 극복하고 도덕발달론이라는 특유의 보편적 규범윤리학 체계를 수립하였다.

그러나 콜버그의 도덕발달론에서 보편성 개념은 칸트의 순수 형식주의 윤리학에서의 보편성 개념과 다른 분위기를 자아낸다. 그가 말하는 보편적인 규범윤리학은 선험적으로 주어진 것도 아니고, 예외를 알지 못하는 순수 형식도 아니다. 동시에 콜버그의 도덕발달론은 정의라는 덕을 기본으로 하는 점에서 내용 윤리학적 의미를 가지고 있으나, 그렇다고 해서 아리스토텔레스의 덕 윤리학이나 윤리상대주의를 지지하는 것도 아니다. 콜버그는 어떤 예외도 인정하지 않는 칸트의 정언명령과는 다른 차원에서 보편적 규범윤리학의 정초를 추구하였다. 그것은 바로 정언명령 그 자체의 법칙적 조망을 무조건적으로 유지하려는 단계 4의 경지를 넘어설 뿐만 아니라, 긍정과 부정이라는 내용적 선택의 차원을 넘어서서 그와 같은 행위 선택을 정당화하는 근거에 드러난 정의 개념의 내용적 의미로부터 도덕단계를 확립하고자 하였다. 이것은 콜버그가 칸트의 형식윤리학과 롤즈의 정의 원리를 통일적으로 결합시킴으로써, 도덕의 원리로서의 정의가 도덕단계라는 형식 속에서 다양한 내용을 갖춘 모습으로 현현하는 사실을 보여주고 있다. 그리하여 콜버그의 도덕발달론은 도덕심리학과 도덕철학의 통일인 동시에 순수 의무론적 형식윤리학과 덕의 원리를 표방하는 내용윤리학의 통일이라는 두 가지 측면을 동시에 드러내고 있는 것이다.

제2부
콜버그의 도덕발달 논쟁

제4장 도덕발달의 철학과 도덕법의 철학

1. 콜버그는 칸트주의자인가?

콜버그는 칸트를 얼마만큼 충실하게 따르는 것일까? 콜버그가 인용하는 칸트는 어떤 내용들인가? 콜버그는 칸트를 곡해하지 않고 정당하게 해석하고 있는가? 콜버그가 본 칸트주의의 한계는 무엇이고 동시에 그는 그것을 적절하게 극복하고 있는가? 이런 물음들을 바탕으로 우리는 콜버그의 칸트 이해가 얼마만큼 정확한지를 가늠할 수 있을 것이다.

콜버그의 도덕발달론은 칸트의 형식주의 윤리학과 롤즈의 정의원리에 기반을 두고 있다. 현상적으로 콜버그가 발달심리학적 사실과 도덕철학적 당위의 일치와 통합을 추구하는 사실에서만 보더라도 칸트의 구성적 종합의 전통에 따르고 있다고 볼 수 있을 것이다. 더 나아가서 콜버그가 제시한 도덕판단 단계 6의 내용들은 칸트의 도덕법 그 자체의 형식적 차원을 잘 드러내고 있다. 이런 사실에서 콜버그는 매우 충실한 칸트주의자가 분명한 것처럼 보인다. 그렇다고 해도 콜버그가 칸트의 사상을 무조건 수용하는 것은 아니다. 칸트주의 윤리학의 특징은 도덕법 자체의 형식주의적 규정에 있다. 그러나 콜버그의 도덕발달론은 순수 선의지 그 자체보다는 상이한 국면 가운데서 그것이 어떻게 굴절되는가를 중시한다. 구체적으로 말해서 칸트의 윤리학에서는 도덕적 심정의 순수한 동기만이 '도덕적'이지만, 콜버그의 경우에는 특정한 환경과 상황 속에서 드러나는 도덕 내용의 규정성을 보다 중요하게 인식한다. 따라서 콜버그의 도덕발달론의 관습 이전 수준이나 관습 수준에서 단계 3은 칸트의 기준으로 보아서 도덕적이라고 생각할 수 없을 것이다. 그러므로 본 논의에서도 단계 1에서 단계 3에 대한 비교 접근은 배제할 것이다.

콜버그의 도덕발달론 관련 주저로서는 『도덕발달의 철학』[1]과 『도덕발달의 심리학』[2]이 있다. 『도덕발달의 철학』에서 콜버그는 소크라테스와 플라톤, 아리스토텔레스, 칸트, 밀, 듀이, 롤즈 등의 윤리사상에 대한 논의와 평가를 통하여 자신의 도덕심리학적 토대와 정당성을 확보하고자 하였다. 이 책에서 콜버그는 소크라테스에서 칸트를 거쳐서 롤즈에 이르는 윤리 보편주의의 입장에 서 있다. 콜버그는 도덕발달의 여섯 단계가 있으며, 단계 1에서 단계 6까지의 도덕원리가 구체적으로 작동되는 도덕성의 핵심 내용을 롤즈에 의지하여 '정의'(justice, Gerechtigkeit) 개념으로 규정하였다. 도덕적 사고발달에 보편적인 형식이 있다는 것이 칸트에 가깝다고 한다면, 그 여섯 단계들에 정의라는 덕목이 각각의 단계에 따라서 구체적인 모습으로 드러난다는 생각은 롤즈에 친근하다고 할 수 있다. 소크라테

---

1) Lawrence Kohlberg, *The Philosophy of Moral Development. Moral Stages and the Idea of Justice*. San Francisco 1981 [Abk.: PhMD]; 『도덕발달의 철학 - 도덕단계와 정의의 관념』, 김봉소, 김민남 역, 서울, 교육과학사 1985. [약어: 철학]

2) Lawrence Kohlberg, *The Psychology of Moral Development*. Harper & Row, San Francisco 1984 [Abk.: PsMD]. 한국어판: 『도덕발달의 심리학』, 김봉소, 김민남 역, 서울, 교육과학사 1985. [약어: 심리학]

스, 칸트, 피아제를 수용한 도덕판단 단계들의 형식은 롤즈를 통하여 인간과 사회가 추구해야 할 원리로서의 덕, 즉 정의 개념을 도덕원리로 상정하게 된 것이다.

이 글에서는 콜버그가 관습 수준과 이후의 도덕 수준에서 모든 사람들이 보편적으로 받아들일 수 있는 도덕의 원리들을 어떤 방식으로 정립해 나가는가를 살펴보면서 칸트와의 공통점과 차이점을 드러내고자 할 것이다. 이런 사실들을 통하여 콜버그가 칸트주의자인가, 그렇다면 어떤 맥락과 어떤 의미에서 칸트와의 친연성이 있는가를 규명할 수 있을 것이다.

2. 볼드윈과 칸트

제임스 마르크 볼드윈(James Mark Baldwin 1861~1934)은 프린스턴 대학교에서 심리학과를 창설했던 스코트랜드의 철학자 제임스 맥코시(James McCosh)의 지도를 받아 미국의 대표적인 철학자이자 심리학자로 인정 받게 되었다. 콜버그는 칸트에 능통한 볼드윈을 통하여 칸트철학에 대한 이해지평을 갖게 되었다.[3)]

콜버그는 『도덕발달의 심리학』 제6장 "아동기와 성인기 발달의 연속성과 불연속성"에서 단계 5와 단계 6이라는 이상적 유형에 접근하는 것으로 보였던 고등학생 피험자들이 어떻게 상대주의자로

---

3) 볼드윈은 프린스턴대학의 지원을 받아서 독일에서 유학을 했으며, 라이프치히에서 빌헬름 분트(Wilhelm Wundt), 베를린에서 파울젠(Friedrich Paulsen)의 지도를 받았다(1884~1934). 그는 리보(Théodule-Armand Ribot)의 저서 『현대 독일심리학』을 번역하였다. 이 책은 칸트로부터 헤르바르트(Johann Friedrich Herbart), 페히너 Gustav Theodor Fechner), 로체(Hermann Lotze), 분트에 이르는 심리학의 기원을 다루고 있다. http://en.wikipedia.org/wiki/James_Mark_Baldwin

변신할 수 있는가를 숙고하는 과정에서 관습수준에서도 자율성이 존재하고 있다는 사실을 확인하고, 단계 3과 단계 4를 '유형 B'로 분류하였다(PsMD, 669; 심리학, 646). 콜버그는 피아제의 타율성과 자율성의 유형론이 자신의 관습 이전, 관습, 관습 이후 수준으로 분리한 발달적 차이를 적절하게 기술할 수 없다는 사실을 깨달았다. 그리하여 그는 1958년부터 이상 유형론적 단계들의 개발에 착수했으며, 볼드윈의 '이상적 자아' 혹은 '양심'의 발달 이론을 자주 활용하였다.[4] 이와 같은 도덕 수준은 콜버그의 도덕발달 단계로는 단계 3에 해당한다. 그런데 콜버그는 볼드윈이 말하는 이상적 자아의 도덕성이 칸트가 말한 정언명령을 가장 최초로 순수하게 표상하고 있다고 보았다.[5] 콜버그는 1958년에 볼드윈의 3단계 유형론[6]을 부분

---

4) J. M. Baldwin, *Social and Ethical Interpretations in Mental Development*. Macmillan, New York 1906. 볼드윈은 자아와 타아의 상호관계 속에서 모방과 조절 작용을 통하여 '사회적 자아'가 형성되고, 그러한 작용이 반복되면서 지배적, 위세적인 자아의 형태가 생겨난다고 보았다. 도덕 이전의 양극적 자아는 모델과 권위자의 위세에 따라서 복종 여부를 조절하는 규칙과 규범이 있다는 인식을 갖게 되면서 '이상적 자아' 또는 '도덕적 자아'가 된다. 이상적 자아란 그 시점에서 아동이 가족집단의 구성원들에게 동조해야 하는 규칙과 규범이 있다는 것을 알게 되면서, 아동 스스로 그렇게 해야 한다고 상상하거나 부모가 불완전하게나마 모형화한 자아와의 일치를 추구하려는 자아이다. 볼드윈은 자아와 타자를 이상적 자아 또는 양심에 종속시킨 것이다(PsMD, 669f; 심리학, 647).

5) L. Kohlberg, *The Development of Modes of Moral Thinking and Choice in the Years Ten to Sixteen*. Dissertation, University of Chicago, 1958; L. Kohlberg, "Moral Development." In *The Cognitive Developmental Psychology of James Mark Baldwin*. In J.M. Broughton and D.J. Freeman-Moir, eds. Norwood, N.J.: Ablex, 1982b; PsMD, 670; 심리학, 648.

6) 볼드윈은 윤리적 단계를 자기목적적(syntelic), 투사적(projective) 가치를 지향하는 '객관적, 비이원론적 단계'(objective or adualistic stage), 상대주의적(relativistic), 도구적(instrumental) 가치를 지향하는 '이원론적, 분별적, 지적 단계'(dualistic, prudential, or intellectual stage), 그리고 공적(public), 관습법칙적(synnomic), 이상적(ideal), 객관적(objective) 가치를 지향하는 '윤리적 또는 이상

적으로 고려하면서, 볼드윈의 세 번째 구조적 단계가 피아제보다는 칸트에 더 가깝다고 여겼다. 칸트는 규정적 의무를 강조하면서도 보편성 또는 보편화 가능성을 강조한 바 있다. 피아제에서는 관습 이후 원리 역시 다른 사람에 대한 존경(타율적 존경 또는 상호존중)에 기인하지만, 볼드윈에게서의 원리는 사회적, 이상적 도덕성에서 기인한다. 따라서 콜버그는 피아제의 설명은 볼드윈과 칸트의 자율성과는 궁극적으로 다르다고 보았다. 칸트의 자율성은 본래적인 의무를 일반적이고 보편화 가능한 방식으로 자기 입법화하는 자율성이다. 그리하여 콜버그는 칸트의 보편화 가능화 검사가 바로 볼드윈의 관습법칙적(synnomic) 관념과 일치한다고 주장하였다(PsMD, 671; 심리학, 652).

칸트의 자율성 개념에서 도덕적 규범, 원리, 의무는 사실적인 것에 속하는 비도덕적 가치들과는 분명하게 다르며, 도덕적 존경의 대상은 수단이 아닌 목적으로서의 인간이라는 사실을 알 수 있다. 칸트의 자율성 개념은 보편성과 보편화 가능성의 자율성이다. 콜버그는 십계명과 같은 문화적 종교적으로 특수한 상황을 지닌 규칙들로부터 보편화 가능한 칸트의 정언명령과 같은 문화적 일반성을 지닌 일반적 형식적 원리로 이행한다고 보았다. 콜버그는 칸트의 보편화 가능성을 롤즈의 가역성 또는 상호 교환 가능성으로서의 정의와 같은 것으로 보았다. 그러나 콜버그는 단계 6에서의 가역성은 보편적인 이상적 역할채택을 표상하지만, 관습단계에서 보편성과 가역성은 정의 또는 무당파성의 내재적 규범이고, 그것들은 또한 유형 B판단에서 편파적이고 불가역적인 권위자의 요구나 규칙과 맞서는 자율성을 이끌어낸다고 보았다(PsMD, 676; 심리학, 654).

그리하여 콜버그는 딜레마 A형[7]에 적합한 칸트 유형의 B준거를

적 단계'(ethical or ideal stage)로 구분하였다(PsMD, 672; 심리학, 649).

7) 딜레마 A형은 『도덕발달의 심리학』 "부록 B: 아홉 개의 가설적 딜레마" 맨 앞에 수록되어 있다(PsMD, 640-644; 심리학, 615-619)

1.선택(Choice), 2.위계(Hierarchy), 3.내재성(Intrinsicalness), 4.규정성(Prescriptivity), 5a.보편성(Universality), 5b.보편화 가능성(Universalizability)로 구분하였다(PsMD, 677f; 심리학, 655). 첫째, 선택이란 피험자가 딜레마에 대한 보다 '정의로운' 해결책을 도모하는 것을 뜻한다. 단계 5의 피험자들이 경험적으로 동의하는 선택이어야 한다. 둘째, 위계란 정언명령의 두 번째 공식, "사람을 결코 수단으로서가 아니라 항상 목적으로서 대하라."를 반영하고 있다. 이것은 살 권리, 양심에 따른 행위의 가치, 약속 준수나 획득한 재산 존중의 가치 등이 딜레마 A형(III, III', I)의 각 딜레마를 해결할 때 다른 어떤 숙고들보다도 상위에 있다는 것을 보여준다. 셋째, 내재성이란 딜레마를 해소하는 과정에서 인간(생명)의 내재적, 도덕적 가치나 인격(자율성)에 대한 내재적 존경을 인식하고 지지한다는 것이다. 넷째, 규정성이란 정언명령은 행위자의 취향 등에 관계없이 생명을 구하고 약속을 지키는 것 등, 도덕 행위를 규정하는 정언적인 도덕적 '당위'를 뜻한다. 다섯째, 보편성이란 정언명령의 세 번째 형식, "너의 의지가 동시에 그 행위의 준칙으로 보편적 법칙을 입안한다고 생각하도록 그렇게 행위하라."[8]를 반영하며, 딜레마를 해소하는 과정에서 규정된 특정한 일련의 행위가 어느 누구에게도 보편적으로 사용되어야 한다는 것을 뜻한다. 인간을 보편적인 도덕 대상으로 대하고, 따라서 보편적인 도덕판단은 "너는 어떤 인간에 대해서도 이런 방식으로 행위해야(x를 행해야) 한다."이다. 여섯째, 보편화 가능성이란 정언명령의 첫 번째 형식, "마치 너의 행위의 준칙이 너의 의지를 통하여 보편적 자연법칙이 되어야 하는 것처럼 그렇게 행위

8) [...] daß sie ein allgemeines Gesetz sei, und also nur so, daß der Wille durch seine Maxime sich selbst zugleich als allgemein gesetzgebend betrachten könne (Immanuel Kant, *Grundlegung zur Metaphysik der Sitten*. Riga A(1785), B(1786), [Abk.: GMS], B76).

하라."9)를 반영하며, 딜레마의 행위자에게 규정되어온 특정한 일련의 행위는 유사한 상황이나 정상에 있는 어떤 행위자에게도 적용되어야 함을 뜻한다. 보편화 가능한 도덕판단은 "A의 입장에 있는 모든 행위자들은 이런 방식으로 행위해야(x를 행해야) 한다."이다.

볼드윈과 칸트의 도덕성 준거는 콜버그 자신이 결정적으로 의존했던 피아제의 도덕성 준거의 한계를 넘어서게 하는데 도움을 주었다. 그리하여 콜버그의 관심은 피아제에서 칸트를 거쳐 롤즈에로 이행하게 된 것이다.

3. 사회제도 유지의 도덕성(단계4)

콜버그의 도덕발달론에서 관습 수준은 단계 3(개인 상호관계의 규범 도덕성)과 단계 4(사회체제 도덕성)으로 이루어진다. 콜버그는 보다 높은 단계들이 도덕성에서 보다 큰 적절성을 갖는다고 보았다 (PhMD, 272; 철학, 333). 관습 이전 수준보다 관습 수준이, 그리고 관습 수준보다는 관습 이후 수준의 도덕성이 모든 사람들이 받아들이기에 더 적절하다는 것이다. 단계 3의 도덕성 수준은 자신이 속한 친족이나 집단에 대한 사랑과 충성을 중시하지만, 단계 4의 도덕성 수준은 사회체제를 유지하기 위한 법질서 준수를 중시한다. 그러나 엄밀한 의미에서 콜버그의 단계 4는 칸트 윤리학에서 도덕성(Moralität)의 영역이 아니라 합법성(Legalität)의 영역에 속한다. 칸트는 도덕과 법적 의무를 구분하지만 콜버그는 정의의 도덕이 법 준수의 정신 안에서 어떻게 드러나는가를 중시한 것이다. 그러나 콜버그 역

9) [...] so könne der allgemeine Imperativ der Pflicht auch so lauten: handle so, als ob die Maxime deiner Handlung durch deinen Willen zum allgemeinen Naturgesetze werden sollte(GMS, B52).

시 단계 4의 도덕성 수준이 그것보다 높은 단계에 비하여 어떤 점에서 부적절한지를 검토함으로써 합법성에서 도덕성의 영역으로 이행하고자 했다.

콜버그는 전혀 다른 생각을 가진 두 사람의 사례를 제시한 후, 서로 반대적인 생각을 가진 그 두 사람 모두가 단계 4에 속한다는 사실을 확인하게 된다. 먼저 자애(mercy)의 윤리를 중시하는 종교인은 사형제에 반대할 가능성이 높지만, 법을 엄정하게 집행하려고 하는 경찰간부는 사형제를 찬성할 가능성이 높다. 콜버그는 이 두 사람 모두 단계 4에 속한다고 보았다. 19세기의 노예폐지론자인 보비(Bovee)는 "살인하지 말라"는 계명을 근거로 사형제를 반대하였다. 콜버그는 이처럼 종교적 계명에 근거하여 판단할 경우에 단계 4에 속한다고 보았다. 그와 반대로 인간이 하느님의 형상으로 지음을 받은 존재라는 성서적 근거(창세 1, 27)를 가지고 사형제를 반대하는 자들에 대해서, F.B.I.의 후버(J. Edgar Hoover) 국장은 사람의 피를 흘리게 하는 자는 결국 사람에 의하여 피를 보게 될 것이라는 또 다른 성서적 근거(창세 9:6)를 제시하면서 사형제 찬성을 지지하였다(PhMD, 273; 철학, 334). 콜버그는 단계 4의 부적절성은 구체적인 행위의 도덕성과 제도의 도덕성에 관하여 모순된 결론을 내릴 수 있다는 사실에서 드러난다고 지적했다.

콜버그는 도덕원리의 적절성 준거를 보편화 가능성(universalizability)으로 규정한다. 도덕성은 의무의 판단을 적정화하려는 노력, 즉 모든 인류에 타당한 '도덕적 관점'으로부터 의무의 판단을 수행하려는 노력을 나타낸다. 이 점에서 그는 칸트주의자이다. 도덕상황에서 따르고자 하는 원리는 그 상황에 처한 모든 사람들이 따르고자 하는 원리이어야 한다. 콜버그는 이것이 칸트의 정언명령의 첫 번째 형식, "그 준칙이 보편적 법칙이 될 것을, 그 준칙을 통하여 네가 동시에 의욕할 수 있는 오직 그런 준칙에 따라서만 행위하라."[10]에 나타나 있다고 보았다(PhMD, 274; 철학, 335). 이와 같은 칸트의 정언명령은 도덕원리가 바로 보편화 가능성의 개념과 동일한 것이라는 콜버그의 관점을 공식화한 것이다. 이 부분에서 콜버그와 칸트는 전적으로 일치한다. 그러나 콜버그가 내세우는 적절성의 또 다른 준거가 있다. 그것은 보편화 가능성과 밀접하게 연관된 일관성이다. 합리적 도덕판단의 목표는 다른 합리적인 도덕 대리인들이 이상적으로 동의할 수 있는 도덕결정에 도달하는 일이다. 따라서 도덕원리들이 구체적인 딜레마에 적용될 때 불일치나 불화를 일으킨다면 그 원리나 방법들이 적절하다고 볼 수 없다는 것이다(PhMD, 275; 철학, 335). 콜버그는 도덕 딜레마 앞에 있는 단계 4의 개인들에게 사회의 규범과 규칙, 그리고 심지어 성경조차도 그대로 따르도록 강요하는 경향성을 주시하면서, 그는 이와 같은 처방은 결코 보편화가 가능하지 않다고 생각하였다.

콜버그는 레스트의 연구[11])에 근거하여 도덕원리가 보통사람들에게는 희미하게 나타나고, 따라서 '칸트의 정언명령'(Kants's categorical imperative)은 그 가장 구체적으로 표현된 형식조차도 관습단계의 피험자들이 이해하는데 어려움이 있다고 주장한다. 이러한 연구 결과를 바탕으로 콜버그는 도덕원리가 본유적(innate)이고, 보편적(universal)이며, 아프리오리(a priori)하다는 칸트의 관점이나 자연주의적인(naturalistic) 벤담의 관점 모두를 거부한다. 콜버그의 발달론적 조망에 의하면 도덕원리는 '경험의 능동적 재구성물'(active reconstructions of experience)이다(PhMD, 181; 철학, 235). 이러한 콜버그의 인

10) "Der kategorische Imperativ ist also nur ein einziger, und zwar dieser: handle nur nach derjenigen Maxime, durch die du zugleich wollen kannst, daß sie ein allgemeines Gesetz werde."(GMS, B52); *Foundations of the Metaphysics of Morals*. Trans. L. Beck. Bobbs-Merrill, Indianapolis 1959(1785).

11) J. Rest, *Developmental Hierarchy in Preference and Comprehension of Moral Judgement*. Ph.D. dissertation, University of Chicago, 1968.

식은 칸트주의와는 거리감이 있다. 콜버그는 도덕판단이 보편 형식을 요구한다고 할 때, '인간성의 아프리오리한 보편적 직관'(a universal a priori intuition of humanity)이나 '철학자에 의한 특별한 발명'(a peculiar invention by a philosopher)을 요구하는 것이 아니라는 점을 분명히 한다. 콜버그에 의하면 그와 같은 인식은 오직 단계 5에서 단계 6으로 발달하는 과정에서 판단이 보편적으로 재구성될 때 나타나는 일부 현상일 뿐이다. 바로 이 점에서 콜버그는 칸트와 차별화된다. 그는 칸트적인 도덕 직관주의를 촘스키의 언어이론과 같은 것이라고 여겼다. 모든 언어에 허용되는 구문론, 즉 '심층구조의 변형'(the deep structure transformations)의 원리는 5세의 아이들에게 동일하게 알려진 오직 '하나의 직관적인 문법체계'(one grammatical system of intuition)에 의하여 성인이 된 촘스키 자신이 동일한 구문을 말하는 것을 가능하게 한다. 실제로 칸트는 감성계에서 악한 의지를 가진 사람조차도 선의지를 의식한다는 사실을 강조하면서 정언명령, 즉 도덕적 당위는 예지계의 구성원에게 필연적인 의욕이라고 보았다(GMS, B113). 그러나 콜버그는 '원리의 성문화'(the codification of principles)가 도덕성의 능동적 재구성(active reconstruction of morality)이라는 사실을 강조하면서, 단계 4의 관습적인 도덕성은 단계 6의 원리적인 도덕성과는 근본적으로 다르다고 주장하였다(PhMD, 182; 철학, 235).[12] 여기에서 콜버그는 칸트와는 달리 도

---

12) 콜버그는 다니엘 캔디(Daniel Candee)와 함께 집필한 「도덕판단과 도덕행위의 관계」라는 글에서도 클라인버거(Kleinberger)와의 논쟁을 통하여 칸트의 윤리적 가정과 다른 접근 방식을 취한다는 사실을 분명하게 보여준다(A. F. Kleinberger, "The Proper Object of Moral Judgement and of Moral Education." *Journal of Moral Education* 11, 1982, pp. 147-158). 클라인버거는 행위의 도덕성을 행위의 배후에 있는 판단원리와 동일하게 여기는 철학자들의 부류로 칸트와 콜버그를 들면서, 이러한 관점은 선험적인 철학적 가정에서 오는 것이라고 규정하였다. '절대 윤리'(absolute ethic)를 지지하는 칸트는 도덕성 이외의 다른 동기

덕법칙 이외의 다른 동기들의 개입조차도 도덕적인 것으로 보았던 것이다.

콜버그는 종교적 계명이나 사회문화적 규칙에 맹목적으로 따르는 경우를 단계 4로 평정하였다. 그렇다면 칸트의 정언명령 역시 단계 4에 해당하는 것일까? 콜버그는 하인즈 딜레마[13)]에 대한 철학자들의 답변에서 이 문제를 다루고 있다.[14)] 하인즈 딜레마에서 '철학자 1'은 "희귀한 상품은 공정성의 원리에 의하여 분배되어야만 한다."고 말하면서도 남편의 의무를 직접 규정하지는 못한다(PhMD, 221; 철학, 278). '철학자 2'에 의하면 남편은 "최선을 다해 아내를 돌보라."는 규칙을 따라야 하지만, 그것은 "규칙의 일반적 준수는 손해보다 이익이 더 많다."라는 유용성의 원리에 따른 것이다. 콜버그는 철학자 1과 철학자 2, 두 사람 모두 의무가 원리적 조망으로부터 입법된 결정이라고 여기지만, 원리 자체를 1차적인 의미에서가 아니라 2차적인 의미로 사용하고 있다고 지적한다. 여기에서 콜버그

가 행위에 영향을 미치는 것을 인정하지 않았다. 그리하여 칸트의 정언명령은 준칙과 보편적인 도덕법칙의 일치를 주장하고 있는 것이다. 그러나 콜버그 자신은 칸트의 원리적인 입장에 매이지 않는다고 분명하게 말했다. 그는 도덕판단 그 자체만으로 도덕성을 평가하는 것은 한계가 있다는 주장이다. 다시 말하면 도덕성 이외의 다른 동기도 고려되어야 한다는 것이다(PsMD, 509-513; 심리학, 490-493).

13) 콜버그가 도덕판단 능력의 발달 정도를 측정하기 위하여 작성한 가설적 딜레마 중의 하나로서 하인즈라는 사람이 자기 부인이 암으로 죽어가는 상황에서 약값이 모자라서 그대로 아내의 중금을 보고만 있을 것인가 아니면 약을 훔쳐서라도 아내를 살려야 할 것인가라는 딜레마 상황에 처했을 때, 하인즈가 어떤 판단을 내려야 하고 그 이유는 무엇인가를 밝혀내려는 조사설문이다. 콜버그, 『도덕발달의 심리학』 부록 B: 아홉 개의 가설적 딜레마를 참조하라(PsMD, 640f; 심리학, 615f).

14) 콜버그는 『도덕발달의 철학』 제2편 「도덕단계와 정의 관념」, 제4장 "사실로부터 당위로"에서 하인즈 딜레마에 대한 철학자 1,2,3의 반응을 다루고 있다(PhMD, 160-168; 철학, 211-220).

는 입법자를 지배하는 원리와 피입법자를 지배하는 원리가 동일하지 않다고 지적한다. 콜버그가 보기에 철학자 1과 철학자 2는 이차적인 결정자였던 것이다.

이와 대조적으로 철학자 3은 남편의 자리에 있는 개인으로서 원리적이고, 보편화가 가능하며, 공평한 기반으로부터 결정해야 할 것에 준하여 의무를 규정한다. 원리를 남편의 결정에 적용하는 것은 이차적이 아니라 직접적이다. 여기에서 콜버그는 칸트보다는 롤즈에게 주목한다. 그는 롤즈의 이론에서 본질적으로 규정하고 정당화하려는 것은 일차적인 원리이며, 그것은 사회계약을 통하여 합의할 수 있는 정의의 두 가지 실체적 원리라고 본다. 콜버그는 사회계약론조차도 여기에서는 법을 정당화하기 위한 이차적 원리로서 활용되는 사실을 강조한다. 그렇다면 규칙공리주의도 원리가 아닌 규칙에 도달하기 위한 이차적 절차이자 원리에 지나지 않으며, 칸트의 정언명령도 그 자체가 결정의 실체적 원리를 인도하기 보다는, "거짓말하지 말라."와 같은 규칙을 정당화하고 해석하기 위한 이차적 원리로 작동한다는 것이다(PhMD, 221; 철학, 279). 이런 경우들은 콜버그의 도덕단계론에서 단계 4에 해당한다.[15] 그러나 이러한 콜

---

15) 콜버그가 칸트의 정언명령을 단계 4로 규정한 것은 피아제의 전통에서 연유한 것으로 보인다. 피아제는 『아동의 도덕판단』에서 도덕성을 정의로 규정하고 규칙 존중과 인간 존중을 강조한 점에서 칸트주의라고 볼 수 있다. 인간을 수단이 아닌 목적으로 대하라는 칸트의 정언명령과 맥락을 같이 하기 때문이다. 그러나 콜버그는 피아제가 칸트와는 달리 정의를 규칙과 권위에 대한 완전한 복종이라는 타율적 도덕성과 자율적인 상호존중, 사회계약, 합의 등에서 나타나는 자율적인 규칙 존중이라는 두 가지 도덕성이 있다고 가정했다고 지적하였다. 보다 낮은 도덕단계에서는 타율성이 지배적이고 보다 높은 도덕단계로 올라갈수록 자율성과 평등주의가 우세하게 나타나는 것이다(PsMD, 225; 심리학, 216). 그러면서도 콜버그는 다른 곳에서 롤즈(J. Rawls, "Kantian Constructivism in Moral Theory", *Journal of Philosophy* 87, 1980, 515-572)와 하버마스(J. Habermas, "A Universal Ethic of Communication and Problems of Ethical Relativity and Skepti-

버그의 해석은 칸트의 의도와는 전혀 다른 것이다. 칸트의 경우에는 도덕법에 대한 순수한 의무 정신을 가장 중요한 것으로 요구하고, 그 이외의 다른 동기들은 불순한 것으로 간주하기 때문이다. 이에 그치지 않고 콜버그는 칸트가 부분적으로만 건축하였던 원리와 방법에 대하여 롤즈가 최초로 체계적인 정당화 작업을 완수함으로써 '단계 6'의 원리와 방법을 구축했다고 평가하였다(PhMD, 222; 철학, 279).

이와 같은 콜버그의 칸트 해석은 칸트가 형식주의 윤리학을 통하여 도덕원리의 보편성을 확보하고자 했던 근본 의도를 무위로 돌릴 수 있다고 본다. 더 나아가서 콜버그의 칸트 해석이 올바르다면, 콜버그 자신이 제시하고자 하는 보편성 주장 역시 단계 4로 평가되어야 하는가라는 문제가 제기될 수 있다. 이와 같이 콜버그는 (칸트가 제시한) 도덕원리 그 자체라도 고착적인 방식으로 작동하는 경우에는 4단계로 평정함으로써, 칸트뿐만 아니라 롤즈와 콜버그 자신의 보편화 가능성의 원리조차도 관습 수준의 도덕성으로 평가절하 할 수 있는 여지를 만들었다. 이렇게 되면 도덕법 앞에서의 의무감에서

---

cism." Paper given at the *International Symposium on Moral Education*, Freiburg University, Switzerland, 1982a)가 보여주듯이, 피아제에서 도덕원리의 개체발생적 합리적 재구성과 칸트나 롤즈의 도덕이론 사이의 불일치는 도덕원리에 대한 본질적인 조망의 차이일 뿐이지 이론의 근본적 차이는 아니며, 칸트와 피아제의 자율성 개념을 통합하는 도덕 유형을 구성할 필요가 있다고 강조하였다(PsMD, 661; 심리학, 638). 콜버그와는 반대로 미드(G.H. Mead)는 칸트의 정언명령이 자연권과 사회계약이론의 입장을 일반화했다고 평가하면서, 칸트가 도덕적 교의의 기초를 수립했다고 간주하였다. "칸트는 자연권과 사회계약의 이론에 연루되어 있는 입장을 일반화하였다. 이 이론은 다른 사람에게도 똑같이 인정해 줄 수 있는 주장만을 그 자신을 위해서도 주장해야 한다는 이론이다. 그는 이것을 일반화시켜서 그의 도덕적 교의의 기초로 삼았다. 모든 행위는 그것이 동일한 조건 아래서 모든 사람에게 보편적이 될 수 있을 그런 특성을 지녀야 한다는 정언명령이 바로 그것이다." G.H. Mead, *Movements of Thought in the Nineteenth Century*. University of Chicao Press, 1966; PhMD, 225; 철학, 283.

만 도덕적 행위가 가능하다는 칸트의 주장이 콜버그에 의하여 단계 4로 규정될 수밖에 없는 것이다.

4. 사회계약의 도덕성(단계 5)

콜버그는『도덕발달의 철학』, 제3편「도덕단계와 법과 정치」, 제7장 "사형제, 도덕발달, 헌법"에서 사형제의 찬반논란을 다루면서, 단계 5의 차원에서는 '가역성'(reversibility)으로서 '반성적 평형상태'(reflective equilibrium)에 완전하게 도달할 수 없다고 주장한다.

사형이 범죄 억제력을 가지고 있는지의 여부와 관련하여 그렇다고 가정한다면 단계 5에서 유용성의 원리는 사형제를 받아들이도록 권장할 것이다. 반 덴 하그(Van den Haag)는 다음과 같이 논증한다. "어느 정도의 억제력이 완전히 불의에 차 있는 사형(죄 없는 사람의 처형에서 비롯됨)의 가능성을 정당화할 수 있는가? 만약 사형이 무고한 죽음을 당하는 사람의 총수를 줄일 수 있을 정도로 살인자를 저지할 수 있다면, 사형제가 있어 훨씬 적은 숫자가 목숨을 잃게 된다면, 간혹 사형제에 의해서 발생하는 돌이킬 수 없는 불의가 있더라도, 사형제 반대에 유의미한 영향을 미치지는 않을 것이다."[16)]

이에 반대하여 베카리아(Beccaria)는 사회계약의 원리에 의거하여 경우에 따라서 사람의 생명을 빼앗을 권리를 주장하는 권력에 지배당하고 싶은 사람은 아무도 없을 것이라고 주장한다.[17)] 그러나

---

16) E. Van den Haag, "On Deterrence and the Death Penalty." *Journal of Criminal Law, Criminology, and Police Science* 60, 1969. pp.141-147; PhMD, 277f; 철학, 338f.

17) C. Beccaria, *On Crimes and Punishments*. Trans. H. Paolucci, Bobbs-Merrill, Indianapolis 1963(originally 1764).

콜버그는 베카리아조차도 단계 5가 공리주의 견해와 사회계약론 사이의 모순을 해소할 수 있는 원리를 제공하지 못한다는 사실을 깨닫지 못하고 있다고 지적하였다. 콜버그는 사형제의 적법성을 다루었던 1972년의 퍼만 대 조지아[Furman v. Georgia (408 V. s. 238, 1972)] 판례에서 5대 4로 사형제 위헌 결정을 내린 사실에 주목한다. 그런데 사형제의 위헌성을 지적하였던 다섯 명 중 세 명의 판사들(Douglas, Stewart, White)은 사형제의 반대 근거를 "사형이 살인을 억제하는데 실패했다는 것, 사형은 공리적이지 않다는 것, 사형은 절차상 불공정하다는 것" 등의 사실판단에서 찾으려고 했다(PhMD, 242, 244f; 철학, 302, 304). 이들과는 반대로 브레난(Brennan) 판사와 마샬(Marshall) 판사는 사형제가 잔인하고 상식을 벗어난 처벌이며 비록 공리주의적 근거가 있다고 하더라도 살인을 저지른 사람을 처형하는 것은 인간의 존엄성을 침해하는 것이라고 주장하였다(PhMD, 241, 278; 철학, 301, 339). 당시 소수파였던 대법원장 버거(Burger)와, 블랙문(Blackmun), 포웰(Powell), 렌퀴스트(Rehnquist) 판사는 보응적 체제의 적법성을 주장하면서 사형제 법 제정을 옹호하였다. 콜버그는 단계 5의 유용성의 원리에 근거하여 사형제를 반대할 보편적인 근거를 마련하는 것은 절대로 불가능하다고 보았다.

대법원 판사 브레난은 칸트의 정언명령, 인간을 항상 수단으로서가 아니라 목적으로서 대하는 것에 준하여 다듬어진, 단계 6의 근본적 보편원리에 호소하고 있다. 칸트 자신은 사형제를 살인에 대한 정의로운 보상이라고 믿고 있었다. 그는 보응이 범죄인을 수단으로서가 아니라 목적으로서 취급하는 것과 같이 어울린다고 믿었다. 그러면서 그는 형벌이 범죄 억제를 위해 필요하다고 보는 공리주의적 견해는 범죄인을 목적으로서가 아니라 수단으로서 취급한다고 믿었다. [...] 칸트도 헌법 초안의 건국 아버지도, 마치 건국 아버지들이 노예제도를 거절하지 못했듯이, 사형제를 거절하지 못했다. 우리는 칸트로부터 롤즈, 마샬판사로부터 브레난 판사로의 움직임을, 단계 5로부터 단계 6으로의 자유주의적 사회계약의 이데올로기 운동이라고 인식하고 있다(PhMD, 242; 철학, 302).

콜버그는 칸트의 도덕철학은 롤즈의 재작업을 통해서만 단계 5의 부적절성을 해소할 수 있는 단계 6의 도덕원리로 이행할 수 있다고 보았다(PhMD, 242; 철학, 302). 칸트는 정언명령을 약간 다른 방식으로, 즉 "네가 너 자신의 인격에서나 다른 모든 사람의 인격에서 인간(성)을 항상 동시에 목적으로 대하고 결코 단순한 수단으로 대하지 않도록 그렇게 행위하라."[18]는 인간존중의 원리로 표현하였다(PhMD, 279; 철학, 340). 콜버그는 단계 5에서는 인간 존엄성, 즉 수단으로서보다는 목적으로서의 개개인에 대한 존중의 태도를 놓치고 있다고 지적한다. 그러나 단계 6에서는 이 태도가 정의의 일반 개념을 체계적으로 건축한다는 것이다. 개인들에 대한 공정성이나 공평성으로서의 정의 개념은 단계 6의 중추적 추론을 구성하고 있다. 이 관념은 칸트의 두 가지 명령, 즉 보편화 가능성과 인간존중을 통합한다. 그리하여 콜버그는 "만약 모든 인간은 목적 그 자체로서 대우해야 한다고 말하고 이 격률의 보편화를 주장한다면, 우리는 도덕 딜레마에 연루된 모든 당사자들은 항상 기본적으로 동일한 대우를 받아야 한다고 규정하는 정의 원리에 도달하게 된다."라고 강조하였다.

바로 이 대목에서 콜버그의 단계 6은 롤즈의 정의론에서의 '무지의 베일'이나 칸트의 정언명령에서 인간 존중 원리와 일치하게 된다. 롤즈의 『정의론』(1971)에 의하면 사회정의의 타당한 원리는 '원

18) Der praktische Imperativ wird also folgender sein: Handle so, daß du die Menschheit, sowohl in deiner Person, als in der Person eines jeden anderen, jederzeit zugleich als Zweck, niemals bloß als Mittel brauchest.(GMS, B66f)

초적 입장의 합리적 이기주의자', 즉 사회에서 그들이 누구인지에 대한 '무지의 베일'(veil of ignorance) 뒤에 있고, 사회의 가장 불리한 사람이 될 수 있는 똑같은 가능성을 가진 입장에 서있는 이해관계를 가진 합리적 인간이 채택할 그런 원리이다(PhMD, 281f; 철학, 343). 롤즈는 원초적 입장을 어떤 원리도 정의로울 수 있는 공정한 절차를 마련하는 관념으로 규정하였다.[19)]

> 무지의 베일은 그 결과 원칙들을 선택함에 있어서 아무도 타고난 우연의 결과나 사회적 여건의 우연성으로 인해 유리하거나 불리해지지 않는다는 점이 보장된다. 모든 이가 이와 유사한 상황 속에 처하게 되어 아무도 자신의 특정 조건에 유리한 원칙들을 구상할 수 없는 까닭에, 정의의 원칙들은 공정한 합의나 약정의 결과가 된다.[20)]

그리하여 콜버그는 원초적 입장에서 정의 원리를 끌어낼 수 있다는 롤즈의 관념[21)]이 정언명령의 형식을 가진 칸트의 인간존중의 원

---

19) "롤즈의 해석에 의하면 자연적 상태 – '원초적 입장' – 는 정의 원리에 관한 한, 즉 사회를 지배해야 할 도덕원리에 관한 합리적 인간들의 계약행위에 의해 성취된다. 머리 속에서 그려낸 원초적 입장은, 저마다 사회에서 차지하게 될 위치에 대한 '무지의 베일' 뒤에 있다는 입장이다. 그래서 사람들은 부자건 가난한 자이건 백인이건 흑인이건 남자건 여자건 또 무엇이건 지니고 살아가야 할 정의 원리를 기꺼이 선택해야 한다. 롤즈는 이 조건 아래서 선택된 제1의 원리는 다른 사람들의 자유와 양립할 수 있는 개인의 자유를 극대화할 권리일 것이라고 주장한다. 제2의 원리는 만약 불평등이 가장 불리한 처지에 있는 사람의 이익에 부합되지 않는다면 그 불평등에 대한 어떤 정당화도 없다는 것이다. 롤즈는 자유와 평등에 관한 원리들은 서구 자유주의의 원리들이 아니라, 합리적 인간들이 어떤 사회에서도 그들의 개인적 가치를 극대화할 계약을 발전시키려 할 때, 무지의 베일 뒤에서 행위하는 합리적 인간들에 의해 선택될 그런 원리들일 것이라고 주장한다." (PhMD, 232; 철학, 292)

20) John Rawls, *A Theory of Justice*. Harvard University Press 1971, 1999, p. 11; 한국어판: 『정의론』, 황경식 역, 이학사 2003, 46쪽 이하.

리와 일치한다고 보았다(PhMD, 281f; 철학, 343). 사람을 목적 그 자체로서 대우한다는 것은 평등의 원초적 입장에서 수긍할 수 있는 원리에 따라서 그들을 대우한다는 것을 뜻한다. 원초적 상황에서 인간들은 그 자신을 목적으로서 고려하는 도덕적 인간이라는 동등한 위치를 가지고 있기 때문이다.

5. 보편윤리의 도덕성(단계 6)

콜버그의 도덕판단 단계론에서 단계 6은 가역성으로서의 반성적 평형상태에 완전하게 도달한 도덕원리의 단계이다. 콜버그는 단계 5와 그 확장으로부터는 모든 사람들이 동의할 수 있는 보편적인 도덕성을 산출할 수 없다고 보았다(PhMD,161; 철학, 213). 단계 5는 사람들이 동의할 수 있는 일련의 '절차적 원리'(입법적 조망)를 생산할 수는 있지만, 모든 사람들이 동의할 수 있는 실체적인 도덕 의무나 선택을 제공하지 못한다. 보편적 협약의 토대를 마련할 수 있는 도덕성이 있다면, 도덕 의무를 실체적 도덕원리로부터 직접적으로 도출할 수 있을 것이다. 콜버그는 이것이 행위 공리주의와 칸트적인 정언명령의 본래 취지이기는 하지만, 실제로 이것들 역시 결정을 내릴 경우에 제도화된 규칙이나 실체적 정의 중 어느 것에 비중을 둘지는 명확하지 않다고 보았다.

콜버그는 '철학자 3'의 반응에서 정의의 원리, 역할채택의 원리, 인격존중의 원리에 준하여 도덕 의무를 규정하는 보다 보편적인 도덕적 정향인 단계 6에 해당하는 표현을 발견하였다(PhMD, 162; 철학, 213). 철학자 3은 남편이 약을 훔치는 것은 법률적으로는 나쁘지만

21) Rawls, *A Theory of Justice*, p. 222; 『정의론』, 340쪽 이하.

도덕적으로는 올바르다는 입장이며, 누구든지 그렇게 해야 할 경우에 생명을 구하는 것은 의무라고 보았다(PhMD, 162; 철학, 213f). 훔치지 말아야 한다는 법률적 의무는 생명을 구해야 한다는 도덕적 의무보다 우선적이지 않다는 것이다. 그러나 이와 같은 도덕적 의무의 실행은 사회제도를 생성하고 유지하려는 공리주의적 입법 행위와 갈등을 빚을 수 있으며, 심지어 모순 관계에 빠질 수도 있는데, 이 경우 단계 6의 도덕 주체는 사회 구성원으로서의 계약에 따른 처벌을 감수할 수 있어야 한다.

콜버그는 철학자 3이 단계 6에 해당한다는 사실에 대하여 다음과 같이 논증한다(PhMD, 164; 철학, 216). 철학자 3은 단계 5의 규칙 공리주의적 전제 위에서 사회계약 추론을 수용하는 동시에 그보다 높은 수준의 '도덕법'을 규정하는 두 가지 도덕원리를 주장하고 있다. 첫 번째 원리는 "사람은 무조건적 가치를 지닌다." 는 원리이다. 콜버그는 이 원리가 "모든 사람들을 수단이 아닌 목적으로 대하도록 행위하라."는 칸트의 원리라고 말한다. 두 번째 원리는 "법에 성문화된 경우만이 아니라 모든 상황에서 자신의 주장에 대한 동등한 숙고를 요구할 각 개인의 권리이다." 각 개인의 생명에 대한 존중은 "약을 훔쳐서 나오는 선과 악의 양을 참작하는 것"(행위공리주의)이나, "모든 이의 행위결과를 규칙 위에서 고려하는 것"(규칙공리주의)보다 더 높은 수준의 것이다. 철학자 3은 '정의'와 '인간존중'이라는 두 원리에서 가능하다면 언제나 생명을 구해야 한다는 의무라는 '무조건적 의무'를 도출할 수 있다고 믿었다.

철학자 3의 개념은 '이상주의적'인 동시에 '보편주의적'이다(PhMD, 165; 철학, 217). 철학자 3이 견지하는 보편성은 바로 역할채택의 원리, 즉 "어떤 사람도 그 상황에서 하지 않으면 안 될 바의 것을 고려하라."는 원리이다. 콜버그는 이와 같은 단계 6의 원리가 칸트의 정언명령과는 약간 다른 정향성을 가진다고 말한다. 콜버그는 "너의 준칙이 동시에 보편적 법칙이 될 수 있도록 행위하라."는 칸트의 정언명령이 강조하는 보편성에는 다소간에 '보수적이고, 규칙유지적인 힘'이 들어 있다고 보았다. 칸트의 경우에는 생명을 구하기 위하여 거짓말 하는 것도 나쁜 일에 해당한다. 선한 명분을 위하여 거짓말하는 것을 보편화할 경우에 그것은 곧 진실의 의미를 부정할 것이기 때문이다. 따라서 칸트의 보편성은 어떤 경우에도 예외적인 규칙을 인정하지 않는데, 그 이유는 사람들 모두가 그렇게 할 경우에 도대체 어떻게 되겠는가라는 단계 4의 체제유지적 사고 때문이라는 것이다.[22] 단계 4는 규칙 제정보다는 규칙 유지의 조망에서 보편성이 활용되고 있다.

콜버그는 '철학자 3'의 두 가지 기본 원리, 즉 정의(justice)와 칸트의 인간존중(respect for personality)의 원리는 준칙이나 규칙과는 다른 의미에서 보편화될 수 있다고 주장한다(PhMD, 164f; 철학, 218). 그것은 "진실을 말하라" 혹은 "아내를 도와라"와 같은 차원의 것이 아니다. 이 원리 자체는 모든 사람들이 인간성을 고려한다는 사실에서 보편적인 것이다. 콜버그는 철학자 3의 주장에서 도덕판단의 완전한 보편화는 도덕적 형식주의 이상의 것을 필요로 한다고 보았다. 그처럼 보편적인 원리를 콜버그는 '실체적 도덕원리'(substantive moral principles)라고 불렀다(PhMD, 166; 철학, 214). 철학자 3이 사용하는 '원리적'(principled)이라는 용어는 모든 도덕상황에 처한 모든 도덕 행위자에게 보편화할 수 있는 도덕결정을 내리려는 태도와 관련되어 있다. 그것을 만족시키는 실체의 원리가 바로 '정의'와 '인

22) 마이클 샌델은 나치 돌격대원 앞에서 안네 프랑크 가족이 다락방에 숨어있다고 말해야 하는가의 아포리아를 통하여 칸트의 '거짓말' 도덕을 옹호하려고 시도한 바 있다. 샌델은 선의의 거짓말 대신에 애매한 답변 회피를 대안으로 제시했다. 마이클 샌델, 『정의란 무엇인가』, 김영사 2010, 185쪽 이하. 콜버그는 칸트의 거짓말 금지의 원칙을 롤즈의 가역성의 원리에 의하여 개선할 수 있다고 믿음으로써 칸트에서 롤즈로 이행한다.

간 존중'이다. 이 두 개념은 어느 정도 등가적이다. 모든 사람들을 목적으로 대할 경우에 그들은 평등하게 대접받기 때문이다.

비록 칸트적 보편성이 형식적인 정의나 무당파성과 같은 것이라고 하더라도, 콜버그는 정의, 평등, 인간 존중과 같은 실체적 원리들은 '목적 그 자체'라는 공식을 실행할 수 있게 한다고 믿었다(PhMD, 166; 철학, 219). 정의의 원리는 '목적 그 자체'로서 사람을 대우하는 일이 권리에 의거하여 규정되어야 한다는 세부조건을 첨가시킨다. 이것은 라파엘이 말한 것처럼 의무와 권리가 상관적이라는 것을 뜻한다.[23] 의무는 항상 구체적인 개인에 대한 관념이다. 데이비드 로스와 같은 의무론적 직관주의자들은 공리주의적 사고로는 환원될 수 없는 일련의 자명한(prima facie) 의무, 즉 일반적 정의 관념과 '연관되지 않은 의무 더미'(heap of unconnected obligations)가 있다는 것을 믿고 있다.[24] 이러한 사실에서 볼 때 콜버그는 칸트의 '의무의 원칙'보다는 로스에 의하여 변현된 '조건부 의무의 원칙'을 선호하는 것이 분명하다.

그렇다면 단계 6의 원리는 구체적 갈등 상황에서 도덕적인 선택을 할 때 어떻게 사용될 수 있는 것일까? 콜버그는 '보편화 가능성'과 '가역성'을 들고 있다(PhMD, 167; 철학, 219). 가역성은 평형화된 역할채택을 근본적으로 진술한 언어이다. 평형화된 해결이란 완전히 가역적이어서, 당사자 모두가 입장을 서로 바꾸어 봄으로써 똑같은 해결책을 얻을 수 있는 그런 해결, 즉 반성적 평형에 도달한 상태이다. 평등이나 정의는 분배 문제에 대한 가역적인 해결이다. 이러한 가역성의 요소는 의무가 권리와 상관적이거나 호혜적인 관계라는 관념 속에 들어있다. 가역성의 또 다른 요소는 권리가 타인의 권

---

23) D. D. Raphael, *Moral Judgement*. London 1955, p. 49.

24) W. D. Ross, *The Right and the Good*. Oxford University Press, New York 1930. PhMD, 166.

리를 인정해야 할 의무를 함축한다는 것이다. 단계 5는 다른 이의 권리(자유)가 자신의 권리(자유)를 제한하고, 다른 이의 권리를 침범한 개인은 그에 준한 어떤 권리 주장도 존중받을 수 없다는 관념이다. 그러나 단계 6에서는 이 관념들이 보다 적극적인 의미를 띄게 된다. 도덕 딜레마에 대한 정의로운 해결은 모든 당사자들에게 받아들여질 수 있는 해결책이다. 그것은 각 당사자들을 자유롭고 평등한 것으로 고려하며, 그 상황에서 그들이 어떤 역할을 하게 될지를 아무도 모른다는 사실을 가정한다(PhMD, 168; 철학, 220). 보편화 가능한 결정(universalizable decision)이란 그 상황에 연루되어 있는 어떤 사람에게도 받아들여질 수 있는 결정을 말한다.

콜버그의 단계 6은 칸트가 시도했던 형식주의 윤리학의 보편적인 체계를 보완한 점에서 의의를 가질 수 있다. 콜버그는 어쩌면 자신이 오해했을지도 모르는 칸트의 정언명령에 내포된 단계 4의 요소들을 넘어서고자 했던 것이다. 그러나 이와 같은 콜버그의 성과는 칸트적인 원리와 방법에 대한 체계적 정당화를 최초로 시도했던 롤즈의 분명한 기여 없이는 불가능한 것이었으며, 콜버그도 이 사실을 잘 알고 있다. 롤즈는 그의 저서 『정의론』에서 "로크, 루소, 칸트에서 발견되는 것과 같은 사회계약이라는 잘 알려진 이론을 보다 높은 수준으로 추상화하여 일반화할 수 있는 정의 개념을 제시하는 것"을 목표로 삼았다.[25] 롤즈는 권위와 법을 규정하기 위한 계약보다는 원리를 규정하기 위한 계약을 통하여 정의 개념을 제시하고자 한 것이다. 콜버그가 보기에 롤즈의 도덕이론은 선험적 도덕이론(단계 5)을 '일반화'하고 '추상화'하려고 한 것이 아니라, 단계 5의 도덕판단 이론에서 단계 6의 도덕판단을 정당화하는 방향으로 나아가려는 시도였다(PhMD, 226; 철학, 283). 롤즈는 자신의 정의 원리가 루소

25) J. Rawls, *A Theory of Justice*. Harvard University Press, Cambridge 1971, p. viii.

나 칸트의 규범원리와는 차별화된 방식으로서 시민불복종이나 근본적인 소득 균등화의 문제를 정당화 할 수 있다고 보았는데, 콜버그는 롤즈의 이러한 시도가 단계 6의 판단을 생성시키고 정당화하기 위한 것이라고 평가한 것이다. 이런 사실에서 보더라도 콜버그는 칸트주의자보다는 롤즈주의자에 더 가깝다. 더 정확하게 평가한다면 콜버그는 단계 5와 6에서 칸트주의와 롤즈주의를 절충한 것이다.

6. 콜버그의 '단계 7'과 반칸트주의

콜버그는 한 때 단계 6의 도덕성의 원리 외에도 종교-형이상학적 도덕성의 영역이라는 최고단계로서 '단계 7'의 도입 필요성을 적극 검토하였다. 단계 6의 도덕성이 칸트주의와 롤즈주의에 근거하고 있다면 단계 7의 정초 과정에서 콜버그는 반칸트주의의 길을 택한다.26)

윤리학과 종교철학의 최고단계의 중심을 이루는 종교적 경험은 안드레아 심프슨(Andrea Simpson)이 말한 '절망에서 우주적 조망으로의 운동'이라는 신비하고 명상적인 '열림'(openings)의 경험과, 스피노자의 '정신과 자연의 통일'(the union of mind with all of nature)이다(PhMD, 349f, 356; 철학, 422). 이로부터 윤리적이고 형이상학적인 지적 확신이 나온다. 이 확신을 지적으로 정당화하려고 시도하는 것은 듀이와 칸트와 같은 불가지론자들이 말하는 것처럼 합리적

26) 아펠은 콜버그가 제시한 단계 6의 정초가 모호하다고 비판한 바 있다. 공리주의자들은 콜버그의 단계 6이 불필요하다고 보았으나, 하버마스와 아펠은 그보다 높은 7단계를 요청하였다. 이 점에서 보면 아펠은 콜버그의 단계 6을 인정하는 것이 분명하다. 단계 7의 정초 주장에 대한 콜버그의 입장은 본서의 제6장에 상세하게 다루었다.

사고의 한계를 넘어선 영역 속으로 들어가는 것이지만, 콜버그는 종교-윤리적 7단계를 구성하고자 한다.

콜버그는 우선 신비적 경험에 대한 듀이의 입장에 대하여 두 가지 점에서 의견을 달리 한다. 첫째, 듀이는 적극적이고 조망을 주는 경험과는 분명히 구분되는 신비적 경험에 대하여 특별하거나 독특한 어떤 종교적 특성을 부여하지 않는다. 듀이에게는 적극적이고 조망을 제공하는 경험 모두가 '종교적'인 것이다. 둘째, 듀이는 종교적 경험에 어떤 형식의 철학적 반성이 필요하다거나 그런 경험의 결과로 어떤 형식의 철학적 반성이 나타나는 것을 부인한다. 듀이에 의하면 스피노자에게 종교적 경험은 철학적 반성으로부터 나오고, 다른 이의 종교적 경험은 시의 한 구절 혹은 명분에 대한 헌신으로부터 오기도 한다(PhMD, 357; 철학, 423).

단계 7에 대한 콜버그의 입장은 칸트의 입장과도 다르다[27]. 콜버그가 보기에 칸트의 입장은 듀이의 입장과 유사하다. 그러나 듀이가 도덕구조를 자연적으로 본 반면에 칸트는 도덕성을 실천적 도덕이성의 자유로운, 무자연적인 원리의 결과로 보았다. 칸트는 종교를 한편으로는 그리스도의 이미지에 구체화되어 있는 도덕적으로 완전한 인간의 이상을 그려낸 건축으로서, 그리고 다른 한편으로는 윤리적 법칙 아래에 있는 하느님의 백성들 또는 윤리적 공동체의 이상으로서, 오직 이성의 한계 안에서 규명하고자 하였다(PhMD, 357; 철학, 424).

콜버그는 칸트가 제시한 선의 원리가 인격화된 이념, 즉 완전한 인간의 이상에 대하여 아래 부분을 칸트선집에서 인용하고 있는

27) 여기에서 칸트의 입장이란 『이성의 오롯한 한계 안의 종교』에 나타난 칸트의 종교철학적 주장을 뜻한다. 콜버그가 활용한 판본은 C.J. Friedrich가 편집한 *The Philosophy of Kant* (Random House, New York 1949)이다. PhMD, 357; 철학, 424.

데,[28] 이 텍스트를 다시 칸트 원전에 의하여 다음과 같이 구성할 수 있다.

> 도덕적 완성을 이룬 인간(이성적 세계 존재 일반)은 신에게 그 결단의 대상이 되며 세계창조의 목적이 된다.[29]

> 우리 자신을 전적으로 순수한 도덕적 심성의 원형인 도덕적 완성의 이념으로 끌어 올리는 것은 인간의 보편적 의무이다(RV, B74).

> 신의 마음에 드는 인간성의 이상, 즉 욕구와 성향에 의존하는 세상 존재자에게 가능한 도덕적 완성의 이념을 우리는 모든 인간적 의무를 혼자서 짊어지면서 그와 함께 교훈과 본보기로써 선을 그의 주위에 가능한 한 두루 전파하려고 하고, 가장 큰 유혹에 직면하면서도 가장 치욕스러운 죽음에 이르기까지 모든 고난을 그의 적을 위해서도 기꺼이 감수하려고 하는 그런 인간의 이념으로밖에는 생각할 수 없다(RV, B75).

> 우리는 도덕적으로 신의 마음에 드는 인간의 이념을 우리의 모범으로 삼기 위하여 경험적인 사례를 필요로 하지 않는다. 왜냐하면 그 이념은 모범으로서 이미 우리의 이성 속에 주어져 있기 때문이다. 그러나 만일 어떤 인간을 이 이념에 일치하는 그러한 사례로서 모방할 만하다고 인정하기 위해서 그가 볼 수 있는 것 이상의 어떤 것, 즉 전혀 흠 잡을 데 없는, 그리고 인간이 바랄 수 있는 한에서의 공적으

---

28) I. Kant, *Religion within the Limits of Reason Alone*. In C. J. Friedrich, ed., *The Philosophy of Kant*, Random House, New York 1949, pp. 396-398; PhMD, 358; 철학, 424.

29) I. Kant, *Die Religion innerhalb der Grenzen der bloßen Vernunft*. [Abk.: RV], Königsberg 1793(A), 1794(B), B73.

로 가득 찬 행위 그 이상의 어떤 것을 요구하는 사람 또는 더 나아가서 그의 밖에서, 그의 안에서, 또는 그를 통하여서 일어날 수 있는 기적을 통한 증명에 기초하는 신앙을 가지고 있음으로써 그에 의해서는 대치될 수 없는 덕에 대한 신앙의 결핍을 나타내고 있다(RV, B77).

또한 콜버그는 윤리적 자연상태와 윤리적 공동체로서의 교회의 이념에 대하여 아래 부분을 칸트 선집에서 인용하고 있는데,[30] 이 텍스트 역시 칸트 원전에 의하여 다음과 같이 구성할 수 있다.

입헌시민적(정치적) 상태는 공적인 법(전체가 강제법인)의 치하에서 공동체적으로 존재하는 인간들 사이의 상호관계이다. 윤리적 시민상태는 인간이 그같은 강제에서 자유로운, 즉 단순한 덕의 법칙 아래서 결합하는 상태이다(RV, B131).

덕의 의무는 전 인류에 관계하는 것이므로 윤리적 공동체의 개념은 모든 인류 전체의 이상에 관계하며, 바로 이 점에서 이 개념은 정치적 공동체와 구별된다(RV,B133).

최고의 윤리적 선은 단지 이러한 체계 안에서만, 그리고 그 체계의 통일에 의해서만 성취될 수 있다. 그런데 덕의 법칙에 따르는 보편적 공화국으로서의 그러한 전체의 이념은 모든 도덕법칙들과는 전혀 다른 이념으로, 그것을 우리의 힘으로 지배할 수 있는지 아닌지를 우리가 알지 못하는 하나의 전체를 목표로 삼고 있다(RV, B136).

하느님의 백성의 이념은 (인간의 제도로서는) 교회의 형식 안에서 밖에는 실현될 수 없다(RV, B140).

---

30) I. Kant, *Religion within the Limits of Reason Alone*. In C. J. Friedrich, ed., *The Philosophy of Kant*, Random House, New York 1949, pp. 405-409; PhMD, 358; 철학, 425.

듀이와 칸트에서 종교적 관념은 '완전한 인간'이라는 관념과 '완전한 공동체' 내지 '윤리공동체'라는 관념에까지 도덕구조를 확장한 것이다. 이런 확장은 계시, 기적, 통일에의 신비적 경험을 요구하지 않으며, 다만 도덕성의 신념과 도덕적 이성을 필요로 한다. 그리하여 콜버그에 의하면 "칸트는 형이상학적 덕이나 신비적 통찰을 배제하고, 도덕성의 형이상학에 기초하여 '단계 7'을 해석하고 있다. 그는 도덕적 이성의 단계 6의 원리, 즉 사람을 수단으로서가 아니라 오직 목적으로서 대하는 원리로부터 단계 7이 시작된다고 본다. 이 관념의 표상적 확장을 통해 완벽한 사랑과 덕을 갖춘 사람의 관념(신의 아들로 표상된 사람)에 이르며 그리고 이 유덕한 사람들이 모인 이상적 공동체의 관념(신의 왕국으로 표상된)에 이른다. 칸트는 정의의 도덕단계 6 개념으로부터, 아가페 태도를 가진 완전한 사람의 종교적, 상상적 이상 혹은 '단계 7'로, 그리고 이 관념 위에 토대한 종교적 공동체로 발전해간다고 본다."(PhMD, 359; 철학, 425)

콜버그는 듀이와 칸트의 형이상학적 불가지론 견해와, 도덕 구조가 종교적 판단의 단계에 필요하지만 충분하지 않다는 자신의 입장이 양립할 수 있다고 보았다. 그러면서도 듀이와 칸트의 '단계 7'은 신비적 경험 및 사변적 형이상학과 무관하고, 도덕 이성과 이상에 대한 신념 위에 토대하고 있지만, 단계 7에 대한 콜버그 자신의 입장은 '자연법' 방향으로 인도하는 점에서 다르다고 선을 그었다. 그리하여 콜버그는 단계 7의 발달을 더 잘 보여주는, 칸트와 듀이의 이론보다 더 형이상학적인 두 유형의 철학 이론을 제시한다. 그 하나는 스피노자의 자연법적 범신론이다. 아우렐리우스의 경우에서 이러한 윤리 및 종교철학의 가장 완벽한 진술을 보게 된다. 다른 하나는 화이트헤드(1938)와 떼이야르 드 샤르댕(1968)의 진화적 과정철학이다. 이것은 스피노자에 의하여 예증된 윤리 및 종교철학의 포괄적 진술이다(PhMD, 359; 철학, 425f). 이런 사실에서 볼 때 콜버그는 종교-윤리적 7 단계의 정초 가능성을 칸트에서처럼 선험적 이상이나 요청의 차원에서가 아닌 범신론적 자연신학적 차원에서 실재적으로 구축할 수 있다고 믿었던 것 같다. 그가 예시한 스토아학파, 스피노자, 화이트헤드, 떼이야르 드 샤르댕의 자연철학은 칸트의 시각과는 전혀 다르며, 칸트가 하느님의 나라(지상에서의 교회)를 윤리적 행위의 가능성 조건으로 상정한 것과는 반대로 콜버그는 실재적 구조로 정립한 것이다.

7. 콜버그에서 칸트주의와 반칸트주의

콜버그는 칸트주의자인가? 우선 콜버그는 보편적인 규범윤리학의 정초가 가능하다고 본 사실뿐만 아니라 객관적이고 보편적으로 제시 가능한 도덕 행위의 법칙 근거가 존재한다고 주장한 점에서 칸트와 생각을 같이 하고 있다. 특히 칸트가 제시한 정언명령을 자신의 단계 6의 도덕원리와 같은 것으로 생각한 사실에서 콜버그와 칸트는 보편성 및 보편화 가능성을 중시하는 윤리사상가로 자리매김할 수 있다. 그러나 콜버그가 칸트를 있는 그대로 수용한 것은 아니다. 그는 자신의 도덕발달론을 수립하는 과정에서 칸트를 수없이 원용하고 있지만, 상당한 경우에 칸트를 자기 방식대로 해석하거나 곡해하는 경우가 있었으며, 그 결과 자신의 생각을 칸트의 것과 구별하기도 했으며, 심지어 칸트와 전혀 상반된 길을 가기도 했다.

첫째, 콜버그는 칸트가 '선의지'와 '정언명령'의 형식으로 제시한 도덕법 또는 도덕원리를 '정의'라는 덕목으로 제시하였다. 칸트의 경우에는 도덕성 이외의 다른 불순한 동기가 개입되는 것을 철저하게 배제함으로써 도덕의 영역을 제한하고 있다. 따라서 칸트는 콜버그가 제시한 단계 1에서 단계 4까지의 논의들을 결코 도덕이론의 영역으로 인정하려고 하지 않을 것이다. 하지만 콜버그는 도덕판단 능력의 여섯 단계라는 보편적 형식들 속에서 정의(도덕원리)가 다양한 형태로 드러나는 것으로 규정하고 있다. 따라서 콜버그의 체계 속에서는 도덕성뿐만 아니라 합법성과 정당성 영역에 속하는 다양한 동기들이 작동하고 있다. 그러나 콜버그의 단계 1에서 처벌을 피하기 위한 정의로운 행위가 칸트 체계에서는 결코 도덕성의 영역에 해당하지 않는다. 반면에 콜버그와 칸트의 일치는 단계 6에서 이루어진다. 그러나 콜버그의 경우에 칸트의 정언명령이 언제나 단계 6에 해당하는 것은 아니다. 그것이 종교의 계율처럼 경직된 경우에는 단계 4에 머물게 된다.

둘째, 콜버그는 칸트의 정언명령이 단계 6이 아닌 단계 4의 차원에 머물 수 있다고 지적하면서 자신을 칸트와 구분하고자 하였다. 단계 4는 법률을 잘 지키는 체제유지적 관점이다. 콜버그는 황금률과 종교적 전통에서의 계명, 그리고 칸트의 정언명령조차도 그 도덕원리의 본질적 정신이 무반성적으로 작동할 경우에 단계 4에 머무를 수 있다고 지적하였다. 그가 제시한 사례는 '거짓말' 금지의 원칙에 관한 것이다. 콜버그에 의하면 '속이거나 훔치거나 거짓말을 하지 말라' 라는 것은 규칙이 아닌 '도덕원리'이다. 콜버그가 여기에서 말하는 도덕원리는 "모든 사람들이 모든 상황에서 항상 선택하기를 원하는 행위 선택의 규칙이고 보편적인 행위 선택의 방식"으로서, 곧 칸트가 말한 정언명령의 형식이다. 그런데 콜버그는 '인간에 대한 존중'을 동시에 요구하는 상황에서도 절대로 거짓말해서는 안 된다는 원칙에서 자유롭지 못할 경우에 단계 4의 체제유지적 조망이 지배적이라고 지적하였다. 그러나 이와 같은 콜버그의 지적은 칸트를 왜곡한 측면이 강하다. 칸트가 보편적 윤리학의 조건으로 제시한 형식주의를 무시하고 특정한 내용적 국면의 선택상황으로 제한

했기 때문이다. 실제로 이러한 사례는 두 가지 이상의 주요 가치가 충돌할 때의 문제이기 때문에, 경우에 따라서는 단계 4와 단계 6의 적절성 차이의 문제가 아닐 수도 있다. 그리고 콜버그가 지적한 것처럼 만일에 그것이 체제유지적 관점이 우세한 결과라고 본다면, 그것은 단계 4뿐만 아니라 단계 4½(히틀러 치하의 독일 국민들의 체계적으로 왜곡된 준법정신)이나 단계 1(처벌을 피하려는 행위)에 해당할 수도 있다.

셋째, 위의 사실들로부터 콜버그의 도덕발달론이 순수한 의미에서 규범윤리학이 아니라는 사실을 추론할 수 있다. 엄밀한 의미에서 그가 제시하고자 한 것은 도덕의식 및 도덕판단 능력의 발달 과정이었다. 따라서 그가 아무리 칸트의 형식주의가 제시하는 보편적 규범윤리학의 전형적인 모습을 따르려고 했다 하더라도, 하나의 덕목(정의)이 각 단계마다 드러나는 내용적 규정에 대한 평가, 즉 적절성의 문제를 배제할 수 없었던 것이다. 콜버그는 단계가 도덕적 적절성의 순서를 형성한다고 주장함으로써 형식주의자의 논증을 개진하였으나, 자신의 발달적 메타윤리 개념이 도덕판단을 생성하는 규범윤리적 원리가 아니라는 사실을 강조함으로써 칸트와의 차별성을 드러내었다(PhMD, 172; 철학, 225). 콜버그는 단계 6의 규범윤리로부터 '선'(the good), '덕'(virtue), '칭찬, 비난, 벌을 위한 규칙'(rules for praise, blame, and punishment) 등을 정당하게 생성할 수 있다고 생각하지 않았다. 그는 사회가 도덕교육과 사회통제를 위하여 처벌과 보상의 규칙이나 덕과 악덕의 규칙을 필요로 하지만(단계 5), 단계 6의 정의 원리는 우리에게 직접 처벌하고 비난하는 의무를 부과하지는 않는다고 보았다.

넷째, 콜버그는 볼드윈의 이상적 자아와 양심, 칸트의 자율성과 정언명령에서 피아제의 한계를 극복하고자 하였으나, 보편성과 보편화 가능성의 지향 원리를 칸트가 말한 이성 사용의 규제적인 의미에서 선험적 이념으로 한정하지 않고, 종교-윤리적, 신비적 영역에까지 구성적으로 접근하려는 경향성을 숨기지 않았다. 콜버그가 한때 구상했던 도덕발달의 최고단계인 7단계는 볼드윈, 칸트, 듀이의 개념을 넘어서서 스토아학파와 스피노자의 범신론과 실재신비주의, 화이트헤드의 과정철학, 그리고 떼이야르 드 샤르댕의 오메가 포인트적 존재사상을 지향하고 있다. 콜버그가 도덕판단의 단계 6에서 칸트주의를 천명했다면, 단계 7에서는 반칸트주의를 선언한 셈이다. 이처럼 콜버그가 칸트주의를 취하면서도 동시에 반칸트주의를 취한 이유는 형식적 보편주의 윤리학과 문화적 가치(도덕) 상대주의를 절충하려는 그의 전략 때문일 것이다.

콜버그의 도덕발달론 개념은 칸트의 도덕법의 철학과 같이 형식주의적 특징을 가지고 있다. 콜버그는 도덕성을 내용보다는 도덕판단의 형식적 특징을 가지고 규정하였다. 그는 자신의 발달이론에서 '적절성'이라는 형식주의적 기준을 주장하는데, 이 기준은 보편성과 보편화 가능성이라는 형식주의적 도덕철학의 기준과 평행적이다. 콜버그가 정립한 단계 6의 보편적인 정의 원리는 칸트가 정식화한 정언명령과 같은 것이다. 이런 점에서 콜버그는 진정한 의미에서 칸트주의자이다.

그러나 콜버그에게 가끔 칸트의 정언명령은 모든 사람과 모든 상황에서 뿐만 아니라 절대적으로 올바른 행위라고 규정되는 어떤 상황에서조차도 보편적이지 않은 것으로 생각되었다. 정언명령은 제도화된 규칙이나 실체적 정의가 규정하는 내용들을 제시할 수 없었던 것이다. 이러한 경우에 정언명령은 단계 6에 속하지 않고 단계 4에 속한다. 콜버그는 도덕판단의 완전한 보편화 가능성을 위하여 형식적인 것을 넘어서서 실체적 도덕원리를 요구한다. 그는 도덕원리로서 정의 원리, 인간에 대한 존중, 평형화된 역할채택의 기본 진술로서의 가역성과 같은 보다 보편적인 도덕 지향을 주시하였다. 콜버그는 자신이 단계 6이라고 불렀고, 칸트가 단지 부분적으로 다루었던 이론과 방법을 롤즈가 처음으로 분명하게 체계적인 정당화를 수행했다고 보았다. 콜버그의 발달론적 조망에서 도덕원리는 경험의 능동적인 재구성이다. 그러나 도덕판단이 요구하는 보편적 형식은 인간의 보편적이고 선험적인 직관이 아니고 단계 5에서 단계 6으로의 발달과정에서 판단을 보편적으로 재구성하는 영역이다.

칸트는 종교적 이념들이 완전한 인간과 완전한 윤리적 공동체(지상에서 무한확장을 요구하는 하느님 나라, 즉 교회)의 이념에 대한 도덕적 구조의 연장이라고 보았다. 여기에서는 계시, 기적, 일치의 신비 경험을 요구하지 않고 단지 도덕성과 도덕적 이성에서 신앙만을 요구할 뿐이다. 콜버그에 의하면 칸트는 더 이상의 형이상학적, 신비적 통찰을 배제한 도덕성의 형이상학에 기초한 단계 7을 제안하였다. 그러나 단계 7에 대한 콜버그의 통찰은 스피노자, 마르쿠스 아우렐리우스, 화이트헤드, 떼이야르 드 샤르댕의 이론과 더불어 자연법의 방향을 취하고 있다. 이러한 사실들이 콜버그가 칸트주의자일 수 없는 이유이다.

제5장 길리건의 콜버그 비판

1. 길리건의 콜버그 비판은 아직도 유효한가?

콜버그의 도덕발달론에서 정의 지향의 도덕원리가 길리건이 주장하는 것처럼 배려 지향의 도덕원리를 기반으로 하는 여성들에게 불리한 결과를 초래하는가? 이러한 논란에 대하여 상반된 입장이 존재한다. 그 논란은 이미 해소되었다는 콜버그학파의 주장이 있는가 하면, 애써 그런 문제를 덮으려는 길리건의 모호한 태도가 있다. 이러한 논란은 길리건이 콜버그의 도덕발달론을 비판하면서 시작되었지만,[1] 2011년 8월에 제출한 김장배의 박사학위 청구논문[2]을 심사하던 과정에서 한 심사위원이 문제제기를 하면서 재연되었다. 김장배는 박사학위 청구논문을 작성하기 위한 조사 연구를 총 네 차례에

1) Carol Gilligan, "In a Different Voice: Women's Conceptions of the Self and Morality," *Harvard Educational Review*, 47, 1977, pp. 481-517; C. Gilligan, *In a Different Voice*. Cambridge, MA: Harvard University Press 1982.

2) 김장배, 「콜버그의 도덕발달론 연구: 실증적 조사 연구를 중심으로」, 울산대학교 대학원, 2011, 197-199쪽 참조.

걸쳐서 주관식, 객관식, DIT 검사지를 바탕으로 다양한 형태의 설문 조사를 실시하였다.[3] 이 논문은 네 차례의 각각 다른 방식의 조사를 통하여 콜버그 도덕발달론에서 세 가지 핵심 주제들, 즉 "도덕발달의 규범성 준거", "평가 및 사정에서의 객관성", "정의론에 대한 성차론적 비판"에 대한 실증적인 확인 작업을 시도하고자 하였다. 이 조사연구를 통하여 김장배는 다음과 같은 결론에 도달하였다.

첫째, 도덕발달 단계의 규범성 준거 검토와 관련하여 콜버그의 주장들은 세 가지의 조사 방식 중 주관식(MJI/OISE)에서, 그것도 주관식 1차 조사에서만 정합적인 것으로 판명되었다.

둘째, 평가 및 사정에서의 객관성 검토와 관련하여 주관식 조사(MJI/OISE) 방식에서 평가자의 주관성이 미치는 영향보다는 객관식 조사 및 DIT 검사에서 피험자들의 자세 및 태도가 끼친 영향이 더 크다는 사실이 확인되었다.

셋째, 정의론에 대한 성차론적 비판 검토와 관련하여 주관식, 객관식, DIT 조사 모두에서 유의미한 성차는 발견되지 않았다. 이는 콜버그의 '정의' 개념이 길리건 등이 말하는 보호, 배려, 책임의 개념을 함축하고 있다는 사실을 말해 주고 있다(김장배, 199).

김장배의 조사 연구는 콜버그식의 종단연구가 아니고 한정된 기

---

3) 김장배의 조사연구 개황(김장배, 79쪽)

차수	조사일시	설문방식	집단 수	인원 수	비고
1차	08.07.09-08.09.20	주관식(1)	17	231/(284)	
2차	09.02.03-09.03.07	객관식(1)	15	226/(250)	2차 조사대상은 1차와 동일
3차	09.05.12-09.05.28	주관식(2)	3	54	3차 조사대상은 4차와 동일
4차	09.07-14-09.07.17	객관식(2)/DIT	6	54/(108)	54명은 새로 추가함

간 안에서 콜버그적 기제의 작동 여부를 확인하려는 의도에서 이루어졌음에도 불구하고, 네 차례에 걸친 모든 유형의 검사에서 남성과 여성의 성차를 발견하지 못했다. 이러한 사실은 레스트와 그 추종자들의 DIT검사 결과와도 정합적이었으며, 따라서 콜버그 도덕발달론에 도덕적 성차가 존재한다는 길리건의 주장이 틀렸다는 것을 의미한다.

그런데 바로 이런 사실에 대하여 논문 심사과정에서 논쟁이 벌어졌다. 콜버그와 그의 학파들의 반박에도 불구하고 길리건의 입장이 바뀌지 않았다는 사실을 강조하면서,[4] 김장배의 조사연구 결과가 길리건과 그의 지지자들에게 치명적인 결과를 초래할 수 있고, 따라서 그녀의 학문적 의도를 왜곡하는 방향으로 영향을 미칠 수 있다고 지적하면서 재검증에 대한 요구가 제기된 것이다. 이러한 문제제기는 그 자체만으로는 의미를 가질 수도 있겠지만, 당시 김장배의 논문이 내릴 수밖에 없었던 결론의 방향과는 전혀 달랐으며, 그의 논문에서 중점적으로 다룰 사안도 아니었다. 이 논문은 길리건과 그녀의 동료들, 그리고 콜버그와 그의 학파들 사이에 있었던 정의 지향과 배려 지향의 논쟁이 확실하게 정리된 상태에서 작성되었으며, 조사 연구의 결과도 그러한 논쟁 상황과 일치하는 방향으로 나타났다. 그러나 문제를 제기한 심사위원이 길리건의 입장을 옹호하는 태도를 취하고 있었기 때문에, 김장배는 자신의 입장을 다시 한 번 확인해보지 않으면 안 되었다. 김장배의 논문에 실려 있는 새로운 정리 내용은 다음과 같다.[5]

---

4) 이런 주장의 근거는 길리건이 1993년의 재판에서 초판의 내용을 전혀 개정하지 않았다고 기술한 데 있었다. 초판 내용을 고치지 않았다는 것은 콜버그의 도덕발달론에 대한 그녀의 비판 내용을 수정하지 않았다는 것을 뜻할 수 있기 때문에 그런 해석이 가능할 수도 있을 것이다.

5) 김장배, 각주 61(65쪽). 이 인용문에서 『도덕발달』은 Rest, James R.: *Moral Development: Advanced in Research and Theory* (Westport 1980)의 한국어판(문용

1977년에 길리건은 남성의 사회적 발달이 개인에 대한 인식의 성장에 집중하는 반면, 여성의 발달은 개인들 사이의 유대에 강조를 두게 된다는 전제에서 출발한다(『도덕발달』, 148). 그 다음 이렇게 현저하게 다른 사회적 경로가 두 가지의 서로 다른 도덕지향성의 발달로 귀결된다고 주장한다. 즉, 남성에게서 우세하게 나타나는 '정의 지향성'과 여성에게서 우세하게 나타나는 '배려 지향성'이 그것이다. 그리고 여성이 도덕판단력 측정도구(예를 들어, 콜버그의 도구)와 같이 정의 중심의 측정도구로 평가를 받을 경우, 배려 윤리와 관련된 특성들이 간과되고 잘못된 점수를 받을 수 있다고 주장한다. 또한 기존의 도덕판단력 측정도구(콜버그의 도구를 말함)는 여성에게 이질적인 체계를 강요하는 것이므로, 여성은 배려 지향성보다 정의 개념을 강조하는 남성 중심적 체계에 따른 불공평한 평가를 받고 잘못된 점수를 받게 된다. 결과적으로 여성의 도덕판단력은 평가절하 되고, 채점체계의 남성 편파성으로 인해 여성은 남성보다 도덕적으로 열등한 것으로 나타난다. 길리건은 정의지향 채점체계의 남성 편파성이 콜버그가 남성이고 그의 종단연구 논문의 피험자가 모두 남성이며, 사용된 가상 딜레마 또한 남성주인공을 사용하였기 때문(적어도 부분적으로는 그러함)이라고 주장한다(『도덕발달』, 149). 길리건은 남성과 여성 모두의 도덕성 발달을 평가하는 적합한 방법에 대하여 다양한 주장을 하지만, 그 중 입증이 가능한 한 가지 주장은 현재의 정의지향 채점체계가 여성의 도덕성을 낮게 평가하고 여성의 발달을 남성의 것보다 열등하게 나타나도록 한다는 것이었다. 이에 따르면 길리건의 독자들은 콜버그식으로 도덕판단력을 연구하는 정의지향 접근이 인류의 절반인 여성에게는 타당하지 않다는 인상을 가지게 된다. 그러나 레스트는 길리건이 1982년에 발표한 저서에서 정의지향 채점 체계가 여성을 평가절하 한다는 대담한 주장을 하기 전에, 성차와 관련된 도덕판단 연구문헌을 체계적으로 검토하지 않았다고 지적하였다. 그

린 외 역, 학지사 2008)을 가리킨다.

러한 데이터들을 분석하는 것은 반드시 필요하고 이제는 체계적인 검토가 가능하다. 1985년 워커는 콜버그 검사의 다양한 버전들을 사용한 연구들을 검토한 글을 발표하였고 다음과 같은 명쾌한 결론을 내렸다. '콜버그의 채점 체계에서 남성이 여성보다 우수하다는 것은 근거 없는 미신이다.' 만일 정의지향 채점체계가 여성을 평가절하할지라도 콜버그의 검사결과에서 성차를 찾아볼 수 없었다(『도덕발달』, 149 이하). 가장 최근의 채점체계를 사용한 콜버그의 주요한 근래 연구들에서도 역시 유의미한 성차가 나타나지 않았다.

김장배는 그의 논문에서 콜버그의 세 가지 핵심 주장에 대하여 실증적인 검토를 시도했는데, 특히 길리건의 성차 주장만큼은 모든 조사에서 타당하지 않은 것으로 나타났다. 이제 우리는 당시 김장배의 박사학위 논문 심사 과정에서 제기되었던 물음, 즉 콜버그의 반박에도 불구하고 길리건의 테제는 여전히 유효한가에 대하여 중점적으로 살펴보기로 할 것이다. 다시 말하면 길리건의 콜버그 비판은 아직도 유효한가? 따라서 콜버그는 여성들에게 불리한 잘못된 도덕이론을 지지하고 있으며, 콜버그와 그의 학파는 길리건 비판에 실패했는가의 문제를 다루도록 할 것이다. 그들의 길리건 비판이 실패했다면 콜버그가 그처럼 강조했던 도덕발달론에서의 보편성 주장은 효력을 잃게 될 것이다. 그러므로 이 글에서는 콜버그와 길리건 사이의 주요 논쟁을 『다른 목소리로』[6]와 『도덕발달의 심리학』 제4장(『도덕단계들』[7] 제3장) "비판의 개관과 답변"을 주요 텍스트로 활

---

6) Carol Gilligan, *In a Different Voice. Psychological Theory and Women's Development*. Harvard University Press, 1982, 1993. [Abk.: idV], 한국어판: 『다른 목소리로』, 허란주 역, 동녘 1997. [보기: "idV, 3; 13"에서 ; 앞의 수는 영어판 쪽수이고 ; 뒤의 수는 한국어판 쪽수이다.]

7) Lawrence Kohlberg, Charles Levine, Alexander Hewer, *Moral Stages: A Current Formulation and a Response to Critics*, Contributions to Human Develop-

용하면서 양 진영의 논점을 비교 분석할 것이다. 우리는 길리건의 주장처럼 콜버그의 도덕발달론이 남성 중심적 도덕발달론을 전개함으로써 객관성과 보편성을 상실했으며, 그 결과 여성들의 도덕성 측정에 심각한 문제를 일으키고 있는가를 점검할 것이다. 길리건의 주장이 올바르다면 콜버그의 도덕발달 단계평정에서 여성들의 점수는 남성보다 현저하게 낮게 나와야 할 것이다. 그리고 길리건과 그녀의 동료들의 조사연구 결과에서 성차가 발견되었다면, 그 직접적인 원인이 남성과 여성의 본성론적 차이 근거하는 것인지 아니면 다른 추가적인 이유 때문이었는지를 분석해야 할 것이다.

2. 길리건의 콜버그 비판과 배려 지향의 도덕원리

콜버그는 1958년 그의 박사학위 논문[8]에서 도덕발달론의 기본구상을 수립한 후에 20여년 동안의 실증적인 연구를 통하여 자신의 이론을 수정하고 발전시키면서 『도덕발달의 철학』(1981),[9] 『도덕발달의 심리학』(1984),[10] 『교육과 도덕발달』(1989)[11]이라는 세 권

---

ment. Vol. 10, Karger, New York 1983. 콜버그는 『도덕단계들』 제3장 "비판의 개관과 답변"에서 길리건에 대한 비판(pp. 121-150)을 수행하고 있다. 이 책의 한국어판은 『콜버그의 도덕성 발달 이론』(문용린 역, 아카넷 2000)이라는 제목으로 출판되었다. 『도덕단계들』은 1984년에 출판된 콜버그의 『도덕발달의 심리학』(*The Psychology of Moral Development*, Harper & Row, San Francisco 1984)의 제2편 「도덕단계: 현대적 진술과 비판에의 응답」(PsMD, 207-386; 심리학, 197-370)으로 재수록되었다.

8) L. Kohlberg, *The Development of Modes of Moral Thinking and Choice in the Years Ten to Sixteen*. Ph.D. dissertation, University of Chicago 1958.

9) L. Kohlberg, *The Philosophy of Moral Development. Moral Stages and the Idea of Justice*. Harper & Row, San Francisco 1981. [Abk.: PhMD] 한국어판: 『도덕발달의 철학』, 김민남 외 역, 교육과학사 2000.

으로 이루어진 자신의 주저 『도덕발달론』(*Essays on Moral Development*)을 완성하였다(PhMD, ix). 콜버그는 자신의 박사학위 논문에서 도덕단계에 대한 피아제의 연구[12])를 바탕으로 어린이들을 관찰하여 '발달 이념 유형'(developmental ideal types)이라고 불렀던 '도덕단계'(moral stages)에 대한 이론을 수립하였다(PhMD, xvii). 그는 이념 유형들이 발달 속도와 도달 지점에 관계없이 일련의 발달 계열을 이루고 있는가의 문제에 천착하였다. 그리하여 콜버그는 '단계' 가설이 '불변계열'을 이룬다는 전제 하에 종단연구에 착수했으며, 그 결과 '정의' 개념을 단초로 하는 "아동의 도덕화(moralization) 연구를 위한 인지발달이론"을 규정할 수 있게 되었다. 이로써 콜버그의 도덕발달론은 '정의'를 도덕원리로 내세운 가장 영향력 있는 이론으로 자리잡게 된다.

그러나 콜버그의 도덕발달론은 한 때 그의 조교로서 연구에도 참여했던 캐롤 길리건(Carol Gilligan)의 비판으로 심각한 도전을 받게 된다. 길리건은 1982년에 출판된 『다른 목소리로』라는 책에서 딜레마 면담 연구를 통하여, '정의'(justics)와는 현저하게 구분되는 '배려'(care)와 '반응'(response)의 원리가 있다고 주장하였다. 그녀는 여성의 발달과 도덕성이라는 주제를 다루면서 윤리학에서 '여성성', '배려'(책임) 개념의 중요성을 강조하였다(PsMD, 338f). 이와 같은 길리건의 주장은 콜버그의 도덕발달론을 비롯한 대부분의 중요한 인성발달 이론들이 남성 학자들에 의하여 주창되었고, 연구 대상 역

---

10) L. Kohlberg, *The Psychology of Moral Development. Moral Stages and the Life Cycle.* Harper & Row, San Francisco 1984. [Abk.: PsMD] 한국어판: 『도덕발달의 심리학』, 김민남 외 역, 교육과학사 2001.

11) L. Kohlberg, *Education and Moral Development. Moral Stages and Practice.* Harpercollins, 1989.

12) Jean Piaget, *The Moral Judgement and Epistemology.* Free Press, New York 1948 (Originally published 1932).

시 주로 남성의 인성발달을 다루었던 사실로부터 나온 것이어서 콜버그의 도덕이론을 무력하게 만들 수도 있는 것이었다.

길리건은 1993년의 재판에서 초판의 내용을 전혀 개정하지 않았다고 썼다(idV, xxvii; 34). 그 때문에 길리건은 콜버그 학파의 치열한 비판에도 불구하고 자신의 입장을 변경하지 않은 것으로 잘못 이해되기도 했다. 이런 현상은 김장배의 박사학위 논문 심사 과정 중에도 드러났다. 그러나 보다 세심하게 길리건의 개정판을 읽은 사람이라면, '독자들에게 보내는 편지' 형태의 서문에서 그녀는 자신의 책이 출간된 이후 "내 경험이 다른 여성들의 경험, 또 좀 다른 방식으로 남성들의 경험과도 공명함을 알게" 되었다고 술회하였던(idV, xxvi; 33) 대목을 놓치지 않았을 것이다. 여성들의 경험과 남성들의 경험이 다르다고 했던 길리건이 이제 공명한다고 기술하고 있는 것이다. 바로 이 사실은 그녀가 초판을 수정하지 않았다고 말하지만, 실제로는 '새로 쓴 서문'을 통하여 전면적으로 수정했다는 점을 말해준다. 여성들의 배려 지향은 남성들의 정의 지향과는 전적으로 다르고, 따라서 콜버그는 정의 지향으로 여성의 도덕발달을 재단함으로써 여성들에게 불리한 편파적인 도덕이론을 수립하였다고 주장한 것이 바로 초판의 길리건이다. 그러나 여성들의 배려 지향과 남성들의 정의 지향이 서로 공명한다고 새롭게 주장하는 것은 개정판의 길리건이다. 두 길리건의 입장과 태도는 근본적으로 다르며, 그녀 역시 자신의 '전회'를 인정한 셈이다.

이제 길리건의 콜버그 비판으로 다시 돌아가 보기로 하자. 길리건은 영향력 있는 성격발달 이론 대부분이 남자들에 의하여 만들어졌으며, 여성의 성격발달보다는 남성의 성격발달에 관해서 더 많은 통찰과 이해가 이루어지고 있다는 사실에서 출발한다. 그녀는 인성발달의 두 위대한 이론가인 프로이트와 피아제는 도덕성을 정의와 동일시하면서,[13] 여성이 남성보다 정의감의 발달이 부진하다고 봄으로써 여성적인 도덕성의 본질과 발달을 설명하는데 선입견을 가지고 있다고 지적하였다(PsMD, 339). 길리건은 이렇게 말한다.

여성들이 두렵게 느끼는 남성적 관점을 투영하여 발달 이론을 전개한 최초의 심리학자는 프로이트(1905)[14)]였다. 프로이트는 남아의 경험을 토대로 한, 오이디푸스 콤플렉스의 개념을 중심으로 성심리학적 발달 이론을 전개했다. 그런데 여성의 신체적 구조와 여아들의 초기 가족 관계의 모습이 남성과 다르다는 것 때문에 프로이트의 이론에 모순이 발생했고, 그는 1920년대에 이 모순의 해소를 시도한다. 처음에 프로이트는 여성들이 자신이 갖지 못한 남성의 생식기를 시기하는 것으로 보면서 여성을 그의 남성적인 관점에 맞추려고 했다. 그러나 전(前) 오이디푸스기의 여성들은 지속적으로 어머니에 대해 강한 애착을 느낀다는 사실을 그의 이론으로는 설명할 수가 없었기 때문에 프로이트는 결국 양성간의 발달에 차이가 있다는 것을 인정하기에 이른다. 그러나 그는 여성의 발달이 이렇게 남성의 발달과 다르기 때문에 여성은 제대로 발달할 수 없는 것으로 보았다.

프로이트는 초자아 또는 양심이 거세에 대한 불안감 때문에 형성된다고 생각했다. 그래서 이 불안감을 가질 수 없는 여성들은 명료한

---

13) 프로이트는 도덕성과 정의를 아버지의 권위와 동일시하여, 오이디푸스 콤플렉스(Oedipus complex)의 산물인 초자아(superego)의 한 기능으로 보았다. 그는 여성보다는 남성의 발달에서 초자아의 형성이 더 분명하게 나타난다고 보았다. 피아제 역시 초기 도덕성을 부모, 특히 아버지에 대한 타율적인 존경심과 관련시켰는데, 이것은 규칙이나 타인에 대한 아동의 도덕적 태도를 규정하는 두려움과 애정의 독특한 혼합물이다. 그는 아동의 놀이를 관찰하면서 여자 아이들보다는 남자 아이들이 규칙의 성문화(codification)에 대한 관심이 높다는 사실을 발견하였다. 이 관심은 또래집단의 협동과 상호작용을 통하여 도덕성의 두 번째 단계를 규정하는 요인이 된다(PsMD, 339).

14) Sigmund Freud, *Three Essays on the Theory of Sexuality*(1905). Vol. VII. The Standard Edition of the Complete Psychological Works of Sigmund Freud, trans. and ed. James Strachey. London: The Hogarth Press, 1961.

오이디푸스적 해결책을 추구하려는 기동력이 생래적으로 결여된 것으로 보았다. 따라서 여성들의 초자아라는 것도 불완전한 것이다. 그것은 절대로 "남성들의 경우처럼 엄격하거나 비인격적이거나 감정적 원천으로부터 독립적이지 못하다." "여성들의 정상적인 도덕 수준은 남성과는 차이가 있다."고 관찰한 프로이트는 여성들이 "남성들에 비해 책임감이 약하고, 삶에서 중대하고 우선적인 일에 자신을 내던지려는 의지도 약하며, 판단을 내릴 때도 애정이나 증오 같은 감정에 더 많이 영향을 받는다."[15]고 결론 짓는다(idV, 6f; 49f).

프로이트는 여성들이 맹목적인 공평성을 거부하기 때문에 정의감이 불완전하다고 비판했는데, 피아제뿐만 아니라 콜버그도 이러한 비판을 하고 있다. 피아제의 연구(1932)[16]에서 여아들은 단지 흥밋거리일 뿐이다. 찾아보기(index)에는 '아동'이 남아와 동일시되기 때문에 '남아'라는 단어가 전혀 등장하지 않으며, '여아'라는 단어는 단지 네 번 등장할 뿐이다(idV, 18; 66).

콜버그(1958, 1981)[17]는 아동기에서 성인기에 이르는 도덕성의 발달을 여섯 단계로 나누어 보여 주는데, 그 가설은 20여 년 이상의 기간을 통해서 콜버그가 관찰한 84명의 남아들에 대한 경험적 연구에 토대를 두고 있다. 콜버그는 자신의 단계설이 보편적이라고 주장하지만, 그의 초기 표본에 포함되지 않은 집단에 속하는 사람들은 거의 다 상위 단계들에 도달하지 못했다(Edwards, 1975; Holstein, 1976;

---

15) Sigmund Freud, "Some Psychical Consequences of the Anatomical Distinction Between the Sexes" (1925), Vol. XIX, pp. 257-258.

16) Jean Piaget, *The Moral Judgement of the Child* (1932). The Free Press, New York 1965.

17) Lawrence Kohlberg, *The Development of Modes of Thinking and Choices in Years 10 to 16*. Ph.D. Diss., University of Chicago, 1958; L. Kohlberg, *The Philosophy of Moral Development*. Harper & Row, San Francisco 1981.

Simpton, 1974).[18] 그런데 콜버그의 척도에 따랐을 때 도덕발달이 가장 미약한 것으로 나타나는 집단이 바로 여성인데, 이들의 도덕판단은 콜버그의 단계들 가운데 단계 3에 속하는 듯하다. 단계 3에 속하는 행위자는 도덕을 대인관계적인 것으로 파악하며 선의 개념도 다른 사람들을 도와주거나 즐겁게 해 주는 것과 동일시한다. 콜버그와 크레이머(Kohlberg & Kramer, 1969)[19]는 가정을 지키는 많은 성인 여성들이 이런 가치관을 가진 것으로 본다. 콜버그와 크레이머의 입장에 함축된 것은, 여성들이 남성들처럼 인간관계가 규칙에 의해 지배받는 단계(단계 4)와 규칙이 정의의 보편적 원리에 종속되는 단계(5, 6단계)로 발전하기 위해서는, 자신들의 도덕적 관점이 부적합하다는 것을 인식하고 전통적으로 남성의 활동이라 여겨졌던 활동에 참여해야 한다는 것이다(idV, 18; 66f).

또한 길리건은 콜버그의 박사학위 논문(1958)이 도덕성을 정의로, 도덕성 발달을 자율성을 향한 진전으로 개념화한 피아제의 관점을 수용했다고 다음과 같이 분명하게 지적하고 있다.

콜버그(1976)[20]는 피아제가 아동들의 도덕판단에 대해 설명한 것을 청소년과 성인에게 확대 적용하면서, 도덕적 갈등과 선택에 대한 세 가지 관점을 구분한다. 청년기의 도덕발달을 반성적 사고의 성장

---

18) Carolyn P. Edwards, "Societal Complexity and Moral Development: A Kenyan Study." *Ethos* 3, 1975, pp. 505-527; Holstein, Constance: "Development of Moral Judgement: A Longitudinal Study of Males and Females", *Child Development* 47(1976), pp. 51-61; Simpson, Elizabeth L.: "Moral Development Research: A Case Study of Scientific Cultural Bias." *Human Development* 17, 1974, pp. 81-106.

19) L. Kohlberg, and R. Kramer, "Continuities and Discontinuities in Child and Adult Moral Development." *Human Development* 12, 1969, pp. 93-120.

20) Lawrence Kohlberg, "Moral Stages and Moralization: The Cognitive-Developmental Approach." T. Lickona ed.: *Moral Development and Behavior: Theory, Research and Social Issues*. New York 1976.

과 동일시하는 콜버그는 한 행위자가 도덕적으로 성숙하면서, 그의 관점이 개인적인 관점으로부터 사회적인 관점으로, 사회적인 관점으로부터 보편적인 관점으로 확장된다고 하는데, 콜버그는 이러한 세 가지의 도덕적 관점을 각각 전관습적(preconventional), 관습적(conventional), 후관습적(postconventional)이라고 명명한다. [...] 현실적인 딜레마와 가상적인 딜레마에 대한 여성들의 반응에서도 이렇듯 포괄적이며, 반성적인 관점으로 전환이 이루어지는 것을 볼 수 있다. 그러나 여성들의 도덕판단에 전제된 관습들이 남성들의 도덕판단에 전제된 관습들과 다르듯이, 여성들이 도덕 영역을 규정하는 방식은 남성들에 대한 연구에서 도출된 것과는 차이가 있다. 정의의 도덕관에서 설명하는 남성들의 도덕발달은 평등과 상호성의 논리와 관련이 있다. 하지만, 도덕 문제를 권리와 규칙의 문제가 아니라 인간관계에서의 보살핌과 책임의 문제로 구성하는 여성들에게 있어서 도덕발달은 책임과 인간관계에 대한 그들의 이해가 변화하는 것과 직결되어 있다. 따라서 보살핌의 윤리에 깔린 논리는 인간관계에 내포된 인간 심리의 논리이며, 정의의 입장에 전제된 형식적인 공정성의 논리와는 대조된다(idV, 72f; 150f).

그러나 길리건의 지적에 대한 콜버그의 반응은 부분적으로 동의하는데 그친다. 콜버그는 자신의 연구가 피아제의 영향 속에 있다는 사실과 여성 표집을 연구에 반영하지 않았다는 사실은 인정하면서도, 길리건이 제안한 보살핌의 윤리가 정의의 윤리와 상반되는 성차를 반영할 수 있는가에 대해서는 회의적인 태도를 분명히 하였다.

길리건이 나의 연구(1958)가 도덕발달을 정의의 도덕성과 자율성을 향한 운동으로 본 피아제의 개념을 받아들인 것이라고 한 것은 옳다. 나는 피아제 외에도 프로이트와 미드(George Herbart Mead) 이론에도 주목하고 있었다. [...] 이러한 비교 과정에서 나는 성차라는 복잡한 쟁

> 점을 무시하기로 마음먹었다. 그래서 나의 박사학위 논문의 표집에는 소녀들을 포함시키지 않았었다. 도덕판단의 발달에 관한 나의 연구는 횡단적인 남성 표집으로부터 얻은 추적자료를 중심으로 한 종단적 분석에 기초한 것이다(PsMD, 339f).

콜버그는 자신의 학위 논문 연구에서 피아제, 프로이트, 미드에 착안하여 소년들의 도덕성 발달을 연구하면서 '성차'라는 복잡한 쟁점을 무시하기로 작정하였으며, 결국 자신의 연구 표집에서 소녀들을 배제한 사실을 인정하였다. 따라서 대부분의 성격발달 연구자들이 여성들의 데이터를 활용하지 않았다는 길리건의 비판은 콜버그를 직접 겨냥했다는 사실을 확인할 수 있다. 이런 사실에 근거하여 길리건은 '도덕성'을 두 가지 측면에서 지향해야 한다고 제안한다. 그 하나는 이미 프로이트와 피아제가 규정한 것과 같이 남성적 경향성을 드러내는 '정의의 도덕성'(morality of justice)이고, 다른 하나는 여성의 도덕판단과 행위를 이해하는데 관심을 두고 있는 '배려와 반응의 윤리'(ethic of care and response)이다(PsMD, 339).[21] 길리건은 콜버그의 도덕발달론이 정의 개념에 편향된 나머지 남성중심적 윤리학으로 기울어졌으며, 따라서 배려, 관심, 반응 개념에 더 정향되어 있는 여성들의 도덕성 발달 단계가 남성들에 비하여 현저하게

21) 길리건의 자신의 연구 이외에도 선행연구자들의 의견을 수용하여 보살핌의 윤리를 정당화하고자 했다. 피아제와 레버(Janet Lever)의 연구에서 남아들이 놀이의 규칙을 중시하는 반면에, 여아들은 인간관계를 중시하기 때문에 그 관계가 깨지면 놀이를 그만두는 사례가 자주 발견되는 점을 들었다. 처도로우(Chodorow)에게서는 남성들의 사회적 성향은 '직업 중심적'이고, 여성들은 '관계 중심적'이라는 사실을 수용했다(idV, 16; 63). 또한 길리건은 버지니아 울프(Virginia Woolf)에 따라서 여성들은 남성들과 도덕적 관심의 본질이 다르다는 사실, 특히 다른 사람들의 요구에 깊은 관심을 가지며 보살핌의 의무를 다하려는 특성 때문에, 다른 사람의 의견에 복종적인 경향이 있다는 사실을 강조하였다(idV, 16; 64).

낮게 평가되었다고 비판하였다.

반면에 콜버그는 프로이트와 피아제가 가졌던 성 편견(性偏見, sex bias)이 자신에게도 그대로 반영되었을 가능성을 길리건이 시사한 부분에 대해서는 단호하게 대응하였다(PsMD, 340). 피아제와 프로이트와는 달리 콜버그 자신은, 결코 남성이 여성보다 더 높은 수준의 정의감을 갖고 있다고 직접적으로 이야기한 적이 없다는 것이다. 실제로 콜버그가 여성 피험자를 활용하지 않았다고 해서 그의 도덕발달론이 여성성에 반한다고 주장하는 것은 논리적 타당성을 갖지 못한다. 따라서 길리건의 콜버그 비판에 대하여 콜버그학파가 어떻게 대응하는가를 점검할 필요가 있을 것이다.

3. 길리건과 콜버그의 논점 차이

길리건과 콜버그는 동일한 자료를 활용하면서 상이한 반응을 보이는 경우가 많다. 이와 같은 해석상의 차이는 그들의 시각과 논점의 방향이 다르기 때문일 것이다. 길리건의 콜버그 비판은 전적으로 그녀가 활용한 연구자료의 성과와 깊은 관련이 있다. 길리건은 주로 활용한 자료는 콜버그 측에서 나온 것과 그녀 자신과 입장을 같이하는 연구자의 실험결과였다. 우선 콜버그 측의 자료는 콜버그와 크레이머의 1969년 연구였으며, 그녀는 이를 바탕으로 콜버그의 정의 지향으로는 여성들의 도덕성 수준을 단계 3에 고착시킬 것이라고 비판하였다. 길리건은 콜버그의 척도에 따를 경우 여성의 도덕성이 현저하게 낮게 평가된다고 보았다. 이러한 그녀의 생각에는 콜버그의 도덕성 측정 지표가 여성 표집을 무시함으로써 잘못 설정되었다는 전제가 깔려 있다. 또한 그녀는 대다수 성인 여성들의 도덕판단 단계는 단계 3에 속하는데, 콜버그와 크레이머의 연구(1969)에서 보여준 것은 여성들이 상위 단계에 속하려면 자신들의 도덕적 관점이 부적합하다는 것을 인식하고 전통적으로 남성의 활동에 속하는 도덕 활동에 참여하는 것이라고 이해하였다.

그러나 콜버그의 생각은 전혀 달랐다. 그는 콜버그와 크레이머의 공동 연구에서 청년기와 성인기 여성들이 정의 발달단계에서 남성들보다 발달상태가 저조한 이유는 근로계층의 남성들이 중산계층의 남성들보다 발달이 뒤진 것과 동일한 이유라고 주장하였다. 만일 여성들이 교육과 직업적 책임을 통하여 사회의 이차적인 제도에 참여하는 경험을 갖지 못한다면, 그 여성들은 단계 4와 단계 5의 정의 추론의 발달에 필요한 사회적 역할채택 능력을 얻지 못할 것이라고 지적한 것이다. 콜버그는 여성뿐만 아니라 남성들 역시 그런 기회가 제공되지 않을 경우에 4, 5단계에 도달하기 어렵다는 점을 말하고자 했으나, 길리건은 이 부분을 여성이 남성의 권역으로 이행해야만 도덕판단 단계가 향상될 수 있을 것이라고 한정해서 이해하였다. 여기에서 길리건은 콜버그의 텍스트를 일정 부분 곡해하고 있는 것이 분명하다. 그리고 그런 사실에 근거하여 남성적인 정의의 윤리와 확연하게 구분될 수 있는 여성적 도덕의 개념을 정립하고자 한 것이다.

길리건은 콜버그와 크레이머의 연구 결과를 곡해함으로써 감수성, 보살핌과 같은 여성적 선(goodness)이라는 규정적 특징으로 인하여 여성들이 도덕발달에서 열등한 것으로 간주되는 역설이 발생한다고 주장하였다(idV, 18; 67). 따라서 여성들의 연구에 중점을 두고 여성들의 삶으로부터 발달 이론을 구성할 경우 프로이트, 피아제, 콜버그의 관점과 다른 도덕관을 형성하고 발달 역시 다르게 묘사할 수 있을 것이라고 본 것이다(idV, 19; 68). 그것은 경쟁적인 권리보다는 갈등하는 반응의 문제이고, 문제 해결에 있어서도 형식적이고(formal) 추상적인(abstract) 사고방식이 아니라 맥락적이고(contextual) 서사적인(narrative) 사고방식을 요구하며, 공정(fareness)으로서의 도덕 개념이 '권리와 규칙' (rights and rules)에 대한 이해를 도덕발달의 중심에 두는 것처럼, 보살핌(care)의 도덕의 개념은 '책임과 인간관계'(responsibility and relationships)에 대한 이해를 도덕발달의 중심으로 설정한다는 것이다.

> 1970년대 초 내가 콜버그의 연구 조교로 일할 당시 나는 그의 논증이 매우 강력하다고 생각했다. 유대인 학살과 노예 매매의 부도덕성을 의심할 수 없는 상황에서, 가치에 대해 아무 것도 말할 수 없다는 도덕적 중립성의 입장이나 모든 가치들이 문화적으로 상대적이라는 문화적 상대주의의 입장은 심리학자들 및 사회과학자들에게 더 이상 바람직한 선택 안이 될 수 없었다. 극악한 사건들에 대해 이렇듯 관여하지 않으려는 태도는 이에 공모하는 것과 마찬가지이기 때문이다. 그러나 콜버그나 다른 학자들이 전통적인 사회과학의 '정전'(canon)에서 옹호하는 이른바 객관적인 입장 역시 많은 문제를 내포하고 있었다. 그 입장은 사람들마다 목소리가 각각 다르다는 점과 인간의 관점이 형성되는데 불가피한 상황들이 개재되기 때문에 완벽히 자유롭게 관점을 형성하는 것은 비현실적이라는 사실을 간과했던 것이다. 그 입장이 선한 의도로 구성되었으며 잠정적으로 유용하다는 것은 우리의 논의와 무관하다. 그것이 권력과 거짓된 지식을 감추고 있는 잘못된 중립성(inerrant neutrality which concealed power and falsified knowledge)에 토대를 두고 있음은 부인할 수 없기 때문이다.[22)]

길리건은 여기에서 도덕적 중립주의, 문화(가치) 상대주의뿐만 아니라 객관주의 내지는 보편주의 윤리학의 문제점을 동시에 지적하고 있다. 특히 콜버그의 객관주의 또는 보편주의 도덕발달론의 체계

---

22) idV, *Letter to Readers, 1993*, xviii; 20f.

정립에 대한 시도까지도 "권력과 거짓된 지식을 감추고 있는 잘못된 중립성"이라고 한 것은 학문적인 비판의 수준을 넘어서고 있는 것으로 보일 수 있다. 그러나 길리건의 콜버그 비판은 일방적인 측면이 있다. 왜냐하면 콜버그가 1969년 키부츠주민들에 대한 종단연구에서 여성 데이터를 확보하였을 뿐만 아니라, 레스트를 비롯한 콜버그의 제자들이 수행한 여러 실험들에서 도덕발달이 남성과 여성의 차이에 의하여 영향을 받는다는 사실은 확인되지 않았기 때문이다. 1982년에 성차 주장을 담은 책을 출판하면서 1950년대의 자료에 의존했다는 것은 아무래도 길리건의 학문적 성실성에 대한 회의를 갖게 한다.

따라서 길리건이 정의 개념의 도덕적 지향과 다른 제2의 도덕적 지향, 즉 배려, 반응의 도덕적 지향이 있다고 주장한 부분에 대하여, 콜버그는 그녀가 주장하는 배려 지향을 자신의 정의 딜레마 연구나 1984년의 표준논점 평정법에서 전혀 확인하지 못했다고 반박하였다. 콜버그는 길리건이 주장하는 배려와 반응의 지향이 도덕의 영역을 더 확대할 가능성을 인정하면서도, 실제의 조사연구에서는 그런 결과들이 도출되지 않았던 사실을 강조한 것이다.

그렇다면 길리건의 입장을 지지하는 조사연구 결과는 없는 것인가? 배려 지향에 대한 길리건의 주장은 노나 라이온즈(Nona Lyons)의 실험 자료에서 확립한 것이다. 노나 라이온즈는 길리건의 성차 주장을 입증하기 위하여 많은 공을 들였는데, 그녀는 대부분의 남성과 여성이 두 개의 지향을 모두 사용하여 도덕 딜레마를 구성하지만, 남성들은 정의의 지향을 수월한 방식으로 사용하는 반면에 여성들은 배려와 반응의 지향을 친밀하게 사용한다고 보고하였다.[23] 프랑

23) Nona Lyons, *Conception of Self and Morality and Modes of Moral Choice. Identifying Justice and Care in Judgement of Actual Moral Dilemmas.* Unpublished Ph.D. dissertation, Harvard University, 1982. PsMD, 340f.

케나 역시 두 개의 원리들 또는 도덕적 지향, 즉 정의의 지향과 선의 및 배려의 지향이 있으며, 이 두 지향들 모두 도덕이론으로서 해명되어야 한다고 주장한 점에서 길리건의 명제를 지지하고 있는 것으로 보인다.[24] 그러나 1982년에 얻은 라이온즈의 결론 역시 길리건의 주장과는 느낌이 전혀 다르다. 라이온즈는 남녀 모두가 정의 지향과 배려 지향을 사용하고, 성차에 따라서 보다 친밀한 방식으로 사용한다고 보고했으나, 길리건은 남성의 정의 지향과 여성의 배려 지향을 대립적인 것으로 규정했던 것이다.

또한 길리건이 중요하게 생각했던 조사자료 중에는 라이온즈, 랑데일, 머피와 함께 1982년에 수행한 공동 연구가 있다.[25] 이 조사연구에서는 16명의 여성과 14명의 남성으로 이루어진 표집에서 개인의 실생활 딜레마의 구성을 중심으로 분석했으며, 여성의 경우에 75%가 배려 지향이고 25%는 정의 지향을 우세하게 사용하는 반면에, 남성의 경우에는 79%가 정의 지향이고 14%는 배려 지향을 우세하게 사용하는 한편, 남성 반응의 7%는 두 지향을 균등하게 사용하는 것으로 보고하였다. 이 조사 결과는 여성에게는 배려 지향의 도덕이, 그리고 남성에게는 정의 지향의 도덕이 적용되어야 한다는 합리적일 것이라는 주장을 함축하고 있다. 그런데 이 논문의 부록에는 144명의 남녀로 구성한 거대한 횡단 표집에서 얻은 피험자들의 반응을 수록하고 있는데, 그 표집의 성인 남성과 성인 여성은 모두 높은 교육을 받은 전문직 종사자들이었다. 그 표집은 라이온즈가 연구한 개인사 도덕 딜레마와 콜버그의 정의 딜레마에도 반응하는 것으

24) W.K. Frankena, *Ethics*. Englewood, N.J.: Prentice-Hall, 1973.

25) C.S. Gilligan, N. Lyons Langdale, and J.M. Murphy, *Contribution of women's thinking to developmental theory: The elimination of sex bias in moral development theory and research. Final report to National Institute of Education.* 1982.

로 나타났다(PsMD, 341). 따라서 콜버그는 자신으로부터 훈련받은 대학원생들을 투입하여 평정함으로써 길리건이 제시한 결론을 검증하고자 하였다.

길리건과 그 동료들은 이 조사 연구에서 아동과 청년층에서는 정의 추론의 평균단계에서 남녀 간의 차이가 없다고 보고하였다. 그런데 64명(각 32명의 여성과 남성)의 성인 표집에서, 도덕 성숙도 점수의 남성 평균 점수(413)와 여성 평균 점수(400) 간에 차이가 있다고 보고하였다. 그러나 콜버그는 그 차이에 대한 유의미성을 인정할 수 없다고 이의를 제기하였다.[26] 길리건이 이 표집 연구에서 내린 결론은 다음과 같다.

> 그리하여 콜버그의 도덕 성숙도 기준이 잘 통제된 조건 하에서 남성에게 유리하게 작용하고 있다는, 이전에 보고된 성차의 재실험 연구 결과를 볼 때, 특히 관습 이후 수준에서 콜버그의 이론이 서구 남성의 관점만을 제한적으로 반영하고 있어서, 다소간에 다른 도덕 관

---

26) 콜버그는 길리건과 그 동료들의 연구에서 두 가지 문제점을 지적한다. 그 하나는 '점수 연관 채점기법'('point' maching scoring technique)에서 반드시 요구되는 채점자간 신뢰도 혹은 검사 및 재검사 간 신뢰도에 관한 자료가 없어서 연구결과의 중요성을 평가할 수 없다는 점이다. 다른 하나는 피험자들이 관습 이후 수준의 '점수'를 받을만한 말을 했는가의 여부만으로 피험자를 분류하는 것은 아무런 의미가 없다는 점이다. 콜버그 척도의 타당도와 신뢰도는 점수상의 종단적 진보를 밝히기 위한 취지에서 각 개인에게 총체적(global) 또는 혼합된 단계점수를 배당하는 식으로 마련되었기 때문이다. 심리학적 유의성의 견지에서 보면 집단 간의 도덕성숙성 점수가 15점 정도의 차이를 보이는 경우(길리건의 이 연구에서는 13점의 차이)에 이를 유의미한 차이로 간주하지 않는다는 점을 감안해야 할 것이다. 콜비 등의 연구에 의하면 15점의 차이는 여러 연구에서 발견되는 검사 및· 재검사 오차 변량의 한계 내에 있다. A. Colby, L. Kohlberg, J. Gibbs, D. Candee, B. Speicher-Dubin, K. Kauffman, A. Hewer, C. Power: *The Measurement of moral judgement: A manual and its results*. New York: Cambridge University Press, 1983.

점을 가진 여성들이나 다른 집단의 사람들에게는 편파적이라고 주장하는, 콜버그 이론에 대한 비판은 타당하다.[27]

그러나 콜버그는 길리건의 결론에 대하여 결코 동의할 수 없다는 입장을 재확인한다. 길리건의 가설은 개인 간의 갈등(interpersonal conflict)과 관계성(relationship)의 문제를 푸는 데 있어서 남성은 피아제의 상호성(reciprocity)과 평등성(equality)의 조작을 사용하는 반면에, 여성은 도덕 문제와 연관이 없는 관계의 범위(the boundaries of unquestioned relatedness) 안에 있는 문제로 봄으로써 개인 간의 문제를 해결하기 위해 이타주의(altruism)나 자기희생(self-sacrifice)을 사용한다고 보았다(PsMD, 342). 이처럼 길리건은 콜버그의 도덕발달론이 검사 편견에 사로잡혀 있다는 결론을 제시하지만, 콜버그는 이러한 길리건의 주장이 잘못된 통계처리에 의한 오류에 기반을 두고 있어서 동의할 수 없다고 맞선 것이다.

물론 여기에서도 콜버그가 길리건의 비판을 무조건 거부한 것은 아니다. 그는 정의 딜레마가 배려와 반응(care and response)의 지향을 끌어내지 못한다는 데는 동의하였다. 그리고 콜버그의 평정법이 도덕적 사고에서 배려와 반응 지향의 측면을 충분히 사정하지 못했다는 사실도 인정하였다. 그러나 콜버그는 정의 추론의 딜레마와 단계가 남성 표집을 중심으로 개발한 단계 계열과 평정법을 사용하기 때문에, 여성들의 추론을 부당하게 편파적으로 낮게 평정한다는 홀스타인(Holstein)의 주장에 대해서는[28] 동의할 수 없다고 분명히 선

27) C. Gilligan, S. Langdale, N. Lyons & J.M. Murphy, *Contribution of women's thinking to developmental theory: The elimination of sex bias in moral development theory and research*. Final report to National Institute of Education, 1982. PsMD, 342.

28) C.B. Holstein, "Development of moral judgement: A longitudinal study of males and females." *Child Dev.*, 47, 1976, 51-61.

을 그었다(PsMD, 343).

콜버그는 자신의 검사 방식에 성 편견이 있다는 길리건의 비난에 대해서 1958년의 단계평정에서만 부분적으로 진실이라고 인정하는데, 그 이유는 당시에 배려(caring)와 친애(affiliation)의 규범에 대한 반응을 단계 3으로, 법의 규범에 대한 관심을 단계 4로 평정했기 때문이다. 그러나 콜버그는 1984년의 표준평정 체계에서는 그런 규범적 내용을 상수(常數)로 두고서 사회도덕적 관점과 정의 조작에서의 형식적인 차이를 측정하여 단계를 평정하도록 했기 때문에 길리건의 주장과 다르다는 것이다. 따라서 일부 여성들이 배려와 반응 지향의 사고를 선호한다 하더라도, 정의 추론에서 최상의 능력을 측정하고자 하는 자신의 표준방법론으로 여성들의 도덕판단력 발달의 기본 국면을 공정하게 사정할 수 있다고 주장했던 것이다(PsMD, 343).

길리건에 이어서 그녀의 동료였던 노나 라이온즈(Nona Lyons)조차도 콜버그의 성차 편견에 대하여 다음과 같이 비판을 가하였다(PsMD, 343).

> 이 논문은 길리건의 관찰과 사고에 의하여 형성된 다음과 같은 두 가지 명백한 가정을 경험적으로 확증해 주고 있다. (1) 도덕적 갈등에 대한 사고 양식에는 정의와 배려에 각각 뿌리를 둔 서로 다른 두 가지 양식이 있다. (2) 이 두 가지 도덕판단의 양식은, 비록 성별 구분이 명확하지는 않더라도, 적어도 성과 관련되어 있다(gender-related).[29)]

라이온즈는 도덕판단의 양식에는 정의 지향과 배려 지향이라는 두 가지가 있다고 주장한 것이다. 라이온즈, 그리고 그녀에 앞서 길

29) N. Lyons, *Conceptions of self and morality and modes of moral choice. Identifying justice and care in judgement of actual moral dilemmas*. Dissertation: Harvard University, 1982, p. 14.

리건이 주장한 이 사실에 대하여 콜버그는 긍정과 부정이라는 두 가지 입장을 동시에 표명하였다. 그는 배려 지향과 정의 지향이 도덕 딜레마의 숙고 과정에서 서로 뒤엉켜 있다는 사실을 관찰했다고 인정하였다. 이런 사실에서 본다면, 도덕판단에서 정의 국면의 발달을 인도하는 경험과 배려 국면의 발달을 인도하는 경험이 명백하게 다르다고 할 수는 없을 것이다(PsMD, 343). 이 점에서 콜버그는 라이온즈의 견해와 일치한다. 그러나 콜버그는 정의 지향은 배려 지향적 요소들을 이미 체계 속에 함축하고 있다고 본다. 또한 동시에 배려 지향만으로 정의 지향에서와 같은 보편적인 도덕성의 단계 구도를 정초할 수 있는가에 대하여 회의적이다. 그리하여 정의와 배려 지향이 성과 관련이 있을 것이라고 추정한 라이온즈나 길리건의 결론은 아직 결정적인 경험 자료에 의하여 입증되지 않은 그저 잠정적인 하나의 가설에 그치고 있다.

도덕판단 발달을 자극하기 위한 콜버그 학파의 교육적 접근은 '정의 공동체'(justice community)라고 규정할 수 있다. 콜버그 학파의 연구에 의하여 상충되는 권리들이 관련된 문제를 민주적으로 해결하려는 경험 속에 공동체와 그 구성원들에 대한 배려와 반응의 고려가 서로 뒤섞여 있다는 사실이 밝혀졌다. 콜버그는 도덕 추론의 철학적 종착점인 가설적인 단계 6에서는 정의와 배려가 통합되어 하나의 도덕원리를 형성된다고 생각하였다(PsMD, 344). 이 부분에서 콜버그와 라이온즈의 견해는 일치하지 않는다. 라이온즈는 정의와 배려라는 두 가지 상이한 도덕판단의 양식이 존재한다고 보았으나, 콜버그는 그 둘은 분리된 것이 아니고 서로 얽혀 있다고 보았던 것이다. 라이온즈보다 더 나아가서 길리건은 남성 중심적인 정의의 도덕원리와 여성 중심적인 배려의 도덕원리가 별개의 것으로 존재한다고 보았지만, 콜버그는 그 둘이 통합되어 하나의 도덕원리를 형성한다고 주장하였다.

4. 콜버그와 길리건의 절충주의: 통합인가, 분리인가?

콜버그와 길리건의 논쟁은 정의 또는 배려 원리의 '적절성'(appropriateness)의 문제와 관련하여 절충주의로 이행하게 된다. 물론 콜버그가 정의에 의한 배려의 통합을 강조한 반면에 길리건은 정의와 배려의 분리를 강조한 것이 다를 뿐이다. 콜버그는 머피와 길리건(1980), 길리건과 머피(1979)의 두 논문[30]에 대하여 반론을 제시하기에 앞서 길리건의 논점을 다음과 같이 정리하고 있다.

> 길리건은 남성에 비하여 여성이 독특한 도덕 지향을 가지고 있다고 믿는다. 남성들이 기본적으로 정의에 관심이 있는 반면에, 여성들은 배려와 반응 지향에 더 관심이 많다. 길리건의 함의에 의하면 이러한 지향의 차이가 여성의 도덕판단력 발달을 편파적으로 측정하게 된다는 것이다. 그녀는 콜버그의 도구가 배려 지향을 단계 3의 정의 추론으로 잘못 나타내고 있으며, 따라서 여성들은 부당하게 낮은 단계로 평정 받고 있다고 주장한다. 길리건은 배려 지향의 구조적 단계는 규정하고 있지 않지만, 이 지향의 세 수준을 구분하고 있으며, 기본적으로 자기중심적인 관습 수준, 다른 사람에 대한 배려가 중심이 되는 관습적인 수준, 마지막으로 자신에 대한 관심과 타인에 대한 관심이 균형을 이루는 관습 이후 수준이 그것이다(PsMD, 344).

여기에서 문제는 길리건이 제시하고 있는 배려 지향의 세 가지 수준, 즉 '자기중심적 관습 이전 수준', '타인 배려 중심의 관습 수

30) C. Gilligan, & J.M. Murphy: "Development from adolescence to adulthood. The philosopher and the dilemma of the fact." Kuhn, *Intellectual development beyond childhood.* San Francisco: Jossy-Bass, 1979. J.M. Murphy & C. Gilligan: "Moral development in late adolescence and adulthood. A critique and reconstruction of Kohlberg's theory." *Human Development* 23, 1980, pp. 77-104.

준', '자기와 타인에 대한 균형적 배려의 관습 이후 수준'이 콜버그의 정의 도덕에서 제시하는 세 가지 수준과 어떻게 다른가를 살피는 것이다. 이제 길리건의 비판에 대한 콜버그의 대응을 살펴볼 차례이다. 콜버그의 정의 지향에 대하여 길리건이 여성에게 특유한 배려지향이 존재한다는 사실에 대해서는 앞에서 다루었다. 두 사람의 주장이 타협할 여지를 가지고 있는지, 아니면 그와 같은 가능성을 전혀 가지고 있지 못한지를 가리는 것이 관건일 것이다.

콜버그에 대한 길리건의 가장 결정적인 비판은 표준 도덕 딜레마와 평정 체계에 성 편견과 여성 비하의 반응을 함축하고 있다는 것이다(PsMD, 345). 길리건의 이 주장은 사실상 보편적인 규범윤리학을 지향하는 콜버그의 도덕발달론 체계와 그 정당성을 전면 부정하는 것이다. 길리건은 콜버그의 표준 정의 추론 딜레마와 표준 이슈 평정법으로는 콜비와 콜버그의 종단연구(1984)[31]에서 보고한 것과 같은 '불변계열'(invariant sequence)과 '구조적 전체성'(structured wholeness)이 여성들에 대한 관찰에서는 나타나지 않는다고 주장했다(PsMD, 349). 반대로 콜버그는 길리건을 지지하는 일부 연구자들이 아주 드물게 성차를 보고했지만, 길리건이 지적한 것과는 전혀 다른 차원이라는 사실을 중시한다. 정의 평정법을 배려와 반응 지향을 선호하는 여성들에게 적용할 수 없다면 길리건의 주장이 옳을 것이다. 그러나 양성을 대상으로 한 스내리의 종단연구(Snarey 1982)[32]는 미국 남성에게서 발견된 불변계열과 구조적 전체성을 입증하고 있다. 뿐만 아니라 로이스 에릭슨의 연구(V. Lois Erickson 1980)[33]는 검

---

31) A. Colby, and L. Kohlberg, *The Measurement of Moral Judgement*. Vol.I, II, New York, Cambridge University Press, 1984.

32) J. R. Snarey, J. Reimer & L. Kohlberg, *The sociomoral development of kibbutz adolescents: A longitudinal cross-cultural study*. Dissertation, Harvard University 1982.

33) V. L. Erikson, "The Case Study Method in the Evaluation of Developmental Programs." In: L. Kuhmerker, M. Mentkowski and V. L. Erickson, eds.: *Evaluating*

사 및 재검사의 신뢰도 한계 내에서 여성에게도 상향 운동과 순차성이 나타난다는 사실을 보여주었다. 스내리의 자료를 임상적으로 분석한 결과, 남성과 여성 모두가 표준 정의 딜레마에 반응하였으며, 길리건이 말하는 배려와 반응의 지향도 활용하는 것으로 나타났으나, 그 때문에 낮은 점수를 받지는 않았다. 이러한 사실을 바탕으로 콜버그는 도덕 딜레마를 형성하는데서 남녀의 선호 지향에 따른 차이가 있을 수 있지만, 그 때문에 정의 추론 검사가 타당성이 없다거나 편파적이라고 결론 내리는 것은 잘못이라고 주장하였다.

길리건에 의하면 "여성은 남성보다 배려와 반응 지향의 추리를 더 많이 자발적으로 사용한다"(PsMD, 349). 라이온즈(Lyons 1982)는 남성과 여성 모두가 개인사적 딜레마에 대응할 때 정의의 지향을 사용하지만, 특히 여성은 배려와 반응의 지향을 보다 선호한다고 기술하였다.[34] 이러한 현상은 피험자의 반응을 권리 지향과 배려 지향 중 하나로 분류하는 평정체제에서 기인한다. 따라서 콜버그는 "이들 지향이 서로 양극적이거나 이원적이지 않으며, 배려와 반응 지향은 기본적으로 가족, 친구, 집단 구성원들에 대한 특별한 책임의 관계, 즉 존중, 공정성, 계약 등의 일반적 의무를 포함하거나 전제로 하는 관계를 지행해 왔다."고 주장하였다(PsMD, 349). 콜버그의 표준 도덕딜레마는 정의를 중심으로 탐색되고 구조화된 것이다. 그는 라이온즈의 연구가 여성이 일반적 정의 딜레마에 반응할 때 정의보다 배려를 선호한다는 의미가 아니라, 가족이나 친구와 특별한 관계가 걸린 딜레마에서 배려를 더 자주 선택하는 사실을 보여주었다고 받아들였다. 그런데 콜버그는 이런 경우 여성들은 특별한 관계가 걸린

Moral Development. New York: Character Research Press, 1980.

34) N. Lyons, *Conceptions of self and morality and modes of moral choice. Identifying justice and care in judgement of actual moral dilemmas*. Dissertation: Harvard University, 1982.

딜레마를 도덕 딜레마로 규정하지 않는다고 지적한다(PsMD, 350).

히긴스, 파우어, 콜버그의 공동연구(1984)[35]는 남성과 여성 모두가 학교 딜레마에 대하여 정의와 책임의 숙고를 둘 다 사용한다고 보고하였다. 첫째, 제시된 딜레마의 유형에 따라서 두 가지 숙고가 각각 다르게 사용되었다. 다른 학생을 돕는 일에 관한 딜레마는 배려 지향을 이끌어냈으나, 절도에 관한 딜레마는 정의 지향을 이끌어냈다. 둘째, 학교 상황의 사회도덕적 분위기가 딜레마의 차이나 성의 차이보다 더 결정적으로 작용하였다. 민주공동체 학교에서는 일반학교 보다 배려와 반응 지향을 훨씬 더 자주 사용하였다. 결론적으로 이 연구는 남성과 여성 모두가 정의와 배려 지향을 사용하는데, 이때 어떤 지향을 선호하는가는 대체로 도덕문제의 유형이나, 딜레마가 처한 환경의 사회도덕적 분위기와 함수관계에 있다는 것이 밝혀졌다. '공동체'(community)나 '가족'(family) 내부의 딜레마는 배려와 반응 지향과 가깝게 나타났다. 이러한 사실은 지향의 선택은 기본적으로 성별이 아니라 장면이나 딜레마 유형에 달려있다는 것을 보여준다(PsMD, 350).

또한 콜버그는 길리건이 제시한 표준 정의 딜레마에서 배려와 반응의 지향을 분리할 목적에서 이스라엘 키부츠 여성의 표집을 선정하였다(PsMD, 351). 길리건의 주장이 올바르다면, 콜버그는 정의 공동체인 학교와 같은 특수 집단에 대한 배려와 개인 상호간의 배려처럼 강력한 유대를 가진 환경에서 배려와 반응의 지향을 보다 확실하게 발견할 수 있을 것으로 생각하였다. 그러나 콜버그는 이 여성 표집에서도 배려와 반응 지향을 전반적으로 사용하지 않았으며, 아주

35) A. Higgins, C. Power & L. Kohlberg, "Student judgement of responsibi- lity and the moral, atmosphere of high schools. A comparative study." Kurtines and Gewirtz, *Morality, moral behavior and moral development: Basic issue in theory and research.* New York, 1983.

드물게 배려와 반응 지향이 사용되더라도 모든 딜레마에서가 아니라 매우 특수한 딜레마에서만 일어났을 뿐이고, 피험자가 '초기 관습수준'이나 단계 3에 있는 연령에서만 발견되었으며, 그 이후의 단계에서는 정의 지향으로 대체된다는 사실을 확인하였다(PsMD, 351). 콜버그는 키부츠 사례의 연구에서 일반적으로 도덕상황이나 도덕 딜레마는 정의와 배려라는 두 지향들 중에서 어느 한쪽만을 선택하는 것이 아니라, 두 지향 모두를 통합하는 반응을 불러낸다는 사실을 확인하였다(PsMD, 352). 콜버그는 하인즈 딜레마는 길리건이 주장하는 것처럼 단순히 정의 지향에 속하는 딜레마가 아니라고 주장한다. 하인즈 딜레마는 아내에 대한 배려와 반응을 담은 딜레마이지만, 이 배려와 반응이 약제사의 재산권에 대칭하여 숙고되는 정의의 관심과 대립하는 것은 아니다. 아내의 살 권리는 그녀의 생명에 대한 배려 관심과 연결된다. 그러나 제약사의 재산권은 전체 사회와 일반적인 복지에 대한 관심, 그리고 절도 행위가 사회와 국가에 미치는 충격에 대한 관심과 관련된다. 따라서 하인즈 딜레마에서 정의와 배려의 관심은 분리할 수 없는 통일적 특성을 가지고 있으며, 통합적인 모습을 띠고 있다.

이러한 사실에 근거하여 콜버그는 첫째, 여성만이 아니라 남성도 역시 배려와 반응 지향을 가질 수 있으며, 둘째, 이 경우에 배려와 반응 지향은 배려와 정의 사이에서 긴장이나 갈등을 조장하는 것이 아니라 결국 관습 이후 수준에서는 통합적 반응을 보인다고 주장하였다(PsMD, 353). 예를 들면, 하인즈 딜레마에서 자신의 아내를 살리기 위하여 약을 훔치는 것은 배려의 지향이 주도적으로 나타난 현상으로 해석할 수 있으나, 거기에는 아내를 돌볼 의무에 대한 심리적 책임감, 필요성, 심지어는 절망감까지 개입되어 있다(PsMD, 354f). 또한 하인즈가 자신의 아내가 아닌 낯선 사람을 위해서도 약을 훔칠 책임과 의무감을 가질 경우에도, 그는 정의의 원리에서처럼 '낯선 이의 살 권리'에서 추론하기보다는 기독교에서 '선한 사마리아인'의 비유에서처럼 서로와 관계 맺고 있는 모든 인간에 대한 아가페의 감정에서 그러한 인간적 결속이 가능하게 된 것이다. 그러나 콜버그는 낯선 이를 살릴 목적에서 훔치는 일을 정당화하는 것은 배려 지향뿐만 아니라 정의 지향을 통해서도 가능하다고 본다. 만일에 하인즈가 재산권보다 인간 생명의 권리를 우위에 두는 가치 위계성을 존중해서 그런 결정을 내렸다면 그의 판단은 단계 5에 해당한다(PsMD, 355). 이 점에서 콜버그는 피험자의 배려에 대한 책임 의식은 정의에 입각한 그의 의무론적 판단과 연계되고 통합되어 있는 사실을 확인한 것이다. 이와 같은 콜버그의 인식은 "정의와 배려가 독립적이고 정반대적인 서로 다른 도덕발달의 트랙"이라는 '지지될 수 없는'(non-supportive) 길리건과 라이온즈의 주장과 배치된다(PsMD, 356).

콜버그가 중시하는 것은 관습 이후의 단계에 이르면 선의와 배려의 관심과 정의의 관심이 하나로 통합하여 나타난다는 사실이다(PsMD, 356). 이 도덕 추론의 수준에서 정의의 관심은 인간을 목적 그 자체로 대함으로써, 응보적인 규칙 엄수의 성격을 포기하게 한다. 배려 윤리는 자아와 타자와의 관계 속에서 다른 사람을 보고, 정의 윤리는 협약과 상호존중을 통하여 서로와 관계 맺으면서 사람을 목적 그 자체로 보기 때문에, 인간을 목적으로 대하는 것은 배려 윤리와 정의 윤리 모두에게 공통적 현상이다. 길리건은 정의 추론을 넘어서는 또 다른 도덕 영역이 있다고 생각함으로써 사실상 도덕 영역의 확대를 의도했으나, 콜버그는 도덕발달에 배려와 정의라는 두 개의 다른 트랙이 있다고 생각하지 않았다(PsMD, 356).

콜버그는 히긴스와 그 동료들(1984)의 연구에서 배려 지향이 공정성의 관점에서 황금률(the Golden Rule)에 부합되는 방식으로 반응한다는 사실을 밝혀주었다. 이른바 '해리의 딜레마'에서 콜버그는 배려의 관점과 정의의 관점이 하나로 통합되는 사실을 발견한 것이다(PsMD, 356). 신약성경은 황금률을 공정성 지향과 배려 지향이라는 두 가지 형태로 진술하고 있다. "다른 사람이 자신에게 해 주었으면 하는 대로 그들을 대하라."는 것은 공정성 지향이고, "네 이웃을 네 몸같이 사랑하라"(누가 10:27)는 것은 배려 지향이다(PsMD, 357). 콜버그는 관습 이후의 도덕성처럼 성경의 가르침 역시 배려와 정의를 통합하여 '이상적 역할채택', '사람에 대한 존중', '인간을 목적 그 자체로 배려하는 원리'를 지향한다고 보았다(PsMD, 357). 콜버그는 '포도밭의 비유'에서 오래 전부터 일한 사람과 나중에 일한 사람에게 똑 같은 임금을 주는 것이 불공정하지 않으면서 필요에 따라서 생각해주는 점에서 정의와 배려의 두 관점이 통합을 이루었다고 평가한다. 그것은 관습 이후, 특히 단계 6의 정의 추론에서 업적과 응보를 고려하지 않는 것과 같다는 것이다. 길리건의 성차 비판에 대한 콜버그의 결론은 다음과 같다. "우리는 길리건이 사람이나 상황에 따라서 강조점이 변화하는 도덕판단의 두 지향을 구별한 것에 대하여 부분적으로 동의한다. 그러나 우리는 정의와 배려 윤리의 성장이 도덕단계(즉 구조) 발달에서 두 개의 구별된 노선을 나타낸다고 보지 않는다. 배려와 반응 지향을 강조한 길리건 덕분에 우리는 도덕 영역의 범위를 정의 추론에 초점을 두던 것을 넘어서서 확장하게 되었다고 말할 수 있다. 그러나 우리는 도덕단계 구조 발달에는 서로 구별되는 양극적인 두 가지 지향 또는 트랙이 존재한다고는 믿지 않는다"(PsMD, 358).

5. 배려 지향은 도덕원리로서 가능한가?

지금까지 전개된 콜버그와 길리건의 논쟁에 대하여 다음과 같이 정리할 수 있다.

첫째, 길리건의 콜버그 비판은 남성 중심의 정의지향적 도덕성과 별도로 여성을 위한 배려지향적 도덕성이 존재한다는 것이 핵심이었다. 그동안 콜버그의 도덕이론은 여성의 도덕성 측정에 불리하게 작용했다는 것이다. 콜버그, 워커, 레스트 등의 광범위한 조사에서 콜버그의 도덕발달론에 성차가 존재한다는 길리건의 주장은 확인되지 않았다. 오히려 여성들의 도덕성이 더 높은 경우도 있었다.

둘째, 길리건은 콜버그의 조사자료에서 도덕성 발달 정도가 남성이 여성보다 높게 나타난 사례를 제시하면서, 그녀의 정당성을 입증하고자 했다. 길리건이 제시한 자료들은 남녀의 도덕성 차이가 성차에 기인하기보다는 교육 정도와 직업 등 다른 변인에 의한 것이라는 사실이 밝혀졌다. 이러한 변인을 고려한 추가조사에서는 성차가 발견되지 않았다.

셋째, 길리건은 논나 라이온즈[36]의 조사자료에서 여성의 배려 지향을 발견하였으나, 그와 같은 도덕원리로 도덕체계를 수립하지는 못하였다. 그녀는 정의지향과 배려지향이 서로 공명한다고 주장했는데, 이러한 주장은 곧 지금까지의 콜버그 도덕이론이 남성중심적이라는 그녀의 비판이 잘못되었다는 것을 자인하는 것이나 마찬가지이다. 길리건의 반박에도 불구하고 콜버그의 핵심 주장들은 아직까지 건재하다. 길리건이 주장하는 대로 배려 지향의 도덕원리가 또 하나 존립하기 위해서는 보편적인 단계 정의가 가능해야 한다. 그러나 길리건은 콜버그가 제시한 것과 같은 도덕판단 단계를 체계적으로 제시하지 못하고 있다. 두 개의 도덕성 주장을 관철하려면 길리건은 배려 지향의 도덕발달론을 제시해야 하기 때문이다. 그렇지 못

36) Nona Lyons, "Seeing the Consequences: The Dialectic of Choice and Reflection in Human Development." Qualifying Paper, Graduate School of Education, Harvard University Press, 1980.

할 경우 길리건의 주장은 도덕성 주장이 아니라 단지 개인의 준칙 차원에 머무르고 말 것이다.

우리는 지금까지 "정의와 배려는 도덕원리로서 양립할 수 있는가?"라는 물음을 통하여 콜버그와 길리건의 논쟁을 따라잡고자 하였다. 캐롤 길리건은 1982년에 출판된 『다른 목소리로』라는 책에서 도덕성에는 두 가지 도덕 지향이 있다고 주장하였다. 프로이트, 피아제, 콜버그에 의하여 강조되어 왔던 남성 위주의 정의의 도덕성 이외에 여성의 도덕판단을 보다 잘 이해할 수 있는 배려와 반응의 윤리가 존재한다는 것이다. 길리건은 콜버그의 객관적인 입장이 권력과 거짓된 지식을 감추고 있는 잘못된 중립성에 토대를 두고 있다고 비판하였다.

길리건은 표준 정의 추론 딜레마와 표준 이슈 평정법으로는 콜비와 콜버그의 종단연구에서 남성에게 나타난다고 보고한 것과 같은 불변계열과 구조적 전체성은 여성들에 대한 관찰에서는 나타나지 않는다고 주장하면서, 여성들이 도덕 영역을 규정하는 방식은 남성들에 대한 연구에서 도출된 것과는 차이가 있다는 것을 입증하고자 하였다. 정의의 도덕관에서 설명하는 남성들의 도덕발달은 평등과 상호성의 논리와 관련이 있다. 하지만, 도덕 문제를 권리와 규칙의 문제가 아니라 인간관계에서의 보살핌과 책임의 문제로 구성하는 여성들에게 있어서 도덕발달은 책임과 인간관계에 대한 그들의 이해가 변화하는 것과 직결되어 있다는 것이다. 따라서 보살핌의 윤리에 깔린 논리는 인간관계에 내포된 인간 심리의 논리이며, 정의의 입장에 전제된 형식적인 공정성의 논리와는 다르다는 것이다.

라이온즈의 진술은 정의와 배려가 도덕발달의 두 가지 분리된 트랙을 규정하고 있다는 의미를 함축하고 있다. 콜버그 역시 배려의 숙고와 정의의 숙고는 도덕 딜레마를 확인하는 과정에 뒤엉켜 있다고 보았으며, 따라서 도덕판단에서 정의 국면의 발달을 인도하는 경험과 배려 국면의 발달을 인도하는 경험이 명백히 다르다고 보지 않았다(PsMD, 343). 콜버그에 의하면 정의와 배려는 도덕발달의 서로 다른 두 트랙을 나타내지 않는다. 콜버그는 부분적으로 도덕판단에서 두 지향의 분화에 대한 길리건의 주장에 동의했으나, 정의의 발달과 배려 윤리가 도덕단계의 (구조적) 발달의 두 트랙이라는 사실은 믿지 않았다. 정의와 배려는 상호 독립적이고 반대 극에 위치한 서로 다른 도덕발달의 트랙이라는 라이온즈의 가설은 콜버그에게 지지될 수 없는 것이다. 콜버그의 후기관습 수준에서는 정의와 배려의 관심이 하나로 통합된다. 인간을 목적으로 대하라는 원리는 배려 윤리나 정의 윤리에 모두 공통적이다. 히긴스는 콜버그는 관습 이후 수준에서 정의와 배려 지향의 통합 사실을 보고하였다.

제6장 콜버그학파의 길리건 비판

1. 도덕발달의 성차 논쟁

김장배는 그의 박사논문 『콜버그의 도덕발달론 연구』에서 콜버그와 길리건의 성차논증에 대하여 경험적 검토를 시도한 후에, 콜버그학파의 대표주자인 워커(Walker)와 길리건학파의 대표주자인 노나 라이온즈(Nona Lyons)의 주장들을 이론적으로 검토하여, "정의와 배려(책임) 개념의 인지적 차이"를 정리한 바 있다.[1] 길리건이 말한 성차가 그의 경험적 조사연구에서 나타나지 않은 것이다.

그 동안 길리건의 성차 주장은 콜버그의 도덕발달론에 대한 강력한 도전으로 인식되어 왔다. 그러나 콜버그가 길리건의 성차 논박에 쉽게 대응할 수 있었던 것은 레스트가 1979년에 개발한 DIT 조사방식에 의하여 수많은 연구들이 이루어졌기 때문이고, 1982년에 워커가 그 연구성과들을 바탕으로 성차 논쟁을 판단할 수 있는 신뢰할

1) 김장배, 『콜버그의 도덕발달론 연구』, 울산대학교 박사논문, 2011, 65쪽 이하.

만한 주장을 제시할 수 있었기 때문이다. 콜버그는 『도덕발달의 심리학』에서 자신의 도덕발달을 비판하는 여러 주장들에 대하여 학문적인 답변을 시도하였는데, 길리건의 비판에 대한 그의 답변 근거가 바로 워커의 1982년 연구였다(PsMD,345; 심리학, 333).[2] 그러나 길리건과 그녀의 지지자들은 워커의 주장을 비켜나가면서 배려 지향의 도덕이 정의 지향의 도덕을 보완할 수 있다는 보다 완곡한 주장을 제시하였다. 이것이 지난 도덕발달심리학 분야에서 20여 년 동안 가장 치열하게 이루어졌던 이른바 성차 논쟁, 즉 '성과 도덕성'의 연관성에 대한 비판적 논쟁을 이끌어 왔다. 워커는 길리건의 연구와 주장이 도덕발달론에 많은 자극과 기여를 했음에도 불구하고, 특히 "성 차이와 성 편견에 관한 길리건의 주장과 관련한 축적된 증거는 그녀가 그와 관련하여 본질적으로 오류를 범했다"고 분명하게 밝히고 있다.[3]

여기서는 워커, 레스트, 눈너-빈클러와 같은 콜버그학파가 어떻게 길리건의 주장을 반박하는 가를 살펴보기로 하겠다.

2. 워커의 성차 검증 조사

콜버그는 길리건의 성차 주장을 반박하기 위한 근거를 워커(Walker)의 1982년 연구 결과에서 원용하고 있다. 워커는 콜버그의

---

2) L. J. Walker, *Sex differences in the development of moral reasoning. A critical review of the literature*. Montreal, 1982; L. J. Walker, "Sex differences in the development of moral reasoning. A critical review," *Child Development 55,* 1984, 677-691.

3) Lawrence J. Walker, "Gender and Morality", in: Melanie Killen & Judith Smetana, *Handbook of Moral Development*, New Jersey 2006, p. 109; 워커, 「성과 도덕성」, 『도덕성발달 핸드북 1』, 인간사랑 2010, 243쪽.

도덕판단 면담을 사용한 54편의 연구 성과와 레스트(Rest, 1979)[4]의 도덕판단력 검사(DIT, Defining Issues Test)를 사용한 24편의 연구 성과를 종합 분석한 바 있다(PsMD, 345).

워커는 자신의 논문 서두에서 어떤 이론이 도덕발달의 최종 지점이나 발달 속도에서 근본적으로 성차가 있다고 근거 없이 주장할 경우에 성 편향으로 비난받을 수 있다고 지적한다. 예를 들면 여성들은 어머니에 대한 동일시의 기회를 갖지 못함으로써 도덕적 성숙성이 부족하다고 보았던 프로이트(1927)[5]의 주장이 바로 그렇다. 그러나 워커는 콜버그의 경우는 프로이트와 다르다고 보았다. 마치 콜버그가 도덕발달의 척도나 평정 절차를 특정한 성에 유리하도록 설정하여 도덕 성숙성의 실제적 차이를 왜곡한 것처럼 잘못된 인상을 줌으로써 성 편향 논란을 불러일으켰다는 것이다.

콜버그의 도덕발달론에 대한 성 편향 주장들은 다음과 같은 몇 가지 사실에 근거하고 있다. 첫째, 연구자로서의 콜버그가 남성이기 때문에 도덕발달 이론 형성에서 남성 우월적인 관점을 취했을 것이라는 설이다. 그러나 콜버그의 연구 집단에는 많은 여성 동료들이 있었고, 표준판 도덕발달 평정 요강의 선임 저자인 콜비가 여성이라

---

4) J. Rest, *Development in judging moral issues*. Minneapolis: University of Minneapolis Press, 1979.

5) S. Freud, "Some psychological consequences of the anatomical distinction between the sexes." In: *International Journal of Psychoanalysis* 8, 1927, pp. 141-142. "나는 여성들에 있어서 윤리적으로 정상적이라는 수준이 남성들에 있는 바와 다르다는 생각(비록 나는 그것을 표명하는 것을 주저하지만)에서 벗어날 수가 없다. 그들의 초자아는 우리가 남성들에게 존재해야 한다고 요구하는 만큼 그의 정서적 기원으로부터 결코 엄연하고, 객관적이며, 독립적이지 못하다. 모든 시대의 비평가들이 여성들에 대해 제기해왔던 성적 특질 – 그들은 남성들보다 더 낮은 정의감을 보인다는 것, 그들은 판단을 할 때 애정 혹은 적의의 감정에 의해 더 자주 영향을 받는다는 것 – 은 모두 우리가 이미 추론했던 그들의 초자아의 형성에서 변형에 의해 충분히 설명될 수 있을 것이다."(『도덕성 발달 핸드북 1』, 207쪽에서 재인용)

는 사실로 반박할 수 있을 것이다. 둘째, 콜버그가 남성 표집만을 사용한 종단자료[6]를 바탕으로 단계 계열을 구성하였다는 것이다. 워커는 기준이 되는 종단자료에 특정한 성만을 조사 대상으로 사용한 사실은 연구 대상의 대표성이나 이론 모형의 일반화 가능성을 실질적으로 위협함으로써 성 편향의 원천이 될 수도 있다고 본다. 그러나 콜버그의 단계계열은 남성과 여성 양성을 사용한 종단연구(Holstein, 1976)[7]와 실험연구(Walker, 1982)[8]에 의하여 확증되었다. 그럼에도 불구하고 워커는 처음부터 여성들을 연구 대상으로 삼았다면 콜버그가 제시한 것과 동일한 단계와 계열이 도출되었을 것인지에 대해서는 판단을 유보하였다. 셋째, 추론을 유도하는 자극 자료로 사용한 도덕 딜레마에 남성 주인공들이 더 많이 등장함으로써 여성들이 접근하는데 어려움을 느껴서 도덕 추론이 낮은 수준으로 나타났을 것이라는 주장이다. 그러나 워커는 딜레마의 주인공과 관련된 세 편의 연구 결과를 소개함으로써 딜레마의 주인공이 성 편향과 직접적인 연관성을 갖지 않았다고 밝혔다. 따라서 성 편향을 의심할 수 있는 유일한 가능성은 콜버그가 남성 표집에 의존했던 사실로 압축할 수 있다(PsMD, 345f).

그리하여 워커는 콜버그의 도덕성 발달에 대한 연구 결과들을 (1) 아동기와 초기 청년기, (2) 후기 청년기, (3) 성인기로 구분하여 집계하였다. 아동기와 청소년기 초기의 도덕 추론에서는 성차가 발견되지 않았다.

---

6) A. Colby, L. Kohlberg, J. Gibbs, D. Candee, B. Speicher-Dubin, K. Kauffman, A. Hewer, C. Power, *The Measurement of moral judgement: A manual and its results*. New York: Cambridge University Press, 1983.

7) C. Holstein, "Development of Moral Judgement: A Longitudinal Study of Males and Females." *Child Development* 47, 1976, 51-61.

8) L. J. Walker, "The sequentiality of Kohlberg's stages of moral development," *Child Development* 53(5), 1982.

5~17세의 전체 피험자 2,430명을 대상으로 27편의 연구가 수행되었다. 이들 연구가 밝힌 전반적 결론은 아동기와 청소년기 초기의 도덕 추론에서는 성차가 잘 나타나지 않는다는 것이다. 34개 표집 중에서 겨우 4개의 표집만이 유의미한 성차를 보고하였다(PsMD, 346).

청소년과 청년들의 성차에 관한 34편을 요약한 결과, 9편이 성차를 보고하고 있는 것으로 나타났다.

34편의 연구 중 5편의 연구에서는 방법론적 오차를 제거한 후에도 여전히 의의 있는 성차가 있는 것으로 밝혀졌다. 이 5편 중 두 개는 바-엠(Bar-Yam)과 그 동료들이 이스라엘의 고등학생들을 대상으로 한 연구[9]에서 보고되었다. 모슬렘 아랍족(Moslem-Arab)과 유스-알리야족(Youth-Aliyah)의 표집 두 개 모두에서 소년들은 소녀들보다 높은 수준(각각 296 대 249; 376 대 350)으로 도덕 추론을 하는 것으로 밝혀졌다. 두 표집은 전통적으로 여성들의 지위가 낮고, 가정이나 사회에서 의사 결정의 기회를 거의 갖지 못하며, 보통 교육 수준도 낮은 민족 집단에서 표집되었다. (유스-알리야족은 보통 북아프리카나 중동에서 이입해 온 사람들을 말한다). 보다 평등한 분위기에서 의견을 말할 수 있는 키부츠나 기독교인 집단에서는 성차가 발견되지 않았다는 점이 흥미롭다(PsMD, 346).

성인의 도덕 추론에서 성차를 검토한 연구는 11편이었다.

이들 연구는 21~65세의 피험자 1,131명을 대상으로 하였다. 성인기 도덕추론에서의 성차가 나타나는 빈도는 이전 시기에 비하여 근소하

9) M. Bar-Yam, L. Kohlberg, & A. Naame, "Moral reasoning of students in different cultural, social and educational settings," *American Journal of Education*, 88, 1980, 345-362.

게 높았다. 그러나 이와는 반대로 젊은 세대보다 기성세대의 성차가 더 큰 경우도 있었다. (따라서 이 자료를 갖고 발달적 차이와 집단간 차이를 분리해 내는 것은 불가능하다). 19개 표집 중에서 4개 표집만이 남성에게 유리한 쪽으로 유의미한 성차를 나타내었다. [...] 성인기의 도덕추론에서의 성차는 소수 학생들에게서만 나타났으며, 그 때의 성차는 교육 수준이나 직업의 차이와 혼합되어 있음이 분명하다. 성인기 도덕추론의 주단계(dominant stage)에서는 성차가 나타나지 않는다(PsMD, 346f).

워커는 중·고등학교 학생과 대학생으로 구성된 동질성 집단의 연구들과는 달리 도덕 추론에서의 차이가 나타난 성인들에 대한 연구에서는 성별이 교육 및 직업의 차이와 심하게 뒤섞여 있다는 사실이 명백하게 드러났다. 한(Hann)과 그 동료들의 연구(1976)[10]는 21~30세의 표집과, 47~50세(젊은이들의 부모 집단)의 표집 모두에서 남성들이 높은 점수를 보이는 것을 발견하였다. 이 연구에서 나이 든 부인들 대부분은 가정주부였다.[11] 성차가 나타난 나머지 두 연구에서도 성차와 직업의 차이가 혼재되어 있었다. 홀스타인(1976)[12]은 1차 검사에서 남성이 우월한 차이(409 대 366)를 발견했으나 재검사에서는 아무런 차이도 없었다. 중상류층 표집에서 대부분의 남성은 사업, 관리직, 전문직에 종사했으나, 여성은 6%만이 직장을 가지고 있었다. 패리크(1980)[13]의 인도인 표집에서도 여성보다 남성이 더

10) N. Haan, J. Langer & L. Kohlberg: "Family patterns of moral reasoning." *Child Dev.*, 47, 1976, 1204-1206.

11) N. Haan, *Coping and Defending: Processes of Self-Environment Organization*. Academic Press, New York 1977. PsMD, 347.

12) C.B. Holstein, "Development of moral judgement: A longitudinal study of males and females." *Child Development*, 47, 1976, 51-61.

13) B. Parikh, "Moral judgement development and its relation to family environmental factors in indian and American families." *Child Development*, 51, 1980,

높게 평정되었으나(326 대 280), 남성들 전부가 자영업자인 반면에 여성들 대부분은 가정 주부였다. 이러한 사실을 바탕으로 워커는 성인기 도덕 추론의 성차가 극히 소수의 연구들에서 보고되고 있기는 하지만, 교육과 직업 수준의 차이와 뒤섞여 있으므로 성차의 증거라고 단정할 수 없다고 주장했다(PsMD, 347). 길리건이 발견한 성차는 순수한 의미에서 남성과 여성의 도덕성 발달의 차이에서 비롯된 것이 아니었다. 성차를 보고한 연구들 대다수가 표집 단계에서 동급 수준의 여성과 남성을 비교한 것이 아니고, 전문직 남성과 가정주부 여성을 비교 대상으로 설정함으로써 순수한 성차가 아니라 교육 훈련과 직장 생활 등에서 빚어진 차이였을 가능성이 훨씬 더 크다는 것이다.

레스트(Rest)의 DIT연구에서는 21개의 표집 중 단 2개만이 성차를 보이고 있는 것으로 나타났다.[14] 이 두 표집에서는 여성들이 남성들보다 더 높은 점수를 얻었다. 또한 시스톤(1980),[15] 가우드 외(1980),[16] 레이(1981)[17]의 연구들에서도 여성이 더 높은 도덕발달을 보여주었다. 특히 가우드의 연구에서는 남성이 여성보다 단계 3의 진술에 더 큰 호의를 보였는데(PsMD, 347), 이는 길리건의 주장과 역행적이다.

1030-1039.

14) J. Rest, *Development in judging moral issues*. Minneapolis: University of Minneapolis Press, 1979.

15) D. F. Cistone, *Levels of moral reasoning compared with demographic data among teachers, administrators, and pupil personnel employee enrolled in graduate schools*. Diss. Abstr. Int. 41, 236A, University of Southern California 1980.

16) S. C. Garwood, D.W. Levine, & I. Ewing, Effect of protagonists' sex on assessing gender differences in moral reasoning. *Developmental Psychology*, 16, 1980, 677-678.

17) R. L. Leahy, Parental practices and the development of moral judgement and self-image disparity during adoescence. *Developmental Psychology*, 17, 1981, 580-594.

워커는 높은 빈도의 성차를 보여주는 연구 결과들 대부분이 성인 가정주부들을 대상으로 한 경우들이었으며, 이처럼 교육과 직업을 통제하지 않은 상태에서 성인 남성과 성인 여성을 무작위로 비교한 홀스타인(Holstein 1976),[18] 쿤(Kuhn et al. 1977),[19] 한(Haan et al. 1976),[20] 패리크(Parikh 1980)[21]의 연구들에서는 남성에게 유리한 성차가 보고된다는 사실을 확인하였다.

마찬가지로 콜비와 콜버그가 제시한 새로운 표준 이슈 평정 방식[22]을 활용하여 중산층의 남편과 아내들을 비교한 두 연구[23]에서도 모두 남성에게 유리한 성차가 보고되었다. 그러나 교육이나 직업의 변인을 통계에 반영할 경우에 이와 같은 성차는 모두 없어지게 된다(PsMD, 348).

남성과 여성의 성차를 정확하게 측정하려면 교육과 직업의 차이로부터 오는 역할채택, 책임의식, 참여 등의 경험까지를 모두 반영해야 한다. 교육과 직업의 지위를 통제한 상태에서 수행하였던 워이

---

18) C. B. Holstein, Development of moral judgement: A longitudinal study of males and females. *Child Development 47*, 1976.

19) D. Kuhn, J. Langer, L. Kohlberg & N. Haan, "The development of formal operations in logical and moral judgement," *Genet. Psychol. Monogr. 95*, 1977.

20) N. Haan, J. Langer, L. Kohlberg, "Family Patterns of Moral Reasoning," *Child Development 47*, 1976, 1204-1206.

21) B. Parikh, "Moral judgement development and its relation to family environmental factors in indian and American families." *Child Dev. 51*, 1980.

22) A. Colby, L. Kohlberg, J. Gibbs, D. Candee, B. Speicher-Dubin, K. Kauffman, A. Hewer, C. Power, *The Measurement of moral judgement: A manual and its results*. New York: Cambridge University Press, 1983.

23) B. Speicher-Dubini, *Parent moral judgement, child moral judgement and family interaction: A correlational study*. Dissertation. Harvard University 1982.

S. Powers, *Family interaction and parental moral judgement as a context for adolescent moral development: A study of patient and non-patient adolescent*. Dissertation: Harvard University, 1982.

브러스(Weisbroth 1970)[24]의 연구에서는 대학 교육과 직업적 포부에서 남성과 여성의 수준이 동일한 대학원생들을 비교하였는 바, 그 결과 길리건이 말하는 성차는 발견되지 않았다. 또한 스내리(Snarey 1982)의 종단연구[25]도 성차와 교육 정도 모두를 고려하여 실시되었는데, 12~24세의 키부츠 남성과 여성을 종단적으로 연구한 결과, 어떤 의미 있는 평균 성차도 나타나지 않았다. 키부츠의 남성과 여성들은 고등교육을 받지 않았음에도 불구하고 단계 4, 4/5, 5 등으로 높게 평정되었는데, 콜버그는 키부츠의 평등주의적 구조가 남성과 여성 모두에게 민주적 운영에 참여하고 직무를 분담할 책임을 동등하게 부여했기 때문이라고 판단하였다. 스내리의 종단연구 결과는 콜버그의 인지발달론에서 정의 추론의 단계에 어떤 성차도 존재하지 않는다는 사실을 확인하게 한다(PsMD, 348).

결론적으로 워커는 정의 추론 단계에서 성차를 비교한 수많은 연구들이 성차가 없다고 보고하거나, 또는 성차를 보고하더라도 교육과 직업에 따른 역할채택 기회의 차이에서 기인한 것이라고 보았다(PsMD, 348).

3. 레스트의 DIT 검사

레스트는 그 자신이 개발하여 널리 보급한 도덕판단력 검사(DIT, The Defining Issues Test) 방식을 통하여 길리건의 성차 주장이 특별한 근거를 갖지 못한다는 사실을 입증하였다. 그는 성차 논쟁에 관

24) S. P. Weisbroth, "Moral Judgement, Sex and Parental Identification of Adults." *Developmental Psychology* 2, 1970, 396-402.

25) J. R. Snary, J. Reimer & L. Kohlberg, *The sociomoral development of kibbutz adolescents. A longitudinal cross-cultural study*. Dissertation, Havard University, 1982.

한 현황을 그의 저서 『도덕발달』에서 상세하게 보고하고 있다.[26]

길리건은 1977년의 저술에서 남성의 사회적 발달은 개인에 대한 인식의 성장에 집중하지만, 여성의 도덕성 발달은 개인들 사이의 유대를 중시한다는 인식을 중시하였다. 그녀는 이러한 전제로부터 남성과 여성의 현저하게 다른 사회적 관심과 경로가 서로 다른 두 개의 도덕성의 발달로 귀결되는데, 남성에게는 '정의 지향성'이 우세하고 여성에게는 '배려 지향성'이 지배적으로 타나난다고 주장하였다. 그녀는 도덕적인 성차 주장의 근거를 도덕성 측정의 방법론적 오류에서 찾고자 하였다. 콜버그의 도덕성 측정 방법론은 근본적으로 남성 중심적이고 그 틀로써 여성의 도덕성을 재단하고자 했다는 것이다. 그녀는 콜버그가 시도한 것처럼 도덕판단력 측정도구가 정의 중심으로 작동될 경우에 여성들에게 주도적으로 나타나는 배려윤리와 관련된 특성들이 간과됨으로써 잘못된 점수를 받을 수 있다고 주장한다. 콜버그의 정의 도구는 여성에게 이질적인 체계를 강요함으로써, 결과적으로 여성의 도덕판단력이 남성보다 열등한 것으로 측정한다는 것이다. 이처럼 길리건은 정의지향 채점체계의 남성편파성은 연구자인 콜버그 자신이 남성인데다가, 그의 종단연구의 피험자가 모두 남성일 뿐만 아니라, 사용된 가상 딜레마조차도 모두 남성주인공을 사용하였기 때문에 발생한 현상이라고 주장한다.[27]

레스트는 길리건이 새롭게 제시하고 있는 도덕성 발달 평가방식, 즉 남성과 여성 모두의 도덕성 발달을 객관적으로 평가할 수 있는 적합한 방법들이 전반적으로 콜버그의 정의지향 채점체계가 여성의 도덕성을 낮게 평가하고 여성의 발달을 남성의 것보다 열등하게 나

26) James R. Rest, *Moral development. Advances in Research and Theory*, New York 1986, pp. 111-118. 한국어판: 『도덕발달: 이론과 연구』, 학지사 2008, 148-155쪽 참조.

27) Rest, *Moral development,* 111; 『도덕발달』, 149.

타나도록 한다는 그녀의 인식에 기인한다는 사실에 주목하였다. 그 결과 길리건의 독자들은 콜버그식의 도덕판단력 연구, 즉 정의지향 접근이 인류의 절반인 여성에게 타당하지 않다는 선입견을 가질 수 밖에 없게 될 것이다. 그러나 레스트는 길리건의 1982년 저서에서 정의지향 채점 체계가 여성을 평가절하 한다는 대담한 주장을 하기 전에 성차와 관련된 도덕판단 연구문헌을 체계적으로 검토했어야 한다고 지적하였다. 그 당시까지 제시된 데이터들을 제대로 분석하고 체계적으로 검토했어야 했다는 것이다.[28]

레스트는 1985년에 워커(Walker)가 콜버그 검사의 다양한 버전들을 사용한 연구성과들을 검토한 후에, 콜버그의 채점 체계에서 남성이 여성보다 우수하다는 것은 근거 없는 미신이라고 밝힌 사실을 앞세우면서, 콜버그의 검사결과에서 성차는 나타나지 않았다고 주장하였다.[29] 레스트는 가장 최근의 채점체계를 사용한 콜버그의 근래 연구들과 그에 관한 연구들에서도[30] 역시 유의미한 성차가 나타나지 않았다고 주장하였다. 특히 토마는 DIT 방식으로 성차의 존재 사실을 확인하기 위한 연구에서 총 6,000명의 피험자를 대상으로 한 56개의 DIT 방식의 연구 결과들에 대한 메타분석을 실시하였으며, 여성이 남성보다 더 높은 DIT 점수를 얻는다는 사실을 밝혀내었다.[31] 이러한 연구성과들을 바탕으로 레스트는 "남성과 여성이 실제로는 서로 다른 사회적 경험을 한다고 할지라도, 정의 추론의 발달결과는 매우 비슷"하며, 따라서 성차에 따른 변량은 극히 작다고 주장하였다.[32] 레스트는, 최근 길리건이 자신의 본래 주장과 정면으로 반대

---

28) Rest, *Moral development,* 111-112; 『도덕발달』, 149.

29) Rest, *Moral development,* 112; 『도덕발달』, 150.

30) Snarey, Reimer, and Kohlberg 1985; Gibbs and Widamon 1982; Nisan and Kohlberg 1982; Thoma 1984. Rest, *Moral development,* 112; 『도덕발달』, 150.

31) Rest, *Moral development,* 112-113; 『도덕발달』, 151.

32) Rest, *Moral development,* 116; 『도덕발달』, 153.

되는 연구결과들을 직면하고서 성차 문제를 직접적으로 거론하기보다는, 배려지향이 남성과 여성 모두에게 존재하며, 그러한 배려지향은 가상 딜레마에서보다는 피험자 스스로 만들어낸 도덕 딜레마에서 보다 쉽게 발견된다고 주장한 사실에 주목하였다. 그러나 레스트는 워커를 비롯한 지금까지 수집한 증거들이 이와 같은 길리건의 주장을 지지하지 않는다고 지적하였다. 앞에서 살핀 것처럼 워커는 최근에 자연발생적인 도덕 딜레마와 가상 도덕 딜레마 모두에서 '정의' 지향과 '배려' 지향을 비교한 결과, 유의미한 차이를 발견하지 못했다고 보고한 바 있다(Walker 1985).

레스트는 길리건의 주장에 내재된 이론적, 방법론적 문제점을 지적한다. 그는 이미 콜버그가 지적한 것처럼 배려지향의 이론적 정의가 부족할 뿐만 아니라, 그것이 어떻게 정의지향과 다른지를 길리건이 충분하게 설명하지 못했다고 비판하였다. 길리건은 배려지향을 경우에 따라서 제1요소인 '도덕 민감성'(moral sensitivity)이나, 제2요소인 '도덕적으로 올바른 것에 대한 판단'(judging what is moraly right), 그리고 제3요소인 '개인의 가치 및 가장 헌신하는 것과 관련되어 나타나는 것'(a person's values and what a person is most invested in)으로 주장하기도 했으며, 또 어떤 경우에는 그것을 '성격의 전체적인 구성과 관련된 이론'(theory about the entire organization of personality)으로 기술하기도 하였다는 것이다. 레스트는 이처럼 길리건이 말하는 배려지향이 무엇인지를 분명하게 알기가 어렵다고 지적한다. 레스트는 길리건이 강조하는 것처럼 배려지향이 정의지향의 대안이나 이와 평행한 발달 경로라고 말할 경우에, 그것은 제2요소에 관련된 이론으로 보일 수 있다고 말한다.[33]

레스트에 의하면 그렇다면 우리는 길리건에 대하여 어떤 행동 경

33) Rest, *Moral development,* 116; 『도덕발달』, 154.

로가 도덕적으로 올바른가를 판단하는 개념적인 도구를 기술해 줄 것이라고 기대할 수 있지만, 그녀는 서로 상충하는 사회 상황에서 배려지향이 어떻게 정의지향과 다른 행동선택의 지침을 제공하는지를 보여주지 않고 있다고 비판한다. 레스트는 배려지향이 진실로 사람들을 위한 것이고 유대감을 강조하는 지향성이라는 주장만으로는 불충분하다고 말한다. 왜냐하면 레스트가 보기에 그러한 특성들 역시 정의지향의 특성들이고, 어떤 사회적 상황이 도덕적 딜레마를 내포하고 있다고 감지하면 누구나 우선적으로 고려하는 것들이기 때문이다.[34] 콜버그나 레스트의 경우에 정의 지향성 역시 의사 결정자가 다양한 이해 당사자들의 이해에 관심을 가지고 있다는 것을 전제하지만, 유대감만을 강조하는 것이 모든 사람들에게 이익을 줄 수 없다는 사실을 알기 때문이다.

레스트가 보기에 "제2요소의 핵심은 한 사람이 다른 사람들과 그들의 이익을 고려하는 상황에서 서로 상충하는 이해들 사이의 균형을 어떻게 맞추고 우선순위를 매기는가를 결정하는 데에 필요한 의사결정 도구를 기술하는 것이다."[35] 만일에 의사 결정자가 오직 한 사람 또는 하나의 이익만을 고려한다면 도덕 딜레마는 성립하지 않을 것이다. 이 자리에서 레스트는 길리건이 도덕적 갈등을 결정하는 논리를 제시하는 대신에, 정의 개념을 '남성우월주의'나 '배타주의'에 가까운 것으로 규정하는 한편, 그러한 남성우월주의에 대한 대안으로 배려 지향성을 제시하고 있다고 비판한다. 레스트는 남성우월주의와 배려지향성 사이에서 선택이 가능하다면 길리건이 제시한 배려 지향성이 긍정적으로 숙고될 수 있을 것이라고 본다. 그러나 레스트는 그럴 경우에 문제는 이때 '정의' 개념 자체가 잘못 해석되고 있다고 지적한다. 레스트가 보기에 길리건은 정의를 '개인주의'

34) Rest, *Moral development,* 117; 『도덕발달』, 154.
35) Rest, *Moral development,* 117; 『도덕발달』, 154-155.

로, 배려를 '개인들 간의 유대'로 연결시키고자 하였다. 그러나 콜버그가 말하는 '정의'의 중요한 문제는 "사람들 사이의 네크워크를 협동적으로 조정하고 상호 이익을 위한 호혜적 체계를 구축하는 것"이며, 따라서 여기에서 개인주의나 분리는 거의 발견할 수 없다고 지적하였다.[36] 길리건의 정의 개념 비판은 편파적이고 콜버그의 의도를 근본적으로 왜곡한 것이다.

이상에서와 같이 레스트는 길리건의 주장이 논쟁의 여지가 많은 경험적인 문제들에서 비롯된다고 보았다. 그녀가 비록 배려지향이 대안적이고 평행적인 도덕발달의 경로라고 이야기하지만, 레스트는 그녀의 주장을 지지할 만한 어떤 종단연구나 횡단연구도 없다고 비판한다.[37] 레스트는 길리건이 배려지향 발달단계의 채점체계 사본조차도 공개하지 않았다고 비난한다. 길리건이 비록 흥미로운 일화와 대담한 주장을 내놓기는 했지만, 그것들을 실질적으로 논증할 수 있는 실질적인 경험적 근거를 제공하지 못했으며, 더군다나 배려지향을 정의지향에 대한 대안적 발달경로로서 제시할 수 있는 기획연구는 그 첫 번째 단계에도 진입하지 못했다고 지적하였다.

4. 눈너-빈클러의 길리건 비판

콜버그는 두 가지의 구별된 도덕성 개념에 대한 의문을 제기한 눈너-빈클러(1984)의 논문 「두 개의 도덕성? 배려와 책임의 원리 대 권리와 정의의 윤리에 대한 비판적 논의」[38]를 주목하였다(PsMD,

---

36) Rest, *Moral development,* 117; 『도덕발달』, 154.

37) Rest, *Moral development,* 117; 『도덕발달』, 155.

38) G. Nunner-Winkler, "Two moralities? A critical discussion of an ethic of care and responsibility versus an ethic rights and justice." Kurtines and Gewirtz,

358). 그녀는 배려와 정의 사이에 접근 상의 차이가 있다면, 그것은 기본적인 윤리적 입장(ethical position)의 차이가 아니라, 두 가지 유형의 도덕적 의무(moral duty)에 대한 강조의 차이라고 규정하였다. 그녀는 칸트에 의거하여 '완전한 의무'(perfect duties)를 다른 사람의 권리를 방해하지 않는 '소극적 의무'로 이해하였다. 이것은 어떤 시간과 장소, 그리고 어떤 사람에 의해서나 또는 어떤 사람에 대해서도 준수될 수 있는 것이다. 그러나 '불완전한 의무'는 특별한 행위를 규정하지 않고, 배려의 실천처럼 행위를 인도하는 '준칙'(maxim)을 만드는 '적극적 의무'이다. 눈너-빈클러는 불완전한 의무인 준칙은 개인의 선호나 구체적인 시공간의 조건을 고려하는 동시에 실용적 규칙을 적용하는 행동 과정을 나타내지만, 어떤 훌륭한 행위를 얼마만큼 수행할 것인지를 명시하지는 않는다고 보았다. 그녀는 길리건의 배려 윤리가 바로 불완전한 의무의 전형이라고 보았다. 콜버그에 의하면 눈너-빈클러가 이해한 길리건의 주장은 다음과 같다.

(1) 여성은 남성보다 불완전한 의무를 완수할 책임감을 더 느낀다.
(2) 갈등 상황에서 남성은 완전한 의무의 완수를 선택하는데 비하여, 여성은 불완전한 의무의 완수를 더 많이 선택하는 것 같다(PsMD, 359).

눈너-빈클러는 여성이 남성에 비하여 불완전한 의무를 더 잘 선택할 것이라는 길리건의 두 번째 주장은 동의하기 어렵다고 말한다. 길리건은 정의 윤리에는 맥락적 특수성(contextual particularity)에 대한 고려를 결여하고 있다고 생각하였다. 그러나 길리건이 불완전한 의무 지향을 맥락적 특수성과 동일시한 것은, 눈너-빈클러가 말

Morality, moral behavior, and moral development: Basic issues in theory and research. New York 1983.

한 것처럼, 어느 누구에게도 공유될 수 없는 칸트의 도덕적 입장의 매우 특수한 입장, 즉 완전한 의무는 어떤 예외도 허용하지 않는다는 점에 대해서만 유효하다. 눈너-빈클러는 길리건의 이러한 주장을 콜버그가 지지하지 않았다고 확인하였다. 계속해서 그녀는 설사 콜버그의 권리 구성에 비판의 소지가 있다 하더라도 길리건이 주장하는 것처럼 맥락적 지향을 도덕성과 대조되는 것으로 간주할 수 없다고 비판하였다. 맥락적 지향은 배려 지향뿐만 아니라 정의 지향에도 해당되는 모든 실제적 도덕판단의 전제조건이기 때문이다(PsMD, 359). 눈너-빈클러는 여성은 불완전한 의무의 완수에, 그리고 남성은 완전한 의무의 완수에 더 큰 의무감을 느낀다는 길리건의 이론을 검증하기 위하여 청소년을 대상으로 한 실증적 연구를 시도했으나, 두 지향 사이에서의 성차를 발견하지 못하였다. 치명적인 병으로 고통 받고 있는 여성 환자의 생명을 유지시키는 완전한 의무(정의)와 환자를 고통에서 해방하려는 불완전한 의무(배려) 중에서, 남성들보다 여성들이 후자를 더 많이 찬성하지 않았던 것이다(PsMD, 360).

눈너-빈클러는 길리건이 제시한 6세의 소년 소녀가 놀이를 하면서 각자의 선택 앞에서 내적 갈등을 일으키는 사례가 '도덕적인 문제'라기보다는 "보다 좋은 삶을 지향하는 특정한 자아의 관심 표명"이라고 해석하였다. 콜버그는 길리건의 윤리적 배려를 눈너-빈클러가 "엄격하게 타자를 더 생각하고 보편화 가능한 의미를 가진 도덕성"과 관련시키지 않고 '선한 삶이라는 이상' 또는 '자아 관심'과 관련시킨 점에 대하여 전적으로 동의하였다. 콜버그는 '정의'와 '배려'라는 서로 다른 '견고한' 도덕단계 계열들의 발견 가능성을 회의적으로 보았던 것이다(PsMD, 360f).

5. '길리건과 머피' 대 '콜비와 콜버그'

머피와 길리건은 공동으로 발표한 두 논문[39]에서 콜버그의 도덕발달론을 두 가지로 비판하였다. 첫째, 초기 성인기에서 콜버그의 '고전적' 딜레마를 중심으로 한 규정적 정의 추론에서 퇴행이 일어난다는 것이다. 둘째, 고전적 딜레마에서는 퇴행이 일어나지만, 실생활 딜레마에서는 인식론적, 메타윤리적 발달을 측정한 페리(Perry)[40]의 척도에서와 같은 발달적 진보가 계속된다는 것이다. 콜버그는 이들이 제기한 두 가설에 대한 비판을 시도하였다(PsMD, 361).

콜버그는 길리건이 '책임 지향'(responsibility orientation)을 내세워 자신이 제시한 정의 지향보다 더 맥락 관련적(context-relevant)으로 생각하는 것 같다고 지적한다. 길리건은 책임 지향에서 관습 이후 수준의 추론은 '추상적 원리'가 아닌 사실적인 도덕 상황과 그 심리적 함의에 대하여 맥락적으로 상대적인 지각을 하는 데서 근거한다고 믿었다. 콜버그가 제시한 단계 5와 단계 6에서의 정의는 원리적인 도덕성으로서 이론적이고 추상적인 도덕 지각인데, 길리건은 보다 성숙한 성인기에 이르면 보다 더 맥락 관련적 형태로 수정되거나 발달한다고 믿었던 것이다. 그러나 콜버그에 의하면 이러한 상대주의는 성인들이 일반화된 도덕원리와 실생활 상황의 사실적인 복잡성 및 애매성 사이의 갈등에서 모순에 직면하는 현실적 경험에서 비롯된다.

---

39) J. M. Murphy & C. Gilligan, "Moral Development in Late Adolescence and Adulthood: A Critique and Reconstruction of Kohlberg's Theory." *Human Development 23*, 1980, 77-104; C. Gilligan & J. M. Murphy, *Development from Adolescence to Adulthood: The Philosopher and the Dilemma of the Fact.* D. Kuhn, *Intellectual development beyond childhood.* San Francisco 1979.

40) W. G. Jr. Perry, *Forms of Intellectual and Ethical Development in the College Years.* Holt, Rinehart & Winston, New York 1970.

길리건과 머피는 대학생들의 지적, 윤리적 발달에 관한 페리의 연구성과를 바탕으로 후기 청소년기의 발달현상으로부터 맥락적 상대주의(contextual relativism)라는 하나의 도덕적 방법론을 제안한다(PsMD, 362). 이들이 제기한 두 가지 경험적이고 계량적인 주장을 구체적으로 살펴보면 다음과 같다. 첫째, 대학생의 종단 자료 조사결과 페리의 척도에서는 상대주의적 맥락의 책임 지향적 발달의 진보가 계속된다는 것이다. 둘째, 콜버그의 척도에서는 원리화된 도덕추론(단계 5)으로부터 과도적인 도덕 추론(단계 4/5)으로의 퇴행이 발견된다는 것이다. 이들은 이러한 퇴행이 페리의 척도에서만 관찰되는 발달 결과라고 보았다. 길리건과 머피는 이러한 계량적 결과가 보편적인 도덕원리의 타당성은 물론이고 그 원리들을 구체적인 도덕적 딜레마 맥락에 적용하는 타당성까지 의심하게 하는, 보다 성숙한 자각의 발달을 나타낸다고 해석했던 것이다. 길리건과 머피(1979)는 페리의 발달 연구를 다음과 같이 설명하고 있다.

> 윤리적 지향에서 그와 같은 다양성의 경험적 증거는 콜버그처럼 대학생들의 지적, 윤리적 발달을 추적했던 페리의 연구로부터 나온다. 그러나 콜버그가 추론의 순서와 도덕적 이상의 개념을 말한 반면에, 페리는 경험의 무질서, 즉 삶 그 자체가 불공정하다는 현실을 말한다. 사고가 어떻게 지식과 선택 양자의 한계를 드러내는 경험을 설명하는가의 문제가 바로 페리가 천착하고 있는 문제이다. 그렇게 함으로써 페리는 모든 지식을 맥락적으로 관련된 것으로 보는 지각에 이르는 사고의 혁명을 기술한다. 그것은 비록 "이성이 그 극단에 도달하더라도 사고를 하는 사람에게 몇 가지 정당한 맥락들을 남기지만, 그 맥락들 가운데서 선택하는 방식, 적어도 그가 이성만으로 정당화할 수 있는 방식은 남겨 놓지 않을 것이라는 발견으로부터 오는 '지향에서의 전적으로 급진적인 전환'을 뜻한다. 그가 만일 이성을 완전히

버린다면, 그는 무책임한 다양성 속으로 물러나게 된다. ('누구든지 자신의 의견에 대한 권리를 가가진다.') 그가 만일 여전히 이성을 숭배한다면, 이제 그는 이성을 넘어서야 한다." 왜냐하면 "인식론적 문제와 도덕적 문제의 궁극적인 접합 점"은 앎의 행위(act of knowing)를 각자가 개인적 책임을 지는 실행(act of commitment)으로 만들기 때문이다. 페리는 친숙한 논리적 정당화의 근거 위에서 새로운 모습으로 처음 등장하는 책임의 주제를 후기 청소년 발달의 드라마의 중심에 두었다. 그러나 책임의 이해는 맥락적 사고방식을 요구하므로, 책임에 대한 관심은 페리가 말한 '책임의 시대'를 가능하게 하는, 이른바 윤리적 지향에서의 근본적 전환을 의미한다. 이러한 전환에 따라서 판단은 "언제나 관찰하기 위하여 뒤로 물러서는 맥락의 본성에 의하여 제약되고, 그리하여 도덕적 문제의 해석은 그 문제를 판단하고 해결하는 방식을 결정하게 된다. 그러므로 일단 절대적인 것으로 보인 원리는 맥락적 해석을 통하여 다시 검토하게 된다. 그 결과, 이전에 철학적 관점에서 정당화의 문제로 간주한 도덕적 문제들은 이제 심리학적 관점에서 실행과 선택의 문제가 된다(PsMD, 362f에서 재인용).

콜버그는 머피와 길리건이 하버드 대학생들에 대한 종단표집 면담을 기초로 제시한 연구 결과에 대하여 우선적인 관심을 표명하였다(PsMD, 363). 콜버그는 이들이 종단 자료에서 발견했다는 퇴행은 "측정 오차를 고려하지 않은 잘못된 결과"라고 일축하였다. 콜비와 콜버그의 연구(1983)[41]에서는 한 달 간격의 검사-재검사에서 퇴행 점수를 종단적 자료에서 퇴행이라고 단정할 수 있는 오차의 최저 한계로 사용하였다. '3년 간격의 재검사'에서 "평균적으로 4%의 종단 피험자들에게서 한 단계 정도의 퇴행 현상"이 나타났는데, "1개

41) A. Colby, L. Kohlberg, J. Gibbs, and M. Lieberman, "A longitudinal study of moral judgement." *Monograph of the society for research in child development 48*, no. 4, 1983.

월 후의 재검사에서는 17%"로 나타났다. 따라서 콜비와 콜버그는 "종단 피험자들에게서 결정적인 퇴행 자료는 없는 것"으로 결론을 내렸다. 머피와 길리건의 자료에서는 26개 중 4개의 사례(15%)에서만 퇴행이 나타났는데, 그 중에서 세 가지 사례는 반 단계의 퇴행이고, 한 가지 사례만이 한 단계 퇴행이었다. 이것은 콜비와 콜버그의 연구에서 행한 검사-재검사 자료에서 나타난 퇴행 범위 안에 있으므로 진정한 퇴행 여부가 확인되지 않았다고 볼 수 있다.

콜버그는 머피와 길리건이 보고한 퇴행 현상이 오차 범위 안에 있는 것이라는 반박 이외에도, 그들의 연구에 참여한 학생들 모두가 길리건과 콜버그 및 그들의 동료가 가르친 윤리적, 정치적 선택에 대한 강의를 들었던 사실을 지적하였다(PsMD, 364). 이 강의는 고전적인 도덕철학자들에 대한 연구, 현실 및 가상에서의 도덕적 딜레마에 대한 토론 등을 통하여 학생들에게 도덕성 발달과 원리적인 도덕 지향을 형성하게 하는 목표를 가지고 있었다. 이 수업에서는 도덕 추론에 대한 두 가지 평가가 실시되었다. 콜버그에 의하면 머피와 길리건은 이 자료를 보고하지 않았으나, 두 차례의 조사에서 1/4단계의 상향 이동이 관찰되었다. 이러한 상승 크기는 다른 실험연구의 결과와 같은 것이었다. 블라트와 콜버그(Blatt & Kohlberg, 1975)[42]를 비롯한 몇 개 연구의 추수검사에서도 수시적인 퇴행이 나타난다고 보고했으나, 그것은 단지 피상적으로 상위단계의 추론에 동조했던 피험자 또는 사전검사 때의 수준보다 한 단계 이상 상승되었던 피험자들에게서 나타나는 현상이었다. 그러므로 콜버그는 머피와 길리건이 지적한 사실은 이미 획득한 자연적 추론단계를 나중에 거부하는 것이 아니라 일부 교훈적인 내용을 나중에 회의하는 것이라고 해석하였다.

---

42) M. Blatt, & L. Kohlberg, "The effects of classroom moral discussion upon children's level of moral judgement." *Journal of Moral Education*, 4, 1975, 129-161.

그러나 콜버그는 길리건과 머피가 그들의 표본 연구에서 콜버그의 척도로는 명백한 퇴행을 나타내지만 성인기의 윤리적 추론을 측정한 페리의 척도로는 계속적인 발달을 나타낸다고 주장한 사실과 관련하여, 후기 청소년기와 성인기 도덕성에서 '절대적인' 해석의 타당성에 대한 도덕 인식론적, 메타윤리적 반성에서 발달이 있다는 그들의 주장에 동의하였다(PsMD, 364). 콜버그는 그러한 발달이 원리화된 정의 추론 단계를 획득한 이후에 일어날 수 있다고 믿었다. 그러나 콜버그는 그러한 발달이 정의 추론에서 퇴행을 유도하거나, 실생활의 도덕 딜레마에 적용할 때 정의 원리의 회의나 포기를 유도한다는 그들의 해석에는 동의하지 않았다.

콜버그에 의하면 도덕판단은 절대적인 선험적 명제들을 도덕적 갈등상태에 적용하는 것이 아니라 인간의 구성물에 해당한다는 것이다(PsMD, 365). 고정적이고 절대적인 도덕규칙들(moral rules)과는 달리, 도덕원리들(moral principles)은 복잡한 도덕적 상황들을 보고서 그것에 대한 반응을 구성하는 방법이나 방식들로 그 성격이 규정된다. 콜버그는 도덕원리들의 본질, 근거, 타당성에 대한 자신의 입장을 '구성주의적' 관점으로 규정하고, 이것은 심리학적 조사연구와 도덕 인식론적 성찰에 근거한 메타윤리적 관점이라고 해명하였다. 콜버그는 자신의 의도가 정의 단계의 기술을 통하여 파악한 도덕원리를 '규범적'으로 진술하는데 있는 것이 아니라, 페리(1970)[43]나 브라우턴(1982a, 1982b)[44]처럼 '인식론적, 메타윤리적 발달의

43) W. G., Jr. Perry, *Forms of Intellectual and Ethical Development in the College Years*. New York: Holt, Rinehart & Winston, 1968.

44) J. M. Broughton, "The Development of the Child's Epistemology in Metaphysics through Adolescence and Youth." In J. M. Broughton, D. J. Freeman-Moir, eds., *The Cognitive-Developmental Psychology of James Mark Baldwin*. Norwood, N. J.: Ablex, 1982a. J. M. Broughton, "Genetic Logic and the Developmental Psychology of Philosophical Concepts." In J. M. Broughton and D. J. Freeman-Moir, eds., *The*

도식들'에 의하여 성격을 규정하는데 있다고 주장하였다. 따라서 자신의 구성주의적 입장은 원리화된 정의 추론의 단계(단계 5)에 도달하는 것을 넘어서서 그 이상을 함축하는 성인기의 발달을 상정한 페리의 견해와 일치한다고 주장하였다.

또한 콜버그는 길리건과 머피가 페리의 척도에서는 발달을 나타내지만 자신의 척도에서는 원리화된 도덕추론(단계 5)의 포기를 나타내는 것으로 제시한 하나의 사례를 검토하였다(PsMD, 365). 콜버그는 이 사례가 '맥락적 상대주의'에서의 계속적인 발달이 단계 5 도덕원리의 포기로 이어지는 것이 아니라, 오히려 그 원리를 더 맥락적으로 체계화하도록 이끈다는 사실을 보여준다고 보았다. 그는 도덕적 갈등을 해결하는 도덕원리적인 틀과 맥락적 상대주의적인 틀 사이에는 길리건과 머피가 의도하는 것과 같은 모순이 없다고 주장한다. 이를 논증하기 위하여 콜버그는 길리건과 머피가 '철학자 2'의 '사실의 딜레마'라고 보고한 사례를 검토한다. 길리건과 머피는 '철학자 2'가 이 딜레마에 자신의 경험을 결부시킨 사실을 이미 획득된 단계 5 정의 원리가 상대주의에 의하여 잠식된 것을 나타낸다고 해석하였다. 그와 반대로 콜버그는 그 사실은 자신이 견지하는 도덕원리들의 올바른 적용을 더 맥락적으로 추구한 것이라고 보았다.

철학자 2('고전적인' 가상 딜레마에서 단계 5로 평정된 반응자)가 직면한 딜레마는 자신과 정을 통한 부인의 남편에게 그 사실을 알려야 하는가의 내용이었다(PsMD, 365). 그녀의 남편이 모르고 있다는 사실은 '철학자 2'에게 남편도 알도록 해야 하는 것이 도덕적 의무가 아닌가라는 문제를 제기한다. 그는 이렇게 말했다. "만일 내가 어떤 종류의 계속되는 정당하지 못한 상황을 목격한다면, 나는 그것을 어떤 방식으로든 바로잡아야 할 의무가 있다. […] 그 남편은 반

Cognitive-Developmental Psychology of James Mark Baldwin. Norwood, N. J.: Ablex, 1982b.

드시 알아야 한다. 그렇지 않으면 그는 그 상황에서 자신의 최선의 이익이 무엇인지를 판단하는데 필요한 정보를 얻지 못하게 되기 때문이다. […] 나 역시도 완전한 진실을 알고자 할 것이다. 나는 진실이 하나의 절대적인 것이라고 생각한다."(PsMD, 366)

콜버그는 '철학자 2'가 정의 및 권리의 관점에서, 그리고 그 상황에서 타인의 입장에 대한 역할채택의 관점에서 그 딜레마를 대하고 있다는 길리건과 머피의 해석에 동의한다. 그들은 "진실은 절대적인 것이다."라는 그의 생각을 단계 5 또는 단계 6이라고 해석한다. 그런데 그 딜레마에 대한 자신의 생각을 나중에 돌아보면서 그는 이렇게 말한다. "항상 나는 진실이 절대적이지 않은 상황을 알고 있었다. 만일 어떤 사람이 손에 권총을 들고 내게 다가온다면 […] 나는 결코 진실이 절대적인 것이라고 생각하지 않을 것이다." 이와 같이 그는 분명히는 아니지만, 진실을 말하는 것이 기본적이고 자명한 규칙이기는 하지만 결정적인 최후의 도덕원리는 아님을 알고 있었다. 정의의 원리이든지 최대복지 선택의 원리이든지 간에, 단계 5의 원리는 다른 기본적 가치, 즉 생명의 가치가 위협받는 상황에서는 진실을 말하지 말라고 지시할 것이다.

남편에 대한 정의를 고려하여 사실대로 알려야 한다는 '철학자 2'의 판단은, 그가 그의 연인의 입장과 요구와 주장을 고려함으로써 상당히 복잡하게 된다. 그녀는 다른 압력에 압도되어, 그 때 남편이 그 일을 알면 받게 될 스트레스를 견디지 못할 것 같아서 나중에 좀 조용한 시기에 알리겠다고 말했다. 그러는 사이 그 남편은 그 일을 알게 되었다. '철학자 2'는 다음과 같이 말했다. "그래서 나의 딜레마는, 내가 그에게 전화를 걸어 그 상황이 어떻게 된 것인지를 알려줘야 하는지의 여부였다. 그런데 나는 알리지 않았다. 그 사실은 나의 도덕체계에 엄청난 영향을 주었다. 정말 그랬다. 누구를 통해서건 그는 반드시 알아야 한다고 내가 느꼈던 그 딜레마를 내가 해결할 수 없었다는 사실은 나의 신념과 그것의 정당성을 흔들어 놓았다. 나는 진리가 어디에서 오는가의 문제보다 더 높은 수준의 문제가 관련되어 있다고 느꼈다. 무슨 일이든 다른 사람들이 지금 어떤 일이 일어나고 있는지 완전히 알아야 한다는 생각은 올바르다. 그러나 나는 그에게 말하지 않았다." 콜버그의 관점에서 보면 '철학자 2'는 사실의 딜레마에 직면하여, 딜레마의 사실적 정의(定義)가 지닌 내재적 애매성, 즉 한 딜레마에 포함되어 있는 여러 사실들에 대한 해석은 의견 일치를 보기가 어렵다는 점을 크게 깨닫게 되었다. 그는 말한다. "진실에는 어느 정도 상대적 의미가 있는지, 아니면 언제나 상대적인지, 그것이 내가 풀어야 할 문제이다."

콜버그는 사실의 해석에 대하여 이렇게 상대주의 견해가 점증하는 것은 본질적으로 정의 또는 인간 복지의 원리와 같은 도덕원리들의 보편성이나 타당성에 관한 의문이 아니라, 그 원리들을 구체적 상황에 적용하고자 할 때 명료성과 의견 일치를 얻으려는 도중에 부딪치는 어려움에 대한 인식을 뜻한다고 보았다(PsMD, 367). 이러한 경험으로 인하여 '철학자 2'는 진실 공개의 절대적 가치를 의심하게 되어, 그가 스스로의 힘으로는 정의(定義)할 수 없다고 느끼는 원리인 정의의 원리를 좀 더 맥락적으로 적용하고자 하였다. 그는 다음과 같이 말한다. "심리적 현실, 감정, 정서를 다루는 대인관계 상황에서 나는 진실이 대부분의 상황에서 승리해야 한다고 느껴 왔었다. 그런데 그 일을 겪은 이후 나는 진실에 대해 더 상대적으로 대하게 되었다. 당신도 알고 있듯이, 지금까지 나는 그런 일이 내일 생긴다 해도 그것을 만족스럽게 해결할 수 있는 원리를 찾아 내지 못했다. 만일 내가 그 남편이라면 틀림없이 진실을 알고 싶었겠지만, 반면 내가 그 아내였다면 그렇게 하는 것이 과연 올바른 일이라고 생각하겠는가? 위험에 빠져 있는 가정의 평화에 대한 그녀의 권리와, 진실을 알 남편의 권리 중 어느 것이 더 중요한가? 이것은 하나의 좋은 도덕적 딜레마일 것이다. 당신도 한번 생각해 보라."

콜버그는 '철학자 2'가 진실에 대한 남편의 권리와 가정의 평화에 대한 아내의 권리 사이의 갈등 상황을 해결하는 정의의 원리를 형성하려고 노력하고 있다고 해석하였다. 그렇게 함에 있어서, 그는 콜버그가 말하는 이상적 역할채택(ideal role-taking)의 과정이나 또는 '도덕적 음악 의자에 앉기'(moral musical chairs) 놀이, 즉 단계 6의 도덕판단이라는 콜버그의 가설적 개념의 핵심을 이루는 과정(제1권 5장, "가역성으로서의 정의" 참조)에 참여하고자 시도한다. 그러나 그는 그 상황을 모든 관점에서 보기 때문에, 도덕적으로 타당하고 가역적인 원리를 발견할 수 없다고 말한다. 만일, 그가 우리가 말한 이상적 역할채택의 과정을 따라서, 진실의 공개가 아내의 복지에 큰 위해가 된다는 사실적 진실을 이해하고, 그 다음 상상력을 발휘하여 그때에도 과연 진실에 대한 자신의 주장이 더 타당할 것인지를 물어본다면, 아마도 그는 그 진실이 보류되었을 때 정의가 더 잘 실현된다는 결론을 내릴 수 있게 될 것이다. 왜냐하면 남편이 아내의 입장이 되어본다면, 그는 가정의 평화에 대한 그녀의 권리를 알게 될 것이기 때문이다. 달리 말하면, 그 경우 '철학자 2'는 진실공개보다는 가정유지의 선택이 그 역보다 더 가역적인 결정이라는 사실을 깨닫게 된다는 것이다. 이런 의미에서 그것은, 진실은 절대적인 것이 아니어서, 만약 "어떤 사람이 손에 총을 들고 앞에 섰을 때" 진실보다는 생명을 선택하는 것이 더 정당한 해결방법이라는 그의 초기 인식과 다르지 않다(PsMD, 367f). 그 갈등으로 인해 '철학자 2'가 상대주의 견해를 더 많이 갖게 된 것은, 그가 대인관계 영역에서 도덕적 결정을 하는 일이 복잡하다는 것을 점점 더 인식하게 되었음을 말해주는 것이다(PsMD, 368). 그의 상대주의는 부분적으로, 한 사람의 즉각적이고 장기적인 감정에 대한 '사실들'을 정의하는 심리학적 복잡성에 있어서의 상대주의이다. 그러나 그것은 또한 대인관계 영역에서 정의의 원리나 사람마다 다른 입장들이 존중을 정의할 때의 애매함을 점점 인식한 결과이다. 결론적으로 콜버그는 '철학자 2'가 자신의 정의 원리를 세련화하고 분화시키려고 노력하고 있었던 것이라고 보았다. 즉 그는 회의적이고 허무한 상대주의에 빠져서, 또는 도덕적 결정에서 정의의 원리가 아닌 또 다른 지향을 찬성하여 도덕원리를 포기했다기보다는 오히려 그것들을 더 복잡한 상황들에 적용하려고 한 것이다.

길리건과 머피는 '철학자 2'의 반응을 어떻게 해석하는가? 그들은 콜버그의 단계 5의 정의 원리 지향이 규칙에 근거하여 도덕원리를 엄격히 적용하는 것을 함의한다고 가정하며, 또한 그러한 원리는 불변의 절대적인 규정적 선택을 의미한다고 가정한다. 사실 콜버그는 원리라는 용어를, 갈등 상황에 있는 여러 사람들의 주장을 지각하고 그에 반응하도록 이끄는 인간의 구성물을 의미하는 것으로 사용하였다. 콜버그에게 길리건과 머피는 '철학자 2'가 단계 5의 절대적 도덕 지향으로부터 "상대주의에 의하여 잠식당한 도덕성"으로 변화했다고 믿는 것처럼 보였다. 그들은 다음과 같이 말한다. "따라서 '해야 할 올바른 일'에 관한 절대적 지식에 대한 그의 이전의 주장을 잠식하기 시작한 상대주의는, 다른 관점의 가능한 적법성을 그가 처음으로 인식한 데서 비롯되는 것이다." 그들과는 대조적으로, 콜버그는 비록 '철학자 2'가 맥락적 상대주의를 점점 더 지니게 된 점을 인정은 하지만, 그러한 사실과 원리적 도덕 추론의 사용 사이에는 아무런 모순점도 없다고 보았다.

위의 사례에서 길리건과 머피는 그것이 정의지향으로부터 더 맥락적으로 상대적인 책임과 배려 지향으로 변화해 가는 성인기의 발달을 나타내고 있다고 해석하였다. 길리건은 이러한 도덕 지향성을 부분적으로 성차의 관점에서, 여성이 선호하는 배려 지향으로 정의하였다. '철학자 2'의 맥락에서, 길리건과 머피는 그의 반응이 남성들이 정의 지향과 갈등하는 책임과 배려 지향을 점점 더 인식해 가는 발달현상을 나타내는 것이라고 말한다. “정의 지향은 생명의 선택에 대한 책임성과 의무를 제대로 설명하지 못하기 때문에, 그 문제는 도덕의 영역에 무엇이 포함되어야 하는가를 묻는 질문이 된다”(PsMD, 368f). 길리건과 머피에 따르면, ‘철학자 2’의 경우 선택의 실제 결과에 대한 책임성으로서의 도덕성이, 콜버그의 단계 4와 단계 5의 혼합으로 채점될 상호모순적인 규범적 진술들이 한데 섞인 판단을 초래한다면서, 원리들의 추상화까지 논의에 포함시키게 된다는 것이다(PsMD, 369). 그리하여 길리건과 머피는 다음과 같이 말하였다.

> ‘철학자 2’에게서 드러난 퇴행은 하나의 새롭고 더 광범위한 관점의 결과라는 우리의 해석은 그가 27세 때, 자신이 5년 전에 보고한 딜레마에 대해 다시 반응한 결과를 통해 지지된다. ‘누가 진술을 하고 누가 그렇지 않은가?’에 관한 도덕적 논의는 이제 ‘상당히 다른 관점으로’ 그에게 다가서는바, 그 관점은 ‘정의 접근’에 적법하지만, 부수적으로는 부정(不貞)의 원인과 결과들이라는 ‘좀 더 근본적인 이슈’에도 적법한 것이다. 27세 때의 논의의 초점을 ‘그 상황이 왜 일어났고, 그 상황에서 생명 선택의 문제가 왜 제기되었는가?’에 두면서, 그는 이러한 논점에 대한 이전의 몰이해가 ‘정의 접근’에 기인한 ‘믿기지 않을 정도의 미성숙’ 때문이었음을 밝히고 있다.”(PsMD, 369)

콜버그는 여기에서 여러 사회적 관계들에 대한 생활 경험이 ‘철학자 2’에게 대인적인 관계맺음이라는, 그리고 개인 상호간의 선택을 가능케 하는 개인적 가치들이라는 사실적 실재에 대해 더 복합적인 지각을 있게 했다는 길리건과 머피의 견해에 동의하였다. 그러나 콜버그는 그것이 과연 정의지향으로부터 반응 지향으로 이어지는, 도덕적 지향성에서의 하나의 질적인 변화인가 하는 점에서는 의문을 제기하였다. 콜버그는 정의원리로써 완전히 풀리지 않는 개인 간의 책임이나 선택에서의 딜레마와 갈등이 있을 수 있다고 말한 바 있지만, '철학자 2'의 경우가 그런 예에 해당하는지는 확실하지 않다고 말한다. 그러나 길리건과 머피는 그의 27세 때의 인터뷰 결과를 참조하면서, "그의 변화는 도덕적 정당화 체계의 절대적인 논리와 특정 선택의 가능한 결과에 대한 맥락적 평가가 결합된 것이다."라고 단정적으로 말한다. 콜버그는 '절대적'이라는 말을 뺀다면 이러한 길리건의 언급이 '철학자 2'의 발달을 제대로 기술하고 있다고 동의할 것이지만, 그러나 '절대적'이란 말이 없다면 그들의 언급은, 그것이 '최대다수의 최대행복'이라는 공리주의적 정의 원리이든 '인격과 이상적인 역할채택에 대한 존중'을 나타내는 칸트적 정의원리이든, 정의라는 도덕원리의 과제를 나타내는 말이 될 것이라고 보았다.

길리건과 머피가 보기에 '철학자 2'의 27세 때의 판단은 정의와 동정심이라는 두 가지 서로 다른 맥락에서 일어난다. 정의 맥락에서 그는 공정성과 상호성이라는 보편적 논리를 뜻하고 있으며, 동정심의 맥락에서는 실제 참여자에게 가능한 여러 결과들의 특수성에 초점을 두고 있다. 콜버그는 이러한 관심 모두를 단계위계를 통해 도덕단계를 정의(定義)하는 가상적인 정의의 딜레마 속에 포함시킨다(PsMD, 370). 그 딜레마가 자신의 죄를 뉘우치는 탈옥수에 관한 것이든 집안 걱정 때문에 부대를 이탈한 공수부대 단장의 것이든, 우리의 정의단계들은 공정성 또는 상호성, 결과에 대한 동정적 관심 모두가 한데 어우러진 선택을 규정하려고 시도한다. 우리는 도덕단계의 발달이 둘이 아닌 하나의 도덕성의 발달이라고 믿는다. 왜냐하면 도덕적 상황과 선택은 항상 정의와 동정심의 문제를 모두 내포하고 있기 때문이다.

길리건과 머피의 두 논문의 책임과 배려에 초점을 둔 도덕판단의 기술에 깊이를 더해 준 것은 사실이지만, 콜버그는 그것이 '철학자 2'와 같은 성인에게 나타나는 또 다른 도덕성을 밝혀냈다고는 생각하지 않았다(PsMD, 370). 여러 가지 복합적인 도덕 딜레마들의 해결을 위해서는 정의 이상의 것이 요구될지도 모르지만, 콜버그는 그래도 정의는 그러한 갈등을 도덕적으로 적절하게 풀려는 어떠한 해결방식에도 필수적인 요소라고 믿는다. 장차 길리건과 머피의 또 다른 연구가 콜버그의 이 보편적인 결론을 수정할지도 모르지만, 콜버그는 그들의 연구가 도덕적 추론의 경성단계의 발달을 수정하기보다는, 무엇보다도 청소년기와 성인기가 거쳐 가는 반성적이고 메타윤리적인 연성의 단계수준을 밝히게 될 것으로 기대한다.

길리건과 머피의 연구는 '견고한' 도덕 추론 구조의 발달을 달리 보여주기보다는, 청년발달과 성인발달의 반성적 및 초윤리적 '온화한' 단계 수준을 밝히는데 그치고 있다. 그러나 콜버그는 길리건의 주장이 의미를 갖기 위해서는 배려 지향에도 견고한 단계가 있는가를 보여주어야 하며, 이것은 동시에 길리건과 그의 동료들에게 남겨진 숙제라고 단정하였다. 콜비와 콜버그(1983)[45]가 정의추리에 대한 종단자료를 통하여 진보적 운동, 불변계열, 구조적 전체, 행위와 사고의 관계 등이 배려 지향에서도 실증되어야 한다고 주장한 것이다.

콜버그는 '정의' 개념을 바탕으로 하는 도덕발달의 단계들이 배려, 반응, 책임 등의 다른 개념들까지 모두 포괄할 수 있다고 보았다. 실제로 콜버그와 그 동료들의 조사연구에서는 길리건과 그 동료들이 주장하는 것과 같은 성차가 나타나지 않았다. 길리건의 주장은 남성과 여성의 교육 및 직업 전문성을 고려하지 않은 데서 나타나는 부수적인 영향인 것으로 확인되었다.

---

45) A. Colby, L. Kohlberg, J. Gibbs, and M. Lieberman, "A longitudinal study of moral judgement." *Monograph of the society for research in child development 48*, no. 4, 1983.

6. 비판의 성과

앞에서 살펴본 것처럼 길리건의 핵심 테제에 콜버그학파의 검증은 다양한 방식으로 시도되었다. 1982년 워커(Walker)[46]의 종합적인 조사연구 결과에 대한 분석에서 길리건의 성차 주장은 잘못된 것으로 드러났다. 워커는 콜버그의 도덕판단 면담을 사용한 54편의 연구 성과와 레스트(Rest 1979)[47]의 도덕판단력 검사(DIT, Defining Issues Test)를 사용한 24편의 연구 성과를 종합 분석한 바 있다(PsMD, 345). 그에 앞서 워이브러스(Weisbroth, 1970)[48]는 교육과 직업의 지위를 통제하여 대학 교육과 직업적 포부에서 남성과 여성의 수준이 동일한 대학원생들을 조사했으나 길리건이 말하는 성차는 발견되지 않았다. 한(Hann)과 그 동료들의 연구(1976)[49]는 21~30세의 표집과, 47~50세(젊은이들의 부모 집단)의 표집 모두에서 남성들이 높은 점수를 보이는 것을 발견하였다. 이 연구에서 나이 든 부인들 대부분은 가정주부였다.[50] 성차가 나타난 나머지 두 연구에서도 성차와 직업의 차이가 혼재되어 있었다. 홀스타인(1976)[51]은 1차 검사에서 남성이 우월한 차이(409 대 366)를 발견했으나 재검사에서

---

46) L. J. Walker, *Sex differences in the development of moral reasoning. A critical review of the literature*. Montreal, 1982.

47) J. Rest, *Development in judging moral issues*. Minneapolis: University of Minneapolis Press, 1979.

48) S.P. Weisbroth, "Moral Judgement, Sex and Parental Identification of Adults." *Developmental Psychology* 2, 1970, 396-402.

49) N. Haan, J. Langer & L. Kohlberg: "Family patterns of moral reasoning." *Child Dev.*, 47, 1976, 1204-1206.

50) N. Haan, *Coping and Defending: Processes of Self-Environment Organization*. Academic Press, New York 1977. PsMD, 347.

51) C. B. Holstein, "Development of moral judgement: A longitudinal study of males and females." *Child Dev.*, 47, 1976, 51-61.

는 아무런 차이도 없었다. 중상류층 표집에서 대부분의 남성은 사업, 관리직, 전문직에 종사했으나, 여성은 6%만이 직장을 가지고 있었다.

패리크(1980)[52]의 인도인 표집에서도 여성보다 남성이 더 높게 평정되었으나(326 대 280), 남성들 전부가 자영업자인 반면에 여성들 대부분은 가정 주부였다. 이러한 사실을 바탕으로 워커는 성인기 도덕 추론의 성차가 극히 소수의 연구들에서 보고되고 있기는 하지만, 교육과 직업 수준의 차이와 뒤섞여 있으므로 성차의 증거라고 단정할 수 없다고 주장했다(PsMD, 347). 스내리(Snarey 1982)의 종단연구[53]는 바로 성차와 교육 정도 모두를 고려하여 실시되었는데, 12~24세의 키부츠 남성과 여성을 종단적으로 연구한 결과 어떤 의미 있는 평균 성차도 나타나지 않았다. 키부츠의 남성과 여성들은 고등교육을 받지 않았음에도 불구하고 단계 4, 4/5, 5 등으로 높게 평정되었는데, 이는 키부츠의 평등주의적 구조가 남성과 여성 모두에게 민주적 운영에 참여하고 직무를 분담할 책임을 동등하게 부여했기 때문이라고 판단된다. 스내리의 종단연구 결과는 콜버그의 인지발달론에서 정의 추론의 단계에 어떤 성차도 존재하지 않는다는 사실을 확인하게 한다. 결론적으로 워커는 정의 추론 단계에서 성차를 비교한 수많은 연구들이 성차가 없다고 보고하거나, 또는 성차를 보고하더라도 교육과 직업에 따른 역할채택 기회의 차이에서 기인한 것이라고 보았다(PsMD, 348). 길리건의 성차 비판에 대한 콜버그의 결론은 다음과 같다.

---

52) B. Parikh, "Moral judgement development and its relation to family environmental factors in indian and American families." *Child Dev.*, 51, 1980, pp. 1030-1039.

53) J. R. Snary, J. Reimer, & L. Kohlberg, *The sociomoral development of kibbutz adolescents. A longitudinal cross-cultural study*. Diss. Havard University, 1982.

> 우리는 길리건이 사람이나 상황에 따라서 강조점이 변화하는 도덕 판단의 두 지향을 구별한 것에 대하여 부분적으로 동의한다. 그러나 우리는 정의와 배려 윤리의 성장이 도덕단계(즉 구조) 발달에서 두 개의 구별된 노선을 나타낸다고 보지 않는다. 배려와 반응 지향을 강조한 길리건 덕분에 우리는 도덕 영역의 범위를 정의 추론에 초점을 두던 것을 넘어서서 확장하게 되었다고 말할 수 있다. 그러나 우리는 도덕단계 구조 발달에는 서로 구별되는 양극적인 두 가지 지향 또는 트랙이 존재한다고는 믿지 않는다(PsMD, 358).

이러한 사실에 근거하여 콜버그는 첫째, 여성만이 아니라 남성도 역시 배려와 반응 지향을 가질 수 있으며, 둘째, 이 경우에 배려와 반응 지향은 배려와 정의 사이에서 긴장이나 갈등을 조장하는 것이 아니라 결국 관습 이후 수준에서는 통합적 반응을 보인다고 주장하였다(PsMD, 353). 예를 들면, 하인즈 딜레마에서 자신의 아내를 살리기 위하여 약을 훔치는 것은 배려의 지향이 주도적으로 나타난 현상으로 해석할 수 있으나, 거기에는 아내를 돌볼 의무에 대한 심리적 책임감, 필요성, 심지어는 절망감까지 개입되어 있다(PsMD, 354f). 또한 하인즈가 자신의 아내가 아닌 낯선 사람을 위해서도 약을 훔칠 책임과 의무감을 가질 경우에도, 그는 정의의 원리에서처럼 '낯선 이의 살 권리'에서 추론하기보다는 기독교에서 '선한 사마리아인'의 비유에서처럼 서로와 관계 맺고 있는 모든 인간에 대한 아가페의 감정에서 그러한 인간적 결속이 가능하게 된 것이다. 그러나 콜버그는 낯선 이를 살릴 목적에서 훔치는 일을 정당화하는 것은 배려 지향뿐만 아니라 정의 지향을 통해서도 가능하다고 본다. 만일에 하인즈가 재산권보다 인간 생명의 권리를 우위에 두는 가치 위계성을 존중해서 그런 결정을 내렸다면 그의 판단은 단계 5에 해당한다(PsMD, 355). 이 점에서 콜버그는 피험자의 배려에 대한 책임 의식은 정의에 입각한 그의 의무론적 판단과 연계되고 통합되어 있는 사실을 확인한 것이다. 이와 같은 콜버그의 인식은 "정의와 배려가 독립적이고 정반대적인 서로 다른 도덕발달의 트랙"이라는 길리건과 라이온즈의 주장과 배치된다(PsMD, 356).

콜버그가 중시하는 것은 관습 이후의 단계에 이르면 선의와 배려의 관심과 정의의 관심이 하나로 통합하여 나타난다는 사실이다. 이 도덕 추론의 수준에서 정의의 관심은 인간을 목적 그 자체로 대함으로써, 응보적인 규칙 엄수의 성격을 포기하게 한다. 배려 윤리는 자아와 타자와의 관계 속에서 다른 사람을 보고, 정의 윤리는 협약과 상호존중을 통하여 서로와 관계 맺으면서 사람을 목적 그 자체로 보기 때문에, 인간을 목적으로 대하는 것은 배려 윤리와 정의 윤리 모두에게 공통적 현상이다. 길리건은 정의 추론을 넘어서는 또 다른 도덕 영역이 있다고 생각함으로써 사실상 도덕 영역의 확대를 의도했으나, 콜버그는 도덕발달에 배려와 정의라는 두 개의 다른 트랙이 있다고 생각하지 않았다(PsMD, 356).

콜버그는 히긴스와 그 동료들(1984)[54]의 연구에서 배려 지향이 공정성의 관점에서 황금률(the Golden Rule)에 부합되는 방식으로 반응한다는 사실을 밝혀주었다. 이른바 '해리의 딜레마'에서 콜버그는 배려의 관점과 정의의 관점이 하나로 통합되는 사실을 발견한 것이다(PsMD, 356). 신약성경은 황금률을 공정성 지향과 배려 지향이라는 두 가지 형태로 진술하고 있다. "다른 사람이 자신에게 해주었으면 하는 대로 그들을 대하라."는 것은 공정성 지향이고, "네 이웃을 네 몸같이 사랑하라"(누가 10, 27)는 것은 배려 지향이다

54) A. Higgins, C. Power, and L. Kohlberg, "The Relationship of Moral Atmosphere to Judgements of Responsibility." In W. Kurtines and J. Gewirz, eds., *Morality, Moral Behavior and Moral Development.* New York: Wiley Interscience, 1984.

(PsMD, 357). 콜버그는 관습 이후의 도덕성처럼 성경의 가르침 역시 배려와 정의를 통합하여 '이상적 역할채택', '사람에 대한 존중', '인간을 목적 그 자체로 배려하는 원리'를 지향한다고 보았다. 콜버그는 '포도밭의 비유'에서 오래 전부터 일한 사람과 나중에 일한 사람에게 똑 같은 임금을 주는 것이 불공정하지 않으면서 필요에 따라서 생각해주는 점에서 정의와 배려의 두 관점이 통합을 이루었다고 평가하였다.

제3부
아펠과 하버마스의 콜버그 이해

제7장 도덕발달과 선험화용론

1. 보편적 규범윤리학의 정초 물음: 아펠과 콜버그

아펠은 그의 담론윤리학에서 로렌스 콜버그(1927~1984)의 도덕발달론에 대하여 상당한 관심을 표명하고 있다. 그는 자신이 주도하는 선험화용론의 차원에서 콜버그의 도덕발달론을 새롭게 이해하는 동시에 콜버그의 테제들에 대한 수정 제안을 시도하고 있다. 우리는 여기에서 콜버그의 도덕발달론에 함축된 철학적 문제들과 그에 대한 아펠의 해석을 집중적으로 다루고자 한다. 콜버그는 도덕철학과 도덕심리학에 대한 종합적인 연구를 통하여 칸트에서 롤즈에 이르는 규범윤리학을 피아제의 인지심리학과 연결하려고 시도하였다.[1] 콜버그는 경험적-심리학적 도덕 이론과 철학적-규범적 윤리학에서 사용되는 두 방법론의 매개를 위하여 '동일성-테제'를 주장한다. 그

1) Kohlberg, Lawrence: *The Philosophy of Moral Development, Moral Stages and the Idea of Justice*. San Francisco 1981, Abk.: PhMD; 김민남 외 역, 『도덕발달의 철학: 도덕단계와 정의의 관념』, 교육과학사, 서울 1985.

는 이 두 가지 방법론이 평행 관계에 있으며, 도덕 단계에 대한 심리학적 기술은 규범윤리학 체계의 원리적 심층 구조와 상응한다고 주장하였다. 이와 같은 방법론의 설정은 그의 연구 방향을 결정짓고 있는 것처럼 보인다.

콜버그는 「존재에서 당위에로」(1971)[2]라는 유명한 논문에서 도덕 현상에 대한 경험심리학적 사실들로부터 철학적 규범 이론의 정당성을 밝히려고 하였으며, 동일성-테제에 기초하여 그 유명한 도덕판단 능력의 여섯 가지 발달 단계론을 정초하고자 시도했다. 다른 한편 콜버그는 경험적-심리학적 연구 모델을 주장하면서도 철저하게 도덕에서의 '보편주의'를 표방하고 있다. 그는 지역과 문화, 그리고 환경의 상이성에도 불구하고 보편적으로 파악할 수 있는 도덕 현상이나 도덕발달의 단계가 있다고 생각함으로써 문화적 가치 상대주의와 도덕 상대주의를 거부하였다.

또한 콜버그가 동일성-테제를 전개하는 과정에서 실제적으로 원용하고 있는 학자들은 인지심리학의 영역을 개척한 피아제와, 형식주의적 규범윤리학을 대변하고 있는 칸트와 롤즈이다. 이들에 대한 도덕철학적 논의를 통하여 콜버그는 도덕성의 원리를 정의 개념에서 찾으려고 한다. 정의 개념은 현상적으로 주어진 갈등 사실을 도덕적으로 해소해 줄 수 있는 기능을 가지고 있다. "올바른 것에 대한 요구"(claims of rights)는 여러 권리 주장들이 상충되는 곳에서 균형과 조화를 유지하는 도덕원리로서 규범화된다. 콜버그에 의하면 정의 개념은 도덕발달의 낮은 단계에서부터 출현하여 높은 단계로 이행하면서 점점 더 확연하게 드러난다고 주장한다. 그리고 도덕판단 능력의 최고단계인 단계 6에 이르게 되면 도덕적 행위 주체는 그가 어떤 갈등 상황에 있을지라도 행위 당사자들의 원초적 입장을 고려

---

2) L. Kohlberg, *From Is to Ought*, in: T. Mischel: *Cognitive Development and Epistemology*, New York 1971. In: PhMD, 101-189.

하여 정의 문제를 실현한다는 것이다. 그러나 아펠은 이 경우에도 콜버그가 "왜 도덕적이어야 하는가?" 또는 "왜 정의로운 일을 해야 하는가?"라는 물음에 대하여 합리적으로 정초하지 못하고 있다고 지적한다. 우리는 이 글에서 콜버그가 제시한 도덕발달론의 최고단계가 실현되기 위하여 필연적으로 요구되는 사실들이 무엇인가를 다루기 위하여 아펠의 논의를 중점적으로 점검하게 될 것이다.

동일성-테제에 기초한 콜버그의 도덕발달론은 하버마스의 비판과 제안[3])을 통하여 상당한 정도까지 수정되면서 도덕적인 문제들 속에는 경험적 실증적 연구로 파악할 수 없거나 접근할 수 없는 철학적 함축이 전제되어 있음을 인정한다. 그러나 이같은 사실은 그가 초기에 수립한 동일성-테제가 잘못된 것이라는 혼란에 빠뜨리게 된다. 1983년에 출판된 『도덕 단계들』[4])이라는 콜버그의 저서에는 경험적 연구 이전에 이미 획득되어야 하는 다음과 같은 전제들이 열거되고 있다. 도덕 현상에 대한 경험적 연구에서는 모든 문화나 저변 문화에서는 비교 가능한 도덕의 표준들이 발견될 수 있다고 가정하는 보편주의(Universalismus)가 전제되고 있으며, 이로써 가치 상대주의는 부정된다. 그리고 경험적인 도덕 연구에는 도덕적 표현을 행위 방식에 대한 사실적 판단과 진술로 보지 않고, 당위적인 요구로 보는 규정주의(Präskriptivismus)나, 도덕판단을 순수한 감정의 표현들만이 아니라 이성적인 숙고를 함축한 것이라고 생각하는 인지주의(Kognitivismus)와 합리주의(Rationalismus)가 전제되어 있다. 또한 콜버그는 그의 경험적 연구에서 도덕 현상들에 대한 실체적(내용

---

3) Jürgen Habermas, *Moralbewußtsein und kommunikatives Handeln*. Frankfurt 1983, 127-206; ders: "Moralentwicklung und Ich-Identität", in: ders: *Zur Rekonstruktion des Historischen Materialismus*. Frankfurt 1976, S. 63-91.

4) Lawrence Kohlberg, Charles Levine, Alexandra Hewer, *Moral Stages. A Current Formulation and s Response to Critics*. Basel and New York 1983. Vgl. Reese-Schäfer, Walter: *Karl-Otto Apel zur Einführung*. Hamburg 1990, S. 24.

적) 물음들이 일치하지 않는 경우에도 도덕적 판단의 형식적 원리들은 일치될 수 있다는 형식주의(Formalismus)를 승인하고 있다.[5)]

콜버그의 동일성-테제와 도덕발달론의 내용적 전개에 대하여 아펠은 선험화용론적 차원에서의 비판과 수정 제안을 시도한다. 아펠의 콜버그에 대한 본격적인 논의는 1983년부터 시작된다. 이 시기에 아펠은 로마 대학에서 피아제와 콜버그에 의하여 주도되었던 도덕판단 능력의 발달 논리와 자신이 주도하던 도덕의 선험화용론적 정초 문제를 비교하면서 다루었다. 또한 그는 「의사소통 윤리학의 선험화용론적 정초와 도덕 의식 발달 논리에서 최고단계의 문제」라는 논문에서 콜버그의 도덕 철학을 집중적으로 논의하고 있다.[6)] 그는 도덕판단 능력의 개체발생(Ontogenese)을 재구성하려는 콜버그의 시도에 대하여 담론윤리적 차원에서의 보완을 도모하면서, 한편으로는 윤리학의 철학적 정초 및 규범 원리의 정당화의 문제, 그리고 다른 한편으로는 피아제의 인지심리학적 의미에서 도덕판단 능력의 개체 발생에 대한 경험적-발달심리학적 기술과 재구성적-이해적 설명 사이의 관계 문제(DV, 307)를 제기한다. 특히 그는 하버마스와 함께 사회 역사적으로 정향된 도덕 의식의 계통 발생(Pylogense)이 개체 발생과 어떤 관계에 있으며, 또한 윤리학의 규범적-철학적 정초와 어떻게 관련되는가라는 특수한 문제들을 제기하고 있다.

아펠은 콜버그의 이론 모델이 문화와 국가를 넘어서서 보편적으로 타당하기 위해서는, 그의 이론이 개개인의 도덕 의식, 즉 도덕의식의 개체 발생에 적용 가능할 뿐만 아니라, 인류 전체의 도덕 의

---

5) Walter Reese-Schäfer, *Karl-Otto Apel zur Einführung*. Hamburg 1990. S. 24.

6) K. -O. Apel, "Die transzendentalpragmatische Begründung der Kommunikationsethik und das Problem der höchsten Stufe einer Entwicklungslogik des moralischen Bewußtseins", in: ders, *Diskurs und Verantwortung. Das Problem des Übergangs zur postkonventionellen Moral*. Frankfurt 1990. Abk.: DV.

식의 발달, 즉 도덕 의식의 계통 발생에 대해서도 적용될 수 있어야 한다고 봄으로써, 콜버그의 도덕 이론의 특성과 한계를 지적하는 동시에 이를 다시 선험화용론적 차원에서 해석함으로써 담론윤리학으로의 전개 가능성과 윤리학에서의 최후정초의 문제를 거론하였다. 이와 같은 논의를 통하여 콜버그가 제시한 개체 발생적 도덕판단 능력의 발달단계론은 계통발생적 차원에의 윤리학, 즉 의사소통윤리학이나 담론윤리학으로 확장되는 동시에, 콜버그 자신이 제안한 방법론적 동일성-테제나 도덕판단 능력의 최고단계에 대한 정당성 문제들이 보완될 수 있는 여지를 얻게 된다. 뿐만 아니라 아펠은 콜버그의 도덕발달론에서 도덕판단 능력의 최고단계(6, 7단계)의 여러 개념들과 그 단계의 위계 질서 및 도덕원리의 철학적 정초에 대한 관계 문제를 담론과 결부되어 나타나는 책임윤리학의 선험화용론적 정초라는 관점에서 논쟁적으로 문제 제기하고 있다(DV, 308).

이상의 문제 지평들 가운데서 우리는 콜버그의 이론이 가지고 있는 성과와 한계를 정리하면서 이에 대한 아펠의 비판점들을 재구성하게 될 것이다. 이러한 작업은 특히 인지-발달심리학과 규범윤리학의 관계에 대한 콜버그의 동일성-테제가 어떤 점에서 비판되고 있으며, 하버마스와 아펠은 이것을 어떻게 보완하고 있는가?, 콜버그의 도덕발달론에서 정형화되고 있는 단계론의 내용에 대하여 아펠은 어떻게 평가하고 있는가?, 콜버그가 사실상 규범적 철학적 이론에 의하여 기술하고 있는 관습 이후적 단계에 대해서도 그의 동일성-테제가 명시하듯이 경험적-심리학적 설명이 가능한가?, 도덕성의 완전한 확보를 위한 콜버그의 새로운 요청내용, 즉 7단계의 내용은 무엇이고, 그에 대한 아펠의 대안은 무엇인가?라는 구체적인 물음들이 전개될 것이다. 이러한 물음들의 지평 위에서 우리는 콜버그의 도덕발달론에 대한 아펠의 선험화용론적 해석이 궁극적으로 의도하는 바가 무엇인가를 정리할 수 있을 것이다.

2. 콜버그의 동일성-테제와 피아제의 인지발달론

콜버그가 그의 도덕발달론에서 채택하고 있는 발달철학적 전략은 철학적 원리와 실증적-심리학적 발견의 통합에 있다(PhMD, 97).[7] 그는 설명적 발생심리학의 이론과 규범적-철학적 정초이론 사이의 관계를 '동일성-테제'(Identitäts-These) 또는 '동형설-테제'(Isomorphie-These)로 파악한다. 콜버그에 의하면 심리학 이론과 규범윤리학 이론은 서로 환원될 수 없다 할지라도 그것들은 동일한 평행적 구조를 가진다(PhMD, 134). 그리하여 콜버그는 도덕 단계에 대한 심리학적 기술은 규범윤리학 체계의 '심층 구조'에 상응하고, 각 단계들 사이의 논리적 관계는 하나의 도덕판단 체계가 왜 다른 것보다 더 나은가에 대한 적절한 이론 구조를 나타내고 있다고 주장한다(PhMD, 180). 그렇다면 콜버그는 어떤 근거에서 발생적으로 설명 가능한 계열 연속의 심층 구조가 도덕 의식의 발달 단계에 있어서 규범적-철학적으로 정초 가능한 가치 위계와 동일하다는 주장을 할 수 있었는가?

---

7) 도덕을 규정하는데 있어서 우리는 가장 일반적으로 상충하는 두 가지 방법을 생각할 수 있다. 도덕은 윤리학의 관점에서 '위로부터'(von oben), 즉 최상의 도덕적 발달 단계로부터 연역적으로(deduktiv) 정의된다는 입장이 있다. 여기에서 도덕을 위한 기준으로는 보편성, 도덕적 규범의 상호 관계성 등이 거론된다. 그리고 이러한 입장을 취하는 학자들로서 콜버그(Kohlberg), 보이드(Dwight R. Boyd), 레빈(Charles Levine) 등을 들 수 있다. 이와는 반대로 도덕은 '밑으로부터'(von unten), 즉 그때마다 물음에 부딪친 주체가 사실적으로 도달한 도덕 이해의 관점에서 경험적-귀납적으로(empirisch-induktiv) 정의된다는 입장이 있다. 도덕이 무엇인가는 경험적으로 연구하는 심리학에 의하여 주체의 일상적 이해에서 파악된다. 여기에서 도덕의 기준은 주관적인 의무 감정이다. 그리고 이러한 입장을 지지하는 학자들로서는 아우구스토 블라시(Augusto Blasi), 빌 푸카(Bill Puka), 라이너 되버트(Rainer Döbert) 등이 있다. W. Edelstein, G. Nunner-Winkler, (Hrsg.): *Zur Bestimmung der Moral. Philosophische und sozialwissenschaftliche Beiträge zur Moralforschung*. Frankfurt 1986. S. 7ff.

콜버그의 도덕발달론에서 가장 핵심적인 테제라고 할 수 있는 이 주장은 피아제의 인지심리학적 연구 결과에서 출발한다. 다시 말하면 기술적-심리학적 방법론과 규범적-철학적 정초론의 관계를 동형설 또는 통일설로 파악하는 콜버그의 철학적 입지는 피아제와 듀이의 인지적 발달 개념에 기초하고 있는 것이다.

콜버그는 박사 학위논문(1958)[8]에서 도덕판단의 단계에 대한 피아제의 연구(1948)[9]를 참조하여 두 단계론을 여섯 단계론으로 수정 보완하였다(PhMD, xvii). 피아제는 '인지'(cognitions) 개념을 "내적으로 조직된 전체나 또는 내적 관계의 체계와 같은 구조"(structures, internally organized wholes or systems of internal relations)라고 이해한다(PhMD, 57). 인지 구조는 정보를 처리하고 사태 연관을 파악하는 규칙이다. 그리고 아동의 경험은 인지적 연관 과정을 통하여 능동적으로 조직되고, 인과성 범주와 같은 조작적 행위를 통하여 주변적 사태를 파악한다. 그러므로 피아제적인 의미에서의 인지발달이란 아동의 인지 구조와 환경구조 사이의 대화이다. 그것은 경험을 지각하고 또는 경험에 반응하는 사고 방식의 단계 구조적 변화를 뜻하며, 이러한 인지 단계설은 다음과 같은 특성을 가진다. 단계들은 아동의 사고 방식, 즉 같은 문제를 풀어가는 방식에 있어서 구별되는 질적인 차이를 뜻한다. 그리고 이같은 사고 방식의 차이는 개인의 발달에 있어서 불변의 계열, 순서 및 계속에서 나온다. 문화적 요인들이 발달을 가속화하고 저해하기도 하지만 그 계열을 변화시키지는 못한다. 이러한 각각의 사고 방식 계열들은 '구조적 전체'를 형성한다. 그리고 이러한 인지 단계는 '위계적 통합'이며, 단계들은 공동의 기능을 수행하기 위하여 점진적으로 분화되고 통합되는 구

8) L. Kohlberg, *The Development of Modes of Thinking and Choices in Years 10 to 16*. University of Chicago 1958.

9) J. Piaget, *The Moral Judgement of the Child*. New York, Free Press 1948.

조들의 질서를 형성한다.10) 피아제의 인지발달론에서 각 단계들은 불변의 발달적 계열을 이루고 있으며, 각 단계는 그 이전의 단계로부터 나오고, 그 이후의 단계를 예비하고 있다. 이와 같은 발생론적, 구조 위계적 발달의 단계는 유기체가 가지고 있는 구조화의 경향성과 외부세계의 구조와의 상호작용에서 형성된다.

그런데 콜버그는 이같은 듀이 및 피아제로부터 기인된 인지발달의 개념을 보다 확장된 의미로 도덕의 영역에 적용하기 시작한다. 이러한 도덕이론은 듀이와 피아제뿐만 아니라 미드11), 볼드윈12), 터프츠13) 등이 지지하고 있다. 이들에 의하면 인지발달에 인지적 또는 논리 수학적 단계들이 있는 것처럼 도덕발달에 있어서도 단계들이 있다. 콜버그는 피아제가 발달심리학 이론은 규범적 논리 이론과 긴밀한 관계를 가지고 있다고 말한 사실들을 도덕판단에도 타당한 것으로 받아들였다. 이러한 주장에 의하면 도덕발달의 단계들은 개념상에 있어서 자아와 사회의 '인지구조적 변형'을 나타낸다. 그리고 이 단계들은 사회적 상황에 있어서 '다른 사람의 역할 기대'를 계속적으로 반영하며, 그 때문에 발달을 결정하는 사회 환경적 요인들은 역할 기대를 위한 기회라고 가정한다. 또한 도덕 단계들과 그 발달은 아동의 구조화 경향과 환경의 구조적 특징의 상호작용을 나타내고, 상호작용에서의 연속적 평형 형식을 이끌어 낸다. 콜버그는 이상과 같은 심리학적 가정들은 그것과 병행하는 도덕 이론의 메타

---

10) J. Piaget, "The General Problem of the Psychological Development of the Child", in: J.M. Tanner and B. Inhelder, eds.: *Discussions on Child Development: A Consideration of the Biological, Psychological, and Cultural Approaches to the Understanding of Human Development and Behavior*. Vol.4, New York: International Universities Press 1960, pp. 13-15; PhMD, 57f.

11) G. H. Mead, *Mind, Self and Society*. Chicago: University of Chicago Press 1934.

12) J. M. Baldwin, *Thoughts and Things*. 3 Vols. New York: Macmillan 1906.

13) J. Dewey, and J.H. Tufts, *Ethics*. Rev. ed. New York: Holt 1932.

윤리적 가정들과 상응한다고 주장한다(PhMD, 134). 그리하여 콜버그는 그의 동일성-테제를 다음과 같이 규정한다:

> 나는 분화와 통합, 즉 구조적 평형이라는 형식 심리학적 발달 기준이 규정성과 보편성이라는 형식적 도덕적 기준 속에 자리한다는 토대 위에서 심리학적 발달 이론과 형식주의적 발달 이론 사이의 평행론을 주장한다. 만일 평행론이 세부적인 데까지 올바르다면 형식주의 철학자들은 평행 개념을 그들의 규범윤리의 부분으로서 통합할 수 있고 그 역도 성립할 것이다(PhMD, 180).

이상에서와 같이 콜버그는 도덕판단 능력의 규범적-철학적 정초를 사실에 대한 발달심리학적 설명으로 대체하려고 시도하였다. 피아제가 발생적 인식론에서 철학적 전제들을 강조한 것처럼[14], 콜버그도 역시 규범적-철학적 측면과 발달심리학적 측면을 통일적으로 정초한 이론을 제시한 것이다. 그리하여 경험심리학적 검사 결과들은 이제 철학적 전제들의 규범적 타당성을 입증하는 데 활용된다. 이런 사실에서 콜버그는 '자연주의적 오류'가 함축하는 바를 거부하면서 오히려 경험적-심리학적 '도덕발달의 사실'(존재)로부터 철학적 규범적 원리, 즉 "도덕적 관념의 인식론적 위상과 그 이상적 내용"(당위)의 도출이 정당하다는 것을 보여주려고 하였다(PhMD, 102).

---

14) 인지발달에 대한 피아제의 구조적 분석은 논리, 공간, 시간, 인과성, 수와 같은 기초 범주들로써 인지작용을 분할한다. 이러한 범주들은 물리적 경험에 대한 판단의 여러 유형들을 가능하게 한다. 피아제의 인지적 범주는 근본적으로 칸트의 순수 이성의 범주로부터 도출된 것이다. 칸트에서는 순수한 실천 이성의 범주인 자유 아래서 행위가 가능한 것처럼, 피아제에서는 인지적 범주 작용 하에서 경험적 행위가 가능하다. 그리하여 피아제는 철학자의 인지적 범주가 아동의 행동발달을 이해하는데 결정적으로 중요하다고 주장한다. PhMD, 102, 116 참조.

3. 콜버그의 방법론적 한계: 아펠과 하버마스의 비판

아펠은 콜버그가 심리학을 사실 과학이라고 주장하면서, 그리고 동시에 이러한 사실 과학으로서의 발달심리학을 신실증주의적 학습심리학의 메타 이론이나 정신 분석의 정통-자연주의적 메타 이론과 같은 의미로 이해하는 사실에서 방법론적 모순을 발견한다. 아펠에 의하면 콜버그는 발달심리학을 이른바 도덕적 규범을 전제하지 않고 또한 그 타당성도 정초할 수 없는 가치중립적인 자연과학과 가까운 것으로 이해함으로써 방법론에서의 모순을 드낸다는 것이다(DV, 308f). 여기에서 지적되는 모순 내용은 보편적 윤리학의 합리적인 정초가능성에 대한 아펠의 논의, 즉 '더 이상 물러설 수 없는 반성적 최후정초'의 문제와 관련되어 있으며, 콜버그의 방법론적 결함은 하버마스의 "보완 또는 작업구분 이론"이나 아펠의 선험화용론적 최후정초론에 의하여 보충되고 있다.

콜버그는 발달심리학적으로 적절한 학습 과정에 대한 가치 중립적-과학주의적 및 자연주의적 견해를 반대한다. 그는 학습과 발달의 동기가 실제로 자극과 반응의 기제처럼 자연법칙적으로 작용하는 원인들로만 이해되어야 하고, 어떤 것을 재구성하는, 즉 이해하고 가치를 부여할 수 있는 근거들로 이해되어서는 안 된다는 주장들에 대하여 비판적 태도를 취한다(DV, 309). 특히 콜버그는 베버와 같은 사회과학자들이 문화적 상대주의와 윤리적 상대주의를 가정하는 가치 중립주의를 표방함으로써 과학자는 도덕적 발달이나 진화를 발견할 수 없다고 논증하도록 유도하는 사실에 대하여 강력하게 비난하고 있다(PhMD, 114f). 이와 같은 콜버그의 비판과 지적은 발달심리학의 학문적 성격을 어떻게 규정하고 이해해야 하는가라는 본질적인 물음을 제기하게 만든다.[15)]

아펠은 콜버그의 도덕판단 능력의 발달 이론에서는 학문사의 경우에서처럼 진리 주장의 이해적-가치부여적 재구성 뿐만 아니라 도덕적으로 적절한 정당성 주장도 중요하게 기능한다고 이해한다. 피아제와 콜버그의 인지심리학에서의 도덕판단은 논리실증주의에서 말하는 것처럼 주관적 감정(subjektive Gefühle)이나 의지 결단(Willensent-scheidungen)의 표현일 뿐만 아니라, 정당성 주장이 함축되어 있는 인식과 유사한 판단 능력(erkenntnisanaloge Urteilskompetenz)의 표현이기 때문이다. 그러나 규범적-재구성적 과학사와 콜버그 이론 사이의 차이는 바로 콜버그의 이론만이 가치를 인정하고 있는 판단 능력의 구조-발생과 관련된 위계적 단계론에 의하여 진행된다는 사실에 있다(DV, 311). 그리고 이러한 가치적-이해적, 그리고 위계적으로 차별화된 도덕 의식의 개체 발생을 재구성하는 작업은 경험주의적 문화 사회학의 윤리적 상대주의에 대한 대안이나 반론을 제시하는 데 그 중요한 의미를 가진다.16)

---

15) 아펠에 의하면 발달심리학은 학문의 역사(Wissenschaft-Historie)가 필요한 같은 시기에 인식론적 루비콘강을 건넜다(DV, 309). 학문사의 경우에 사회과학의 가치중립성을 표방했던 막스 베버와 더불어 포퍼와 라카토스 같은 철학자들은 지식 사회학의 상대주의-역사주의와 싸우면서 학문사에서 가치중립성으로부터 이탈한 해석학적-재구성적 정신과학을 발굴하였다. 그리하여 발생적 인식론에서처럼 단순하게 설명 가능한 사건에 대하여 경험적 방법에 의한 재구성과 규범적 방법에 의한 재구성을 할 수 있게 되었다. 뿐만 아니라 콜버그는 막스 베버에 의하여 간과된 사실, 즉 가치중립적 자연과학의 진리 주장에 대한 가치평가와, 그리고 이해적-재구성적 정신과학 및 사회과학의 차원에서의 도덕적 판단의 규범적 정당성 주장에 대한 가치평가 사이의 평행성을 인정한다(DV, 310).

16) 콜버그는 문화 상대주의나 윤리 상대주의를 거부하고 도덕의 보편성을 주장하는 '방법론적 비상대주의'를 옹호한다. 그는 도덕성의 발달에는 "보편적 개체 발생적 경향"(PhMD, 105)이 있으며, "근본적인 윤리적 원리"는 "문화적으로 보편적이며 불변의 발달 순서에 의하여 있고, 보편적인 범주 해석"이라고 주장한다(PhMD, 127). 그러므로 그는 "도덕적 관념의 발달과 역사에 관한 객관적 연구는 문화적 및 윤리적 상대주의에 의해서가 아니라 도덕성의 합리적 표준

이제 우리는 콜버그의 도덕발달론에서 채택하고 있는 방법론, 즉 경험적-발달심리학적 연구와 철학적-규범적 연구의 상호작용 또는 동일성-테제에 대하여 비판적으로 접근해 보기로 하겠다. 앞에서 지적한 바와 같이 콜버그의 동일성-테제에는 사실 과학의 진리 주장에 대한 가치 평가와 이해적-재구성적 과학 이론에 대한 가치 평가, 그리고 철학적-규범적 윤리학에 대한 가치 평가의 문제를 어떻게 이해할 것인가라는 근본 물음이 함축되어 있다. 콜버그의 동일성-테제는 사실로부터 당위의 도출을 정당화하려는 의도를 가지고 있다는 점과, 사실 과학과 규정 과학이 상호작용 할 수 있는 근거는 어디에 있으며, 도덕원리의 보편성 주장은 어떻게 확보될 수 있는가의 문제를 아직 명확하게 설명하고 있지 않다.

하버마스는 콜버그의 동형설 또는 통일성 이론을 "보완 또는 작업 구분 이론"(Komplementaritäts- bzw. Arbeitsteilungs-These)으로 대체하려고 하였다. 하버마스는 보완 명제에서 적어도 경험적-심리학적 검사-기준과 철학적 정초-기준을 구분하고 있으며, 철학의 방법론과 이해적-재구성적 사회과학의 방법론이 통일되어 있지 않다고 본다. 또한 그는 도덕의 최고단계는 자연적인 발달 단계로서가 아니라 도덕철학적 구성물이라고 보았다. 따라서 콜버그가 전제하는 것과는 반대로 서로 다른 이 두 개의 방법은 상호 보완적이며 상호 교정적이라는 의미에서 그 기능이 철저하게 구분되고 있다. 심리학자는 반복 가능하고 통계학적으로 평가할 수 있는 경험적 검사의 결과를 가지고 이론을 구성하지만, 규범적-철학적 이론의 정초는 자

과 원리에 의하여 이루어져야 한다"고 주장한다(PhMD, 98). 그리하여 콜버그는 여러 문화권에서의 도덕 현상을 경험적으로 연구한 결과 "어떤 문화권에서도 5(혹은 6)단계에 도달한 사람들은 보편적일 수 있는 원리를 만들려고 시도하고 있으며, 이 원리들은 문화의 차이에도 불구하고 알 수 있을 만큼 유사하다"(98)고 주장하면서, 도덕적 추론과 원리의 기준은 문화적 차이성을 해소하여 동의에 이르게 할 수 있는 합리적 원리(가역성)로서 보편적 타당성을 가진다고 하였다.

율적이고 비경험적인 정초 절차에 의하여 지지되고 있다는 것이다. 그리하여 하버마스는 이렇게 말한다.

> 우리의 도덕 개념이 경험적으로 '기능한다'는 사실은 그 철학적 적합성에 중요하다." 이러한 의미에서 합리적 차후구성이 숙고되거나 '검사'되어야 한다. 이 경우에 '검사'는 상이한 이론 조각들이 동일한 모형에 보완적으로 들어맞는가를 심사하는 시도를 뜻한다. 콜버그에서의 가장 분명한 주장은 다음과 같다: "과학은 철학자의 도덕 개념이 현상학적으로 심리학적 사실들과 부합되는가를 검사할 수 있다. 그럼에도 불구하고 과학은 그 이상을 넘어설 수 없으며 도덕 개념을 도덕이 무엇이어야 하는 것으로 정당화할 수 없다.[17)]

이처럼 콜버그는 하버마스가 제안한 판단 능력의 '합리적 차후구성'(rationale Nachkonstruktion)을 그의 후기 저서 『도덕 단계들』에서 승인하였다.[18)]

이러한 사실을 바탕으로 아펠은 도덕 철학의 정초를 경험과학적 검사와 증명에 의하여 시도하려는 콜버그의 방법론적 한계를 지적한다. 다시 말하면 아펠은 가언적 연역적 사유와 그 결과들은 경험적 명증성에 의하여 충분하게 입증되거나 반증되지 않는다고 주장한다. 오히려 콜버그의 도덕판단 능력 단계의 가치적 위계에 대한 규범적 정초의 경우에, 그리고 특히 최고단계의 목적 기능을 정초하는데 있어서, 도덕적 당위에 대한 합리적 정초가 가능하려면 우리는 비가언적이고 경험적으로 검사할 수 없는, 즉 선험적으로-아프리오

---

17) Jürgen Habermas, "Rekonstruktive vs. verstehende Sozialwissenschaften" (1980), in: *Moralbewußtsein und kommunikatives Handeln*. Frankfurt 1983, S. 48; Kohlberg: PhMD, 179.

18) L. Kohlberg, *Moral Stages. A Current Formulation and a Response to Critics*. Basel 1983, p. 15f.

리한 최후정초에로 소급되지 않으면 안 된다는 것이다. 따라서 아펠은 도덕적 당위에 대한 합리적 정초가 가능하지 않을 경우에 콜버그의 이론은 자동적으로 그 윤리적 의미를 상실하게 될지도 모른다는 우려를 표명하고 있다(DV, 315f).

하버마스의 보완이론을 넘어서서 아펠은 선험화용론적 차원에서의 최후정초 이론으로 콜버그의 도덕발달론의 적극적 의미기능을 복원하려고 시도한다. 아펠은 이처럼 한편으로는 인지적 발달심리학의 발생적 구조주의 및 인간의 능력을 합리적으로 재구성하는 것과 관련된 이해 사회학이란 의미에서의 이론형성, 그리고 다른 한편으로는 이러한 능력과 필연적으로 결부된 보편적 타당성 주장의 합리성에 대한 철학적 정초라는 상반되는 사실들을 발견술적으로, 또한 그리고 요청적으로 수렴하려는 콜버그의 시도를 '모순적 사실의 예견'이라고 부른다(DV, 312). 그리고 아펠은 이러한 모순적 사실의 예견으로부터 시도된 콜버그적 통일성 요청을 그 자신의 선험화용론적 논의를 통하여 인정하지만, 이와 같은 모순적 예견으로서 통일성 요청은 방법론적으로 철학과 발달심리학의 관계에 대한 충분한 대답은 아니라고 지적한다. 피아제나 콜버그의 이론 형성이 정확하다면 경험적-심리학적 방법과 철학적 방법의 실제적 통일성은 전혀 고려될 수 없다. 그 이론 전체를 철학적으로, 그리고 또한 동시에 경험적-심리학적으로 입증할 수는 없기 때문이다. 심리학적 방법은 인간이 왜 그 판단 능력의 발달에 있어서 사실적으로 단계 연속을 거치는가에 대한 물음을 경험적으로 숙고하고 설명적으로 대답한다. 그러나 철학적 방법은 최고와 최상의 능력 단계에 도달하기 위하여 왜 이것을 해야 하는가라는 물음에 대하여 대답한다. 따라서 이 두 방법은 같을 수가 없다. 그러므로 콜버그의 통합-요청이 점진적으로 실현되기 위해서는 규범적-철학적 정초의 기준과 심리학의 경험적 검사 기준은 하버마스가 수정 제안한 것처럼 상호적으로 지지하거나 교정해야 한다(DV, 314).

아펠에 의하면 합리성을 추구하는 모든 과학은 선험적으로 '논의의 윤리학'을 전제하고 있다. 그러므로 논의의 윤리학을 필연적으로 인정하지 않으면 안 된다는 사실이 모든 재구성적 과학의 합리성 주장에 전제되어 있다면, 이해적 사회과학은 방법론적으로 이미 논의 윤리학의 규범들과 유사한 도덕의식의 발달을 경험적으로나 또는 규범적으로 재구성하고 있는 것이 될 것이다. 아펠은 이러한 사실을 "선험화용론적 자체모순을 회피하는 원리"(Prinzip vom zu vermeidenden transzendentalpragmatischen Selbstwiderspruch)의 직접적 결과에서 나온 "이해적-재구성적 과학의 자체 청구 원리" (Selbsteinholungsprinzip der verstehend-rekonstruktiven Wissenschaften)라고 규정하였다(DV, 313).[19] 보편적인 규범윤리학의 합리적인 정초는 더 이상 물러설 수 없는 반성적 최후정초의 영역에 대한 최소한의 확보에서 비롯될 수 있으며, 이러한 사실을 전제하는 경우에만 콜버그의 도덕발달론과 도덕판단 능력의 최고단계에 대한 정당성이 정초될 수 있다는 것이 바로 아펠의 주장 내용이다.

---

19) K.-O. Apel, "Die Situation des Menschen als ethisches Problem", in G. Frey(Hrsg.), *Der Mensch und die Wissenschaften vom Menschen*. Innsbruck 1983, S. 31-49; DV, 42-68.

제8장 도덕발달에 대한 아펠의 이해

콜버그의 도덕발달에 대한 아펠의 견해는 무엇인가? 이 물음은 콜버그의 도덜발달이 어떤 방식으로 정초되었는가에 대한 아펠의 관심과 맞물려 있다. 콜버그의 도덕발달에서의 동일성-테제는 보편적인 규범윤리학의 정초 가능성을 시사하고 있기 때문에 그만큼 아펠의 시선을 끌 수밖에 없다. 우리는 여기에서 콜버그의 도덕단계에 대하여 아펠이 어떻게 이해하는가를 중점적으로 살펴보고자 할 것이다.

콜버그의 도덕발달론에서 동일성-테제가 어떻게 전개되는가를 살피려면 무엇보다도 먼저 그의 도덕판단 능력의 단계론을 검토해야 할 것이다. 콜버그는 「존재에서 당위에로」에서 인지심리학 또는 발달심리학 이론에 의하여 사실적으로 검증된 단계 범주들을 단초로 하여 도덕판단의 개체 발생에 있어서 정의 개념이 확장되어가는 과정을 제시하여 그 점진적인 평형화 과정을 도덕적 통합 형식의 단계로 파악하고 있다. 그의 단계론은 다음과 같은 네 가지 명제를 기반으로 하고 있다.

1. 도덕판단은 역할 기대의 과정(role-taking process)이다(미드).
2. 각 단계에는 피아제의 사유 조작에 있어서 논리적 단계와 상응하는 새로운 논리적 단계가 나타난다.
3. 구조는 정의-구조(justice structure)로 파악될 수 있다.
4. 그러한 각 단계에서는 그 앞에 오는 단계보다 더 포괄적이고 분화적이고 평형적이다(PhMD, 147).

콜버그는 이 네 개의 테제를 도덕판단 능력의 여섯 단계에 적용한다. 도덕판단 능력의 여섯 단계는 관습이전의 두 단계(제1단계: 처벌과 복종, 제2단계: 도구적 교환), 관습 수준의 두 단계(제3단계: 사람들간의 동조, 제4단계: 사회제도와 양심의 유지), 그리고 관습 이후의 두 단계(제5단계: 선재 권리와 사회계약, 제6단계: 보편적 윤리적 원리)로 구분된다. 이러한 각 단계들에 원리적으로 적용되는 도덕적 규범과 특성은 콜버그가 경험적-심리학적 연구를 통하여 재구성한 것이다.

1. 관습 이전 수준과 관습 수준의 단계

콜버그는 관습 이전의 도덕판단 능력을 단계 1, 2로 구분하고, 관습 수준의 도덕판단 능력을 단계 3, 4로 분류하고 있다.

'관습 이전의 단계 1'(präkonventionelle Stufe 1)는 '벌과 복종의 단계'(the stage of punishment and obedience)로서, 이에 속하는 아이들은 아직 피아제의 인지심리학에서의 '논리적 상호성'(logische Reziprozität)이나 가역성(Reversibilität)과 같은 구체적인 사유조작을 하지 못한다. 그렇기 때문에 서로 다른 개인들 사이에서의 구체적인 상호적 교환으로서의 정의를 생각하지 못한다. 이 단계에서 '정의'는 규칙과 권위에 복종하는 것, 벌을 피하는 것, 신체적 위해를 가하지 않는 것이다. 그리고 아이들이 의로운 것을 행하는 이유는 강력한 힘을 가진 권위자로부터 벌을 피하려는 데 있다. 나쁜 행위에 대해서는 나쁜 결과가 기대된다. 그러나 이것은 평등과 상호성이라는 의미에서의 교환적 정의에 의해서가 아니라 약자는 강자에 복종하지 않으면 처벌이 따른다는 사회적 질서에 의하여 일어난다. 콜버그에 의하면 "이 단계는 자기중심적 관점을 취한다. 이 단계에 있는 사람은 다른 사람의 이해관계에 대해 숙고하지 못하며 혹은 그들이 자신과 다르다는 것을 인식하지 못한다. 그러기에 그는 두 가지 관점을 관련지우지 못한다. 행위는 물리적 결과에 준해 판정되며 다른 이의 심리적 관심을 전혀 돌보지 못한다. 권위자의 조망과 그 자신의 조망과 혼란된 상태에 있다"(PhMD, 147f, 409)

'관습 이전의 단계 2'(präkonventionelle Stufe 2)는 '개인적인 도구적 목적과 교환의 단계'(the stage of individual instrumental purpose and exchange)로서, 이에 속한 아이들은 논리적 상호성과 가역성이란 의미에서의 구체적 사유조작을 할 수 있다. 정의는 교환과 분배의 구체적 상호성이라는 의미에서 공정성(Fairneß)을 뜻한다. 이 단계의 아이는 형이 자기의 형이고, 자신과 마주 서있는 사람의 오른손이 자신의 왼손과 같은 방향에 있다는 사실을 분별할 능력을 가진다. 이 단계에서의 '정의'란 그 자신이나 다른 사람의 욕구를 충족시키는 것과 구체적 교환에 있어서 공정하게 거래하는 것, 즉 동등한 조건에서의 교환과 거래 및 협정에 있다. 그러므로 이 단계에서는 "너는 나를 해치거나 간섭하지 않아야 하고, 그리고 나도 너를 해치거나 간섭하지 않아야 된다"는 철칙이 중시된다. 그러므로 이 단계에서도 구체적 개인주의가 우세하다. 하인즈-딜레마(Heinz Dilemma)[1]와 관련하여 친구의 생명을 살리는데 약을 훔쳐도 좋다고 하는데, 그 이유는 내가 똑같은 상황에 있을 때 내가 그를 필요로 할지도 모르기 때문이다. 이 단계에서는 성서의 황금률이 뜻하는 바가 상쇄와 보복의 차원에서 받아들여지게 된다.

'관습적 단계 3'(konventionelle Stufe 3)은 '사람들 사이에서의 상호적인 기대와 관계 및 공조의 단계'(the stage of mutual interpersonal expectations, relationships, and conformity)로서, 이 단계의 아이들에게는 처음으로 두 개의 다른 역할을 관련지우면서 서로 다른 입장을 동시에 생각해 보는 이른바 '역할 기대'(role-taking)에 대한 반성이 나타난다. 이를 위해서는 동시성이나 상호성에 대한 인지적 정향이 필수적으로 요구된다. 이 단계에서의 '정의'란 자신에게 주어진 역할을 착하고 훌륭하게 수행하고, 동반자로서의 신뢰와 충성을 지키기 위하여 다른 사람들의 입장을 존중하는 것이다. 이 단계의 아이들에게는 성서의 황금률이 이상적인 대인 관계에 대한 규정, 즉 "네가 다른 사람에게 대접받고 싶은대로 다른 사람을 대접하라"

---

1) 콜버그는 그의 도덕발달론에서 '하인즈 딜레마'의 이야기를 전 단계에 적용하고, 그 이야기에 대한 반응을 구조적으로 재구성하여 도덕판단 능력의 단계를 구분하고 있다. 그러므로 콜버그에게서 '하인즈 딜레마'는 그의 경험적-심리학적 연구를 위한 실질적이고도 가장 중요한 전거가 된다. 하인즈 딜레마의 이야기 내용은 다음과 같다: "유럽에서 어떤 부인이 치명적인 병으로 죽어가고 있다. 그 병은 일종의 암이다. 의사들은 그녀를 구할 수 있는 약이 단 한 종류가 있다고 보았는데, 그 약은 그 도시에 살고 있는 어느 제약사가 최근에 발견한 어떤 형의 라듐이다. 그 약의 생산 가격은 매우 높았다. 그래서 그 제약사는 약을 제조하는데 드는 총비용의 열 배 정도를 가격으로 책정하였다. 약을 생산하는데 200달러가 들었기 때문에 약값은 2,000달러였다. 그 부인의 남편 하인즈는 돈을 빌리기 위하여 그가 아는 모든 사람을 찾아 다녔으나 그 약값의 절반밖에 되지 않은 1,000달러를 구하는데 그쳤다. 제약사에게 자기 아내가 죽어가고 있다는 사실을 말하고 약을 싸게 팔든지, 그렇지 않으면 나머지 돈은 외상으로 해달라고 간청하였다. 그러나 제약사는 '안 됩니다. 나는 약을 만드는 사람이고 그 약을 팔아서 돈을 벌 것입니다'라고 말했다. 하인즈는 절망한 나머지 아내의 목숨을 구하기 위하여 약을 훔칠 생각으로 약방을 털었다"(PhMD, 12).

는 의미로 정식화되면서, 다른 사람의 잘못을 용서할 수 있는 마음을 처음으로 갖게 된다. 그러나 이 단계에서는 역할 기대나 황금률의 보편성뿐만 아니라 규칙이나 올바른 태도 규범에 의하여 역할을 확정하는 사회적 기능 체계나 사회 질서라는 의미에서의 역할 의무나 법의 간결성은 아직 나타나지 않는다(PhMD, 149; DV, 318f).

'관습적 단계 4'(konventionelle Stufe 4)는 '사회체제와 양심의 유지를 위한 단계'(the stage of social system and conscience maintenance)로서, 이 단계에 속한 사람들은 국가 사회의 현행 규범이나 법체계에 순응하여 행동한다. 이 단계에서의 정의는 사회에서 자신의 의무를 다하고, 사회 질서를 지키며, 사회의 안녕을 유지하는 것이다. 법은 그것과 상충하는 사회적 의무나 권리와 갈등하는 극단적인 경우를 제외하고는 철저하게 지켜져야 한다. 이 단계에서의 정의는 사회, 집단, 제도에 공헌함으로써 제도 그 자체를 유지하는 것이다. 그러므로 이 단계에서의 사람들은 개인들이나 가족들 사이에서의 보복이나 용서의 차원을 넘어서서 개인과 사회 체제의 관계를 새롭게 정립하는 동시에, 사회가 정한 법과 질서에 의거하여 의무를 다함으로써 자기 존재와 양심을 보존하려고 한다. 따라서 이 단계에 속하는 사람들은 체제의 관점을 바탕으로 하여 자기의 역할과 행위 규정을 제약한다. 그는 체제 안에서의 위상 속에서 개인적 관계를 생각한다.

2. 전환기적 수준

'전환기적 수준'(transtional level)은 관습적 수준과 관습 이후적 수준 사이에 위치하는 과도기적 상태로서 아직 원리적으로 규정할 수 있는 상태는 아니지만, 단계 4에서의 퇴행 현상이 나타난다. 이 단계에서는 도덕적 주체가 그가 속한 사회에 예속되지 않는 어떤 한 개인의 입장을 반영하고 있다. 그는 자신이 일반화된 책무나 계약 없이도 어떤 결정을 내릴 수 있다고 단정한다. 그는 특정한 사회에서 규정되는 의무를 선택할 수 있지만 그러한 선택을 위한 어떤 원리를 가지고 있지는 않다. 그러므로 이러한 4½단계에서의 선택이란 개인적이고 주관적이며, 그 때문에 선택이 감정적으로 이루어질 가능성이 높다. 이 단계에서는 '의무'와 '도덕적 정의'가 자의적으로 해석되는 것처럼 '양심'도 역시 자의적이고 상대적인 것으로 간주될 수 있다.

아펠에 의하면 4½단계에서는 도덕적 세계관의 퇴행과 위기가 발생할 수 있다. 콜버그가 제시한 단계 4는 관습적 도덕의 수준에서 가장 높은 단계이다. 그리고 우리는 지금 세계사의 발전 과정에 있어서 관습적 단계 4에서 관습 이후적 단계 5와 단계 6으로 이행하는 과도기적 단계에 살고 있다. 아펠은 이 도덕적 과도기 상황을 "청년기를 맞는 인류의 위기"(Adoleszenzkrise der Menschheit)라고 묘사한다.[2] 이 위기가 극복되어 다음 단계로 도덕발달이 이루어지기도 하지만 때로는 4½단계에서 차단되기도 한다(DV, 387f). 아펠은 독일의 국가 사회주의, 즉 히틀러 체제는 관습적 도덕이 철저하게 타락하여 과도기적 위기가 도덕적 파멸로 나타난 실례였다는 흥미있는 해석을 시도한다. 그는 또한 니체의 저서 『선악의 피안에서』와 『도덕의 계보학』에 나타난 도덕비판 역시 생물 기계론과 양심의 발생에 대한 탁월한 관점에도 불구하고 그의 도덕 개념이 언제든지

2) K.-O. Apel, "Zurück zur Normalität? Oder könnten wir aus der nationalen Katastrophe etwas Besonderes gelernt haben? Das Problem des (welt-)geschichtlichen Übergangs zur post-konventionellen Moral in spezifisch deutscher Sicht", in: *Diskurs und Verantwortung*. Frankfurt 1990, S. 410.

이성과 무관한 '권력에의 의지'로 전락할 수 있다는 사실에서 도덕적 위기를 조장한다고 지적하였다.

아펠에 의하면 히틀러와 니체는 관습적 도덕을 파괴하였으며, 유사-과학적 종족주의의 관점에서 전통적 도덕 질서를 무기력하게 하였다. 또한 동시에 그들은 의무감, 공동체 정서, 용기, 궐기 태세 등과 같은 관습적 도덕 수준에서의 미덕을 이데올로기적으로 활용하였다. 그리고 아펠은 하이데거의 철학에서도 보편 타당한 규범적 원리를 합리적으로 증명하려는 그 어떤 요청도 발견할 수 없다고 비판하면서, 만일 하이데거가 그러한 규범 원리를 가졌더라면 1933년에 히틀러에게 몸을 던지지 않을 수도 있었다고 말한다(DV, 384). 그리하여 아펠은 1945년 이전에 독일에서 발생하였던 수많은 현상들을 서구의 문명적, 보편주의적 요구들에 대한 반동으로 해석한다. 아펠에 의하면 이러한 유형의 철학적 사유는 특히 독일에서 도덕적 원리에 대한 의식을 무력하게 만드는데 기여하였다. 그리하여 아펠은 하이데거의 실존철학이 제1차 세계 대전에서 독일의 패배와 그로부터 기인된 독일 민족의 굴욕과 수치를 극단적 형태의 국가 사회주의로 보상받으려한 기회주의적 행위와 더불어 제3제국에서 지식인들을 체념하게 한 책임이 있다고 비판한다(DV, 410). 그리고 이러한 현상들은 오늘날 유럽 이외의 문화권에서 보이는 방어적 태도에서도 찾아볼 수 있다. 이슬람에서 근본주의적 경향이나 아프리카와 라틴 아메리카에 있어서 다양한 반민주주의적 동향들이 바로 그것이다.

아펠은 독일에서의 특별한 재앙으로부터 우리가 인류사의 청년기에 겪는 위기 문제를 정식화하려고 시도한다. 그리고 이런 경우에 독일식 사고와 전통은 4½단계에서의 위기를 비판적으로 진단하여 극복하게 할 기회를 우리에게 제공한다는 것이다. 그러나 제4단계에서의 관습적 도덕 수준으로는 결코 독재자들을 막기에 충분하지 않다. 일상적 차원의 민주주의에서는 다양한 요구사항을 적절하게 조정할 수 있을지 모르지만, 위기 상황에서는 그러한 의사절차는 단호하게 거부될 수 있기 때문이다. 따라서 그와 같은 태도는 평화롭게 국가가 존재하는 시기에만 적합할 것이다. 그리하여 아펠은 관습적 단계 4에서 해결할 수 없는 문제들을 풀기위하여 규범적 학문을 재구성해야 한다고 제안한다. 그는 칸트적인 의미에서 보편주의적 규범윤리학을 재구성하는 것뿐만 아니라, 콜버그처럼 경험적-사회과학적 도덕적 실상을 탐구하는 것도 중요하게 생각한다. 그리고 이로부터 인류가 보편적으로 타당한 도덕의식을 함양할 수 있는 능력을 가지고 있다고 주장할 수 있게 된다(DV, 440). 새롭게 재구성되는 규범과학의 필연적 전제 조건들은 논증적 담화에 이미 항상 있었던 선구조(Vorstruktur)들이다. 아펠이 말하는 "재구성적 학문의 자체 청구 원리"(DV, 320)는 바로 모든 의미있는 논의에는 언제나 이미 논의의 윤리학이 전제되어 있으며, 모든 논의는 이상적인 의사소통공동체의 실현을 지향하고 있다는 것을 뜻한다. 이는 마르크스에서와 같은 사회 목표에 대한 유토피아적 예언이 아니고, 이상적 담화 조건들을 부분적으로 선취(Vorwegnahme)하는 것이다. 그는 이와 같은 이상적인 담화 조건들이 사실상 가능할 뿐만 아니라 도덕적으로 당위성을 가지고 있다고 생각한다. 그러나 이것들은 필연적이지도 인과적이지도 목적론적이지도 않다. 그것들은 도달해야 하는 사실적 목표가 아니라 의미있는 논증을 가능하게 하는 선험적인 사유의 필연성에 지나지 않는다.

3. 관습 이후 수준의 단계

관습 이후 수준에는 단계 5와 단계 6이 속한다. '관습 이후적 단계 5'(postkonventionelle Stufe 5)는 '선차적 권리와 사회 계약 또는 공리성의 단계'(the stage of prior rights and social contract or utility)로서, 이 단계에 속한 사람들은 개인의 자연권을 요구할 뿐만 아니라, 사회 질서가 규칙 공리주의적 유용성의 관점에 근거한 계약을 통하여 수립되고 또한 동시에 그 수정도 요구할 수 있다는 사실을 중시한다. 이 단계에서의 정의는 기본권, 가치, 사회의 법적 계약을 지지하는 것이다. 물론 이것들이 특정한 집단의 구체적인 규칙이나 법과 갈등을 일으키는 경우에도 마찬가지다. 이 경우에 콜버그는 법과 계약에 대한 합리적인 정당화 원리를 규칙-공리주의가 말하는 유용성의 관점에서 설명한다. 그리하여 타당한 법과 규칙들은 단계 4에서처럼 신성하게 전제되는 것이 아니라 다른 규칙들과의 비교를 통하여 개개인에게 보다 유익하게 제정된다는 것이 바로 규칙-공리주의의 관점이다(PhMD, 153). 단계 4에서는 한 사람에게라도 예외를 허용하면 법의 구속성이 침해될 것이라는 우려가 지배적이다.

그러나 단계 5에서는 아무것도 규정되지 않은 상태 혹은 기존의 법을 정당화하거나 수정하려는 데 있어서 가장 합리적인 방안이 무엇인가를 보다 중요하게 생각한다. 그러므로 단계 5에서는 사법 행정적 차원에서의 법과 질서유지 차원보다는 입법적 차원에서 법을 새롭게 제정하고 수정하는 사유 조작과 관련된다.

여기에서 아펠은 콜버그가 단계 5를 '사회 이전의' 관점을 가지고 정초하는 사실을 지적한다(DV, 320). 아펠은 이러한 특성이 여기에서 모든 사회적 의무는 연결점이 없는 개인주의로 말미암아 해체된다고 오해될 소지가 있다고 본다. 법과 질서를 중시하는 단계 4에서의 정의는 각자에게 그 자신의 사회 질서(법, 국가, 신)를 그의 적들, 특히 범죄와 반체제 및 외부의 적들로부터 보호하도록 규정한다(PhMD, 153; DV, 320). 그와 반대로 단계 5에서는 우리의 시선을 법과 질서의 보호에서 개인의 복지를 극대화 하는 데 필요한 입법의 문제로 돌리게 한다(PhMD, 154). 그리고 여기에서 "전적으로 다른 법에 대한 존경의 태도"가 생기게 된다. 이렇게 되면 "법의 기능은 모든 온전한 시민의 소유권과 (그밖의) 서로 다른 그리고 갈등을 불러일으키는 집단의 이해 사이를 중재자로서 매개하는 데 있다" (PhMD, 154). 이같은 입장의 표현은 입헌적 민주주의의 절차적 규정들로서, 이것은 모든 개인의 관심 표명을 합의 형성의 수단으로 여기고, 법과 사회 질서에 앞서 있는 개인의 자유와 자연권을 보호하는 '권리 장전'을 포함하고 있다.

그럼에도 불구하고 단계 5가 도덕판단 능력의 가능한 발달에 있어서 최고의 마지막 단계일 수 없는 이유는 무엇인가? '역할 기대'라는 정의 조작의 측면에서 볼 경우에 완전한 평형화와 완전한 가역성이 이루어지지 않은 이유는 무엇인가? 이러한 물음들은 아펠이 지적하는 것처럼 단계 5와 단계 6을 구분하는 기준에 대한 것이다(DV, 321). 콜버그는 단계 5가 사실상 도덕적 원리를 타당하게 하려는 의도, 즉 도덕적 관점을 아직 가지고 있지 않다고 본다. 콜버그는 이러한 주장을 한편으로는 경험적인 검사 결과, 그리고 다른 한편으로는 칸트와 롤즈의 도덕 철학을 기초로 한 그 자신의 규칙-공리주의에 대한 비판적-철학적 논의 결과를 바탕으로 설명하고 있다.

콜버그는 단계 5에 해당되는 학생들에게 남북전쟁 이전에 법을 어기고 노예의 탈주를 돕는 것이 정당한가라는 물음에 대한 대답을 경험적으로 분석한다(PhMD, 158). 이 경우의 학생들은 전형적으로 법의 효력과 관련된 합법성과 도덕적 관점 사이의 갈등을 드러내고 있다. 물론 도덕적 관점에서 보면 그것은 아직 '상호주관적으로 타당한 원리의 정초'는 아니고, '주관적 양심의 권리'로 이해된다. 도덕적 관점에서 그 학생은 노예 제도가 인간을 동물처럼 다루게 하기 때문에 부당하다고 말한다. 그리고 그 학생은 그러한 의견을 말할 수 있는 개인의 도덕적 권리와 그에 상응하는 시민 불복종에 대한 양심의 결단에 대해서도 말한다. 그러므로 그 학생에게 문제되는 것은 주관적 의견이나 결단이다. 그 학생의 진술에 의하면 현행법으로서의 국가법에 저촉되면 시민불복종을 결단한 그 개인은 사회의 밖에 있다는 것을 알아야 한다는 사실이다.

콜버그는 이와 같은 단계 5의 관점을 다시 분석 윤리학 또는 메타 윤리학이라는 철학적 입장으로 설명한다. 여기에서 콜버그는 도덕철학은 결정적으로 '일상적 도덕 언어'의 분석에 있다고 전제한다. 그것은 철학 자체가 특정한 사회적 도덕의식의 단계에 의존한다고 보기 때문이다. 예를 들면 단계 5에서 특징적으로 이해된 도덕적 관점은 법의 영역을 넘어선 입법적 조망의 확장에 의하여 얻어진 것이다. 이제 도덕은 법과 같이 그때마다의 특정한 사회의 복지 요구로 귀착되는 그와 같은 사회적 조건들에 의하여 변화된 특정한 규칙과 규범 체계에서 나오는 것으로 간주되는 것이다(PhMD, 158f).[3)]

---

3) 이러한 의미에서 바이어(Kurt Baier)는 내용적으로 상이한 도덕 체계들이 특정한 형식적, 메타 윤리학적 기준들, 즉 법 제정의 요건에 적절한 보편성과 무당파성과 같은 기준에 부합된다면 타당하다고 보았다(K. Baier: *The Moral Point of View: A Rational Basis of Ethics*, rev. ed., Macmillan, New York 1965, p.114. PhMD, 159.). 또한 콜버그에 의하면 헤어는 도덕원리로서 충분한 이 형식적 기준을 그의 저서 『자유와 이성』(R. M. Hare: *Freedom and Reason*, Oxford University Press, New York 1963)에서 분명하게 제시하였으며, 또한 1968년에 브란트가 그의 형식적 원리에다 '자질을 갖춘 태도'(qualified attitude)와 결합된 규칙 공리주의의 원리를 주장한 데 대하여(R. B. Brandt: "Toward a Credible Form of Utilitarianism", in: M. D. Bayles ed., *Contemporary Utilianism*, Anchor Books, Garden City 1968), 콜버그는 그것이 실천적 기능에 있어서 진정한 실질적 도덕원리가 아니라, 상황과 문화에 따라 상대적이고 '법과 유사성을 가진' 규범의

'관습 이후적 단계 6'(postkonventionelle Stufe 6)은 '보편적인 윤리적 원리의 단계(the stage of universal ethical principles)로서, 이 단계에 속하는 사람들은 모든 인류가 따라야 할 보편적인 윤리적 원리를 지침으로 행위 한다. 이 단계에서의 정의는 완전한 보편성과 가역성으로서의 평형화에 이르는 것이다. 이러한 정의 개념은 인권의 평등과 인간의 존엄성에 대한 존경에 기초하고 있으며, 입법과 사회적 제도를 창출하는 도덕적 관점으로부터 나온다. 이러한 도덕적 관점은 다른 모든 사람을 수단이 아닌 목적 그 자체로서 예우한다. 단계 6에서의 도덕적 판단 능력의 수준은 하인즈-딜레마에 대한 철학자 3의 대답에서 표준적인 모습을 드러낸다.

하인즈-딜레마에 대한 철학자 3의 대답은 다음과 같다: 하인즈가 한 일은 적법성의 측면에서는 부당하지만, 도덕성의 측면에서는 정당하다. 모든 사람은 그가 할 수 있는 처지에 있다면 인간의 생명을 구해야 한다는 무조건적 의무를 가지고 있다. 이 의무는 물론 훔치지 않아야 한다는 법의 규범과 갈등을 일으키는 경우에도 우위를 가진다. 이와 같은 유형의 도덕 규범은 법체계의 타당성을 정초한다. 철학자 3의 대답이 합리적인 근거를 가지는 이유는 하인즈가 내린 결정만이 가역적이고 보편화 될 수 있기 때문이다. 하인즈뿐만 아니라 약제사도 같은 상황에서 아내와 남편의 역할을 하게 될 경우에 도둑이 되어야 할 도덕적 의무를 인식해야 한다. 가역성의 요구라는 의미에서 역할 기대를 통하여 재산의 가치와 그리고 그에 상응하는 재산을 지켜야 한다는 법의 도덕적 권위가 인간 생명의 가치와 생명을 구해야 한다는 의무보다 아래에 있다는 것이 분명하게 된다. 또한 하인즈가 그의 아내를 위하여 약을 훔친 마지막 근거는 모든 사람들이 특정한 방식으로 행위 하게 하는 행위 방식의 선과 악에 대

정초를 위한 형식 절차적인 논증 규칙에 지나지 않는다고 보았다(PhMD, 159).

한 숙고나 사회 계약에 있는 것이 아니라, 모든 계약과 모든 법적 상황에서 모든 사람을 평등하게 대하고 가역적인 역할 기대를 시도하는 사유 실험에 있다. 콜버그에 의하면 개인적 정의의 원리는 공리주의적으로 정초될 수 없으며, 그는 철학자 3의 대답에서 "모든 사람을 수단이 아닌 목적으로서 대하라"라는 칸트의 자율성 원리를 확인한다. 그리고 철학자 3은 보편적으로 타당한 이러한 도덕원리로부터 법관의 의무를 판정한다. 그는 국가의 법을 지켜야 하는 일과 국가의 법이 그보다 상위법의 불완전한 표현이라는 사실을 증언해야 하는 이중적인 과제를 풀어야 한다. 이런 경우에 그는 하인즈를 구속해야 하고, 정당한 이유를 들어서 그를 석방해야 한다고 주장한다(PhMD, 163).

그리하여 콜버그는 도덕판단 능력의 최고단계를 위한 전형적인 논증을 다음과 같이 제시한다(DV, 327f). 규칙 공리주의와 사회 계약의 원리에 정향되어 있는 단계 5를 넘어서서 철학자 3은 보다 높은 도덕 법칙을 정의하는 데 타당한 도덕원리를 가지고 있는 단계 6의 입장을 지지한다. 그것은 바로 자체 목적으로서의 인격은 무조건적인 도덕 가치를 가지며, 그것은 모든 개개인의 주장들이 모든 상황에 있어서 동등한 처우를 받아야 한다는 칸트적 원리이다. 이것은 모든 유용한 행위 방식이나 사회 계약에서 나오는 역할 기대와 비교해 볼 때, 모든 이성 존재를 '이상적인 도덕적 배역'으로 간주하는 사실에서 단계 5와는 달리 '보편적'이라는 차이를 나타낸다. 칸트적인 의미에서 '정의의 원리'나 '인간을 목적 자체로서 보는 원리'는 법보다 고차적인데, 그 이유는 법과 계약에 대한 주장은 이 원리들로부터 연역될 수 있기 때문이다(PhMD, 164). 콜버그에서의 단계 6의 도덕원리가 무당파적이고 보편적으로 타당하는 한에서, 그것은 단계 5의 입법적 관점에서 오는 모든 법 규범을 위해서 요구되어야 한다. 그것은 바이어나 헤어가 요구하는 바처럼 상황에 따라 상대적이고 내용에 따라 상이할 수도 있는 그러한 규범과 법칙을 만드는데 있어서 형식적 절차적 조건일 뿐만 아니라, 그것은 형식적 의무론적 원리와 실질적 도덕원리를 기술한다. 왜냐하면 그것은 인간의 생명을 구하고 인격을 수단으로 다루지 말라는 것처럼, 모든 사람에게 언제나 타당한 의무를 위한 완전하게 보편적인 원리를 정초하기 때문이다(PhMD, 166).

콜버그는 단계 6의 보편적 타당성과 보다 낮은 단계에서의 상대화된 원리 사이의 차이를 설명한다. 이 두 경우에 단계 6의 원리는 역할 기대의 완전한 가역성의 요구를 가능하게 한다. 콜버그는 단계 6의 원리로 제시한 보편성의 우위에 대하여 황금률을 적용하여 설명한다. 황금률은 단계 3에서부터 적용되기 시작하지만, 콜버그에 의하면 단계 3에서는 인간의 권리 주장을 둘러싼 가능한 갈등을 완전히 평형적으로 해결하지 못한다. 평형적인 해결은 상대편 모두에게 완전하게 가역적인 경우를 말하며, 모두가 서로의 입장이 되어도 완전하게 승인할 수 있는 상태를 말한다. 철학자 3은 보편성과 가역성을 같은 것으로 생각한다. 가역성은 평형된 역할 기대에 대한 근본적 진술이다. 그러므로 예수가 부유한 제자에게 모든 것을 가난한 사람에게 분배하라고 지시한 것은 황금률의 원리에 부합될 수는 있어도 완전한 평형에 도달했다고 볼 수 없는 것이다.

이로부터 보편적으로 타당한 의무가 항상 상응하는 권리 주장이 관련된다는 사실이 가능하기 때문이다. 그렇지 않을 경우에 보편성-원리는 도덕 의식의 보다 낮은 단계로의 퇴행이라는 의미로 잘못 해석될 수 있다. 칸트가 '결코 거짓말을 해서는 안 된다'는 규범을 무조건적으로 타당한 의무로 규정하였을 때, 그것은 살인자 앞에서나 사람의 목숨을 구할 목적에서 거짓말하는 것조차도 도덕적으로 허용하지 않는다.[4] 바로 이점에서 콜버그는 칸트의 보편적 도덕원리가 규칙 유지의 관점에서 무조건적으로 적용되는 경우에는 단계

4로 전락한다는 사실을 지적한다(PhMD, 165; DV, 328f).

단계 4의 정의 원리는 법과 규칙, 그리고 사회 질서를 유지하기 위해서는 어떤 예외도 인정하지 않는다는 것을 골자로 하고 있다. 따라서 콜버그의 관점에서 보면 칸트의 의무윤리학과 루터의 교의 체계가 법과 질서를 중시하는 단계 4에 해당되며, 이와 같은 도덕성의 한계는 히틀러 국가 체제에서도 입증된다. 그리고 의무윤리학을 강조하는 단계 4에서는 본회퍼와 같은 '시민 용기'를 용납할 수가 없게 된다.

콜버그가 '인간을 결코 수단으로 다루지 말라'는 원리를 상황 의존적인 상대적 원리와 구분하여 그 원리가 가지고 있는 보편성의 우위를 인식하려고 한 것은 흥미있는 사실이다(PhMD, 166; DV, 329). 이 논의를 콜버그는 더 이상 다루지 않았으나, 아펠은 여기에 상당히 중요한 문제가 있다고 본다. 우리는 살인자나 게쉬타포 조직과 같은 두려운 존재 앞에서 상황에 따라 적합한 행위, 즉 의식적으로 전략적 기만을 해야 하는 어려움을 당할 수 있기 때문이다. 그렇다면 우리는 이러한 경우에도 도덕적 인간이기 위해서 그들을 본래적인 목적으로 대해야 하고, 결코 수단으로 대해서는 안 되는 것일까? 다시 말하면 전략적으로 행동해야 할 한계상황에서 자신의 적대자를 그 모든 도구화에도 불구하고 공동의 주체로 인정하고 그 개인의 인간성을 결코 수단으로 여겨서는 안 되는 것인가?(DV, 330).

이 경우에 아펠은 칸트의 '목적의 나라'에 전제되어 있는 이성 존재의 이상적인 의사소통공동체의 조건들 하에서 법의 요구와 의무의 엄격한 대응이 전제될 수 있다는 사실이 보충되어야 한다고 지적한다(DV, 329). 칸트 철학을 이처럼 최고의 관점에서 볼 경우에만 '거짓말을 하지 말라'는 칸트의 원리가 가지고 있는 엄격한 보편성

4) I. Kant, *Über ein vermeintes Recht aus Menschenliebe zu lügen,* in: Kants Werke, Akademie-Textausgabe, Bd. VIII, 423-430.

과 '무조건적 타당성'은 콜버그가 단계 6에서 제시한 두 가지 원리를 함축한 원리가 될 수 있다는 것이다.

4. 관습 이후적 단계 5와 단계 6의 차이 근거

콜버그는 관습 이후적 단계 5와 단계 6의 근본적인 태도 차이에 대하여 다음과 같이 설명한다. 그는 단계 5에 해당되는 철학적 입장과 전적으로 자율적인 단계 6의 도덕원리의 차이를 하인즈 딜레마를 이용하여 밝히려고 한다. 그러나 이 경우에는 실재적인 사람들에게 경험적으로 검사한 결과가 아니라, 가상적인 세 명의 철학자를 상정하여 그 가능한 답변 내용의 구조적 형식을 분석한다. 처음 두 철학자는 단계 5에 속하고 세 번째 철학자는 단계 6에 속한다.

철학자 1은 이렇게 대답한다: 하인즈가 죽을 병에 걸린 그의 아내를 살리기 위하여 약을 훔친 것은 잘못이고 또한 그렇게 하는 것이 그의 의무는 아니지만, 그것은 의무를 넘어선 좋은 일이다. 도둑에 대한 도덕적 정당화는 희귀한 약의 분배는 공정의 원리에 따라야 한다는 입법적 관점에 있다. 현행법의 관점에서 볼 경우에 약제사는 높은 가격을 책정할 권리가 있고, 도덕법의 범주 안에서도 그러한 권리를 갖는다. 그러나 약을 주지 않는 것은 그 사회 안에서 엄중하게 비난받을 행동이다. 따라서 그는 도둑을 비난할 도덕적 권리를 갖지 못한다. 철학자 1의 대답에 의하면 하인즈의 행위를 판정할 법관은 법을 적용하지 못한 강력한 이유가 없는 한 법을 엄정하게 적용해야 한다. 그러나 철학자 1은 이 특별한 경우에 법관이 도둑을 처벌하지 않아도 되는 그런 선례를 남겨도 좋을만한 정확한 기준이 무엇인가를 충분하게 제시하지 못한다(PhMD, 160).

철학자 2는 이 문제를 다음과 같이 판정한다: 하인즈가 약을 훔친 것은 정당하다. 물론 일반적으로 법을 어기는 것은 나쁘고 법에 복종하는 것이 의무이지만, 여기에는 예외가 있다. 즉 법을 어김으로써 다른 사람의 생명을 해치는 일을 막을 수 있다면, 그리하여 법을 어기는 데서 오는 피해보다 어기지 않는 경우에 더 큰 피해가 예상되는 경우에는 법을 어기는 것이 정당화될 수 있다. 하인즈는 그의 아내나 또는 같은 상황에 있는 가까운 친구를 위하여 약을 훔쳐다 줄 의무가 있다. 그러나 낯선 사람을 위하여 하인즈가 약을 훔칠 필요는 없다. 이 경우에 철학자 2는 약제사의 행위를 도덕적으로 부당하다고 본다. 왜냐하면 그는 자신의 작은 희생으로 다른 사람의 커다란 피해를 막아야 한다는 원칙을 행하지 않았기 때문이다. 또한 법관은 피고 하인즈를 석방하거나 명목상의 판결을 해야 한다. 그 이유는 도덕적 동기에서 법을 어긴 사람들이 해악보다 선을 조장할 뿐만 아니라, 명목상의 판결이 법의 파괴자를 처벌한다는 원칙을 지킬 수 있기 때문이다(PhMD, 161f).

콜버그가 제시한 이 두 철학자의 하인즈-딜레마에 대한 판정에서는 도덕적 관점이 확고하고 자율적인 원리에 의하여 정초되고 있지 않다는 사실이 특징적이다. 이들은 물론 법의 파괴에 대한 법적인 관점과 그에 대한 도덕적 관점을 분명하게 구분하고 있다. 그러나 이러한 판정은 합법성과 사회 계약에 의존하는 점에서 단계 5의 판단 주체가 비철학적이라고 규정할 수 있게 된다. 철학자 1은 입법의 문제를 판정하는 데 있어서 유용성과 정의라는 분명한 기준을 가지고 있으나, 그것은 모든 참여자(남편, 약제사, 법관)들에게 생명에 대한 권리를 숙고하는데 있어서 도덕적 의무를 분명하게 확인해 주지 못한다는 사실에서 도덕적 원리가 못된다.

철학자 2는 규칙 공리주의의 원리에 의하여 "해악보다 더 많은 선을 도모하기 위하여 일반적으로 준수해야 할" 규칙의 명제를 확정한다. 그러나 이 규칙은 모든 가능한 참여자들에게 보편적이지 못하다. 이 규칙은 남편이 아내를 위해서는 훔칠 의무를 가지지만 낯선 사람을 위해서 의무가 없다고 말한다. 이러한 '원리들'은 콜버그에게 오히려 사회학자들이 '역할 기대'라고 불렀던 것과 비슷한 '태도 규정들'로 보인다. 이것은 특정한 부류의 사람들에게만 구속성을 가지므로 법으로 인정될 수 없는 특성을 갖는다. 그러나 이 원리들이 정식화되는 방식은 법이 만들어지는 것과 유사하다(PhMD, 161). 콜버그는 이 토론에서 도덕판단 능력의 단계 5를 확장한 데서 기인하는 철학적 입장은 결코 그 원리들이 모든 사람들에게 구속성을 가지는 것으로 인정될 수 있는 보편적 도덕성(universale Moralität)을 정초할 수 없다는 결론을 내린다(PhMD, 161; DV, 325). 콜버는 이러한 도덕원리를 도덕판단 능력의 최고단계인 단계 6에 상응하는, 이른바 하인즈-딜레마에 대한 철학자 3의 대답을 통하여 제시하고자 했던 것이다.

제9장 도덕판단 능력의 최고단계

1. 도덕판단 능력의 단계

발달심리학과 규범윤리학을 통일적으로 매개하려는 콜버그의 도덕발달론은 도덕 단계에 대한 심리학적 기술이 규범윤리학 체계의 원리적 심층 구조와 상응한다는 '동일성-테제'에 기초하고 있다. 아펠은 콜버그의 동일성-테제와 '존재에서 당위에로의' 이행에 있어서 그가 말하는 심리학이 사실 과학을 의미하는 것으로 본다. 그러나 아펠은 콜버그가 주장하는 것처럼 심리학이 사실 과학이라면, 발달심리학도 역시 도덕적 규범을 전제하지 않은 가치중립적인 자연과학과 같은 것으로 이해되어야 한다고 비판한다. 발달심리학을 자연과학과 동일한 수준으로 볼 것인가에 대해서 논쟁이 제기될 수 있기 때문이다. 아펠은 심리학의 방법론이 가치중립적이라는 콜버그의 주장에 대하여 쉽게 납득하지 못하였을 뿐만 아니라, 설사 그렇다

하더라도 콜버그 자신이 사실을 설명하는 심리학의 영역과, 행위를 규정하는 규범학을 동일한 차원에서 구성하려고 한 사실에서 방법론적 모순을 범하고 있다고 비판한다.

아펠에 의하면 콜버그의 동일성-테제는 어떤 근거에서 사실 과학과 규정 과학이 상호작용할 수 있으며, 도덕원리의 보편성 주장이 어떻게 가능한가에 대하여 확실하게 설명하지 못한다. 아펠에 의하면 가언적-연역적 사유와 그 결과들은 경험적 명증성에 의하여 충분하게 입증되거나 반증되지 않기 때문에, 도덕적 당위를 합리적으로 정초하기 위해서는 선험적으로-아프리오리한 최후정초에로 나가지 않으면 안 된다. 따라서 아펠은 콜버그의 도덕발달론이 그 윤리적 의미를 상실하지 않기 위해서는 필연적으로 보편적인 규범윤리학을 가능하게 하는 최후정초를 시도해야 한다고 본다. 다시 말하면 콜버그의 동일성-테제는 더 이상 물러설 수 없는 반성적 최후정초를 기반으로 해야 한다는 것이다.

콜버그의 도덕발달론에서 동일성-테제는 그의 도덕판단 능력의 단계론에 적용되고 있다. 콜버그는 발달심리학 이론에 의하여 사실적으로 검증된 단계 범주들에서 정의 개념이 확장되어가는 과정을 제시하고, 그 점진적인 평형화 과정을 도덕적 통합 형식의 단계로 파악하고 있다. 그가 경험적-심리학적 연구를 통하여 재구성한 도덕판단 능력의 여섯 단계는 관습 이전의 두 단계(제1단계: 처벌과 복종, 제2단계: 도구적 교환), 관습 수준의 두 단계(제3단계: 사람들 간의 동조, 제4단계: 사회 제도와 양심의 유지), 그리고 관습 이후의 두 단계(제5단계: 선재 권리와 사회 계약, 제6단계: 보편적 윤리적 원리)로 구분된다.

'관습 이전의 수준'(preconventional level)에서 어린이는 오직 벌을 피하고 상을 받기 위해서 문화적 규칙들을 이행하려고 한다. 여기에는 단계 1과 단계 2가 속한다.

제1단계에서 어린이의 행동은 벌과 복종을 지향하고 있다. 어떤 행위가 좋고 나쁜 것은 그 행위에 따른 물리적 결과가 규정한다. 어린이는 벌을 피하고 힘에 복종함으로써 최선의 가치를 추구한다.

제2단계에서 어린이의 행동은 도구적이고 상대주의적인 방향에서 결정된다. 이 경우에 올바른 행위는 자기 자신의 욕구를 만족시키고, 가끔씩 다른 사람의 욕구도 만족시켜 주는 것으로 나타난다. 모든 인간관계는 시장의 원리에 따르게 되고, 여러 유형의 가치 개념들도 물리적이고 실용적인 원칙에 따른다.

'관습적 수준'(conventional level)에서는 직접적 결과에 관계하지 않고 자기 가족이나 그가 속한 단체와 국가가 기대하는 바에 따라서 행위 한다. 이 도덕적 수준에서는 충성심이나 자기 정체성 등이 자신의 행위를 정당화하며, 여기에는 단계 3과 단계 4가 속한다.

제3단계에서는 서로 기대하고 관계를 맺으면서 일치해 나가는 경향성을 보이고 있다. 사람들은 좋은 남자나 멋있는 여자를 추구한다. 그리고 도덕적으로 선한 행위가 다른 사람들로부터 평가받는 사실을 알게 된다. 대부분의 '자연스러운' 행위가 이 단계의 행위에 부합된다. 다른 사람이 '좋다'거나 '친절하다'고 말하는 것이 중시되기 시작한다.

제4단계에서는 자신이 속한 사회 체계가 그에게 기대하는 바를 추구하는 경향성을 가진다. 이 단계에서 사람들은 권위와 규칙을 추구하고, 사회적 질서를 유지하기 위하여 노력한다. 그러므로 올바른 행위란 자기의 의무를 다하고, 권위에 존경심을 표시하고, 그 자신을 위하여 주어진 사회 질서를 보호하는 것이다. 콜버그에 의하면 미국과 서구의 산업 국가에 속한 대부분의 성인들은 단계 4에 해당되었고, 아펠 역시 의무를 중시여기는 프로이센 관료들이 부패에 대항해서 법치 국가를 관철시키려는 사실을 이 도덕적 단계의 현상으로 파악하였다.[1] 그러나 단계 4의 도덕 수준으로는 히틀러 체제에 저항하는 본훼퍼(Dietrich Bonhöffer)의 저항 윤리학이나 '시민 불복종' 개념을 파악할 수 없다. 이러한 행위 사실들은 '관습 이후적 단계'에 들어서야 비로소 이해될 수 있다.

단계 4와 단계 5 사이에 '과도기적 중간단계'(transitorische Zwischenstufe 4½ oder B/C)가 상정될 수 있다. 이것은 어떤 행위가 관습을 넘어서 있지만 아직 원리들이 확정되지 않은 수준을 나타낸다. 이 경우에 결정 사항은 대개 개인적 주관적이고 감정에 근거하고 있다. 예를 들면 양심은 자의적이고 상대적인 것이다. 이 단계에서 한 개인의 행위 선택은 아직 도덕적 원리에 매개되어 있지 않다.

'관습 이후적 수준'(postconventional level)은 자율적 수준 또는 원리를 지향하는 도덕적 수준이다. 여기에서는 자신의 개인적인 욕구를 넘어서서 보편적인 도덕적 가치나 원리, 법칙들을 처음으로 규정하려고 시도한다.[2)]

제5단계에서는 사회계약을 추구하는 경향성을 가진다. 올바른 행동은 개개인의 일반적 권리라는 개념과 비판적으로 검토되고 채택된 전 사회적 표준 안에서 규정된다. 개인의 가치와 의견의 상대성, 합일에 이르기 위한 절차적 규칙의 강조가 도덕적 원칙 안에서 이상적으로 조정된다.

제6단계에서는 보편적 윤리 원칙을 추구하는 경향성을 가진다.

---

1) K.-O. Apel, "Die transzendentalpragmatische Begründung der Kommunikationsethik und das Problem der höchsten Stufe einer Entwicklungslogik des moralischen Bewußtseins", in: ders, *Diskurs und Verantwortung. Das Problem des Übergangs zur postkonventionellen Moral*. Frankfurt 1990. S. 319, [Abk.: DV].

2) Lawrence Kohlberg, *The Philosophy of Moral Development, Moral Stages and the Idea of Justice*. San Francisco 1981, S. 152, Abk.: PhMD; deutsch: *Gesammelte Schriften I, Philosophische und pädagogische Untersuchungen zur Moralentwicklung des Kindes. Drei Aufsätze*. Frankfurt 1974; 김민남 외 역, 『도덕발달의 철학: 도덕단계와 정의의 관념』, 교육과학사, 서울 1985.

이제 정당성은 "스스로 선택한 원칙들과 일치하는 양심의 결단"이라고 규정된다. 이 원리는 논리적 정확성과, 보편성, 그리고 일관성을 추구한다. 그러므로 이 원리는 '황금률'이나 '정언 명법'처럼 추상적 형식적이거나, 십계명처럼 구체적인 내용을 담고 있는 규칙은 아니다. 관습 이후의 두 단계에서 도덕적 결정은 공정하고 유익하게 실천할 수 있는 그런 사회를 창조하는데 있어서 모든 개인이 합의할 수 있는 권리와 가치, 그리고 원리로부터 이루어진다(PhMD, 411).

그런데 콜버그는 이러한 각 단계들에서의 도덕판단을 역할 기대의 과정으로 파악하고, 각 단계에는 피아제의 사유 조작에 있어서 논리적 단계와 상응하는 새로운 논리적 단계가 나타난다고 보았다. 보다 높은 단계로 갈수록 보다 더 도덕적으로 된다는 것이다. 그리고 이 단계들에는 정의-구조가 있으며, 각 단계들은 그 앞에 오는 단계보다 더 포괄적이고 분화적이고 평형적이라고 규정하였다. 그러나 아펠은 콜버그가 "완전하게 가역적인 역할 기대의 원리"에 의하여 도덕발달론의 가능성을 충분하게 입증하지 못하였고 철학적-규범적으로도 완전하게 정초하지 못했다고 비판한다. 그리고 특히 콜버그가 동일성-테제에 기초하여 도덕판단 능력의 최고단계인 제6단계를 경험적 실증적으로 제시하는데 실패하였다고 평가한다.

이러한 사실로부터 콜버그의 도덕발달론에서 채택하고 있는 도덕적 보편주의와 도덕판단 능력의 최고단계가 정초될 수 있는가라는 물음이 제기된다. 이와 같은 비판적 물음은 물론 도덕적 상대주의자나 도덕적 허무주의자들로부터 제기될 수도 있다. 그리고 공리주의자들은 콜버그가 제시한 도덕판단 능력의 제6단계가 "필요하지 않다"고 비판한다.[3] 또한 아펠이나 하버마스와 같이 도덕적 보편주의

---

3) Otfried Höffe, "Autonomie und Verallgemeinung als Moralprinzipien. Eine Auseinandersetzung mit Kohlberg, dem Utilitarismus und der Diskursethik", in: F. Oser, R. Fatke, O. Höffe(Hrsg.), *Transformation und Entwicklung. Grundlage der Moral-*

를 표방하는 담론윤리학자들에게 콜버그의 최고단계는 "불충분한 것"으로 간주되어, 제7단계가 새롭게 요청되고 있다.4) 우리는 여기에서 주로 콜버그가 제시하는 보편주의적 도덕과 도덕적 판단 능력의 최고단계가 어떻게 정당화되고 있으며, 그것은 같은 입장에 선 선험화용론자인 아펠에 의하여 어떻게 비판되고 수정되는가를 다루고자 한다.

2. 도덕판단 능력의 최고단계

콜버그의 도덕발달 단계론에서 자율적으로 도덕적 행위를 할 수 있는 단계는 관습 이후적 수준의 두 단계이다. 자율적 수준 또는 원리를 지향하는 도덕적 수준에서는 개인적 욕구를 넘어서서 보편적인 도덕 가치와 원리 및 법칙들을 규정하려고 시도한다.

관습 이후적 단계 5는 "선차적 권리와 사회계약 또는 공리성의 단계"(the stage of prior rights and social contract or utility)로서, 이 단계에 속한 사람들은 개인의 자연권을 요구할 뿐만 아니라, 사회질서 역시 유용성의 관점에 근거한 계약에 의하여 유지되고, 또한 필요한 경우에는 그 수정도 요구할 수 있다는 사실에 기초한다. 이

---

erziehung. Frankfurt 1986, S. 58.

4) K.-O. Apel, "Das Apriori der Kommunikationsgemeinschaft und die Grundlagen der Ethik", in: Ders., *Transformation der Philosophie*. Bd. II, Frankfurt 1973, S. 358-435; Ders.: "Geschichtliche Phasen der Herausforderung der praktischen Vernunft und Entwicklungsstufen des moralischen Bewußtseins", in: *Funkkolleg Praktische Philosophie/Ethik*. Weinheim/Basel 1980, S. 55ff; Jürgen Habermas, "Moralentwicklung und Ich-Identität", in: Ders., *Zur Rekonstruktion der Historischen Materialismus*. Frankfurt 1976; Ders.: "Diskursethik - Notizen zu einem Begründungsprogramm", in: Ders., *Moralbewußtsein und kommunikatives Handeln*. Frankfurt 1983.

단계에서의 정의는 기본권, 가치, 사회의 법적 계약을 지지하고 있다. 이 경우에 콜버그는 법과 계약에 대한 합리적인 정당화 원리를 규칙-공리주의가 근거하고 있는 유용성의 관점에서 설명한다. 규칙 공리주의에 의하면 타당한 법과 규칙들은 다른 규칙들과의 비교를 통하여 개개인에게 보다 유익하게 제정된다(PhMD, 153). 그러므로 단계 5에서의 도덕적 행위는 사법 행정적 차원에서 법과 질서를 유지하는 것 보다는, 법을 새롭게 제정하고 수정하는 입법적 차원에서의 사유 조작과 관련된다.

그러나 콜버그에 의하면 단계 5는 아직 도덕적 원리를 타당하게 하려는 의도, 즉 도덕적 관점을 가지고 있지 않다고 본다. 콜버그는 이러한 주장을 한편으로는 경험적인 검사 결과, 그리고 다른 한편으로는 칸트와 롤즈의 도덕 철학을 기초로 한 그 자신의 규칙-공리주의에 대한 비판적-철학적 논의 결과를 바탕으로 설명하고 있다. 단계 5에서 특징적으로 이해된 도덕적 관점은 법의 영역을 넘어선 입법적 조망의 확장에 의하여 얻어진 것이다. 따라서 이 단계에서의 도덕은 법과 마찬가지로 특정한 사회적 조건들에 의하여 변화된 특정한 규칙과 규범 체계에서 비롯된 것으로 생각될 수 있기 때문에 보편성을 확보하고 있지 못하다(PhMD, 158f). 그리하여 콜버그는 규칙 공리주의의 원리를 실질적 도덕원리가 아니라 상황과 문화에 의존하는 상대주의적 원리라고 이해하는 동시에 규범을 정초하는 데 있어서 법과 비슷한 형식 절차적인 논증 규칙에 지나지 않는다고 보았다(PhMD, 159).

관습 이후적 단계 6은 "보편적인 윤리적 원리의 단계"(the stage of universal ethical principles)로서, 이 단계에 속하는 사람들은 모든 인류가 지켜야 할 보편적인 윤리적 원리에 의하여 행위한다. 이 단계에서의 정의는 완전한 보편성과 가역성으로서의 평형화에 이르는 것이다. 이러한 정의 개념은 인권의 평등과 인간의 존엄성에 대한 존경에 기초하고 있으며, 입법과 사회적 제도를 창출하는 도덕적 관점으로부터 나온다. 이러한 도덕적 관점은 다른 모든 사람을 수단이 아닌 목적 그 자체로서 대한다. 이것은 이미 칸트나 롤즈가 주장한 형식주의 윤리학의 주된 내용이다.

그리하여 콜버그는 도덕판단 능력의 최고단계의 정초 가능성을 칸트와 롤즈에게서 찾으려고 한다. 규칙 공리주의와 사회 계약의 원리에 정향되어 있는 단계 5를 넘어서서 보다 높은 도덕 법칙을 정의하는 데 타당한 도덕원리에 의하여 행위하려는 사람이 단계 6에 속한다. 이것은 바로 자체 목적으로서의 인격은 무조건적인 도덕 가치를 가지며, 모든 상황에 있어서 모든 개개인의 주장들은 동등한 대우를 받아야 한다는 칸트적인 도덕원리이다. 이것은 공리주의적 유용성이나 사회 계약적 역할 기대에 비하여 모든 이성 존재를 이상적인 도덕의 주역으로 생각한다는 사실에서 보편성을 가진다. 롤즈가 말하는 '정의의 원리'나 인간을 목적 자체로 보는 칸트적인 원리는 법의 원리 보다 더 고차적인데, 그 이유는 법과 계약에 대한 주장은 이 원리들에서 연역될 수 있기 때문이다(PhMD, 164). 콜버그가 말하는 제6단계의 도덕원리는 무당파적이고 보편적으로 타당한 성격을 가지고 있다.

콜버그는 단계 6 원리의 보편적 타당성과 보다 낮은 단계에서의 상대화된 원리 사이의 차이를 설명한다. 이 두 경우에서 단계 6의 원리는 역할 기대의 완전한 가역성의 요구를 가능하게 한다. 이로부터 보편적으로 타당한 의무에 상응하는 권리 주장이 가능하기 때문이다. 그렇지 않을 경우에 보편성의 원리는 보다 낮은 도덕의식의 단계로의 퇴행으로 잘못 해석될 수도 있다. 칸트는 '결코 거짓말을 해서는 안 된다'는 규범을 무조건적으로 타당한 의무로 규정하면서 어떤 예외적인 경우도 허용하지 않았다.[5)] 바로 이점에서 콜버그와 아펠은 칸트의 보편적 도덕원리가 규칙 유지의 관점에서 무조건적으로 적용되는 경우에는 단계 4로 전락한다고 경고한다(PhMD, 165; DV, 328f). 제4단계의 정의 원리는 법과 규칙, 그리고 사회 질서를 유지하기 위해서는 어떤 예외도 인정하지 않는다. 따라서 콜버그의 관점에서 보면 칸트의 의무윤리학과 루터의 교의 체계는 법과 질서를 중시하는 단계 4에 해당되며, 이와 같은 도덕성의 한계는 히틀러 국가 체제에서도 여실히 드러나고 있다. 이처럼 의무윤리학을 강조하는 단계 4에서는 본회퍼와 같은 '시민 용기'를 용납할 수가 없게 된다.

그러나 만일 칸트의 형식주의 윤리학이 가지고 있는 엄격성이나 추상성의 원리가 도덕판단 능력의 최고단계로서 결함을 가지고 있다면 윤리적 보편주의를 표방하는 콜버그의 도덕적 주장은 어떻게 정당화 될 수 있을까? 이러한 난관을 해결하기 위하여 그가 주로 의존했던 철학자는 바로 롤즈였다. 칸트의 의무윤리학이 가지고 있는 단계 4로의 추락 가능성을 롤즈의 정의론에 의하여 보완하려고 한 것이다.

3. 단계 6의 규범적 정의 기준: 롤즈와 콜버그

아펠은 콜버그가 「존재에서 당위에로」[6]라는 글에서는 "완전하게 가역적인 역할기대의 원리"를 가지고 피아제적인 의미에서의 도덕

---

5) I. Kant, *Über ein vermeintes Recht aus Menschenliebe zu lügen*, in: Kants Werke, Akademie-Textausgabe, Bd. VIII, 423-430. 이에 대한 철학적 논의는 최근에 발표한 문성학의 논문 「칸트와 거짓말」(대한철학회 논문집 『철학연구』, 제53집, 1994년 11월)을 참조하라.

6) L. Kohlberg, "From Is to Ought", in: T. Mischel: *Cognitive Development and Epistemology*, New York 1971. In: PhMD, 101-189.

판단 능력의 발달에 대한 이론의 가능성을 충분하게 입증하거나 또는 철학적-규범적으로 완전하게 정초하지 못했다고 지적한다(DV, 331). 콜버그 스스로도 이러한 사실을 「가역성으로서의 정의」라는 논문 서두에서 밝히고 있다. 그는 심리학적 발달 이론을 철학에서의 형식주의적 메타윤리학 이론과 관계지우면서 발달 이론에서의 보다 높은 단계 혹은 나중의 단계가 보다 좋은 단계이고, 따라서 객관적으로 선택하기에 보다 적절한 단계라는 사실을 정당화하려고 하였다. 그러나 이 경우에도 콜버그는 철학의 규범적 윤리 이론에 대한 관계를 언급하였을 뿐이지 발전시키지는 못했다. 이를 만회하기 위하여 콜버그는 자신의 발달심리학을 롤즈의 정의론[7]과 결합하려고 시도한다.

콜버그에 의하면 롤즈의 이론은 두 가지 측면을 가지고 있다. 첫 번째 측면은 인간의 도덕적 판단과 관련하여 체계적인 구조 모델을 구성하려는 롤즈의 시도에 대한 것이다. 이것은 마치 촘스키가 모든 언어에서 허용되는 구문론을 규정하는 심층 구조의 원리, 즉 문법적 언어에 대한 규칙을 만들려고 한 것과 같은 시도이다. 이 점과 관련하여 콜버그는 롤즈의 이론이 도덕판단을 구성하는 데 있어서 보편적으로 타당한 모형이라고 생각한다. 롤즈의 도덕 이론은 한 문화권에 있는 모든 인간의 숙고된 도덕판단에서 사용되는 실질적 원리와 방법을 성공적으로 기술하고 있으며, 따라서 그가 제시한 '숙고된 판단'이나 '반성적 평형'의 관념은 가장 높은 도덕 단계의 판단에 해당된다는 것이다.

콜버그는 자신과 롤즈의 이론이 칸트의 도덕철학, 특히 그 형식주의적 전통(Hare, Frankena, Brandt, Rawls, Raphael)과 피아제의 형식주의적 심리학이라는 같은 뿌리에서 출발하고 있다고 본다(PhMD,

7) John Rawls, *A Theory of Justice*. Havard University Press, Cambridge: Mass. 1971.

192). 콜버그가 동일성-테제를 확고하게 주장하던 이 당시만 하더라도 경험적 연구 결과로서 구성한 단계 6을 롤즈가 직관적으로 얻은 결과와 같은 것이라고 믿었다. 그러나 나중에 콜버그는 발달론의 단계 6은 아직 경험적 검사 결과에 의하여 지지될 수 없는 '요청'일 뿐이라고 수정하였다.[8] 만일 콜버그에게 발달 과정에서 최고의 제6단계가 '이론적 요청'이라면, 콜버그와 롤즈 이론 사이의 두 번째 측면은 보다 중요한 의미를 갖게 된다. 롤즈의 두 번째 목적은 그 모형을 사용하여 도덕판단의 기초가 될 정의 원리를 정당화 하고 규정하는 데 있다. 콜버그에 의하면 롤즈의 이론은 합리적인 인간이 그 도덕판단의 원리를 규정하고 이를 정당화하는 규범적 기능을 충족시키지만, 자신의 이론은 이를 충족시키지 못하였다. 이런 사실에서 그는 롤즈의 철학이 자신이 구성한 도덕판단 능력의 계열 연속에서 보다 높은 단계가 도덕적으로 더 좋은 것이라는 사실을 입증할 수 있다고 생각하였다. 왜냐하면 보다 높은 단계들은 롤즈의 이론이 그 가능한 판단을 원리로부터 정당화 할 수 있는 단계 6과 점차적으로 가까워지기 때문이다. 그리하여 콜버그는 제6단계의 구조나 추론 방법은 보다 낮은 단계의 것보다 구체적 딜레마에 대하여 더 정의롭고 도덕적으로 올바른 결론을 실질적으로 제시하며, 도덕성을 가진 사람들은 이러한 정의로운 결정에 누구나 동의할 수 있다고 믿는다.

그리하여 콜버그는 '보다 도덕적이다'(mehr-moralisch)라는 판단의 구조 분석적 형식적 가치 평가와 '도덕적으로 더 좋다'(moralisch-besser)라는 판단의 실질적인 가치 평가를 구분한다. 순수한 구조 분석적 가치 평가는 기술적 전략적 미학적 판단의 합리성에 의하여 서로 다른 도덕판단의 합리성에 근거한 발달 논리라는 의미에서 콜버그 자신의 이론에 해당된다. 다시 말하면 그의 이론은 발달연속의

---

8) Lawrence Kohlberg, Charles Levine, Alexandra Hewer, *Moral Stages. A Current Formulation and s Response to Critics*. Basel and New York 1983. p. 9.

보다 높은 단계에 있어서 도덕판단의 특수한 합리성 형식이 다른 합리성 형식들에 의하여 점점 더 차별화된다는 사실을 보여준다(DV, 332). 이같은 발달 이론의 재구성은 그때마다 해당된 판단단계의 특수한 형식만을 설명한다. 그러나 그 형식과 일치하는 판단도 내용적으로 상이한 결과에 도달할 수 있다. 따라서 이처럼 구조 분석적으로 설명 가능한 판단 형식의 내용상에서의 이중성은 보다 높은 단계의 판단이 도덕적으로 더 좋은 것이라는 문제를 충분하게 해결하지 못한다는 것을 말해준다. 그러나 이러한 사실에서 최소한 어떤 특정한 판단 형식은 내용적으로 일의적인 결과, 즉 모든 합리적 개인이 전적으로 동의할 수 있는 보편적인 판단, 즉 제6단계의 판단이 있다는 것을 분명하게 보여준다. 콜버그는 이 단계 6의 판단을 롤즈의 정의론을 가지고 정당화한 것이다.

그러나 아펠은 콜버그가 만일 경험적 연구를 통하여 이러한 사실을 입증할 수 없다면, 그것은 다만 도덕적 판단능력의 최고의 형식적 단계에서 내용적으로 보편적으로 승인할 수 있고 합의할 수 있는 판단이 나올 것이라는 요청에 지나지 않는다고 지적한다(DV, 333). 그리고 아펠의 이같은 우려는 실제로 단계 6의 정당화를 시도하는 콜버그 이론의 한계를 예견적으로 드러내고 있다.

4. 롤즈의 정의론: 반성적 평형 상태와 가역성

콜버그는 피아제의 발달론과 롤즈의 규범 이론은 두 사상의 중심 이론인 '반성적 평형 상태'(reflektive equilibrium)에서 통합된다고 지적한다. 롤즈에서의 도덕적 과제는 '반성적 평형'을 이루는 도덕판단에 도달하는 일이다. 롤즈에 있어서 그 방법론적 의미는 일반적 도덕원리와 특수한, 그리고 상황 의존적 도덕판단들 사이의 상호적 평형이다.

피아제의 경우에는 인식이나 도덕은 원리와 구체적 경험이라는 두 극 사이에서의 반성적 평형에 의하여 발달한다. '단계'는 사실 또는 구체적 경험을 해석하거나 그것들을 동일시하는 '이론'이나 '원리'를 표상한다. 그러므로 단계는 원리와 구체적 경험 사이에서 계속적인 수정이 이루어진 평형 상태를 이룬다. 피아제는 도덕적 추론 단계의 핵심 구조가 정의나 공정성을 규정하는 조작들이나 관념들로 구성된다고 생각한다. 정의 조작에는 평등과 상호성이 주축을 이루며, 이 경우에 두 조작은 논리적 평형을 이루게 된다. 정의는 평등과 상호성의 조작을 포함하는 분배의 문제이다. 그리고 이러한 분배의 경우에 환경과 욕구에 비례하는 평등과 각 구성원들의 업적과 노력, 그리고 덕과 재능에 따라서 차등화하는 상호성이 평형적으로 고려되어야 한다. 각 단계는 이 조작들을 다르게 규정하고 다르게 사용하며, 보다 높은 단계는 보다 더 가역적이고 보다더 평형을 이룬 상태로 있다.

그리하여 콜버그는 롤즈나 피아제가 말하는 '반성적 평형'으로서의 정의 개념을 받아들인다(PhMD, 201). 피아제의 평형 이론이 설명적 심리학적이라면, 롤즈의 평형 이론은 철학적, 규범윤리학적이다. 콜버그는 이 두 사람의 이론에 사용되는 방법론적 차이를 절충하려고 한 것이다.

그렇다면 롤즈의 '반성적 평형' 사상은 어떻게 규범적으로 적절한 정의의 기준을 얻게 되는가? 콜버그는 정의의 기준이라고 할 수 있는 롤즈의 '반성적 평형'을 두 가지로 구분한다. 첫째로 그것은 수학적 경제학적 행위론에서의 '최대'의 개념과 관련된다. 이것은 경쟁사회에서 재산 분배에 관한 계약을 체결하는 경우에 이기적-전략적으로 생각하는 사람들의 대립적인 관심들이 어떻게 특정한 합의에 도달할 수 있는가의 문제와 유사한 구조를 가지고 있다. 그렇다면 사회에서 이기적 제안들의 평형 지점을 나타내는 이익의 분배를 위한 어떤 기본 원칙이나 원리가 존재하는가? 이러한 평형 지점은 각 개인이 이익 배분의 정상에 있을 경우에 가능한 많이 가지려는 이해관계와, 그의 지위가 분배 단계의 마지막에 있을 경우에 가능한 한 손실의 위험을 최소화하려는 이해관계가 적정하게 조화를 이루는 지점에서 형성될 것이다. 이러한 이해 대립 속에서 모든 이해 당사자들이 공정하고 정의로운 해결책을 합리적으로 확보할 수 있는 방안은 '최대의 균형'(Maximin-Gleichgewicht)이라는 규칙에 따르는 것이다. 이 경우에 각 개인들이 그들의 수익 분배에서 어떤 위치를 갖게 될 것인가를 미리 알지 못한다면 평형을 산출할 수 있는 공정한 규칙이 가능하게 된다. 롤즈는 이러한 원칙을 '차등의 원칙'(the difference principle)이라고 규정했다. 이제 정의로운 해결책은 단순히 소득을 균등하게 분배하는 원리를 넘어선다. 무조건적 균등 분배는 모든 경쟁자들이 합리적으로 선택하기를 원하는 규칙이 되지 못한다. 어떤 사회가 성취한 총수익은 모든 사람에게 최대한의 이익이 되는 한에서, 즉 최소 수혜자에게 최대의 이익이 보장될 수 있는 한에서(불평등의 원칙이 적용되어) 합리적인 분배에 동의하게 되는 것이다(PhMD, 196).

평형 개념의 두 번째 의미는 '순수 절차적 정의'(pure procedural justice)를 입증하는 분배 방법에서 찾아질 수 있다. 케이크를 공정하게 분배하기 위해서는 한 사람이 케이크를 자르고, 다른 한 사람이 그 가운데 하나를 먼저 선택하게 해야 한다. 이와 같은 실천은 차등의 원리가 적용되는 부분 이외의 영역에서는 평등을 도출할 수 있다. 롤즈가 말하는 정의는 실제로 어떤 가상적인 '원초적 입장'(original positions), 그리고 각각의 구성원이 자신의 위치를 알지 못하는 '무지의 장막'(veil of ignorance)이라는 두 가지 가정에 의해서만 표상될 수 있다. 이 경우에 롤즈는 합리적인 이기적-전략적 구성원들이 차등의 원칙에 의하여 도달된 평형 상태를 가장 선호하게 된다고 말한다(PhMD, 197). 아펠은 이 문제의 요점을 콜버그와 같은 맥락에서 다음과 같이 보다 더 명료하게 정리하고 있다:

> 원초적 상태에서 합리적인 선택을 제한하는 조건들을 통하여 롤즈는 각각 이기적-전략적으로 생각하는 선택자들로 하여금 사회 구성원의 모든 가능한 입장에서 완전하게 가역적 역할 기대라는 의미에서 선택하도록 강요한다.[9)]

롤즈의 이론이 맞다면 물론 이러한 경우에 전략적-이기적 경쟁자들은 그가 마치 정의의 의지에 젖어 있는 것처럼 선택해야 할 것이다. 그러나 아펠은 롤즈가 이러한 방법으로 전략적-이기적 선택의 원리에 의하여 윤리학을 정초하지 — 신-홉스주의의 정도라면 모르지만 — 못했다고 비판한다(DV, 336f). 왜냐하면 롤즈에 의하여 제시된 원초적 입장이라는 조건에서 완전하게 가역적인 역할 기대를 강요 당하는 전략적-합리적 선택자는 도덕적 의지를 가지고 정의를 동기로 하는 선택자가 되지 못하기 때문이다. 그러므로 아펠은 이 경우에 정의 윤리의 정초 가능성에 대한 물음은 전략적 경쟁자들의 합리적 선택의 근거에 관한 물음으로부터 롤즈 자신이 원초적 입장의 선택 조건들이라고 했던 근거들에 대한 물음으로 전환된다고 지적한다. 따라서 롤즈에서 이기적-전략적 합리성의 가능한 입장 조망에 대한 근거를 찾는 발견술적 매개는 칸트에서와 마찬가지로 이제

---

9) "Durch die einschränkenden Bedingungen der rationalen Wahl in der »original position« zwingt Rawls gewissermaßen jeden egoistisch-strategisch denkenden Wähler, sich vor der Wahl im Sinne eines vollständig reversiblen »role taking« in alle möglichen Positionen von Gesellschaftsmitgliedern hineinzuversetzen." DV, 336.

정의 기준을 규정함에 있어서 자아 중심적 조망의 극복 가능성 조건으로 된다는 것이다(DV, 337).

이상에서와 같은 문제점들이 있음에도 불구하고 콜버그는 특별한 정초 작업 없이 롤즈의 정의 기준을 완전하게 가역적인 역할 기대와 연결하였다. 그는 "황금률의 의미에서 평형화되고 완전하게 역할 기대에 따르는 과정은 원초적 입장에서의 결단에 대한 롤즈적 사상에 형식적으로 평형적이다." 라고 말한다. 이것은 평형으로서 '직관적으로 상응하는' 가역성의 확실성은 '정의의 의자 찾기 놀이'(moral musical chairs)나 '이상적 역할 기대'라는 이타적 개념에 의하여 주어진다는 사실을 뜻한다. 콜버그에 의하면 '정의의 의자 찾기 놀이'를 통하여 공정성에 도달하는 가역성의 원리는 다음과 같다.

1. 우선 자기 자신이 차례로 다른 행위자의 자리에 앉는다는 정신으로 그 주장들을 그의 관점에서 생각한다.
2. 이 경우에 여러 주장들이 서로 갈등하게 되면 참여자들이 그 자리를 바꾸는 것을 생각해 본다. 이 때 만일 그가 다른 사람의 관점을 인정할 수 없을 경우에는 갈등을 일으키는 자신의 입장을 포기해야 한다(PhMD, 199).

여기에서 콜버그가 얻은 정의의 규범적 기준은 도덕판단 능력에서 관습 이후의 단계 5와 단계 6에서 표현하고 있는 윤리적 입장들 또는 원리들 사이의 가치부여적, 개념 정의적 차이의 가능성을 제시한다. 이러한 차이는 선장의 딜레마(the captin's dilemma)[10]에서 특

10) 남태평양에서 경비행기가 추락했다. 세 사람, 즉 비행사와 두 승객이 살아남았다. 한 승객은 부상당한 노인이고, 다른 사람은 건장한 청년이다. 뗏목은 2인용이고, 건강한 사람들이 3주 동안 노를 저을 경우에 섬에 도달할 수 있다. 식량은 두 사람이 3주 동안 지낼 수 있는 것밖에 없다. 선장은 건강하고 항해할 수 있는 유일한 사람이다. 그가 뗏목에서 이탈할 경우에 다른 두 사람이 안전하

징적으로 나타난다(PhMD, 205f). 이 예화에서 선장은 세 가지의 가능한 윤리적 결단, 즉 세 사람 모두를 구조하려고 노력하는 것과 부당상한 노인을 배제하는 것과 제비뽑기를 해야 하는 딜레마에 빠지게 된다. 콜버그는 이 딜레마를 어떻게 해소할 수 있는가, 그리고 그렇게 결정한 이유가 무엇인가를 밝히는 과정에서 정의의 도덕성 원리를 제시하고자 했다. 그는 두 명의 가상적인 철학자를 통하여 도덕판단 능력의 제5단계와 제6단계를 구분한다. 두 명의 가상적 철학자 중에서 한 철학자는 총합적 유용성이라는 원리에 의하여 결정하는 규칙 공리주의의 입장(단계 5)을 취하고, 다른 한 철학자는 완전한 역할 기대의 가역성이라는 정의의 원리(단계 6)를 지지한다.

제5단계에 속한 철학자는 가능한 한 많은 사람을 구조하려고 하기 때문에, 어떤 한 사람을 뗏목에서 내리게 하는 것과 제비뽑기를 하는 것 중에서 보다 효율적인 결과가 예측되는 방법을 선택하게 된다. 그러나 제6단계에 속하는 철학자는 각 개인이 가지고 있는 살 권리를 평등하게 보장한다는 하나의 측면과 원초적인 상황에서 고려해야 하는 최소 수혜자의 입장을 존중한다는 의미에서 가역성으로서의 정의 원리에 기초한 제비뽑기를 선택한다(PhMD, 208). 이러한 예증적 실험을 통하여 콜버그는 어떤 딜레마가 차등 원리적 문제를 제기하지 않는 경우에는 공리주의적으로 해결하는 데 동의할 수 있다고 말한다. 그러나 차등의 원리가 문제로 지적되는 상황에서는 어떤 경우에도 차등의 원리가 성취되거나 또는 유용성보다 공정성이 우선적으로 집행되어야 한다고 주장한다(PhMD, 209). 이러한 경

게 항해할 수 있는 가능성은 거의 없다. 부상당한 노인이 뗏목을 떠날 경우에 다른 두 사람이 무사할 수 있는 확률은 80%이다. 청년이 뗏목을 떠날 경우에 다른 두 사람이 무사할 확률은 50%에도 미치지 못한다. 그러나 아무도 뗏목을 떠나겠다고 자원하는 사람은 없다. 이 경우에 선장은 어떻게 판단해야 하는가? 노인에게 배를 내리라고 할 것인가? 제비뽑기를 할 것인가? 세 사람 모두가 뗏목을 끝까지 타고 버틸 것인가? PhMD, 205f.

우에는 반드시 완전하게 가역적인 역할 기대의 사유 실험을 실제적으로 수행해야 한다. 이로부터 콜버그는 규칙 공리주의적 관점에서 롤즈의 정의적 관점으로의 전환을 통하여 사실상 관습 이후의 단계 5로부터 관습 이후의 단계 6으로의 이행이 가능하다고 보았다.

그리하여 콜버그는 반성적 평형 가설에 대한 실험적 사유 결과를 다음과 같이 정리한다.

1. 원초적 입장 또는 정의의 의자 찾기 놀이 검사에 의하여 가역적이지 않은 도덕판단은 평형적이지 못하다.
2. 평등 또는 공평성(차등의 원리)의 원리 위에 기초하지 않은 도덕판단은 가역적이지 않으며 또한 평형적이지 못하다.
3. 사람들이 자신의 판단에서 가역성을 결여하였다고 감지할 경우에, 그들은 보다 가역적인 해결에 이르기 위하여 이 판단들이나 원리들을 바꾸게 될 것이다.
4. 이와 같은 평형의 탐색은 다음 단계에의 변화를 위한 기반이다.
5. 우리의 최종 단계인 단계 6은 완전하게 평형을 이룬 단계이다. 단계 6의 판단은 충분하게 가역적이다. 이 가역성은 단계 5에는 해당되지 않으며, 심지어 더 낮은 단계에서는 더욱 더 해당되지 않는다.
6. 단계 6의 판단이 가역적이므로 단계 6의 모든 주체들은 그 사례의 사실들에 대한 공통의 이해를 가지는 한에서 동의할 것이다 (PhMD, 211).

그리하여 콜버그가 제시한 단계 6의 원리적 기준이 되는 가역성으로서의 정의 개념은 아펠과 하버마스가 시도하는 담론윤리학 또는 선험화용론적 의사소통 윤리학과 공통적인 기반을 다질 수 있게 되었다. 이와 같은 해석의 가능성은 바로 콜버그가 제시한 반성적 평형 가설의 여섯 번째 항목에서 가역성이나 완전한 역할 기대의 원리가 실제로 담론윤리학의 원리와 일치한다고 주장한 사실에서 찾아질 수 있다. 의사소통 윤리학이나 담론윤리에서는 모든 합리적인 논증에서는 논의의 윤리학이 전제되고 있으며 이상적 합의와 이상적인 의사소통공동체의 현실화가 목표로 설정되어 있다는 주장을 더 이상 물러설 수 없는 반성적 최후정초 명제로 규정하고 있다.

제10장 아펠의 콜버그 비판

1. 콜버그의 정의론에 대한 아펠의 비판

아펠은 콜버그가 제시한 단계 6의 도덕원리와 롤즈의 정의론이 정당성 문제를 완전하게 해결했다고 보지 않았다. 따라서 의사소통 윤리학 또는 담론윤리학의 입장에서 도덕의식의 최고단계를 정당화하고 정초할 수 있는 기준이 무엇이겠는가를 숙고한다. 아펠은 콜버그가 제시한 "역할 기대의 완전한 가역성"이라는 결단의 원리를 담론윤리학에서의 완전한 '이상적 합의'의 가능성 조건과 유비적으로 이해하려고 한다. 의사소통 윤리학에서 일차적으로 그리고 근본적으로 추구하는 가장 중요한 목표는 모든 당사자들의 이해가 이상적인(대칭적인) 대화 조건들을 탐색하고, 상호 매개되는 논증적 담화에 있어서 모든 도덕적 규범과 구속성을 가진 규범적 행위 준칙이 합의를 도출할 수 있는 것이라야 한다는 요청 사실에 있다. 여기에서 비교되는 두 가지의 원리는 정의의 본질로 이해될 수 있으며(DV, 340), 칸트적인 '보편화의 원리'(Universalisierungsprinzip)의 변형이라고 할 수 있다. 발생적 관점에서 인간의 의사소통이나 상호작용의 경험 차원은 피아제, 콜버그, 미드, 하버마스와 더불어 완전한 가역성이라는 정의 기준의 정점에 이르기까지 '역할 기대'의 상호성의 점진적 발전 차원으로 이해되었다.

물론 역할 기대나 언어적 이해로 정향된 고찰 방식은 다른 측면을 하나의 동일한 사실 관계로 밝히는 한에서만 상호 보완적이다. 그러므로 그때마다의 결정 주체로부터 얻어진 역할 기대의 관점과 '완전한 가역성의 요청'은 무엇보다도 각 개인에게 언어적인 의사소통을 함축한 '도덕적 관점'의 상호성 구조를 의식하게 해야 한다. 개인은 인간적인 상호작용의 상호성 구조 속에 포함된 두 가지 의미, 즉 이기적-전략적 태도와 정의 태도 중에서 선택하는 것을 관습 이후적 양심의 기본적인 합리적 대안으로 이해하게 된다. 개인은 이를 통하여 정통적인 심리분석과 사회학에서 제시하는 단계 4의 타율적 양심 개념을 극복하게 된다. 그리하여 도덕적 이성-의지라는 의미에서 칸트가 요청한 '자율적' 양심 개념이 그저 타율적인 초-자아의 모습에서 그때마다 사회적으로 인정된 규범이 내면화된 것이라고 주장하는 피상적인 양심 개념에 대해서 우선적 권리를 갖게 되는지가 분명하게 된다(DV, 341). 그리하여 아펠은 홉스로부터 분석 철학자들에게까지 이어지는 사유 전통에 있어서 초자아에 의하여 타율적으로 강요되는 양심은 결코 도덕적인 의미에서의 양심이 아니며, 합리적 자율적으로 선택하는 사람에게 도덕성의 기초가 될 수 없다고 본다.

그러나 이와는 반대로 '역할 기대의 완전한 가역성'이라는 정의 원리가, 콜버그의 단계 4에서처럼 사회적 관점의 규범적 내면화로서의 "특수한 사회 체계의 규범적 권위"(normative Autorität eines partikulären sozialen Systems)가 아닌, "무제한적인 이상적인 의사소통공동체 안에서의 완전하게 가역적인 역할 기대의 상호성 구조"(die völlig reversible Reziprozitätsstruktur des »role taking« in einer unbegrenzten idealen Kommunikationsgemeinschaft)로 이해되는 경우에, 그것은 이성의 자율성과의 사이에서 아무런 모순도 일으키지 않는다는 사실을 분명히 보여준다. 그리하여 개인은 그 의지형성의 준칙이 이상적인 의사소통공동체의 가능한 모든 구성원이라는 관점에서 인정될 수 있다면, 그는 윤리적 합리성이라는 의미에서 '자율적으로' 결단할 수 있게 된다. 이 점에서 아펠은 콜버그가 칸트 이후의 이상적인 의사소통공동체의 윤리학에 기여했다고 평가한다 (DV, 342). 그러나 이와 동시에 아펠은 도덕 문제에 대한 언어화용론적 담론적-논의적 이해의 차원에서 볼 경우에 롤즈와 콜버그의 정의 기준은 추상적이라고 비판한다.

2. 콜버그의 종교-형이상학적 단계 7

하버마스는 콜버그에 대한 첫 논문에서 콜버그의 단계 6에 대응하는 철학적 재구성이 '형식주의 윤리학'(formalistische Ethik)이라고 규정하면서, '보편적 언어 윤리학'(universale Sprachethik)에 대응하는 도덕의식의 7단계를 요청하였다. 이 단계에서는 규범으로서 행위 준칙의 보편성은 양심의 자율성이라는 조건하에서 각 개인의 사유 실험에 의해서 뿐만 아니라 '가상적인 세계 사회'에 속한 모든 구성원들(alle als Mitglieder einer fiktiven Weltgesellschaft)의 도덕적 정치적 자유의 조건하에서 당사자들 사이의 구체적인 이해를 통하여 확정된다는 사실을 이상으로 전제하고 있다.[1] 하버마스는 이

1) J. Habermas, "Moralentwicklung und Ich-Identität", in: *Zur Rekonstruktion des Historischen Materialismus*. Frankfurt 1976, S. 83.

논증에서 일차적으로 칸트 비판에 치중하고 있었다. 물론 칸트의 '정언적 명법'은 모든 사람들에게 타당한 법칙의 승인을 전제하고 있다. 그러나 하버마스는 칸트의 방법론적 유아론적 추상을 반대하여 자신의 관심과 권리 주장에 대하여 다른 사람들과의 이해 작용을 원리적인 필연성으로 지향하는 도덕 능력의 단계 7을 요청한 것이다.[2] 하버마스는 이것을 발생론적 관점에서 실재적인 의사소통과 상호작용을 가능하게 하는 발달 과정의 마지막 단계라고 생각하였으며, 칸트적 의미에서 의지의 자율성을 "모순적으로 예견된 이상 구조라는 의미에서 의사소통적 능력의 반성적 내면화"(reflektierte Internalisierung der kommunikativen Kompetenz im Sinne ihrer kontrafaktisch antizipierten Idealstruktur)로 이해하였다.[3] 그렇다면 칸트를 반대하고 있는 하버마스가 단계 7의 요청으로 역할 기대의 가역성이라는 콜버그의 최고단계 개념까지도 반대하는 것일까?

콜버그는 그의 저서 『도덕 단계들』에서 그의 동일성-테제에 대한 하버마스의 수정제안을 받아들인 바 있다. 그러나 콜버그는 의사소통적 능력의 마지막 단계로서의 '단계 7의 요청'(das Postulat einer 7. Stufe)은 불필요하다고 거부하였다. 하버마스는 콜버그가 제시한 도덕발달의 여섯 단계를 넘어서서 일곱 번째 단계를 제안한 바 있다. 이 단계에서는 보편주의적 의무들은 물론이고, 가상적인 세계 사회의 모든 구성원들과 함께 구체적인 의사소통을 하면서 도달한 보편주의적인 욕구의 해석까지에도 적용할 수 있다. 그러나 콜버그는 하버마스가 제안한 이 단계 7은 자신이 말한 단계 6에 이미 포함되어

---

2) Jürgen Habermas, "Moralbewußtsein und kommunikatives Handeln," in: ders., *Zur Rekonstruktion des Historischen Materialismus*. Frankfurt: Suhrkamp, 1976, S. 83; DV, 342f.

3) K. -O. Apel u.a.(Hrsg.), *Funkkolleg: Praktische Philosophie/Ethik, Studientexte*, Weinheim/Basel: Beltz, 1984, Bd. II, S. 613ff; DV, 343.

있다고 주장한다. 그는 하버마스가 단계 6을 '독백적인'(monologisch) 것이라고 잘못 이해함으로써 '대화적'(dialogisch) 원리를 첨가하려고 시도했다고 일축하였다. 그럼에도 불구하고 콜버그는 하버마스가 제안한 것과는 전적으로 다른 새로운 유형의 단계 7의 가능성을 찾으려고 하였다. 즉 "도덕의 종교적-형이상학적 정초 단계"(Stufe der religiös-metaphysischen Fundierung von Moral)가 바로 그것이다. 콜버그에 의하면 도덕발달의 여섯 가지 단계들은 각각 그것에 상응하는 종교적-형이상학적 세계관과 연결되어 있다. 물론 관습 이후적 도덕 수준에서는 관습적 도덕 수준에서 제공된 숭배의 대상들과는 전혀 다르게 보여야 할 것이다. 그리고 그것은 더 나아가서 "도대체 왜 도덕적이어야 하는가?"라는 물음에 답하는 기능을 가져야 할 것이다. 콜버그는 이와 같은 단계 7은 롤즈나 칸트의 도덕철학에 의해서가 아니라, 듀이와 스피노자 그리고 떼이야르 드 샤르댕과 같은 보다 덜 엄격한 사변적 종교적 수준에서 보증될 수 있다고 믿는다. 콜버그가 경험적 탐구의 단초로 구성한 여섯 단계가 '강한' 특성을 가진 반면에, 7단계는 '부드러운' 특성을 가진다. 그러므로 제7단계는 과학적 탐구의 대상으로서는 채택되지 않고 규제적 의미에서만 사용된다. 콜버그는 실제로 사변적 메타 윤리학은 어떤 구속력도 가지지 않지만, 실증주의자들이 말하는 것처럼 무의미한 형이상학도 아니고, 인간의 행위를 이해하는 데 본질적인 것이라고 이해하였다.[4)]

아펠은 콜버그의 이같은 주장을 의외라고 생각한다. 왜냐하면 가역적인 역할 기대의 독백 원리와, 합의 가능한 관심이나 권리 주장들에 관한 논증적 담론에 있어서 구체적 이해를 추구하는 대화 원리는 근본적으로 다르기 때문이다. 또한 각각의 개인이 역할 기대를

4) L. Kohlberg, *Moral Stages: A Current Formulation and a Response to Critics*. 1983, p. 164.

통하여 각각의 다른 당사자들의 가능한 관심들을 고려하는 것을 의무화하는 것과, 의사소통공동체로서의 사회안에서 모든 당사자의 관심들이 실제적 담론을 통하여 탐색하고 매개하는 의무를 인정하는 것 사이에도 상당한 차이가 있다(DV, 343f).

물론 아펠은 담론윤리의 이상 원리와 콜버그의 이상 원리 사이에 나타나는 이러한 차이가 각 개인의 도덕 의식 단계에 있어서 최고의 개체 발생적 단계의 형식적 구조를 파악하는 데는 적절하지 않다고 생각한다. 왜냐하면 개인은 의사소통 능력의 반성적 내면화에 근거하여 콜버그가 말한 '역할 기대의 완전한 가역성의 원리'보다 높은 다른 정의 원리를 인정할 수 없을 것처럼 보이기 때문이다. 아펠은 이러한 측면을 '추상적-개체 발생적 전망'이라고 부른다. 그럼에도 불구하고 하버마스와 콜버그의 최고단계 개념에 있어서의 차이는 오히려 "언제나 비로소 현실화 되고 있는 이상적인 의사소통공동체라는 사회 안에서 개인들에 의하여 반성된 정의의 형식적 원리의 적용 문제"(das Problem der Anwendung des vom einzelnen reflektierten formalen Prinzips der Gerechtigkeit in der Gesellschaft als einer immer noch erst zu realisierenden idealen Kommunikationsgemeinschaft)에 관련된다. 이와 같은 윤리학의 적용 문제에는 각 개인의 도덕판단 능력이라는 원리적인 문제가 포함되어 있는 데, 아펠은 이 문제를 그 자신이 구상한 책임윤리학적 의미에서의 최고단계 개념을 단초로하여 접근하고 있다(DV, 344).

하버마스의 동일성-테제에 대한 수정 제안과 보편적 언어 윤리학에 입각한 7단계의 요청은 필연적으로 콜버그의 이론 체계에 대한 반성을 불러 일으켰다. 콜버그는 하버마스와는 달리 자신의 도덕 이론에다가 종교적-형이상학적으로 정향된 도덕의식의 단계 7을 구상하기 시작했다. 물론 아펠은 이같은 콜버그의 시도에 만족하지 못하고 콜버그의 구상에 선험화용론적 반성적 최후정초를 가미하여 책임윤리학적 차원에서의 도덕의식의 단계 7을 요청하였다. 이 세 사람의 제7단계설은 각각 그 내용이 다를 뿐만 아니라 그들의 고유한 도덕 개념과 연관되어 있다.

콜버그는 1973년부터 도덕판단 능력의 여섯 단계론에 대하여 종교적-형이상학적 단계 7을 보충하였다.5) 그동안 피아제 이후의 발달심리학자들에게 종교적 의식의 발달 단계와 통합적 자아-발달에 대한 물음이 제기되었고, 또한 다른 철학자들과 마찬가지로 콜버그에게도 "우리는 왜 도덕적이어야 하는가?"라는 메타 윤리학적 문제가 제기되었다. 콜버그에서 이 물음은 도덕의식의 단계 6에서의 '도덕적인 것'(moralisch sein)에 대한 이해를 전제하고 있다. 아펠은 발달심리학적 문제와 관련하여 콜버그가 도덕발달에 있어서 기초적인 종교적 발달 결과들을 분리해서 보려고 한 사실을 지적한다(DV, 345; PhMD, 315, 321, 336f). 콜버그는 도덕의식의 단계가 종교적-형이상학적 세계관의 단계적 발달과 일정한 상관관계가 있다는 사실을 알게 되었다. 도덕적 사고의 기능은 규범과 윤리적 기초 위에서 개인들 간의 대립된 주장들을 해소하는 대신에, 종교적 사고의 일차적 기능은 초월자와 무한한 근거, 그리고 전체의 느낌과 관련된 삶과 도덕성을 확인하는 데 있다(PhMD, 321).

그런데 콜버그에 의하면 종교적 판단은 도덕판단의 내용과는 무관하지만, 종교적 단계의 발달은 도덕 단계의 구조적 특성을 내포하고 있다. 그리하여 관습 이전과 관습적 단계에는 인간과 신의 관계가 단순히 '권위와 관련된', '도구적-전략적', '충성을 다하고', '질서를 유지하는' 정치적 표상으로 연결되고, 관습 이후적 단계에서는 상이한(유신론, 범신론, 무신론) 세계관과 연결되는 사실을 알게 된다. 이러한 사실에서 콜버그는 형식적 구조에 의해서 볼 때, 도덕적

5) L. Kohlberg, "Moral Development, Religious Thinking, and the Question of a Seventh Stage(1979)", in: PhMD, Chapter 9.

사유의 발달이 논리적 사유의 발달을 전제하는 것처럼, 종교-형이상학적 세계관의 발달은 도덕적 사유의 발달을 필요조건으로 전제하고 있으며, 그러나 도덕적 사유의 발달이 종교적-형이상학적 사유의 충분한 조건이 되지는 못한다고 주장하였다(PhMD, 343f; DV, 345f). 따라서 그는 7단계가 전제된 단계 6과는 본래적으로 다른 형식-구조적 발달 차원에 속하는 것으로서, 단지 '은유적인 의미에서' 단계 6보다 높은 것으로 간주되고 있다. 아펠은 콜버그가 종교적-형이상학적 사유의 단계론의 가능한 지평과 과제를 정확하게 규정하였으며, 단계 7을 통하여 도덕발달의 제6단계를 보충한 것을 정당하게 평가한다(PhMD, 344; DV, 349).

3. 콜버그의 도덕성 정초와 아펠의 선험화용론적 최후정초

"왜 도덕적이어야 하는가?"라는 철학적 물음은 콜버그에서 메타윤리적 물음의 의미와 일상 언어의 함축을 구분하는 데 중요하게 활용된다. 콜버그는 '도덕적인 것'을 개인의 삶에서 직접적으로 좋거나 나쁜 결과를 가져올 가능성에 대한 것, 그리고 어떤 미래의 특정한 목적이나 행복을 위한 것으로 생각하지 않는다. 오히려 그는 관습 이후적 수준에서 자체 목적으로서의 '도덕적인 것'을 문제 삼고 있다(PhMD, 322). 그러므로 콜버그의 관점에서 볼 때 칸트의 윤리학은 도덕철학적 논의를 크게 진전시킨 것으로 평가된다. '도덕적인 것'에 대한 물음은 윤리적 의무와 행복에의 기대 사이에서 주어지는 갈등이나 도덕적 이상과 불의한 현실 사이에서 제기되는 모순, 긴장, 불안의 사실성 위에서 실존적으로 제기된다. 그러므로 이 물음은 도덕적 구조를 전제하고 있으며, 또한 동시에 종교적 구조에로 이행하고 있다(PhMD, 323). 콜버그는 메타윤리학적으로 이해되는 "왜 도덕적이어야 하는가?"라는 물음을 단계 6의 정의 원리가 뜻하는 바 도덕적 요구의 무조건적 특성에 관련시킴으로써, 칸트가 주장하는 것처럼 종교적-형이상학적 신앙 전제들보다 더 확실한 의무 개념으로 받아들인다(PhMD, 337). 이 점에서 발달 이론적 테제에 있어서 도덕적 사유는 종교적-형이상학적 사유의 필연적 조건이지만 충분한 조건은 아니라는 사실이 철학적으로 대응된다.

콜버그에게서 "왜 도덕적이어야 하는가?"의 물음은 적어도 두 가지 의미로 사용되고 있다. 그것은 한편으로 논리의 과학으로서는 더 이상 대답될 수 없는 "왜 논리적이어야 하는가?"라는 메타논리적 물음과 같은 의미를 가진다. 이 물음에는 오늘날 많은 철학자들이 주장하는 것처럼 철학이나 윤리학의 합리적 정초가 불가능하다는 사실이 함축되어 있다. 또한 이 물음에는 도덕과 종교의 사이에서 발생하는 '실존적' 의미가 내포되어 있다. 이것은 욥에서처럼 실존적 차원에서의 절망이나 세계 종교와 형이상학에서 가장 긴급하게 던지는 물음과 관련되어 있다. 이 물음은 자아의 동일성 또는 자신과 삶, 그리고 자신과 세계의 동일화라는 가능한 통합의 발달 위기에 대한 대답을 요구하고 있는 것이다(PhMD, 345).

'왜 도덕적이어야 하는가?'라는 물음에 대한 콜버그의 대답과 관련하여 아펠은 대부분의 분석 철학자나 콜버그와는 반대로 실존적 물음만이 넓은 의미에 있어서 종교적 또는 형이상학적 대답에 관련되어 있으며, 앞에서 설명한 논리적인 것 또는 도덕적인 것의 최후 정초에 관한 메타 논리적 또는 메타 윤리적 물음은 그것과 관련되지 않았다고 주장한다. 아펠에 의하면 우리는 합리적인 논증에 의하여 실존적인 회의주의자를 반박할 수 없다는 사실을 인정해야 한다. 이것은 다만 합리적 논증에 의하여 그 회의주의자가 합리적 토의를 거부하는 것을 막을 수 없거나 또는 그가 모든 의미를 상실하여 결국 자살하게 되는 것을 막을 수 없다는 사실을 뜻한다. 그러나 이것은 논리적인 것 또는 도덕적인 것의 합리적 최후정초가 불가능하다는 사실을 뜻하지는 않는다. 따라서 실존적 문제들은 합리적 최후정초의 문제들이 아니다(DV, 348f). 그렇다면 이제 '왜 도덕적이어야 하는가?'라는 물음과 관련하여 합리적인 최후정초가 논의될 수 있는 영역은 메타윤리학적 차원에서의 물음뿐이다.

이제 아펠은 메타윤리적 차원에서의 '도덕적인 것'의 마지막 근거에 대한 물음이 어떻게 합리적으로 답변될 수 있는가를 검토하고, 이 물음의 필연성과 중요성을 부각시키기 위하여 롤즈의 경우로 되돌아간다. 롤즈는 정의 기준을 하나의 허구적인 원초적 입장이라는 조건하에서의 합리적 선택을 통하여 간결화하였으나, 도대체 어떤 근거에서 정의가 그가 설명한 정당한 계약에 의해서만 가능한가에 대한 합리적 정초는 시도하지 않았다. 각 개인들이 전략적-이기적 선택을 강요하는 바로 그곳에서 정의롭게 결단하기를 기대하는 '원초적 입장'은 어떻게 정당화 될 수 있는가? 롤즈는 이 문제를 그대로 남겨 두고 있다. 이와 같은 최후정초는 무지의 장막 아래에서 이타적인 동기를 가지고 '정의의 의자 찾기 놀이'를 하고 합리적으로 선택하게 한 콜버그에서도 결여되어 있다(DV, 350).

아펠은 이 경우에 콜버그가 제시한 '이타적 관점'은 롤즈의 전략적 이론보다 더 직관적이라고 평가한다. 아펠에 의하면 '콜버그의 원리', 즉 "도덕적 사유 발달의 형식적 구조가 항상 계열에 따라서 보다 더 실현되는 역할 기대의 가역성과 같다"는 가설은 이중적 의미를 가지고 있다. 이 가설에는 정의 의지가 이미 자명하게 전제되어 있다. 콜버그는 모든 도덕발달의 단계에서 정의가 전제되어야 하는가를 설명하고 있지 않다. 그러한 전제가 정당하지 않다면, 그래서 만일 이 전제를 우리가 배제해도 좋다면, 이제는 개인적인 자기이익이 합리적 행위 원리가 되어서 정의 원리를 대체하게 될 것이다.

그렇게 될 경우에 전략적 합리적 사유의 발달은 도덕적 사유의 발달과 마찬가지로 역할 기대의 가역성이 점진적으로 실현되는 것과 연결될 것이다. 여기에서 인간의 상호작용과 의사소통의 경험적 차원이 가지는 윤리적 애매성이 드러난다. 따라서 자신과 타자의 입장을 바꿔보는 것은 윤리적 사유나 전략적 사유를 가능하게 하는 조건이며, 또한 이러한 이중성과 대안을 인식하는 곳에 "관습 이후적 양심의 가능성 조건"(Bedingung der Möglichkeit eines postkonventionellen Gewissens)이 자리하고 있다.

하버마스에 의하면 자신의 관심을 다른 사람에게 영향주거나 조작하기 위하여 전략적 언어 사용을 은폐하는 일이 모든 의사소통에서 발견된다고 한다. 그러나 이러한 전략적 언어 사용은 의미 지향과 진리, 행위 규범의 정당성을 가지고 정확한 이해를 지향하는 언어 사용의 관점에서 보면 한갓 기생적일 뿐이라는 것이다.[6] 이 점에서 보면 인간은 결코 순수하게 전략적 상호작용만을 일삼는 '홉스적 이리'일 수는 없다. 우리들은 롤즈의 '원초적 입장'에 의해서가 아니라, 언어적 의사소통의 조건과 또한 상호주관적으로 타당한 전략적 사유에 의하여 어느 정도까지의 도덕성으로 강요되고 있다(DV, 350f).

그러나 아펠은 역할 기대의 가역성 만으로 삶의 세계에서의 모든 상호작용과 의사소통의 도덕적-전략적 이중성이 지양되지 않는다고 말한다. 왜냐하면 도덕의식의 관습적 단계에서는 전략적 합리성과 합의적-의사소통적 합리성이 분석적으로 구분되지 않기 때문이다. 관습적 단계에 해당되는 사회 체계의 '내부 도덕'은 다른 사람들, 즉 같은 종족이 아닌 사람들, 이방인, 국가의 적들에 대해서는 전략

---

6) J. Habermas, *Theorie des kommunikativen Handelns*. Frankfurt 1981, Bd. I, Teil III; K. -O. Apel, "Läßt sich ethische Vernunft von strategischer Zweckrationalität unterscheiden?", in: *Archivio di Filosofia*, LI, 1983, 375-434.

적 관계에 더 많은 도덕적 구속성을 부여한다. 그러므로 역할 기대의 전략적 또는 윤리적 대안과 관련된 관습 이후적 양심 결단의 문제는 내부 도덕이 지시하는 전략에 따라서 복잡하게 전개될 수 있다. 그리하여 도덕의식의 관습적 단계에서 관습 이후적 단계로의 형식 구조적 이행이라는 도덕적으로 적절한 메타 문제가 중요하게 된다(DV, 352). 그리하여 아펠은 "왜 도덕적이어야 하는가?"라는 물음에 대하여 선험화용론적 정초를 시도한다. 여기에서 그는 이 물음을 "단계 6에서 가능한 역할 기대의 가역성과 관련하여 관습 이후적 양심을 위하여 역할 기대의 능력으로부터 이기적-전략적 사용이 아닌 도덕적 사용을 할 수 있는 정초가 있는가?", 그리고 "이 물음에 철학적 합리적 대답이 주어질 수 있으며, […] 또한 그것은 합리성 이전의 또는 비합리적 (신앙) 결단에 의하여 대답될 수 있는가?"(DV, 352)라는 물음으로 구체화 한다. 이 물음에 대한 그의 대답은 바로 담론윤리에서 제시하였던 다음과 같은 반성적 최후정초의 사실 내용이다:

> 이러한 이유에 대한 물음을 진지하게 던지는 사람은 적어도 그와 함께 논증적 담론의 지평을 밟고 있다. 즉 그는 그 행위 의미에 대한 반성을 통하여 그가 규칙들, 즉 합리적 협동적 논증의 규범들과 동시에 의사소통공동체의 윤리적 규범들을 필연적으로 이미 인정하고 있다(DV, 353).

예를 들면 어떤 사람과 토론하고 싶으면서 동시에 그의 상대자에 대해서 전략적 태도를 취하고 싶을 수는 없다. 그는 항상 사람들이 제안이나 협박과 같은 행위를 통하여 또는 암시적-조작적 언어 사용을 통하여 진리 주장이나 도덕적 정당성 주장의 상호주관적 타당성을 훼손할 수 없다는 사실을 알고 있다(DV, 353). 진지하게 물음을 제기하는 자에게는 언제나 이미 더이상 물러설 수 없는 논의상황과 논의의 윤리학이 주어져 있으며, 사유 가능성의 규범적 조건들에 대한 선험화용론적 반성을 통하여 논리적인 것, 도덕적인 것, 그리고 이성적인 것에 대한 철학적 최후정초가 성취될 수 있다. 여기에서 마지막 정초는 이성적인 것을 어떤 다른 것으로부터 정초하는 것이 아니고, 이성 규범을 인정하는 모든 논란이 수행적 자체모순에서 발단된다는 반성적인 입증에 의한 것이다.[7)]

윤리학에 대한 선험화용론적 또는 반성적 최후정초의 관점에서 우리는 도덕판단 능력의 개체 발생을 합리적으로 재구성하려는 콜버그의 근본 원리가 정당성을 가진다고 말할 수 있다. 그리하여 '이성의 사실'에 함축된 논의나 또한 역시 과학의 합리성 주장은 진리 주장을 할 수 있을 뿐만 아니라 이상적인 의사소통공동체의 도덕적 규범을 인정하고 있다. 그러므로 아펠은 콜버그가 — 가치 중립적이고 독백적인 태도 과학의 학문 이론적 자명성과는 반대로 — 도덕적 의식 발달에 대한 합리적-이해적 설명을 처음부터 모든 학습 과정에 대한 경험적-규범적 재구성으로 이해되어야 하고, 그것은 이상적인 의사소통공동체 안에서의 가역적인 역할 기대의 능력으로 되어야 한다는 사실을 당연하게 전제했다고 말한다(DV, 355).

선험화용론적 최후정초가 "왜 도덕적이어야 하는가?"라는 물음에 대답한다면, 그 전에 제기된, 이른바 역할 기대에 대한 전략적 상호성과 도덕적 상호성 사이에서의 선택이라는 점에서 관습 이후적 양심 결단이라는 급진적 문제를 해결해야 한다. 상호주관적으로

7) K.-O. Apel, "Das Problem der philosophischen Letztbegründung im Lichte einer transzendentalen Sprachpragmatik: Versuch einer Metakritik des Kritischen Rationalismus", in: B. Kanitscheider (Hrsg.), *Sprache und Erkenntnis*, Innsbruck 1976, S. 55-82; Wofgang Kuhlmann, *Reflexive Letztbegründung. Untersuchungen zur Transzendentalpragmatik*. München 1985; DV, 354.

타당한 진리, 예를 들면 윤리학 원리의 타당성에 대한 진리를 바르게 찾으려고 진지하게 논증하는 자는 필연적으로 이미 도덕적인 것을 결단한다. 사람들은 논의의 규칙과 함께 이상적인 의사소통공동체의 윤리적 규범들, 그리고 동시에 담론윤리의 형식 절차적 원리를 삶의 세계에서 모든 규범 갈등을 해소하는데 마지막으로 구속성을 가진 원리라고 이해한다. 그리고 이것은 분명하게 인간이 도덕적인 것을 결단할 수 없고, 또한 그런 한에서 역시 진리에 대한 의지라는 뜻에서 이성적인 것을 결단할 수 없다는 것을 지시하지는 않는다(DV, 356). 이로써 아펠은 전략적 합리성과 윤리적 합리성 사이의 양심 결단이라는 복잡 미묘한 문제에 접근할 수 있게 되었다. 이 문제는 아펠로 하여금 도덕판단 능력의 최고단계에 대한 물음을 더 이상 심정의 윤리학적 차원이 아닌 책임윤리학의 차원으로 이행하도록 강요하고 있다(DV, 357).

4. 도덕판단 능력의 단계 6과 그 실현 불가능성

콜버그가 제시한 단계 6의 도덕성은 현실 세계에서 사실상 적용될 가능성이 희박하다는 어려움을 가지고 있다. '관습 이후적 양심'은 원리적으로 항상 새롭게 역할기대의 능력을 언제나 이기적-전략적으로 오용할 수 있는 소지를 가지고 있었다. 의사소통 윤리학과 담론윤리의 의미에서 양심은 역할 기대의 전략적 오용을 저지해야 할 뿐만 아니라, 이를 넘어서서 역할 기대의 가역성이 함축하고 있는 합의적-의사소통적 가치가 드러나게 해야 한다. 콜버그는 바로 이 점에서 정의 기준을 찾고 있으며, 역할 기대의 사유 실험으로부터 제기되는 행위 결단이나 그 준칙의 기준을 모든 당사자들의 합의 가능성에 두고 있다. 이로부터 "네가 이상적인 의사소통공동체의 구성원인 것처럼 행위하라"라는 "의사소통 윤리학의 원리"가 간결하게 도출된다(DV, 357f). 그러나 우리 모두가 이 세상에서 단계 6의 도덕 능력을 가지고 있어서 모든 가능한 권리 주장의 갈등을 담론적 합의 형성의 규제적 원리에 의하여 해소할 수 있다면, 의사소통 윤리학에서 제시하는 규범은 모든 행위에 무제한적으로 타당하게 될 것이다. 그러나 문제는 바로 우리가 그런 세계에 살고 있지 않다는 사실에 있다(DV, 358). 콜버그에 의하면 미국과 같은 후기 계몽주의 사회에서도 관습 이후적 단계 6에 도달한 사람은 성인의 5%에 지나지 않는다. 그리고 5%에 속한 사람들도 실제 생활에 있어서는 반드시 단계 6의 도덕원리에 따라서 행위하지는 않는다. 이러한 사실들은 관습 이후적 단계 6의 도덕성이 일상적인 사회에서는 사실상 전혀 적용될 수 없다는 것을 뜻한다(DV, 361).

콜버그에게 단계 6은 역할 기대의 가역성이 최고도로 발달된 마지막 단계로 생각되었다. 그리고 여기에서 정식화된 도덕원리는 의사소통 윤리학의 원리와 일치하고 모든 논의 가운데서 그 구속성이 필연적으로 인정된다. 그러나 콜버그의 이상적 단계 이론은 칸트나 롤즈와 더불어 방법론적으로 제약된 구체적 결함을 드러내고 있다. 그것은 바로 규범이나 원리가 구체적 상황에 직접적으로 적용될 수 없으며, 이 규칙과 규범의 적용을 위해서 다시 새로운 규칙이 주어질 수 없다는데 있다. 윤리적 원리나 도덕적 규범의 적용 문제는 판단력(칸트)이나 실천지(아리스토텔레스)를 요구하는 것만으로 단순하게 풀리지 않는다(DV, 359). 콜버그 이전에 제시된 이러한 개념들은 모든 사람에게 동일하게 주어진 도덕판단 능력이라고 추상화한다. 그러나 이같은 도덕성(Moralität)에 대한 보편적 추상이나 도덕의식의 개체 발생적 조망은 도덕의 사회 문화적 진화라는 의미에서 현실과 직접적으로 매개되는 관습 이후적 도덕원리의 적용 문제를 해결하지 못한다. 그리하여 아펠은 콜버그가 제시한 단계 6보다 더 성숙한 새로운 도덕판단 능력 단계의 가능성과 필연성을 생각하게 된 것이다. 그것은 원리적으로 관습 이후적 단계 6을 현실 세계에 책임있게 적용할 수 있는 판단 능력에 대한 요구로 가시화 될 수 있다.

그렇다면 콜버그의 단계 6의 적용이 현실적으로 어렵다고 생각되는 영역은 무엇인가? 어떤 경우에 아펠이 말하는 책임윤리학적 단계 7이 주장될 수 있는가? 아펠은 관습 이후적 단계 6의 적용 능력에 문제가 발생할 수 있는 대표적인 두 가지 영역을 '정치-역사적 현실'과 '생태학적 위기 문제'로 들고 있다. 완전하게 가역적인 역할 기대라는 의미에서 정의-도덕의 원리를 이상적인 의사소통공동체가 아닌 정치적-역사적 조건에 적용하는 문제는 필연적 책임윤리학적 판단 능력을 요구하고 있다. 아펠은 후기 계몽사회에서 관습 이후적 도덕의 사회적 적용 여건이 성숙하지 못했다고 지적한다. 물론 후기 계몽 사회의 시민들은 콜버그가 말하는 관습 이후적 도덕판단 능력에 아직 도달하지 못했다. 그리고 관습 이후적 단계의 보편적 도덕 역시 실질적 인륜성이나 현대 민주주의 국가의 법과 제도에 대하여 구속성을 가질 수 있는 규범적 가정들이 결여되어 있다(DV, 363). 왜냐하면 현실 사회에 있어서는 이기적-전략적 선택을 강요하는 사회적 자기주장 체계의 내부 도덕이 지배하고 있기 때문이다. 마피아와 같은 혈맹 조직의 충성-윤리(단계 3)나 국가적 자기주장과 연관된 민족주의적 도덕 의식(단계 4)은 사실상 단계 6의 도덕원리가 현실사회에 적용될 수 있는 가능한 조건들의 실현을 차단하고 있다.

5. 책임윤리학적 단계 7의 요청

아펠은 현대의 철학자들이 이 문제를 해결하기 위해서는 도덕의식의 '책임윤리학적 단계 7'이라고 불리는 아주 특별한 판단 능력을 발달시켜야 한다고 주장한다(DV, 365). 다시 말하면 이기적-전략적 갈등 규정을 합의적-의사소통적 갈등 규정에 의하여 해소하는 것이 허용될 수 있는 여건을 점진적으로 실현해 나가는 장기적 도덕 전략을 위한 규제적 이념이 필요하다는 것이다(DV, 365f). 예를 들면 칸트적 의미에서 세계 공화국의 현실화를 통하여 국제 관계를 개선하고 국가적 자기주장 체계를 완전하게 해소할 수 있기 위해서는 "자기주장 체계에 종사하는 전략적 합리성과 합의를 추구하는 의사소통적 합리성 사이의 책임윤리학적 매개와 결합"(DV, 365), 즉 단계 6의 도덕성의 정치적 적용 가능성의 장기적 실현을 위한 정책이 필연적으로 요청된다는 것이다. 또한 아펠은 이를 위해서 윤리적 합리성을 책임윤리학적으로 매개할 단계 7의 능력을 가진 '도덕적 정치가'도 필요하다고 본다(DV, 366). 그리하여 아펠은 책임윤리학적 단계 7의 구성을 위한 첫 번째 조건으로서 "논의 가운데서 항상 이미 현사실에 맞서서 예견되고 있는 이상적인 의사소통공동체가 그때마다의 실재적 의사소통과 상호작용의 사회 문화적 조건들 아래에서 점진적으로 실현되도록 공동 작업을 할 수 있는 능력"을 들고 있다(DV, 368). 책임윤리학적 단계 7에 속한 사람은 현실적인 의사소통공동체에서 이루어지는 모든 논의를 통하여 이상적인 의사소통공통체의 이상을 예견적으로 실현해 나가는 일을 수행한다는 것이다.

또한 지금까지 단계 6의 도덕성 원리의 사회적 적용 조건들이 실현되지 않은 두 번째 문제 영역은 '생태학적 위기'의 문제이다. 현대 기술 사회에 있어서 학문이나 기술 개발 및 사용의 문제는 인류의 집단행동의 작용과 그에 대한 인류의 연대적 책임을 성찰하게 한다. 도덕적 규범과 원리 사용에 대한 전통적 입장은 여기서 아무런 역할도 하지 못한다. 왜냐하면 개인은 학문과 기술 시대에 있어서 예측할 수 없는 인류의 집단행동의 결과에 대하여 책임질 수 없기 때문이다. 그러나 각 개인은 최소한 집단적 책임을 위한 조직 속에서 협력할 수 있을 것이다(DV, 366). 그리하여 아펠은 책임윤리학적 단계 7의 구성을 위한 두 번째 조건으로서 "인간의 조건이라는 관점에서 불가역적 형식으로 변화하는 현대 기술의 집단적 행위와 미래의 세대에 계속되는 인류를 위한 생존 조건의 보존이라는 책임조망"을 들고 있다(DV, 368). 한스 요나스는 그의 저서 『책임의 원리』에서 인류의 구체적 일반성을 지향하는 책임 조망이 칸트의 의미에서 준칙의 선택이라는 그때마다 가능한 추상적 보편화 가능성의 사유 실험에 대한 능력으로부터 구별되어야 한다고 지적하였다.[8] 아펠은 역할 기대의 가역성 실험의 담론적-의사소통적 확증이 요나스가 요구한 미래 세대의 관심을 적당하게 대변하는 것의 전제가 된다고 해석한다.

이상에서 제기된 문제들은 담론윤리학에서 중심적이고 전형적인 문제 영역이다(DV, 367). '의사소통적 능력'(하버마스)이란 개념은 콜버그적 단계 6이 뜻하는 가역적 역할 기대의 추상적 원리가 지시하는 바의 도덕 능력의 차원을 함축하고 있다. 왜냐하면 집단적 행위에 대한 집단적 책임이 조직되고 실현되어야 하는 실제적 담론에 있어서는 상이한 능력 단계의 담론 상대자들 사이에서 의사소통적 매개를 위한, 그리고 상이한 요구에서 오는 갈등을 합의적 의사소통적으로 해소할 수 있는 개인의 능력이 중요하기 때문이다. 물론 담론윤리의 의미에서 요청되는 이상적 의사소통적 능력의 주체로서

8) Hans Jonas, *Das Prinzip Verantwortung. Versuch einer Ethik für die technologische Zivilisation,* Frankfurt 1979, S. 35; DV, 368.

개인은 단계 6에서 의미하는 형식적-추상적 원리 능력을 이미 전제하고 있어야 한다. 마찬가지로 도덕적 정치가 역시 전략적 합리성과 합의적-의사소통적 합리성을 매개하기 위해서는 이러한 능력을 미리 가지고 있어야 한다. 콜버그의 단계 5 또는 단계 6이라는 의미에서의 도덕판단 능력의 인지적 전제만이 '건전한 시민 정서'나 혹은 종교적 광신주의와 같은 사회의 자기주장 체계의 '내부 도덕'이라는 의미에서 가능하게 되는 합의 형성에 대한 퇴보로부터 개인을 보호할 수 있기 때문이다. 또한 도덕판단 능력의 인지적 전제만이 정치가나 그 정치적 행위를 현실 정치에서 사이비-마키아벨리즘으로 빠지고 싶은 유혹으로부터 보호할 수 있다. 그러나 개인은 콜버그의 발달 논리적 의미에서의 이러한 전제를 넘어서서 개체 발생적으로 규정되는 도덕 차원과 계통 발생적으로 규정되는 도덕 차원을 매개할 수 있는 도덕적-정치적 인간으로서 보다 확장된 판단 능력을 발달시켜야 한다. 그것은 바로 '상황에 민감하지만'(kontext-sensitiv) 보편적으로 타당한 목표 이념을 지향하기 때문에 '비상대주의적'(nicht-relati- vistisch)이어야 하는 "단계 6 도덕의 적용 능력" 가운데서 매우 특수한 형태의 "책임윤리학적 능력"(verantwortungsethische Kompetenz)이다(DV, 368).

그리하여 아펠은 이상의 논의에서 책임윤리학의 관점은 보편적인 원리 윤리학을 현실이나 역사적 상황에 적용하는 문제로부터 제기되었으며, 이것은 보다 성숙한, 그리고 현실과 연관된 도덕적 판단 능력의 단계 7을 요구하고 있다고 주장한다. 그러나 아펠은 그의 제7단계 요청이 피아제와 콜버그적인 의미에서 도덕의식의 발달 논리의 결과들을 무력하게 하는 것이 아니라 보완한다고 말한다. 따라서 아펠은 콜버그가 주장하는 종교적-형이상학적 단계 7, 그리고 하버마스의 '보편적 언어 화용론'에 대응하는 도덕판단 능력의 단계 7, 마지막으로 아펠 자신에 의하여 구상된 의사소통적-책임윤리학적 단계 7이 제각기 비슷한 결론에 이르게 되었다고 평가한다. 콜버그의 단계 6을 넘어서는 도덕의식의 최고단계에 대한 이 세 가지 개념들은 제한된 도덕판단 능력의 발달 논리에 있어서 개체 발생의 평형화에 대한 형식-구조적 문제가 아니라, 현실과 역사 속에서 제약되어 있는 인간의 조건과 매개하려는 특수한 도덕판단 능력의 요청에 관한 문제인 것이다.

6. 도덕발달과 담론윤리학의 근본 지평

아펠은 콜버그의 도덕발달론에 대한 비판적 작업을 통하여 보편주의적 도덕이론을 체계적으로 구성하려는 콜버그의 시도에 정당성 근거를 확보해 주는 동시에, 형식주의적 개체 발생적 보편주의를 선험화용론적 차원에서 합의적-의사소통적 담론윤리학으로 변형하려고 시도하였다. 우리는 이 글의 모두에서 제기한 몇 가지 물음들을 중심으로 콜버그의 도덕발달론과 아펠의 담론윤리학의 근본 지평을 탐색해 보기로 할 것이다.

1) 동일성-테제의 보완을 위한 반성적 최후정초

발달심리학과 규범윤리학을 통일적으로 매개하려는 콜버그의 도덕발달론은 도덕 단계에 대한 심리학적 기술이 규범윤리학 체계의 원리적 심층 구조와 상응한다는 '동일성-테제'에 기초하고 있었다. 하버마스는 콜버그의 동일성-테제를 '보완-이론'으로 대체하려고 하였다. 하버마스는 경험적-심리학적 검사-기준과 철학적 정초-기준을 구분하면서 철학의 방법론과 이해적-재구성적 사회과학의 방법론은 통일되어 있지 않고, 도덕성의 최고단계 역시 자연적인 발달 단계가 아니라 도덕 철학적 구성물이라고 주장하였다. 따라서 하버마스는 서로 다른 이 두 개의 방법은 콜버그가 주장하는 것처럼 평행적이거나 동일한 것이 아니고 상호보완적이며 상호 교정적이라고 하였다. 동일성-테제에 기초한 콜버그의 도덕발달론은 하버마스의 비판과 제안을 통하여 상당한 정도까지 수정을 거치면서 도덕적인 문제들 속에는 경험적 실증적 연구로 파악할 수 없거나 접근할 수 없는 철학적 함축이 전제되어 있음을 인정한다.

아펠은 콜버그의 동일성-테제와 '존재에서 당위에로의' 이행에 있어서 그가 말하는 심리학이 사실 과학을 뜻하는 것으로 받아들인다. 그러나 콜버그가 주장하는 것처럼 심리학이 사실 과학이라면, 그의 발달심리학 역시 도덕적 규범을 전제하지 않은 가치중립적인 자연과학과 같은 것으로 이해되어야 할 것이다. 아펠은 콜버그가 심리학의 방법론이 가치중립적이어야 한다는 이론에 대하여 비판적 입장을 가지고 있었을 뿐만 아니라, 사실을 설명하는 심리학의 영역과 행위를 규정하는 규범학을 동일한 차원에서 구성하려고 한 방법론적 모순을 저지르고 있다고 비판한다. 아펠에 의하면 콜버그의 동일성-테제는 어떤 근거에서 사실과학과 규정 과학이 상호작용 할 수 있으며, 도덕원리의 보편성 주장은 어떻게 가능한가에 대하여 확실하게 설명하지 못한다고 지적한다. 아펠은 가언적 연역적 사유와 그 결과들은 경험적 명증성에 의하여 충분하게 입증되거나 반증되지 않기 때문에, 도덕적 당위에 대한 합리적 정초를 시도하려면 선험적으로-아프리오리한 최후정초에로 나가지 않으면 안 된다고 주장한다. 그리하여 아펠은 콜버그의 도덕발달론이 그 윤리적 의미를 상실하지 않으려면 보편적인 규범윤리학을 가능하게 하는 최후정초가 필요하다고 생각한다. 또한 아펠에 의하면 합리성을 추구하는 모든 과학은 선험적으로 '논의의 윤리학'을 전제하고 있다. 그러므로 콜버그의 동일성-테제는 아펠이 말하는 것처럼 더 이상 물러설 수 없는 반성적 최후정초를 기반으로 할 경우에만 그 의미 기능을 복원할 수 있게 된다.

2) 콜버그의 도덕발달에 대한 선험화용론적 이해

이제 우리는 콜버그의 도덕발달론에서 정형화되고 있는 단계론의 내용9)에 대하여 아펠이 어떻게 평가했는가를 살펴보기로 한다. 아펠은 콜버그가 「존재에서 당위에로」라는 글에서는 '완전하게 가역적인 역할 기대의 원리'를 가지고 도덕판단 능력의 발달에 대한 이론의 가능성을 충분하게 입증하거나 또는 철학적-규범적으로 완전하게 정초하지 못했다고 비판한다. 이러한 사실은 콜버그 스스로도 인정하고 있다. 아펠은 특히 콜버그가 그의 동일성-테제에 기초하여 도덕판단 능력의 최고단계인 단계 6을 경험적 실증적으로 제시하는 데 실패하고 있다고 지적한다.

동일성-테제를 확고하게 주장하던 당시의 콜버그에게는 경험적

---

9) 콜버그의 도덕발달론에서 동일성-테제는 그의 도덕판단 능력의 단계론에 적용되고 있다. 콜버그는 발달심리학 이론에 의하여 사실적으로 검증된 단계 범주들에서 정의 개념이 확장되어가는 과정을 제시하고, 그 점진적인 평형화 과정을 도덕적 통합형식의 단계로 파악하고 있다. 그가 경험적-심리학적 연구를 통하여 재구성한 도덕판단 능력의 여섯 단계는 관습 이전의 두 단계(제1단계: 처벌과 복종, 제2단계: 도구적 교환), 관습수준의 두 단계(제3단계: 사람들 간의 동조, 제4단계: 사회 제도와 양심의 유지), 그리고 관습 이후의 두 단계(제5단계: 선재 권리와 사회계약, 제6단계: 보편적 윤리적 원리)로 구분된다. 그런데 콜버그는 이러한 각 단계들에서의 도덕판단을 역할 기대의 과정으로 파악하고, 각 단계에는 피아제의 사유 조작에 있어서 논리적 단계와 상응하는 새로운 논리적 단계가 나타난다고 보았다. 보다 높은 단계로 갈수록 보다더 도덕적으로 된다는 것이다. 그리고 이 단계들에는 정의-구조를 가지고 있으며, 각 단계들은 그 앞에 오는 단계보다 더 포괄적이고 분화적이고 평형적이라고 규정하였다.

연구 결과에 의하여 도덕판단 능력의 단계 6이 정당화될 수 있으며, 그것은 내용에 있어서 롤즈가 직관적으로 도달한 정의론과 일치한다고 믿었다. 그러나 나중에 콜버그는 발달론의 단계 6이 경험적 검사 결과에 의하여 지지될 수 없는 '요청'이라는 사실을 인정하였다. 따라서 그 자신의 도덕발달론에서의 단계 6을 롤즈의 정의론에 의하여 정당화하려고 하였다. 롤즈가 말하는 정의는 실제로 어떤 가상적인 '원초적 입장'과 각각의 구성원이 자신의 위치를 알지 못하는 '무지의 장막'이라는 두 가지 가정에 의하여 연출된다. 이 경우에 롤즈는 합리적인 이기적-전략적 구성 원들이 차등의 원칙에 의하여 도달된 평형 상태를 가장 선호하게 된다고 주장한다. 콜버그 역시 반성적 평형 상태에 도달한 롤즈의 정의 개념을 '완전하게 가역적인 역할 기대'라는 자신의 단계 6과 동일한 것으로 간주한다. 그러나 아펠은 롤즈가 전략적-이기적 선택의 원리에 놓여있는 인간이 왜 정의의 원리를 지향하는가를 철저하게 논증하지 못한 점에서 윤리학을 정초하지는 못했다고 비판한다. 그리하여 아펠은 정의 윤리의 정초 가능성에 대한 물음은 이제 전략적 경쟁자들의 합리적 선택의 근거에 관한 물음으로부터 원초적 입장의 선택 조건들에 대한 근거 물음으로 전환된다고 지적한다. 그럼에도 불구하고 아펠은 콜버그가 제시한 단계 6의 원리적 기준이 되는 가역성으로서의 정의 개념이 자신과 하버마스가 시도하는 담론윤리학 또는 선험화용론적 의사소통 윤리학과 공통적인 기반을 다질 수 있게 되었다고 해석한다. 이러한 해석의 가능성은 콜버그가 제시한 반성적 평형 가설에서의 가역성 또는 완전한 역할 기대의 원리가 담론윤리학의 원리와 일치한다는 사실에 근거한다.

3) 콜버그의 최고단계에 대한 아펠의 대안이 갖는 철학적 의미

동일성-테제를 확고하게 주장하던 당시의 콜버그에게는 경험적 연구 결과에 의하여 도덕판단 능력의 단계 6이 정당화 될 수 있으며, 그것은 내용에 있어서 롤즈가 직관적으로 도달한 정의론과 일치한다고 믿었다. 그러나 나중에 콜버그는 발달론의 단계 6이 경험적 검사 결과에 의하여 지지될 수 없는 '요청'이라는 사실을 인정하였다. 따라서 콜버그는 자신의 도덕발달론에서의 단계 6을 롤즈의 정의론에 의하여 정당화하려고 하였다. 롤즈가 말하는 정의는 실제로 어떤 가상적인 '원초적 입장'과 각각의 구성원이 자신의 위치를 알지 못하는 '무지의 장막'이라는 두 가지 가정에 의하여 연출된다. 이 경우에 롤즈는 합리적인 이기적-전략적 구성원들이 차등의 원칙에 의하여 도달된 평형 상태를 가장 선호하게 된다고 주장한다. 콜버그 역시 반성적 평형 상태에 도달한 롤즈의 정의 개념을 '완전하게 가역적인 역할 기대'라는 자신의 단계 6과 동일한 것으로 간주한다.

그러나 아펠은 롤즈가 전략적-이기적 선택의 원리에 놓여있는 인간이 왜 정의의 원리를 지향하는가를 철저하게 논증하지 못한 점에서 윤리학을 정초하지는 못했다고 비판한다. 그리하여 아펠은 정의윤리의 정초 가능성에 대한 물음은 이제 전략적 경쟁자들의 합리적 선택의 근거에 관한 물음으로부터 원초적 입장의 선택 조건들에 대한 근거 물음으로 전환된다고 지적한다. 그럼에도 불구하고 아펠은 콜버그가 제시한 단계 6의 원리적 기준이 되는 가역성으로서의 정의 개념이 자신과 하버마스가 시도하는 담론윤리학 또는 선험화용론적 의사소통 윤리학과 공통적인 기반을 다질 수 있게 되었다고 해석한다. 이러한 해석의 가능성은 콜버그가 제시한 반성적 평형 가설에서의 가역성 또는 완전한 역할 기대의 원리가 담론윤리학의 원리와 일치한다는 사실에 근거한다.

이제 우리는 도덕성의 완전한 확보를 위하여 콜버그가 새롭게 제안하는 종교적-형이상학적 단계 7에 대한 아펠의 비판적 대안이 갖는 의미를 살펴보기로 한다. 콜버그의 윤리학은 근본적으로 칸트에서 롤즈에 이르는 형식주의 윤리학에 정향되어 있다. 그의 심리학적 연구의 모델인 피아제조차도 칸트주의적 형식주의에 속한다. 이처럼 형식주의와 보편주의를 특징으로 내세우는 그의 윤리학에 있어서 완전한 가역성으로서의 정의 개념을 지향하는 단계 6은 도덕판단 능력의 최고단계로서 전혀 손색이 없었다. 그러나 이러한 콜버그 역시 발달심리학에서의 종교적 의식 발달과 통합적 자아 발달에 대한 물음과 메타 윤리학에서 새롭게 제기된 "왜 도덕적이어야 하는가?"라는 물음은 단계 6을 보완할 종교적-형이상학적 단계 7을 구상하게 만들었다. 이보다 앞서서 콜버그는 자신의 단계 6이 보편적 언어 윤리학에 대응하는 도덕 의식의 단계 7에 의하여 보완되어야 한다는 하버마스의 제안을 거부한 사실이 있었다. 그러나 콜버그는 "왜 도덕적이어야 하는가?"라는 물음에 담긴 두 가지 함축, 즉 종교적 실존적 의미와 도덕성에 대한 정당성 확보에 착안하여 은유적인 의미에서 단계 6보다 높은, 그러나 실질적으로는 아무런 구속력도 없는 종교적-형이상학적 단계 7을 요청한다. 그러나 아펠은 "왜 도덕적이어야 하는가?"라는 물음은 실존적 차원이 아닌 합리적 정초의 차원에서만 중요한 의미를 가진다고 본다. 그는 이 물음에 대한 선험화용론적 정초를 통하여 단계 6에서 가능한 역할 기대의 가역성과 관련된 관습 이후적 양심이 도덕적으로 사용될 수 있다는 가능성을 보여주려고 했다. 진지하게 물음을 제기하는 자에게는 언제나 이미 더 이상 물러설 수 없는 논의상황과 논의의 윤리학이 주어져 있다는 반성적 최후정초의 사실은 수행적 자체모순으로부터 입증될 수 있다는 것이다.

그리하여 아펠은 관습이후 단계 6에서 양심의 결단이 정의롭게 이루어질 수 있는 가능성 조건을 확보하기 위하여 형식주의적 심정의 윤리학에서 합의적-의사소통적 책임윤리학의 차원으로 이행하게 된다. 그는 단계 6에 속한 도덕적 주체가 이기적-전략적 선택을 강요하는 현실 세계와 자기주장 체계에 종사하는 전략적 합리성의 차원을 극복하고 도덕적으로 양심을 사용할 수 있기 위해서는 책임윤리학적 단계 7이 요청되지 않으면 안 된다고 주장한다. 이와 같은 책임윤리학의 관점은 보편적인 도덕원리와 규범윤리학을 현실적 의사소통공동체 안에 적용하는 문제이며, 이로써 각각의 구성원들이 우리의 현실 사회에 이상적인 의사소통공동체를 예견적으로 실현하는데 적극적으로 참여할 수 있게 한다. 아펠의 책임윤리학적 단계 7의 요청은 피아제와 콜버그적인 의미에서 도덕발달론을 무력하게 하는 것이 아니라, 그들의 도덕 이론이 정당성을 가질 수 있도록 보완하는 동시에 형식적, 개체발생적 심정(정의)의 윤리학으로부터 상호주관적-의사소통적 책임윤리학으로의 변형을 지향하고 있다.

참고문헌

1. 콜버그의 저술

1) 저서

Kohlberg, Lawrence, *Zur kognitiven Entwicklung des Kindes*. Frankfurt: Suhrkamp, 1974.

Kohlberg, L., Colby, A., & Damon, W., *Assessment of Moral Judgment in Childhood and Youth*. Grant proposal to the National Institute of Health, 1978.

Kohlberg, Lawrence, *The Philosophy of Moral Development. Moral Stages and the Idea of Justice*. San Francisco 1981.

Kohlberg, L., Levine, C., & Hewer, A., *Moral Stages: A current formulation and a response to critics*, Basel: Karger, 1983.

Kohlberg, L., & A. Colby, *The Measurement of Moral Judgement*. Vol.I, II, New York, Cambridge University Press, 1984.

Kohlberg, Lawrence, *The Psychology of Moral Development*. Harper & Row, San Francisco 1984.

Kohlberg, L., & A. Higgins, C. Power, "The Relationship of Moral Atmosphere to Judgements of Responsibility." In W. Kurtines and J. Gewirz, eds., *Morality, Moral Behavior and Moral Development*. New York: Wiley Interscience, 1984.

Kohlberg, Lawrence, *Child psychology and childhood education*, New York 1987.

Kohlberg, Lawrence, & Clark Power, Ann Higgins, *Lawrence Kohlberg's approach to moral education*, New York 1989.

Kohlberg, Lawrence, *Die Psychologie der Moralentwicklung*, Frankfurt: Suhrkamp, 1995.

Kohlberg, Lawrence, *Die Psychologie der Lebensspanne*, Frankfurt: Suhrkamp, 2000.

콜버그 외, 『콜버그의 도덕성 발달 이론』, 문용린 역, 서울: 아카넷 2000.

콜버그, 로렌스, 『도덕발달의 철학 - 도덕 단계와 정의의 관념』, 김봉소, 김민남 역, 서울, 교육과학사 2000.

콜버그, 로렌스, 『도덕발달의 심리학』, 서울, 교육과학사 2001.

2) 논문

Kohlberg, L., *The Development of Modes of Moral Thinking and Choice in the Years 10 to 16. Doctoral dissertation.* University of Chicago, 1958, in: Puka, Bill(ed.), *Kohlberg's Original Study of Moral Development,* New York & London: Garland Publishing, 1994.

Kohlberg, L., "Moral Development and Identification." In H. Stevenson ed., *Child Psychology*. 62nd Yearbook of the National Society for the Study of Education. Chicago: University of Chicago Press, 1963.

Kohlberg, L., "Psychological Analysis and Literary Form: A Study of the Doubles in Dostoevsky." *Daedalus 92*, 1963.

Kohlberg, L., "The Development of Children's Orientation Toward a Moral Order: I. Sequence in the Development of Moral Thought." *Vita Humana 6,* 1963.

Kohlberg, L., "The Development of Moral Character and Ideology." In M. Hoffman and L. Hoffman, eds., *Review of Child Development Research.* New York. Russell Sage, 1964.

Kohlberg, L., "Moral and Religious Education, and the Public Schools: A Developmental View." In T. Sizer, ed., *Religion and Public Education.* Boston: Houghton Mifflin, 1967.

Kohlberg, L., "Cognitive stages and pre-school education." *Hum. Dev.*

9, 1966.

Kohlberg, L., "Moral Development." In *International Encyclopedia of the Social Sciences*. New York: Crowell, Collier and Macmillan, 1968.

Kohlberg, L., "The Child as a Moral Philosopher." *Psychology Today 7,* 1968.

Kohlberg, L., "Stages in Moral Growth." *International Journal of Religious Education 44,* 1968.

Kohlberg, L., "Stage and Sequence: The Cognitive-Developmental Approach to Socialization." In *Handbook of Socialization Theory and Research,* edited by D. Goslin. Chicago, IL: Rand McNally, 1969.

Kohlberg, L., and Kramer, R. "Continuties and Discontinuities in Children and Adult Moral Development." *Human Development 12*, 1969.

Kohlberg, L., "Development of Moral Character." In *Developmental Psychology*. Del Mar, Calif.: CRM Books, 1970.

Kohlberg, L., "Moral Development and the Education of Adolescents." In R.F. Purnell, ed., *Adolescents and the American High School.* New York: Holt, Rinehart and Winston, 1970.

Kohlberg, L., "Stages of Moral Development as a Basis for Moral Education." In C. Beck, B. Crittendon, and E. Sullivan, eds., *Moral Education: Interdisciplinary*. Toronto: University of Toronto Press, 1971.

Kohlberg, L., "From Is to Ought: How to Commit the Naturalistic Fallacy and Get Away with It." In *The Study of Moral Development and Epistemology,* edited by T. Mishel. New York: Academic Press. 1971.

Kohlberg, L., and Turiel, E., "Moral Development and Moral Education." In G. Lesser, ed., *Psychology and Educational Practice*. Chicago: Scott Foresman, 1971.

Kohlberg, L., "Stages and Aging in Moral Development: Some Speculations." *Gerontologist 13,* 1973.

Kohlberg, L., "Continuities in childhood and adult moral development revisited." In Baltes and Schaie, *Life-span developmental psychology*

: *Personality and socialization*. New York: Academic Press, 1973.
Kohlberg, L., "The claim to moral adequacy of a highest stage of moral judgement." *J. Phil. 70*, 1973.
Kohlberg, L., "Discussion: Developmental Gains in Moral Judgment." *American Journal of Mental Deficiency 79,* 1974.
Kohlberg, L., "Moral Development and Juvenile Justice." Unpublished Manuscript, Harvard University, 1974.
Kohlberg, L., and Elfenbein, D., "The Development of Moral Judgments Concerning Capital Punishment." *American Journal of Orthopsychiatry 45,* 1975. Also in H.A. Bedau and C.M. Pierce, eds., *Capital Punishment in the United States*. New York: A. M. S. Press, 1976.
Kohlberg, L. & M. Blatt, "The effects of classroom moral discussion upon children's level of moral judgement." *Journal of Moral Education*, 4, 1975.
Kohlberg, L., "Moral Stages and Moralization: The Cognitive-Developmental Approach." In T. Lickona, ed., *Moral Development and Behavior: Theory, Research and Social Issues*. New York: Holt, Rinehart and Winston, 1976.
Kohlberg, L., & N. Haan, J. Langer, "Family patterns of moral reasoning." *Child Dev.*, 47, 1976.
Kohlberg, L., & D. Kuhn, J. Langer, N. Haan, "The development of formal operations in logical and moral judgement," *Genet. Psychol. Monogr. 95*, 1977.
Kohlberg, L., and Hersh, R.H. "Moral Development: A Review of the Theory." *Theory into Practice 16*, 1977.
Kohlberg, L., "Moral Development, Ego Development and Psycho-educational Practice." *Pupil Personnel Services Journal 6,* 1977.
Kohlberg, L., "The Cognitive-Developmental Approach to Behavior Disorders: A Study of the Development of Moral Reasoning in Delinquents." G. Serban, ed., *Cognitive Defects in the Development of Mental Illness*. New York: Brunner-Mazel, 1978.
Kohlberg, L., "Preface" to *New Directions in Child Develoment.* Vol.1, No.2: "Moral Development," ed. W. Damon. San Franscisco: Jossey-

Bass, 1978.

Kohlberg, L., "The Young Child as a Philosopher: Moral Development and the Dilemmas of Moral Education." In M. Wolman, ed., *Taking Early Childhood Seriously: The Evangeline Burgess Memorial Lectures*. Pasadena, Calif.: Pacific Oaks, 1979.

Kohlberg, L., "Foreword" to *Developments in Judging Moral Issues*, by James Rest. Minneapolis: University of Minnesota Press, 1979.

Kohlberg, L., *The meaning and measurement of moral development.* The Heinz, Werner Lecture Series, vol. I. Worcester: Clark University Press, 1979(1980).

Kohlberg, L., & M. Bar-Yam, A. Naame, "Moral reasoning of students in different cultural, social and educational settings," *American Journal of Education*, 88, 1980.

Kohlberg, L., "Moral development does not mean liberalism as destiny: A reply to Schweder." *Contemp. Psychol. 27*, 1982.

Kohlberg, L., "Moral Development." In *The Cognitive Developmental Psychology of James Mark Baldwin*. In J. M. Broughton and D. J. Freeman-Moir, eds. Norwood, N.J.: Ablex, 1982.

Kohlberg, L., & D. Candee, "The relation of moral judgement to moral action." In Kurtiness and Gewirtz, *Morality, moral behavior and moral development: Basic issues in theory and research*. N. Y.: Wiley Interscience, 1983.

Kohlberg, Lawrence, & Anne Colby, John Gibbs, Marcus Liberman, *A longitudinal study of moral judgement, Monograph of the Society for Research in Child Development*, Nr.200, vol.48, 1983.

Kohlberg, L. & A. Higgins, C. Power, "Student judgement of responsibility and the moral, atmosphere of high schools. A comparative study." Kurtines and Gewirtz, *Morality, moral behavior and moral development: Basic issue in theory and research*. New York, 1983.

Kohlberg, L., & Candee, D., "The Relationship of Moral Judgment of Moral Action." In *Essays on Moral Development, Volume II: The Psychology of Moral Development* edited by L. Kohlberg. New York: Harper & Row, 1984.

Kohlberg, L., "The Just Community Approach to Moral Education in Theory and Practice." In *Moral Education: Theory and Application*, edited by M. W. Berkowiz, & F. Oser. Hillsdale, NJ: Erlbaum, 1985.

2. 기타 학자의 저술

Alston, W. P., *"Comments on Kohlberg's 'From Is to Ought.'"* In: T. Mischel, ed., *Cognitive Development and Epistemology*. Academic Press, New York 1971.

Apel, Karl-Otto, u.a.(Hrsg.), *Zur Anwendung der Diskursethik in Politik, Recht und Wissenschaft*, Frankfurt 1992.

Apel, Karl-Otto, "Das Apriori der Kommunikationsgemeinschaft und die Grundlagen der Ethik," in: Ders., *Transformation der Philosophie*. Bd. II, Frankfurt 1973.

Apel, Karl-Otto, "Das Problem der philosophischen Letztbegründung im Lichte einer transzendentalen Sprachpragmatik: Versuch einer Metakritik des Kritischen Rationalismus," in: B. Kanitscheider (Hrsg.), *Sprache und Erkenntnis*, Innsbruck 1976.

Apel, Karl-Otto, "Die transzendentalpragmatische Begründung der Kommunikationsethik und das Problem der höchsten Stufe einer Entwicklungslogik des moralischen Bewußtseins," in: ders, *Diskurs und Verantwortung. Das Problem des Übergangs zur postkonventionellen Moral*. Frankfurt 1990.

Apel, Karl-Otto, "Geschichtliche Phasen der Herausforderung der praktischen Vernunft und Entwicklungsstufen des moralischen Bewußtseins," in: *Funkkolleg Praktische Philosophie/Ethik*. Weinheim/Basel 1980.

Apel, Karl-Otto, "Läßt sich ethische Vernunft von strategischer Zweckrationalität unterscheiden?", in: *Archivio di Filosofia*, LI, 1983.

Apel, Karl-Otto, "Zurück zur Normalität? Oder könnten wir aus der nationalen Katastrophe etwas Besonderes gelernt haben? Das Problem des (welt-)geschichtlichen Übergangs zur post-konventionellen Moral in spezifisch deutscher Sicht", in: *Diskurs und Verantwortung*. Frankfurt 1990.

Apel, Karl-Otto, *Diskurs und Verantwortang. Das Problem des Übergangs zur postkonventionellen Moral*, Frankfurt 1988.

Apel, Karl-Otto, *Transformation der Philosophie*, 2 Bde, Frankfurt 1973.

Apel, Karl-Otto, "Die Situation des Menschen als ethisches Problem", in G. Frey(Hrsg.), *Der Mensch und die Wissenschaften vom Menschen*. Innsbruck 1983.

Baier, K., *The Moral Point of View: A Rational Basis of Ethics*, rev. ed., Macmillan, New York 1965.

Baldwin, J. M., *Social and Ethical Interpretations in Mental Development*. Macmillan, New York 1906.

Baldwin, J. M., *Thoughts and Things*. 3 Vols. New York: Macmillan 1906.

Beccaria, C., *On Crimes and Punishments*. Trans. H. Paolucci, Bobbs-Merrill, Indianapolis 1963(originally 1764).

Berkowitz, Leonhard, *Development of Motives and Values in a Child*. Basic Books, New York 1964.

Böhler, Dietrich(Hg.), *Kommunikation und Reflexion. Zur Diskussion der Transzendentalpragmatik, Antworten auf Karl-Otto Apel*. Frankfurt: Suhrkamp, 1982.

Brandt, R. B., "Toward a Credible Form of Utilitarianism", in: M. D. Bayles ed., *Contemporary Utilianism*, Anchor Books, Garden City 1968.

Brandt, R. B., *Ethical Theory*. Prentice-Hall, New York 1959.

Brandt, R. B., *Value and Obligation: Systematic Readings in Ethics*. Harcourt, New York 1961.

Broughton, J. M., "Genetic Logic and the Developmental Psychology of Philosophical Concepts." In J. M. Broughton and D. J. Freeman-Moir, eds., *The Cognitive-Developmental Psychology of James Mark Baldwin*. Norwood, N. J.: Ablex, 1982b.

Broughton, J. M., "The Development of the Child's Epistemology in Metaphysics through Adolescence and Youth." In J.M. Broughton, D. J. Freeman-Moir, eds., *The Cognitive-Developmental Psychology of James*

Mark Baldwin. Norwood, N.J.: Ablex, 1982a.

Brusselmans, Christiane(ed.), *Toward Moral and Religious Maturity: The First International Conference on Moral and Religious Development*, Morristown, New Jersey: 1980.

Cistone, D. F., *Levels of moral reasoning compared with demographic data among teachers, administrators, and pupil personnel employee enrolled in graduate schools*. Diss. Abstr. Int. 41, 236A, University of Southern California 1980.

Clement, Grace, *Care, Autonomy, and Justice: Feminism and the Ethic of Care*, Central Avenue, Boulder: Westview Press, 1996.

Dewey, J. and J. H. Tufts, *Ethics*. Rev. ed. New York: Holt 1932.

Dykstra, Craig a.o.(ed.), *Faith Development and Fowler*, Birmingham, Alabama: Religious Education Press, 1986.

Duska, Ronald & Mariellen Whelan, *Moral Development: A Guide to Piaget and Kohlberg*, New York, Paramus, Toronto: Paulist Press, 1975.

Edelstein, W. und G. Nunner-Winkler(Hrsg.), *Zur Bestimmung der Moral. Philosophische und sozialwissenschaftliche Beiträge zur Moralforschung*. Frankfurt 1986.

Edwards, Carolyn P., "Societal Complexity and Moral Development: A Kenyan Study." *Ethos* 3, 1975.

Erdynast, A., *"Improving the Adequacy of Moral Reasoning: An Exploratory Study with Executives and with Philosophy Students."* Ph. D. dissertation, Harvard University, 1973.

Erikson, V. L., "The Case Study Method in the Evaluation of Developmental Programs." In: L. Kuhmerker, M. Mentkowski and V.L. Erickson, eds.: *Evaluating Moral Development*. New York: Character Research Press, 1980.

Fowler, Jim, *Life Maps: Conversations on the Journey of Faith*, Texas 1978.

Fowler, James W., Stages of Faith. The Psychology of Human Development and the Quest for Meaning, San Francisco: A Division of Harper Collins Publishers, 1995.

Frankena, W. K., *Ethics*. New York 1963.

Freud, S., "Some psychological consequences of the anatomical distinc-

tion between the sexes." In: *International Journal of Psychoanalysis* 8, 1927.
Freud, Sigmund, "Some Psychical Consequences of the Anatomical Distinction Between the Sexes"(1925), Vol. XIX, The Standard Edition of the Complete Psychological Works of Sigmund Freud, London: The Hogarth Press, 1961.
Freud, Sigmund, *Three Essays on the Theory of Sexuality*(1905), Vol. VII. The Standard Edition of the Complete Psychological Works of Sigmund Freud, trans. and ed. James Strachey. London: The Hogarth Press, 1961.
Friedrich, C. J. ed., *The Philosophy of Kant*. Random House, New York 1949.
Garwood, S. C. & D. W. Levine, I. Ewing, "Effect of protagonists' sex on assessing gender differences in moral reasoning," *Developmental Psychology*, 16, 1980.
Garz, Detlef, "Einführung in die Theorie Lawrence Kohlbergs," in: Arnim Regenbogen(Hrsg.), *Moral und Ethik: Soziales Bewußtsein als Lernprozeß*, Köln 1984.
Garz, Detlef, *Lawrence Kohlberg zur Einführung*. Hamburg: Junius Verlag, 1996.
Garz, Detlef, *Sozialpsychologische Entwicklungstheorien: Von Mead, Piaget und Kohlberg bis zur Gegenwart*. 3. erweiterte Auflage, Wiesbaden 2006.
Gibbs, John C., *Moral Development & Reality: Beyond the Theories of Kohlberg and Hoffmann*, London, New Delhi: Sage Publications, 2003.
Gilligan, C. & J. M. Murphy, "Development from adolescence to adulthood: The philosopher and the dilemma of the fact." In Kuhn, *Intellectual development beyond childhood.* San Francisco: Jossey-Bass, 1979.
Gilligan, C., & M. Belenky, "A naturalistic study of a abortion decisions." In Selman and Yando, *Clinical developmental psychology*. San Francisco: Jossey-Bass, 1980.
Gilligan, C., "In a Different Voice: Women's Conceptions of the Self and Morality." *Harvard Educational Review 47*, 1977, 481-517.
Gilligan, C., *In a Different Voice*. Cambridge, MA: Harvard University

Press, 1982.

Gilligan, C., Kohlberg, L., Lernet, J., and Belenky, M. "Moral Reasoning About Sexual Dilemmas." *Technical Report of the Commission on Obscenity and Pornography*, Vol.1(No.52560010). Washington, D.C.: U.S. Government Printing Office, 1971.

Gilligan, C., S. Langdale, N. Lyons & J. M. Murphy, *Contribution of women's thinking to developmental theory: The elimination of sex bias in moral development theory and research.* Final report to National Institute of Education, 1982.

Gilligan, J., "Psycoanalytic theory and morality." In Lickona, *Moral development and behavior, theory, research and social issue.* New York: Holt, Rinehart & Winston, 1976.

Haan, N., *Coping and Defending: Processes of Self-Environment Organization.* Academic Press, New York 1977.

Habermas, Jürgen, "A Universal Ethic of Communication and Problems of Ethical Relativity and Skepticism." Paper given at the *International Symposium on Moral Education*, Freiburg University, Switzerland, 1982.

Habermas, J., *Theorie des kommunikativen Handelns.* Frankfurt 1981.

Habermas, J., "Diskursethik: Notizen zu einem Begründungsprogramm", in: Ders., *Moralbewußtsein und kommunikatives Handeln.* Frankfurt 1983.

Habermas, Jürgen, "Moralbewußtsein und kommunikatives Handeln," in: ders., *Zur Rekonstruktion des Historischen Materialismus.* Frankfurt: Suhrkamp, 1976.

Habermas, Jürgen, "Moralentwicklung und Ich-Identität", in: Ders., *Zur Rekonstruktion der Historischen Materialismus.* Frankfurt 1976.

Habermas, Jürgen, "Rekonstruktive vs. verstehende Sozialwissenschaften" (1980), in: *Moralbewußtsein und kommunikatives Handeln.* Frankfurt 1983.

Habermas, Jürgen, *Erläuterung zur Diskursethik.* Frankfurt 1992.

Habermas, Jürgen, *Moralbewußtsein und kommunikatives Handeln.* Frankfurt 1983.

Habermas, Jürgen, *Theorie des kommunikativen Handelns*. Frankfurt 1981.

Habermas, Jürgen, *Zur Rekonstruktion des historischen Materialismus*. Frankfurt 1976.

Hare, R. M., *Freedom and Reason*, Oxford University Press, New York 1963.

Hartshorne H., & M. A. May, *Studies in the Nature of Character*. Vol.1: *Studies in Deceit*. Vol.2: *Studies in Self-Control*. Vol.3: *Studies in the Organization of Character*. New York: Macmillan, 1928-1930.

Hennessy, Thomas, *Values and Moral Development,* New York: Paulist Press, 1976.

Höffe, Otfried, "Autonomie und Verallgemeinung als Moralprinzipien. Eine Auseinandersetzung mit Kohlberg, dem Utilitarismus und der Diskursethik", in: F. Oser, R. Fatke, O. Höffe(Hrsg.), *Transformation und Entwicklung. Grundlage der Moralerziehung*. Frankfurt 1986.

Hoffman, Martin L., *Empathy and Moral Development: Implications for Caring and Justice*, Cambridge University Press, 2000.

Holstein, Constance, "Development of Moral Judgement: A Longitudinal Study of Males and Fenales", *Child Development* 47, 1976.

http://en.wikipedia.org/wiki/James_Mark_Baldwin

Jonas, Hans, *Das Prinzip Verantwortung. Versuch einer Ethik für die technologische Zivilisation*. Frankfurt 1979.

Kant, Immanuel, *Über ein vermeintes Recht aus Menschenliebe zu lügen,* in: Kants Werke, Akademie-Textausgabe, Bd. VIII.

Kant, Immanuel, *Die Religion innerhalb der Grenzen der bloßen Vernunft*, Königsberg 1793(A), 1794(B).

Kant, Immanuel, *Foundations of the Metaphysics of Morals*. Trans. L. Beck. Bobbs-Merrill, Indianapolis 1959(1785).

Kant, Immanuel, *Grundlegung zur Metaphysik der Sitten*. Riga A(1785), B(1786).

Kant, Immanuel, *Religion within the Limits of Reason Alone*. In C.J. Friedrich(ed.), *The Philosophy of Kant*, Random House, New York 1949.

Keeley, Joseph, *The China lobby man. The story of Alfred Kohlberg*, New Rochelle 1969.

Killen, Melanie, & Judith Smetana(ed.), *Handbook of moral development*, Mahwah, New Jersey, London: Lawrence Erlbaum Associates Inc., 2005.

Kleinberger, A. F., "The Proper Object of Moral Judgement and of Moral Education." *Journal of Moral Education* 11, 1982.

Krebs, R. L., *"Some Relationships Between Moral Judgement, Attention, and Resistance to Temptation."* Ph. D. dissertation, University of Chicago, 1967.

Kuhlmann, Wofgang, *Reflexive Letztbegründung. Untersuchungen zur Transzendentalpragmatik*. München 1985.

Kuhlmann, Wolfgang(Hg.), *Moralität und Sittlichkeit. Das Problem Hegels und die Diskursethik*. Frankfurt/M. 1986.

Kuhlmann, Wolfgang, "Diskurse als Wege zur Dialektik", in: *Zeitschrift für philosophische Forschung*, Bd. 43, 1989.

Kuhlmann, Wolfgang, und Dietrich Böhler(Hrsg.), *Kommunikation und Reflexion. Zur Diskussion der Transzendentalpragmatik. Antwort auf Karl-Otto Apel*. Frankfurt 1982.

Kuhlmann, Wolfgang: *Reflexive Letztbegründung. Untersuchungen zur Transzendentalpragmatik*. München 1985.

Kuhmerker, Lisa, *The Kohlberg Legacy for the Helping Professions*, Birmingham, Alabama: Doxa Books, 1991.

Lawrence Kohlberg, at http://relong.myweb.uga.edu/

Leahy, R.L., Parental practices and the development of moral judgement and self-image disparity during adolescence. *Developmental Psychology*, 17, 1981.

Lehrer, L., *"Sex Differences in Moral Behavior and Attitudes."* Ph.D. dissertation, University of Chicago, 1967.

Lickona, Thomas(ed.), *Moral Development and Behavior: Theory, Research, and Social Issues*, New York: Holt, Rinehart and Winston, 1976.

Lind, Georg u.a.(Hrsg.), *Moralische Urteilsfähigkeit: Eine Auseinandersetzung mit Lawrence Kohlberg*, Weinheim und Basel: Beltz Verlag,

1987.
Lyons, Nona, "Seeing the Consequences: The Dialectic of Choice and Reflection in Human Development." Qualifying Paper, Graduate School of Education, Harvard University Press, 1980.
Lyons, Nona, *Conception of Self and Morality and Modes of Moral Choice. Identifying Justice and Care in Judgement of Actual Moral Dilemmas.* Unpublished Ph.D. dissertation, Harvard University, 1982.
Mead, G. H., *Mind, Self and Society*. Chicago: University of Chicago Press 1934.
Mead, G. H., *Movements of Thought in the Nineteenth Century*. University of Chicao Press, 1966.
Mischel, Theodore(ed.), *Cognitive Development and Epismology*, New York, San Francisci, London: Academic Press, 1971.
Munsey, Brenda(ed.), *Moral Development, Moral Education and Kohlberg: Basic Issues in Philosophy, Psychology, Religion, and Education*, Birmingham Alabama: Religious Education Press, 1980.
Modgil, Sohan & Celia Modgil(ed.), *Lawrence Kohlberg. Consensus and Controversy*, Philadelphia & London: The Falmer Press, 1985.
Murphy, J. M. & C. Gilligan: "Moral development in late adolescence and adulthood. A critique and reconstruction of Kohlberg's theory." *Human Development* 23, 1980.
Nunner-Winkler, G., "Two moralities? A critical discussion of an ethic of care and responsibility versus an ethic rights and justice," in: Kurtines and Gewirtz, *Morality, moral behavior, and moral development: Basic issues in theory and research.* New York 1983.
Nunner-Winkler, G., "Zur Einführung: Die These von den zwei Moralen", in: *Weibliche Moral: Die Kontroverse um eine geschlechtsspezifische Ethik*, in: Frankfurt: Campus Verlag, 1995.
Nunner-Winkler, G., "Gibt es eine weibliche Moral?", in: *Weibliche Moral: Die Kontroverse um eine geschlechtsspezifische Ethik*, in: Frankfurt: Campus Verlag, 1995.
Oser, Fritz u.a.(Hrsg.), *Transformation und Entwicklung: Grundlagen der Moralerziehung.* Frankfurt: Suhrkamp, 1986.

Oser, Fritz, *Moralisches Urteil in Gruppen Soziales Handeln Verteilungsgerechtigkeit: Stufen der interaktiven Entwicklung und ihre erzieherische Stimulation.* Frankfurt: Suhrkamp, 1981.

Parikh, B., "Moral judgement development and its relation to family environmental factors in indian and American families." *Child Development*, 51, 1980.

Peltzer, Ulf: *Lawrence Kohlbergs Theorie des moralischen Urteilens*, Olpaden: Westdeutscher Verlag 1986.

Perry, W. G. Jr., *Forms of Intellectual and Ethical Development in the College Years*. Holt, Rinehart & Winston, New York 1968, 1970.

Peters, R. S., "Moral Development: A Plea for Pluralism", in: T. Mischel ed.,*Cognitive Development and Epistemology*. Academic Press, New York 1971.

Peters, R. S., *Ethics & Education*, London: George Allen & Unwin, 1978 (1966).

Piaget, J., "The General Problem of the Psychological Development of the Child", in: Tanner, J.M., & B. Inhelder, eds., *Discussions on Child Development: A Consideration of the Biological, Psychological, and Cultural Approaches to the Understanding of Human Development and Cultural Approaches to the Understanding of Human Development and Behavior* 4, New York: International Universities Press, 1960.

Piaget, Jean, *Abriß der genetischen Epistemologie*. Stuttgart 1980.

Piaget, Jean, *Einführung in die genetische Erkenntnistheorie*. Frankfurt 1973.

Piaget, Jean, *The Moral Judgement and Epistemology,* New York: Free Press, 1948 (Originally published 1932).

Piaget, Jean, *The Moral Judgement of the Child,* London: Kegan Paul, 1932, The Free Press, New York 1965.

Piaget, Jean, *The Language and Thought of the Child,* London and New York: Routledge, 1959 (Kegan Paul, 1932; Paris 1923).

Piaget, Jean, *Die Entwicklung des inneren Bildes beim Kind*, Frankfurt: SuhrKamp, 1990 (Paris 1966).

Piaget, Jean, *The Psychology of Intelligence,* London & New York: Routledge 1950 (Paris 1947).

Piaget, Jean, *Meine Theorie der geistigen Entwicklung*, Berlin: Beltz Verlag (New York 1970).

Power, Clark, Ann Higgins, & Lawrence Kohlberg, *Lawrence Kohlberg's Approach to Moral Education*, New York: Columbia University Press, 1989.

Powers, S., *Family interaction and parental moral judgement as a context for adolescent moral development: A study of patient and non-patient adolescent*. Dissertation: Harvard University, 1982.

Puka, Bill(ed.), *Defining Perspectives in Moral Development,* New York & London: Garland Publishing, 1994. (Moral Development. A Compendium Volume 1)

Puka, Bill(ed.), *Kohlberg's Original Study of Moral Development,* New York & London: Garland Publishing, 1994. (Moral Development. A Compendium, Volume 3)

Puka, Bill(ed.), *Caring Voices and Women's Moral Frames: Gilligan's View,* New York & London: Garland Publishing, 1994. (Moral Development. A Compendium, Volume 6)

Puka, Bill(ed.), *Fundamental Research in Moral Development*, New York & London: Garland Publishing, 1994. (Moral Development: A Compendium, Volume 2)

Puka, Bill(ed.), *Reaching Out: Caring, Altruism, and Prosocial Behavior*, New York & London: Garland Publishing, 1994. (Moral Development: A Compendium, Volume 7)

Puka, Bill(ed.), *The Great Justice Debate: Kohlberg Criticism*, New York & London: Garland Publishing, 1994. (Moral Development: A Compendium, Volume 4)

Puka, Bill(ed.), *New Research in Moral Development*, New York & London: Garland Publishing, 1994. (Moral Development: A Compendium, Volume 5)

Raphael, D. D., *Moral Judgement*. London 1955.

Rawls, J., "Kantian Constructivism in Moral Theory", *Journal of Philo-*

sophy 87, 1980.

Rawls, J. A.. "The Sense of Justice." *Philosophical Review 72*, 1963.

Rawls, John, *A Theory of Justice.* Harvard University Press 1971, 1999.

Reed, Donald R. C., *Following Kohlberg: Liberalism and the Practice of Democratic Community*, Notre Dame, Indiana: University of Notre Dame Press, 1997.

Reese-Schäfer, Walter, *Karl-Otto Apel zur Einführung*. Hamburg 1990.

Reimer, Joseph, *Promoting Moral Growth: From Piaget to Kohlberg*, Long Grove, Illinois: Waveland Press, 1983.

Rest, G., "Voting Preference in the 1976 Presidential Election and the Influence of Moral Reasoning." Unpublished manuscript. Ann Arbor, MI: University of Michigan, 1977.

Rest, J. R., & Thomas, S., "The Relation of Moral Judgment Structures to Decision-Making in Specific Situations: The Utilizer and Nonutilizer Dimension." Unpublished manuscript. Minneapolis, MN: University of Minnesota, 1984.

Rest, J. R., "Morality," In *Manual of Child Psychology* (edited by P. Mussen) Vol. 3: *Cognitive Development*, edited by J. Flavell, & E. Markham. New York: Wiley Interscience, 1983.

Rest, J. R., "New Approaches in the Assessment of Moral Judgment." In *Moral Development and Behavior*, edited by T. Lickona. New York: Holt, Rinehart & Winston, 1976.

Rest, J. R., "The Major Components of Morality," In *Morality, Moral Behavior, and Moral Development,* edited by W. Kurtines, & J. Gewirtz. New York: Wiley, 1984.

Rest, J. R., Cooper, D., Coder, R., Masanz, J., & Anderson, D., "Judging the Important Issues in Moral Dilemmas: An Objective Measure of Development." *Developmental Psychology 10*, 1974.

Rest, J. R., *Development in Judging Moral Issues*. Minneapolis, MN: University of Minnesota Press (Available from MMRP, University of Minnesota), 1979.

Rest, J. R., *Revised Manual for the Defining Issues Test*. University of Minnesota, 1979.

Rest, J., "Developmental Hierarchy in Preference and Comprehension of Moral Judgement." Ph.D. dissertation, University of Chicago, 1968.

Rest, J., "Longitudinal Study of the Defining Issues Test: A Strategy for Analyzing Development Change." *Developmental Psychology, 11*, 1975.

Rest, J., "The hierarchical nature of moral judgement." *J. Personality 41*, 1973.

Rest, J., Davision, M., & Robbins, S., "Age Trends in Judging Moral Issues: A Review of Cross-Sectional, Longitudinal, and Sequential Studies of the Defining Issues Test." *Child Development 49,* 1978.

Rest, J., Turiel, E., and Kohlberg, L., "Level of Moral Development as a Determinant of Preference and Comprehension of Moral Judgments Made by Others." *Journal of Personality 37,* 1969.

Rest, J., Turiel, E., and Kohlberg, L., "Relations between Level of Moral Judgment and Preference and Comprehension of the Moral Judgment of Others." *Journal of Personality 37,* 1969.

Rest, J. R., & Thomas, S.J., "Relation of Moral Judgment Development to Formal Education." In *Developmental Psychology*, 21(1985).

Rest, James, & Darcia Narvaez, Muriel J. Bebeau, Stephen J. Thoma, *Postconventional Moral Thinking. A Neo-Kohlbergian Approach*, Center for the Study of Ethical Development, University of Minnesota, Psychology Press, 1999.

Rest, James, *Moral Development. Advances in Reaserch and Theory*. Praeger, Westport 1987. 2000.

Ross, W. D., *The Right and the Good.* Oxford University Press, New York 1930.

Sapp, Gary L.(ed.), *Handbook of moral development: Models, Processes, Techniques, and Research*, Birmingham, Alabama: Religious Education Press, 1986.

Scheffler, I., "Anti-Naturalistic Restrictions in Ethics", in: *Journal of Philosophy*, 1, 1953.

Schwartz, S., & K. Feldman, M. Brown, and A. Heingartner, *"Some Personality Correlates of Conduct in Two Situations of Moral Con-*

duct." Journal of Personality 37, 1969.

Shweder, R., "Review of Lawrence Kohlberg's *Essays on Moral Development, Vol. I: The Philosophy of Moral Development,*" in *Contemporary Psychology,* June 1982.

Sidgwick, H., *Method of Ethics*. London: Macmillan, 1887.

Simpson, E. L., "Moral Development Research: A Case Study of Scientific Cultural Bias," *Human Development* 17, 1974.

Simpson, Elizabeth L.: "Moral Development Research: A Case Study of Scientific Cultural Bias." *Human Development* 17, 1974.

Skinner, B. F., *Beyond Freedom and Dignity*. Knopf, New York 1971.

Snarey, J. R., & Reimer, J. and Kohlberg, L.: "Development of sociomoral reasoning among Kibbutz adolescents: A longitudinal cross-cultural study." *Developmental Psychology*, 21, 1985.

Snarey, J. R., *The Social and Moral Development of Kibbutz Founders and Sabras: A Cross-Sectional and Longitudinal Study*. Dissertation. Cambridge, Mass.: Harvard Graduate School of Education, 1982.

Sommer, Christina, *Fürsorge- und Gerechtigkeitsmoral: eine interpersonelle Perspektive*, Hamburg: Verlag Dr. Kovač 2004.

Speicher-Dubini, B., *Parent moral judgement, child moral judgement and family interaction: A correlational study*. Dissertation. Harvard University 1982.

Sullivan, Edmund V., *Kohlberg's Structuralism*: A Critical Appraisal. Ontario Institute for Studies in Education, Toronto 1977.

Sullivan, Edmund V., *A Critical Psychology: Interpretation of the Personal World*, New York: Plenum Press, 1984.

Van den Haag, E., "On Deterrence and the Death Penalty." *Journal of Criminal Law, Criminology, and Police Science* 60, 1969.

Vries, Rheta De, Lawrence Kohlberg, *Programms of early education*, New York 1987.

Walker, L. J., "*Sex differences in the development of moral reasoning," A critical review of the literature*. Montreal, 1982.

Walker, L. J., "Sex differences in the development of moral reasoning, A critical review," *Child Development 55,* 1984.

Walker, L. J., "The sequentiality of Kohlberg's stages of moral development," *Child Development* 53(5), 1982.

Walker, Lawrence J., "Gender and Morality", in: Melanie Killen & Judith Smetana, *Handbook of Moral Development*, New Jersey 2006.

Weber, M., *The Methodology of the Social Sciences*. New York 1949.

Weisbroth, S. P., "Moral Judgement, Sex and Parental Identification of Adults." *Developmental Psychology* 2, 1970.

김민남, 『콜버그 도덕발달이론』, 교육과학사 1988.

김상윤, 『한국인의 도덕판단발달 연구』, 청목출판사 2006.

김장배, 「콜버그의 도덕발달론 연구: 실증적 조사연구를 중심으로」, 울산대학교 대학원, 2011.

김정규 외, 『도덕성 발달과 측정: 인지발달론적 접근과 DIT』, 성원사 1991.

김진, 「'정의'와 '배려'는 도덕원리로서 양립 가능한가?」, 『대동철학』 57, 대동철학회 2011.

김진, 「도덕판단 능력의 최고단계에 대한 논의: 콜버그의 도덕발달론과 아펠의 담론윤리학을 중심으로」, 『철학』 43, 1995.

김진, 「보편적인 도덕발달론의 정초 가능성에 대한 논의」, 『철학연구』 120집, 대한철학회 2011.

김진, 「콜버그는 칸트주의자인가?」, 『철학』 110, 한국철학회 2012.

김진, 「콜버그의 윤리상대주의 비판과 도덕교육의 과제」, 『범한철학』 63, 범한철학회 2011.

김진, 『아펠과 철학의 변형』, 철학과현실사 1998.

김진, 『페미니즘 윤리학』, UUP 2007.

박병춘, 『배려윤리와 도덕교육』, 울력 2002.

레스트 외, 『도덕발달 이론과 연구 - 도덕판단력, 행동, 문화 그리고 교육』, 문용린 · 유경재 · 원현주 · 이지혜 공역, 서울: 학지사, 2008.

레스트 외, 『전문직업인의 윤리발달과 교육』, 문용린 외 역, 학지사 2006.

롤즈, 존, 『정의론』, 황경식 역, 이학사 2003.

리치, 존 마틴, 『도덕발달 이론』, 추병완 역, 백의 1999.

문용린, 『한국인의 도덕성 발달 진단 : 한국판 도덕판단력 검사의 개정 및 재표준화』, 집문당 2011.

페터스, R.S., 『도덕발달과 도덕교육』, 남궁달화 역, 문음사 1993.
멜라니, 킬렌 외, 『도덕성 발달 핸드북』, 김태훈 역, 1, 2권, 인간사랑 2010.
샌델, 마이클, 『정의란 무엇인가』, 김영사 2010.
서강식, 『피아제와 콜버그의 도덕교육이론』, 인간사랑 2007.
워커, 「성과 도덕성」, 『도덕성발달 핸드북 1』, 인간사랑 2010.
윌리스, 웨인 외, 『도덕철학과 도덕심리학 : 도덕교육론의 새로운 동향과 근거』, 박병기 외 역, 인간사랑 2013.
정소흔, 「콜버그 도덕발달의 철학에서 정의의 문제」, 『동서사상』, 3, 경북대학교 동서철학연구소 2007.
진교훈, 『현대사회윤리』, 울력 2003.
호프만, 마틴, 『공감과 도덕 발달: 배려와 정의를 위한 함의들』, 박재주, 박균열 역, 철학과현실사 2011.

찾아보기

인명 찾기

내용 찾기

출전(出典)

본서에 수록한 일부 글들은 원형 그대로 또는 축약된 형태로 학술 논문집에 발표되었다. 본서의 제2장 "콜버그의 윤리상대주의 비판"은 「콜버그의 윤리상대주의 비판과 도덕교육의 과제」(『범한철학』 63, 2011)를, 본서의 제3장 "보편적인 규범윤리학으로서의 도덕발달론"은 「보편적인 도덕발달론의 정초 가능성에 대한 논의」(『철학연구』 120집, 대한철학회 2011)를, 본서의 제4장 "도덕발달의 철학과 도덕법의 철학"은 「콜버그는 칸트주의자인가?」(『철학』 110, 한국철학회 2012)를, 그리고 본서 제5장 "길리건의 콜버그 비판"은 「'정의'와 '배려'는 도덕원리로서 양립 가능한가?」(『대동철학』 57, 2011)를 재수록한 것이다.

그리고 본서의 제7장 "도덕발달론과 선험화용론", 제8장 "도덕발달론에 대한 아펠의 이해", 제9장 "도덕판단 능력의 최고단계에 대한 논의", 제10장 "아펠의 콜버그 비판"은 「도덕판단 능력의 최고단계에 대한 논의: 콜버그의 도덕발달론과 아펠의 담론윤리학을 중심으로」(『철학』, 43, 1995)라는 글로 처음 발표하였고, 그 후 『아펠과 철학의 변형』(철학과현실사 1998)에서 제8장 "콜버그의 도덕발달론과 그 선험화용론적 정초"(297쪽 이하)로 재수록한 것을 다시 개편·증보한 것이다. 이로써 미발표 원고와 발표된 콜버그 관련 글을 모두 모아서 한 권의 책으로 펼 수 있게 되었다.

부록

1. 도덕판단의 여섯 단계
2. 정의판단의 여섯 단계
3. 아홉 개의 가설적 딜레마

부록 I

도덕 판단의 여섯 단계[1)]

수준 A. 관습 이전 수준
Level A. Preconventional Level

단계 1. 벌과 복종의 단계
Stage 1. The Stage of Punishment and Obedience

내용

'올바름'은 규칙과 권위에 문자 그대로 복종하는 것, 벌을 피할 수 있는 것, 신체적 피해를 가하지 않는 것이다.

1. 올바른 것은, 규칙을 깨뜨리지 않는 것, 복종해야 하므로 복종하는 것, 그 사람과 재산에 대한 물리적 타격을 가하지 않는 것이다.
2. 올바른 것을 행하는 이유는, 벌을 피하기 위함과 권위자의 강력한 힘 때문이다.

사회적 조망

이 단계는 자아중심적(egocentric)관점을 취한다. 이 단계에 있는 사람은 다른 사람의 이해관계에 대해 숙고하지 못하며, 그들이 자신과 다르다는 것을 인식하지 못한다. 그러기에 그는 두 관점을 관련짓지 못한다. 행위는 물리적 결과에 준하여 판정되고, 다른 이의 심리적 관심과는 별개의 것이다. 권위자의 조망과 그 자신의 조망 간

---

1) Appendix. The Six Stages of Moral Judgement," in: L. Kohlberg, *Philosophy of moral development*, pp.409-412; 콜버그, 『도덕발달의 철학』(김민남 외 역, 교육과학사 2001, 479-484쪽)을 바탕으로 하였으나, 필자가 일부의 내용을 수정하였음을 밝힌다.

에 혼란이 있다.

단계 2. 도구적 목적과 교환의 단계

Stage 2. The Stage of Individual Instrumental Purpose and Exchange

내용

'올바름'이란 그 자신의 욕구나 다른 사람의 욕구를 충족시키는 것, 그리고 구체적 교환(exchange)에 준해 공정한 거래를 형성하는 것이다.

1. 올바르다는 것은 규칙을 따르는 것이고, 이 때 올바름은 그 사람의 이해관계와 바로 연결되어 있다. 올바르다는 것은 그 사람 자신의 이해관계 및 욕구를 충족시키는 일이며, 다른 사람에게도 그렇게 하도록 내버려두는 일이다. 올바르다는 것은 또한 공정한 것이다. 그것은 동등한 교환, 거래, 협약이다.
2. 올바른 것을 행하는 이유는, 다른 사람도 그 나름의 이해관계를 가지고 있다는 것을 인정해야만 살아갈 수 있는 세상에서, 자신의 욕구와 이해관계에 충실하기 위함이다.

사회적 조망

이 단계는 구체적으로 개인주의적(individualistic) 조망을 취한다. 이 단계에 있는 사람은 자신의 이해관계와 관점을 권위자나 다른 사람의 것으로부터 분리시킨다. 사람들마다 추구할 개인적인 이해관계를 갖는데, 이 이해관계들은 서로 갈등하는 것이므로, 올바르다는 것은 상대적(구체적 개인주의적 의미에서)이라고 여긴다. 용역의 도구적 교환이나 다른 사람과의 친선을 도모하기 위한 도구적 필요, 그리고 각 사람에게 똑같은 양을 나누어주는 공정성을 통하여 갈등하는 개인적 이해관계를 비교하고 조정한다.

수준 B. 관습 수준
Level B. Conventional Level

단계 3. 개인 간의 상응적 기대, 관계, 동조의 단계
Stage 3. The Stage of Mutual Interpersonal Expectations, Relationships, and Conformity

내용
'올바름'이란 훌륭하게(착하게) 행하는 것, 동반자로서의 충성을 지키기 위해 다른 사람들과 그들의 감정을 배려하는 것, 규칙과 기대에 부응하려고 하는 것이다.

1. 올바르다는 것은 자신과 가까이 있는 사람들의 기대에 부응하여 사는 것, 다시 말해 사람들이 일반적으로 생각하는 아들, 누이, 친구로서의 역할에 맞추어 사는 것이다. '훌륭하다'(being good)는 것은 그 말 자체로서 중요한 것이며 다른 사람을 염려하고 있음을 드러내 보이는 것, 요컨대 착한 동기(motive)를 가지고 있다는 것을 뜻한다. 이는 또한 상응적 관계를 유지하는 것, 신뢰, 충성, 존경, 감사를 견지하는 것을 의미한다.
2. 올바른 것을 행하는 이유는 그 자신이 보아서도 다른 사람이 보아서도 훌륭하게 처신할 필요가 있다는 것, 다른 이들을 배려하고 있다는 것, 만약 누구나 다른 사람의 신발에 자신의 발을 넣어본다면 그 자신도 그렇게 훌륭하게 행동하기를 원하기(황금률) 때문이라는 것이다.

사회적 조망
이 단계는 다른 사람과의 관계를 예상하면서 자신의 조망을 취한다. 이 단계에 있는 사람은 서로 공유하고 있는 감정, 협약, 기대가 개인적 이해관계보다 우위에 있음을 깨닫는다. 그는 다른 사람의 구두 속에 자신의 발을 넣어보는 '구체적 황금률'을 통하여 관점들을 연결 짓는다. 그는 일반화된 '체제' 조망을 숙고하지는 못한다.

단계 4. 사회체제와 양심보존의 단계

Stage 4. The Stage of Social System and Conscience Maintenance

내용

'올바름'은 사회에서 자신의 의무를 다하고, 사회질서를 지키며, 사회 복지를 유지하는 것이다.

1. 올바르다는 것은 그렇게 하겠다고 동의한 실질적인 의무를 수행하는 것이다. 법은, 다른 고정된 사회적 의무 및 권리와 갈등하는 극단적 경우를 제외하고는 지켜져야 한다. 올바르다는 것은 또한 사회, 집단, 제도에 공헌하는 것이다.
2. 올바른 것을 행하는 이유는 제도 그 자체를 살리기 위해서이며, 자신의 의무를 수행함으로써 자기존경 혹은 양심을 보존하기 위해서이고, "모든 이가 다 그렇게 한다면 어떻게 할 것인가?"와 같은 결과를 숙고하는 것이다.

사회적 조망

이 단계는 개인 상호간의 협약이나 동기와 구분된, 사회적 관점을 갖는다. 이 단계의 사람은 체제의 관점을 취하며 체제의 관점 위에서 역할과 규칙을 규정한다. 그는 체제내의 위치 관계에서 개인적 관계를 숙고한다.

수준 B/C. 전환기 수준

Level B/C. Transitioal Level

이 수준은 '관습 이후적'이지만, 아직 원리적이지 못하다.

전환기의 내용

4½ 단계에서의 선택이란 사적이고 주관적이다. 선택은 감정에 기초하고 있으며, 양심은 '의무'와 '도덕적으로 올바른 것'과 같은 관념이 그런 것처럼 자의적이고 상대적인 것으로 보인다.

전환기의 사회적 조망

이 단계에서 조망은 자신의 사회에 종속되지 않는 어느 개인의 입장이다. 그는 자신을 일반화된 책무나 계약 없이도 중요한 결정을 내릴 수 있는 사람으로 본다. 그는 특정 사회권에서 규정하고 있는 임무를 뽑아 결행할 수 있지만, 그 선택을 위한 어떤 원리를 가지고 있지는 않다.

수준 C. 관습 이후 및 원리적 수준
Level C. Postconventional and Principled Level

도덕적 결정은 공정성과 선의의 관행이 이루어지고 있는 사회에서 살아갈 수 있는 모든 개인이 합의하는(할 수 있는) 권리, 가치, 원리로부터 생성된다.

단계 5. 권리 우선과 사회계약 내지 유용성의 단계
Stage 5. The Stage of Prior Rights and Social Contract or Utility

내용

'올바름'은 기본권, 기본가치, 사회의 합법적 계약을 지지하는 것이다. 이런 것들이 집단의 구체적 규칙 및 법과 갈등할지라도 그렇다.

1. 올바르다는 것은 사람들이 다양한 가치와 의견을 가진다는 엄연한 사실, 즉 대부분의 가치와 규칙은 그것이 속한 집단에 상관되

어 있다는 엄연한 사실을 깨닫는 것이다. 이들처럼 '상대성'을 지닌 규칙은 공평성을 구현한다는 이유에서 그리고 그 규칙은 사회계약이기 때문에 지지되어야 한다. 생명과 같은 비상대적 가치 및 권리 그리고 자유는 어느 사회에서도 지지되어야 하고 다수의 의견 같은 것과는 관계없다.

2. 올바른 것을 행하는 이유는 일반적으로 법에 복종하려는 의무를 일으키는 감정이다. 왜냐하면 누구나 모든 이의 복지를 위해 법을 지키며 그 자신의 권리와 다른 사람의 권리를 보호하기 위해 사회계약을 형성하기 때문이다. 가족, 우정, 신뢰, 직업 업무는 또한 자유롭게 맺는 계약 내지 책무이며, 다른 사람의 권리에 대한 존중을 필수적으로 요구한다. 법과 의무는 전체의 유용성, '최대다수의 최대 이득'이라는 합리적 계산 위에 근거하고 있음을 누구나 알고 있다.

사회적 조망

이 단계는 사회에 앞서는 조망(prior-to-society) — 사회적 구속과 계약에 선행하는 가치와 권리를 깨닫는 합리적 개인의 조망 — 을 취한다. 이 단계의 사람은 협약, 계약, 공평성, 정당한 과정 등과 같은 형식적 기제에 의하여 모든 조망을 통합한다. 그는 도덕관점과 법률관점을 숙고하며, 그 관점들이 갈등함을 인정하며, 그들을 통합하는 것이 어렵다는 것을 안다. 민주주의 정신, 공리주의가 강조하는 내용이다.

단계 6. 보편 윤리적 원리의 단계

Stage 6. The Stages of Universal Ethical Principles

내용

이 단계는 모든 인간성이 따라야 할 보편윤리적 원리에 의한 안내를 가정한다.

1. 올바른 것이 무엇인가를 고려하는 데, 단계 6은 보편 윤리적 원리에 의해 안내를 받는다. 특정 법 혹은 사회적 협약은 그러한 원리 위에 의거하기 때문에 타당한 것이다. 법이 이 원리를 어길 때, 그는 원리에 따른다. 원리는 정의의 보편원리, 즉 인간권리의 평등성과 개인으로서의 인간 존엄성 존중이다. 이는 단지 인정되는 가치가 아니라, 결정을 생성하기 위해 사용하는 원리이다.
2. 올바른 것을 행하는 이유는 합리적 인간으로서 원리의 타당성을 알고서 그 원리에 서약하는 것이다.

사회적 조망

이 단계는 사회제도를 도출하는 도덕적 관점 또는 제도의 근거를 이루는 도덕적 관점의 조망을 취한다. 이 조망은 도덕성의 본질을 인정하거나 다른 사람을 수단이 아닌 목적으로서 존경하는 기본 도덕적 전제를 인식하는 합리적 개인의 조망이다.

부록 II

정의판단의 여섯 단계[1)]

[...] 도덕판단 단계는 규정성(prescription)에 관해 사고하는 구조이다. 즉 그 행위가 도덕적으로 정당한 것이므로, 사람들로 하여금 행위하도록 의무화하는 원리 내지 규칙에 관한 사고구조이다. 우리의 딜레마 면담에서 요구하는 판단양식은 '의무론적'이다. 즉 그 판단들은 12개의 기본 도덕규범들을 참조할 뿐만 아니라 '정당성', '권리', '의무' 등의 양태적 요소들을 또한 강조한다. 보다 높은 단계에 이를수록 권리와 의무는 서로와 상관된다. 즉, 의무는 인간과 그 권리의 존중을 필수적으로 요청한다. 이러한 정의의 판단양식은 다시 불편부당한 질서, 복지의 극대화(사람은 저마다 한 사람으로 숙고된다), 사회적 조화, 공정성 (상호성과 규정적 역할채택으로서) 등의 가치요소들에 의하여 정당화된다.

우리의 딜레마는 아리스토텔레스의 니코마코스 윤리학에서 확인된 세 가지 정의문제들을 다루고 있다. 첫 번째는 분배적 정의의 문제, 즉 사회 혹은 제3자가 '공동체의 명예, 부, 기타 소망스런 자산'(아리스토텔레스, 윤리학, 1130b)을 분배하는 방식의 문제이다. 이 분배는 평등, 공과(功過, 비율에 따른 상호성)와 같은 조작과, 최종적으로 욕구나 정상을 참작하는 공평성과 같은 조작에 의해 이루어진다. 두 번째 문제는 교환적 정의이다. 여기서는 자발적 협약, 계약, 균등한 교환이 중심이 된다. 이와 매우 밀접히 연관되어 있는 세 번

1) "Appendix A: The Six Stages of Justice Judgement," in: L. Kohlberg, *Psychology of moral development*, pp.621-639; 콜버그, 『도덕발달의 철학』(김민남 외 역, 교육과학사 2001, 595-613쪽)을 바탕으로 하였으나, 필자가 일부의 내용을 수정하였음을 밝힌다.

째 정의 문제는 교정적 정의이다. 이는 불평등하거나 불공정하기에 원상회복이나 보충을 요구하는 민사소송에 교정적 원리를 제공한다. 덧붙여 말하자면, 교정적 정의는 그 사람의 자유의사에 반하여 그 사람의 권리를 침범하는 불법 행위나 범죄를 다루며, 이런 의미에서 원상회복이나 보응을 요구한다.

이미 언급한 세 문제들과도 결코 무관하지 않은 네 번째 정의 문제는 절차적 정의인데, 분배적, 교환적, 교정적 정의 문제에서 반드시 짚고 넘어가야 할 정의의 국면이다. 절차적 정의의 문제는 높은 도덕단계의 판단에서 매우 분명하게 드러날 수 있는 관심으로서, 도덕철학자들이 도덕추리의 타당성을 검사할 때 사용하는 표준을 대표하고 있다. 이 '검사 표준'은 조망들을 비교하거나 판단의 가역성을 확보하려는 관심(예를 들면 황금률 채택)으로부터 도출되며, 또한 판단의 보편화 가능성을 확보하려는 관심(예를 들어 칸트의 정언명법 채택)으로부터 도출된다. 가역성 검사는, 다른 사람의 입장에서 보더라도 당신은 그 행위를 공정하다고 판단하는가라고 묻는다. 보편화 가능성 검사는, 만약 모든 사람이 그 행위를 한다면 당신은 그 행위를 올바르다고 판단하겠는가라고 묻는다. 절차적 정의는, 낮은 단계들에서도 숙고되지만 단계 6에서 분배와 교정에 관한 실질적인 정의 문제를 다루는 해결책이 된다. 단계 6에서는 보편화 가능성과 가역성이, 그 사람의 추리에 대한 자의식적인 타당성 검사의 표준이 된다.

여섯 단계를 설명하기에 앞서, 우리는 정의 조작에 관하여 어느 정도 언급할 필요가 있다. 우리는 이 조작들이 피아제의 의미에서 단계 6을 중심으로 한 단위별 구조로 발달해가고 있다고 본다.

제 3장에서는 위에서 언급한 정의 문제에 네 개의 정위가 있음을 지적했었다. 규범유지, 공리주의, 완전주의, 공정성이 그것이다. 또한 정의 조작은 공정성 정위에서 명시적으로 사용된다고 지적한 바 있다. 공정성 정위에서 정의 조작은 상호성, 평등성, 공평성, 조망들

의 균형 등과 같은 공정성의 요소들을 규정해낸다. 이와 대조적으로 정의 조작은 다른 세 정의(正義) 정위들의 요소들의 사용에서는 묵시적으로 작용한다고 말한 바 있다. 따라서 우리의 단계 설명은 공정성 정위에 보다 직접 초점을 두고 있는데, 여기서 정의 조작들이 가장 눈에 띄게 사용되기 때문이다. [...]

각 도덕단계는, 일반적으로는 규범을 중심으로 그리고 평등성, 공평성, 상호성, 규정적 역할채택, 보편화 가능성 등의 정의 조작들을 중심으로, 그 단계에 고유한 사회도덕적 조망에 대하여 논의하면서 요약하게 될 것이다. 각 단계의 설명은 세 가지 정의 문제들, 즉 분배적, 교환적, 교정적 정의에 적용된 정의 조작들의 사례를 곁들일 것이다.

단계 1: 타율적 도덕성

Stage 1: Heteronomous Morality

단계 1에서의 조망은 소박한 규범적 실재론의 조망이다. 즉 행위의 도덕적 의의는 예를 들면, 행위의 선 혹은 악이란 그 행위의 실재적, 내재적, 불변적 질이라고 이해된다. 마치 색깔과 질량이 대상의 내재적 질로 인식되는 것과 같다. 이러한 실재론에서 도덕판단이란 이미 붙여져 있는 이름이나 차용된 규칙이지, 그 이상 하등의 정당화를 필요로 하지 않는 자명한 것으로 가정된다. 예컨대, 형에 관해 일러바치는 것은 그것이 '명예손상'이기 때문에 나쁘고, 약방에 침입하는 것은 "네가 훔치도록 되어 있지 않기 때문에 나쁘다." 벌은 사악한 행위와 동일시되는 것이기에 중요하지, 행위자 자신에게 닥쳐오는 부정적 결과를 피하려는 실용성 때문에 중요한 것은 아니다. 그러므로 마땅함이나 의도성과 같은 중재적 개념이 거기에는 없다. 중재적 개념들을 통해 그 사례의 특별한 정상이 도덕적 의의를 판단하는데 개입하게 된다. 이렇게 보면 도덕규칙들과 명명들은 문자 그대로 절대적인 방식으로 적용되며, 그리고 분배적 정의와 보응적 정의는 공평성보다는 엄격한 평등의 특성을 지니게 된다. 사람들의 권위, 힘, 도덕적 가치를 결정해주는 특성이 따로 있으며, 그 특성이 마치 물상적인 것 또는 범주적인 것으로 작용하는 경향이 있다. 즉, 아버지는 더 크기 때문에 집안의 우두머리이다, 성조기를 만든 베스티 로스의 생명을 구하기 위해서는 약을 훔쳐야 한다는 것과 같다. 도덕 실재론적 조망은 딜레마에 대한 다양한 조망들을 분화시키지 못하고, 권위자와 종속자, 자아와 타아, 그리고 갈등하는 개인들 서로는 그 상황에 대하여, 그리고 그 상황에서 도덕적으로 적절한 반응에 대하여 단일한 지각을 공유하는 것으로 상정하게 되는 것이다. 단계 1의 도덕성은 피아제의 의미에서 타율적이다. 즉 어떤 것이 나쁘다라고 할 때 그 나쁜 것은, 동등자들 사이의 협력에 의해서가 아니라 권위자에 의하여 규정된 것이다.

규범과 정의 조작(Norms and Justice Operations)

단계 1에서 **규범들**은 구체적 규칙들이다. 이 규칙은 자아를 포함하여 사람들이 가진 심리적 조망, 즉 그들의 기대와는 동일시되지 않는다. 규범들은 올바른 행동과 그른 행동을 지각하는 범주들이다. 이 범주들이 행위의 유형들과 인간의 유형들(도둑, 착한 아들, 중요 인사 등)을 규정한다. 단계 1에서의 **평등**은 어느 한 범주 안에서 분류된 사람들에게 동일하게 배분하는 관념이다. 가치가 조금 낮은 범주로 분류된 사람들에게 불평등한 분배는 문제가 되지 않는다. **상호성**은 행위나 재화의 '교환'을 나타내지만, 행위나 재화에 대한 자신이나 또는 타인의 심리적 가치결정은 해당하지 않는다. 이 교환은 "이에는 이"(에스키모인이 바다표범을 죽인다면 바다표범도 에스키모인을 죽여야 한다는 식)라는 사상에 의거하여 균형을 이룬다. **공평성**과 **규정적 역할 채택 조작**은 단계 1에서는 나타나지 않는다. 이 단계의 추리가 갖는 자기중심적, 타율적 성질 때문이다. 마지막으로 단계 1에서 보편화 가능성은 규칙이나 규범이 일반화된다는 의미에서, 그리고 규칙이나 규범을 만들고 시행하는 권위자에게는 예외를 인정하지만, 그 밖의 어떤 예외도 인정하지 않는다는 의미에서 성립한다. 형식적인 용어로 표현하자면, 단계 1의 추리는 평등성과 상호성의 불협화음을 그 특징으로 한다.

분배적 정의는 엄격한 평등의 안내를 받고 있으므로, 욕구나 당위에 대한 특별한 숙고가 끼어 들 틈이 없다. 권위자가 연루되어 있는 경우, 분배적 정의는 권위자에 대한 타율적 복종이나 존경에 의하여 결정된다. 이는 딜레마 1에 대한 다음과 같은 반응(부록 B에 딜레마와 질문이 있다)에 잘 나타나 있다.

문 - 죠는 아버지에게 돈을 드리지 말아야 하는가?
답 - 아버지가 그에게 돈을 저축하라고 말했다면, 나라면 아버지께 돈을 드리겠습니다. 왜냐하면 아버지는 나이가 많고 또 아버지이기 때문입니다. 아버지는 어쨌든 나이가 많습니다.

교정적 정의는 응보적이고 엄격한 상호성을 바탕으로 한다. 예컨대 "의사는(만약 그가 안락사를 시켰다면) 사형선고를 받아야 합니다. 그는 부인을 살해했습니다. 그러니 그를 살해해야 합니다." 또한 의도성과 같은 정상참작이 끼어들지 못한다. 단계 1의 특성은 내재적 정의의 관념이다. 벌은 위반에 대한 자동적 결과로서 반드시 따라오는 것이다.

문 - 약속을 지키는 것이 왜 중요한가?
답 - 약속을 지키지 않으면 거짓말쟁이입니다. 당산은 거짓말을 못합니다. 입속에 뾰두라지가 날 텐데요.

교환적 정의는, 이미 예시한 바와 같이 외적으로 규정된 규칙을 따르는 문제이다. "약속을 지키지 않는다면 거짓말쟁이이기 때문에 약속을 지켜야 합니다." 위반했을 때 가해지는 벌을 피하려는 것이, 약속이행의 규칙을 따르는 또 다른 이유이다.

단계 2: 개인주의적, 도구주의적 도덕성
Stage 2: Individualistic, Instrumental Morality

단계 2는 구체적인 개인주의적 조망의 특성을 갖는다. 사람은 저마다 자신의 이해관계를 추구하는데, 그것들은 서로 상충할 수도 있다는 깨달음이 생겨난다. 사람들은 정의에 대한 자신들의 주장을 제각기 달리할 수 있으며, 그 주장들이 동등하게 유효한 정당성을 갖는다는 것을 이해함으로써 도덕적 상대성이 발달한다. 즉, 그 상황에 하나 이상의 조망이 있음을 인정하고 어떤 사람에게든지 자신의 이해관계를 추구할 도덕적 적법성이 있음을 존중한다는 것이다. 도덕적 올바름은 그 상황에 따라, 그 상황에 대한 행위자의 조망에 따라 상대적이다. 사람들마다 제1의 목적은 자신의 이해관계를 추구하는 것이기에, 단계 2에서 조망은 실용주의적, 말하자면 자신의 욕구 만족을 극대화하고 자신에게 돌아올 부정적인 결과를 극소화하는 것이다. 다른 사람도 이런 전제 위에서 행하는 것으로 봄으로써, 개인들의 상호이익을 위하여 각자의 행위를 조정할 수 있는 기제로서 도구적 교환을 강조하게 된다. 따라서 단계 1의 도덕 실재론은 더 이상 견디지 못한다. 단계 2가 가진 중요한 관계는 갈등하는 주장들 사이에서 어떤 결정을 내려주고, 갈등하는 욕구와 이해관계를 순서지우고 우선성을 부여할 수단을 제공하지 못한다는데 있다.

규범과 정의 조작(Norms and Justice Operations)

단계 2에서 규범들은 개별 자아들의 심리적 기대들이다. 이 규범들은 개별 자아들의 욕구나 이해관계를 만족시켜 주리라고 생각하는 행위를 조정하는 표준이다. 이 단계에서 규범들은 어떤 고정된 가치를 갖고 있지 않으나, 그 규범들이 개인들에게 교환을 통하여 균형을 유지하게 할 것이라는 상호간의 기대를 허용하는 한에서만 그렇다. 단계 2의 **평등성** 조작은, 인간이라는 범주를 자아를 포함한 모든 개인들이라고 인식한다. 이때 그 인간은 자신들의 행위를 통하여, 그리고 다른 사람들과의 행위 및 재화의 교환을 통하여 충족될 수 있는 욕구, 소망 등을 소유하고 있다. 선악의 행위 또는 행위자라는 범주는 단계 2에서 아무런 내적 가치를 갖지 못하지만, 그 범주는 개인이 자신의 이해관계나 욕구의 관점에서 심리적으로 지지하는 권리에 대한 기대를 표상한다. 이 맥락에서 **상호성** 조작은 가치나 재화의 균등한 교환을 어떻게 구체화하여 자아와 타아의 욕구에 봉사할 것인가를 규정한다. 평등성 조작과 상호성 조작은, 단계 1과는 달리 단계 2에서는 상호 협조한다. 즉, 단계 2에 있는 사람은 "죠는 아버지에게 돈을 드리지 말아야 합니다. 스스로 그 돈을 벌기 위해 일했기 때문입니다. 아버지도 돈이 필요하다면 스스로 벌어야지요" 라고 추리할 수 있다. 단계 2의 **공평성** 조작은 행위자의 의도가 아니라 욕구에 주목하여 분배를 보완한다. 즉, 가난한 자는 식량이 필요하므로 훔치는 것이 공정할 수도 있다. 이 단계의 **규정적 역할채택** 조작은 자기도 다른 사람과 마찬가지로 욕구를 가질 수 있다는 그 사실(예컨대, "만약 내가 하인즈이고 아내를 위해 약이 필요하다면 약을 훔칠 것이다.")을 인정한다. 자기가 타인의 욕구와 행위를 이해할 수 있다는 의미에서 조망들의 균형이 이루어지지만, 조망들 간의 상충을 진정으로 숙고하는가라는 의미에서의 균형은 이루어지지 않는다. 단계 2의 **보편화 가능성** 조작은 자연스럽게 자기 이해관계를 추구하는 사람들이 저지르게 되는 규범의 일탈을 제한하려는 관심을 표명한다. 그 관심이란 만약 규범에의 일탈이 한 사람에게 허용되면 곧장 다수의 일탈을 낳을 수 있으며, 결국 공정한 자기 이해관계 추구와 공정한 교환을 간섭할지도 모르는 사태에 이를 수 있다는 관심이다. 이런 유형의 관심은 단계 2의 반응에서 볼 수 있다. "재판관은 하인즈를 벌해야 합니다. 벌하지 않는다면 다른 사람들이 훔쳐 달아나려 할 테니까요."

분배적 정의는 평등성과 상호성을 협조하게 하는 숙고를 포함하므로 이때의 판단은 여러 사람들의 주장들과 구체적 상황의 요구들을 고려하게 된다. 단계 2는 평등성과 상호성 이외에도 공평성 조작을 사용할 수 있다. 즉 정상을 참작하여 개인의 욕구나 의도를 숙고한다. 단계 2의 공평성 개념은 개인 욕구와 이해관계의 합리적 추구를 그 바탕으로 하는데 비해, 단계 3의 공평성 조작은 공유하고 있는 사회규범을 분배의 기초로 삼는다.

평등성과 상호성이 단계 2의 분배적 정의에서 협조한다는 주장은 딜레마 I에 대한 반응에서 볼 수 있다.

> 문 - 죠는 아버지에게 돈을 드리지 말아야 하는가?
> 답 - 드리지 말아야 합니다. 자신이 손수 돈을 저축했으므로 자신이 원하는 대로 돈을 사용해야 하니까요. 아버지가 낚시를 가고 싶다면 아버지가 직접 돈을 벌어야 합니다.

이 판단에서 돈을 벌기 위해 일하는 것과 그 돈을 쓰는 것 사이의 상호적 관계가 아버지와 아들에게 똑같이 적용된다.

단계 2에서의 교정적 정의는 개인의 욕구나 의도를 참조하여 공평성의 기반으로 삼을 수 있다. 즉, "의사는 그 부인을 안락사 시킨데 대하여 사형언도를 받지 않아야 합니다. 그 부인 자신이 죽기를 원했고, 또 그 부인의 고통을 덜어주려고 한 것입니다." 여기서부터 어느 한 사람이 다른 사람의 관점을 인식할 수 있고, 그에 따라서 자기행위를 수정할 수 있다는 인식이 시작된다. 또한 "재판관은 의사를 벌하지 않아야 합니다. 재판관 자신도 어떤 고통을 받고 있다면, 의사에게 죽여 달라고 원할 것이기 때문입니다."라는 다른 예를 들 수 있다.

단계 2에서의 교환적 정의는 개인의 욕구와 이해관계를 간명하게 협조하게 하는 도구적 교환을 근간으로 한다. 즉, 약속을 지키는 것은 중요하다. 다른 사람도 너에게 약속을 지키고 또 너에게 잘 해줄 것을 확실히 하는데 중요하고, 다른 사람이 너를 성가시게 하지 않도록 하는데도 중요하다.

단계 3: 개인상호관계의 규범 도덕성
Stage 3: Interpersonally Normative Morality

단계 3에 이르면 개인들의 분할된 조망들이 제3자의 조망, 즉 사람들 사이의 상호신뢰에 바탕을 둔 관계의 조망으로 협조관계를 이루게 된다. 이 조망은 사람들이 지키며 살도록 기대되는 일련의 공통된 도덕규범으로 구체화된다. 이러한 도덕규범과 기대들은 특정 사람과 특정상황을 넘어 일반화된다. 단계 3의 규범은 단계 1의 규범과 구별될 수 있다. 단계 3의 규범은 훌륭한 역할 담당자일 수 있는 요소가 무엇인가에 대한 일반적인 사회적 동의에 도달했다는 것을 나타낸다. 그와 반대로 단계 1의 규칙에 대한 정위는 개별 조망들을 분화시키지 못한다. 단계 3에서 공유 기준의 우선성은 훌륭하고 이타적이고 친사회적인 역할 담당자가 되는 것을 가능하게 하고, 선한 동기나 사악한 동기를 일반적인 개인적 도덕성의 지표로 강조하게 된다. 이처럼 동기의 중요성을 인식함으로써 단계 3의 규범은 단계 1의 규범과 구분된다. 사회적으로 공유하는 조망을 갖기에, 단계 3의 개인은 개인상호적 신뢰와 사회적 승인을 유지하는데 특별한 관심을 갖는다.

단계 3의 정의 조작들은 황금률의 역할채택을 매우 선명하게 표현한다. 즉 바로 "다른 사람이 너에게 대해주기를 바라는 대로 다른 사람에게 대해주어라."이다. 논리적으로 보면 여기서는 상호 역 조작들이 이루어진다. 이 역 조작들의 협조는 이차적 조작을 포함하는

데, 이에 비해 단계 2의 상호성 교환은 그 공정성을 판정할 수 있는 공유 규범, 즉 상위 규범에 의거한 평가에 종속한다. 즉, 상호성 교환이 반드시 공정한 것은 아니며, 오히려 상호성 교환 밖에 존재하는 도덕적으로 선한 행위의 표준과 관련하여 부정 또는 긍정되어야 한다.

규범과 정의조작(Norms and Justice Operations)

단계 3의 규범들은 관계를 맺고 있는 사람들 사이에서 공유하고 있는 기대들이다. 규범들의 목표는 집단이나 관계 맺고 있는 사람들 사이의 충성, 신뢰, 보호 등을 유지하는 일이다. 이러한 관계맺음의 규범은 의무와 같은 것이 된다. 단계 3의 상호성 조작은 의무의 개념을 부채와 같은 것으로 형성한다. 즉 타자가 자아에게 가치 있는 어떤 것을 제공할 때, 자아는 단순한 일대일 교환으로는 이러한 불평등을 종식시킬 수 없기에 감사, 충성, 답례 의무 등의 느낌을 갖는다. 즉, "하인즈가 훔치는 것은 의무인가"라는 물음을 받은 사례 9는 이렇게 대답한다. "내가 만약 하인즈라면 아내를 위하여 약을 훔쳤을 겁니다. 사랑의 값을 매길 수는 없지요. 아무리 선물이 많아도 사랑을 만들 수는 없습니다. 생명에 대해서도 값을 매길 수는 없습니다." 이 반응은 관계성과 의무가 구체적인 균등한 교환이라는 단계 2의 관념으로 환원될 수 없다는 것을 보여준다. 단계 2에 속한 사례 9의 경우에, "하인즈는 친구를 위해서 훔쳐야 하는 가"라는 물음을 받고, "아니오, 그것은 너무 지나칩니다. 친구가 살아서 자유롭게 행동할 때 그는 여전히 감방에 있겠지요. 친구가 그를 위해 그런 일을 하리라고는 생각지 않습니다"라고 대답하였다. 이처럼 단계 3의 상호성은 의무, 책무, 감사 등의 관념을 포함하며, 이 때문에 상호성은 균등한 교환이라는 구체적 관념을 넘어서서 관계유지, 기대의 주고받음, 감사와 의무의 정조 등으로 발전해 간다고 이해할 수 있다. 단계 3의 상호성도 또한 교환의 관념을 구성할 수 있다. 단계 3의 상호성도 또한 교환의 관념을 구성할 수 있다. 이때는 착하고 열심히 일하는 사람들이 응당 받아야할 보상을 받도록 한다는 의미이다(예컨대 하인즈는 아내를 사랑하지 않더라도 감사와 이해하는 마음에서 훔쳐야 한다). 이 단계에서 **평등성** 조작은 "훌륭한 역할 담당자와 선한 동기를 가진 사람"이라는 관념을 토대로, 똑같이 대접받아야 할 사람들의 범주를 구성한다. 단계 3 **공평성** 조작은, 정상 참작과 좋은 의도에 대한 공감을 바탕으로 일탈하는 사람들에게 예외를 허용한다. 이 단계의 상호성, 평등성, 공평성 조작은 규정적 역할채택 조작과 어울리고 연결되는 방식으로 그 뜻을 드러낼 수 있다. 다음의 반응을 보자. "하인즈가 약을 훔치는 것은 올바른 일입니다. 약제사가 하인즈 아내의 살 권리를 무자비하게 내동댕이쳤기 때문입니다." 조작들의 협조를 보여주는 또 다른 예는 다음과 같다. "재판관은 하인즈를 방면해야 합니다. 하인즈는 충분히 고통을 받았고, 또 훔치기를 원치 않았기 때문입니다." 단계 3에서 **규정적 역할채택 조작**, 즉 조망들의 균형 조작은 황금률이다. 이 단계에서 처음으로 황금률 사용이 분명히 드러난다. 황금률은 다른 사람의 관점에서 보아 그것을 공정하거나 올바른 것으로 받아들일 수 있다면 그것은 자신의 관점에서도 올바르거나 공정하다는 관념이다. 여기서 황금률은 적극적 처방일 수 있고(예컨대 "당신은 누군가 그들의 생명을 구하도록 도움을 주어야만 합니다. 만약 당신이 그들이라면 당신도 그것을 원할 테지요?"), 또한 황금률은 타인의 관점을 채택하는 일과 불화를 일으킬 수 있는 그런 기대는 의무로서 숙고되지 않는다는 의미에서, 제한적 처방으로 표명될 수 있다. (즉, "죠는 아버지께 돈을 드리지 말아야 합니다. 왜냐하면 아버지는 돈을 요구해서는 안 되며 죠가 어떤 느낌을 가지는지 염려해야하기 때문입니다.") **보편화 가능성** 조작이 이 단계에서 어떻게 표현되는가는 다음의 반응에서 잘 볼 수 있다. "모든 사람들은 법에 복종해야 합니다. 법이 없다면, 사람들은 혼란을 일으킬 것입니다." 단계 3에서 보편화 가능성 조작은 일탈을 막으려는 욕망을 표현한다. 이러한 일탈은 도덕적으로 유발된 사람들(즉 충성스럽고, 착한…등의 사람들)의 행위와 의도를 방해할지도 모르기 때문이다. 따라서 단계 3에서 두려워하는 혼란은 선한 의도를 가진 사람들의 공동체를 어지럽힐지도 모른다는 것이다.

단계 3에서 **분배적 정의**는 평등성, 상호성, 공평성 조작이 어우러지는 것을 근간으로 한다. 단계 3에서는 단계 2의 엄격한 평등성과 문자적 상호성이, 공유 규범이나 동기를 참조함으로써 수정되고 대치된다. 단계 3은 단계 2와 같이 개별 욕구나 이해관계에 초점을 두면서도 사람들을 그들의 선함, 악함, 마땅함에 준하여 숙고한다. 딜레마 Ⅲ에 대한 다음의 반응은 좋은 예이다. "참으로 무서운 약제사임에 틀림없습니다. 약제사는 의사와 같습니다. 그는 사람들의 생명을 구하도록 되어 있습니다." 그래서 "그가 약을 만들었으니, 그는 그 약으로 자신이 원하는 대로 할 수 있지요"라는 단계 2의 상호성 관념은 훌륭한 약제사에 대한 사회적인 공유 규범을 참조함으로써 무력화된다.

단계 3에서의 **교정적 정의**도 또한 동기의 적합성 여부를 강조하며, 위반자도 다 함께 가진 선한 사람에 대한 개념에 맞게 살아가고 있는가의 여부를 따진다. 만약 그렇다면 벌도 면제된다.

> 문 - 재판관은 하인즈를 벌해야 하는가?
>
> 답 - 재판관은 하인즈가 왜 그런 일을 했는가에 대해 알아야 하며, 그의 과거 기록도 살펴야 합니다. 그에게 경고를 주고 방면을 해야 합니다.
>
> 문 - 왜 그런가?
>
> 답 - 그는 온 가슴으로 기꺼이 그 일을 했습니다. …… 사람이라면 다 그렇게 했을 겁니다.

교환적 정의도 또한 공유 규범과 당위를 참조하여 상호성을 수정한다. 예컨대 어떤 아동은 거리낌없이 자기의 4달러를 어른의 25센

트짜리 캔디와 맞바꿀 수 있지만, 한편 단계 3에 이르면 이러한 교환의 공정성이 부정될 것이다. 성인은 아이보다 더 많은 것을 알고 있으므로 아이들의 무지로부터 이득을 얻어서는 안 되기 때문이다. 즉 단계 3 성인들은 아이들과의 관계에서 선의를 지닌 보호자 역할이라는 사회적으로 공유하고 있는 개념을 지켜야 한다.

이와 유사한 관념이 딜레마 I에 대한 다음의 반응에 잘 표현되어 있다. "죠는 아버지에게 돈을 드리지 말아야 합니다. 아버지가 비록 돈을 요구했다 하더라도, 그것은 이기적이고 유치한 것이기 때문입니다."

단계 4: 사회체제 도덕성
Stage 4: Social System Morality

단계 4에서 개인은 일반화된 사회성원의 조망을 채택한다. 그 조망은 사회제도라는 개념을 근간으로 한다. 이때 사회제도는 모든 성원들에게 불편부당하게 적용되는 일련의 강령과 절차이다. 개인적인 이해관계는 전체 사회도덕체제의 유지와 조화를 이룰 때만 적법하게 추구할 수 있다. 단계 3에서 비형식적으로 공유하는 표준들이 단계 4에 이르면 불편부당성과 일관성을 유지하기 위하여 형식화한다. 형식적인 제도들과 사회적 역할들을 뼈대로 하고 있는 사회구조는 갈등하는 주장들을 중재하고 공동선을 증진시키는 역할을 한다. 즉 훌륭한 역할담당자들 사이에서도 갈등이 있을 수 있다는 각성이 생겨난다. 이러한 각성은 갈등을 해소하기 위한 규칙체제의 유지가 필요하다는 것을 확실하게 해준다. 채택된 조망은 사회적, 법률적, 종교적 체제의 조망이며, 체제는 대개 제도화된 법과 관행으로 성문화되어 왔다.

이 조망은 개인의 양심에 구현되어 있으면서 제도화된 법과 갈등할 수도 있는, 보다 높은 도덕적 종교적 법의 조망일 수 있다. 이 경우 내적 양심이나 도덕법은 어떤 신적 법체계나 자연법의 체계와 동등시된다. 즉, 법적 및 사회적 제도, 도덕적 및 종교적 제도, 그리고 신념들의 체계들에 관계 없이 단계 4에서의 도덕판단은 제도나 체제와 관련하여 이루어진다.

규범과 정의 조작(Norms and Justice Operations)

단계 4에서 규범들은 협력 또는 사회적 공헌을 증진시키며, 불화와 무질서를 피하도록 설계된 규정집으로 작용한다. 조작으로서의 **평등성**은 '법 앞에 평등'이라는 사상을 구성한다. 각 개인의 권리와 의무는 한 사람 한 사람을 시민으로 계산하는 사회적 표준에 의하여 규정된다는 의미에서 모든 사람은 평등하다는 것이다. 즉, "그 법에 동의하지 않는다 해도 그 법에 복종해야 합니다. 왜냐하면 법은 다수에 의해 제정되며 다수에게 선한 것이 무엇인지를 고려해야 되기 때문이지요."라고 추리한다. 단계 4에서의 공평성 조작의 보기는 다음과 같다. "재판관은 법이 공정하거나 인간적일 수 있음을 보이기 위해 하인즈를 감형해야 합니다." 즉 이 단계의 공평성은 규범의 일반적 적용에 예외를 만들어내는데, 사회적 표준은 어떤 개인적인 정상이나 욕구를 고려할 만큼 민감하지 못할 수도 있다는 생각 때문이다. 이러한 공평성 조작은 단계 3의 관념과는 다르다. 예외를 책임질 당사자는 체제이고 구체적 타자는 아니기 때문이다. 이 단계에서의 상호성 조작은 개인을 집단성과 연결하는 '상호성의 규범'으로 분절된다. 사회제도의 성원이 되고 그리고 성원으로 생활하는 것에서 얻게 되는 이득 때문에, 우리는 사회에 빚, 의무, 임무를 짊어지고 있다는 의식이 존재한다. 이러한 관념은 딜레마 III에 대한 다음과 같은 반응에 표현되어 있다. "약제사는 자신의 발명품을 사회에 이익이 되도록 사용해야 합니다." "다른 사람의 생명을 구하는 것은 중요한 일이지요. 사람들은 사회를 위해 다른 사람에 대한 책임의식을 가져야 하기 때문입니다." 단계 4에서의 **규정적 역할채택** 조작은 개인 행위와 사회 표준 사이의 균형 잡힌 조망을 성취한다. 이는 다음의 반응에 잘 나타나 있다. "하인즈는 약을 훔쳐야 하지만, 그러나 사회의 시각에서 훔치는 것이 그르다는 것을, 그래서 결과를 기꺼이 받아들여야 한다는 것을 그는 또한 알아야 합니다." 마지막으로 **보편화 가능성** 조작은 법 존중이라는 보편적 태도와, 사회조직의 통합성을 유지하기 위해 일탈을 제한한다는 관념을 구성해낸다. 이 관념은 다음 반응에 표현되어 있다. "누구나 법에 복종해야 합니다. 만약 시민들이 그 법에 동의하지 않기 때문에 그 법을 깨뜨릴 수 있다고 느낀다면, 법 존중은 무너질 것이기 때문입니다."

단계 4에서 **분배적 정의**는 세 가지 정의 조작들의 협조적 사용에 기초를 두고 있다. 그렇지만 단계 4에서 이 조작들은 불편부당함에 대한 관심, 사회제도(권위체제와 사유 재산제 같은) 존중, 사회적 업적 및 사회적 공헌의 숙고 등에 의해 수정된다. 일반적으로 노력을 들인 대가로서의 재산권 존중은 사회조직의 중추로 간주된다. 한편 재산권은 사회적 책임 완수와 유관한 것으로 이해될 수도 있다. 이는 딜레마 III에 대한 다음의 반응에 잘 나타난다.

문 - 약제사는 그만한 값을 매길 권리가 있는가?
답 - 아니오, 그만한 이득을 취하는 것은 사람들에 대한 책임을 져버리는 짓입니다.

단계 4에서의 **교정적 정의**는 법의 불편부당한 적용과 관련된 관념을 중심으로 하며, 교정적 행위를 범죄 억제력을 통해 사회를 보호하는 행위라 인식한다. 즉, 교정 조치는 사회에 대한 위협을 제거하고, 범법자가 '사회에 진 빚을 갚을 수 있는' 수단을 제공하는 것이다. 불편부당함이나 일관성을 지키는 일이 중요하다는 것은 단계 4에서 중추적 정의 문제로서 출현하는 절차적 정의에 관한 관심을 반영한다. 이것은 딜레마 III에 대한 다음의 반영에 잘 나타난다.

문 – 재판관이 그에게 실형을 선고할 수 있는 타당한 이유는 무엇인가?

답 – 법에는 예외가 있을 리 없습니다. 예외를 허용한다면, 그 재판은 법 집행자의 편의에 따른 완전히 주관적인 결정이 될 것입니다.

단계 4에서의 교환적 정의는 마찰 없는 사회기능의 유지를 위한 계약적 협약의 중요성에 대한 인식이나 그 사람의 도덕적 인격, 성실, 명예를 지키는 일에 대한 가치를 바탕으로 한다.

문 – 잘 알지도 못하는 사람과의 약속도 지키는 것이 중요한가?

답 – 그렇습니다. 어쩌면 잘 아는 사람과의 약속보다 더 중요한지도 모릅니다. 사람은 그런 상황에서 어떻게 처신하느냐에 따라 판단할 때가 많습니다. '명예로운 사람'이니 '성실한 사람'이니 하는 표현으로 충분하지요.

단계 5: 인권과 사회복지의 도덕성

7Stage 5: Human Rights and Social Welfare Morality

단계 5의 사회 선행적 조망은 도덕적 사회의 건설을 위해서라면 선택할만한 보편화 가능한 가치와 권리들에 대해 각성하고 있는 합리적인 도덕행위자의 조망이다. 실정법과 사회체제의 타당성은 그 법과 체제가 이러한 근본적인 인권과 가치를 보존하고 보호해주는 정도에 비추어 평가될 수 있다. 여기서 사회체제란 모든 성원의 권리를 보존하고 복지라는 명분하에 각 개인이 자유롭게 맺은 계약이라고 이상적으로 이해된다. 이는 '사회유지'의 조망이라기보다는 차라리 '사회창조'의 조망이다. 사회는 사회적 협력과 협약에 토대를 둔 것으로 상정된다. 단계 5의 조망 내에서 기본 시각은 권리나 사회

복지 중심이다. 전자의 정위는 어떤 권리라도 사회가 결코 침범할 수 없는 것으로 숙고되어야 한다는 점을 강조한다. 이러한 권리는 자유롭게 맺어지는 계약을 통해서도 포기될 수 없다. 그 권리가 사회의 법이나 규약과 갈등을 빚을 때조차도, 각 개인은 이 권리를 지지할 수 있는 도덕적 선택을 내려야 할 의무가 있다. 여기에는 단계 4의 사회체제적 조망으로부터는 도출할 수 없는, 소수의 권리보호에 대한 관심이 들어 있다. 사회복지의 정위는 규칙공리주의 철학을 반영한다. 사회제도, 법률, 규칙 등은 그 사회 속에 있는 각 개인의 혹은 집단의 복지에 미칠 장기적인 결과를 참조하여 평가된다.

규범과 정의 조작(Norms and Justice Operations)

단계 5에서 **규범**들은 개별권리와 복지를 극대화하고 보호하며, 자유로운 사람들 사이에서 협약의 절차를 통하여 입안하는 것이다. 이 단계에서의 **평등성** 조작은 개인의 근본적인 평등권과 평등한 가치가 인간 생명과 인간 자유라는 궁극 가치에 관한 판단에 반영되어 있다고 인식한다. **공평성** 조작은 기본 인권과 인간 생명 가치의 존중에 둔감하고 그 가치의 실현을 방해하는 규범, 법, 절차 등이 존재할 때, 평등의 주장을 다시 확인한다. 이는 딜레마 Ⅲ에 대한 다음의 반응에서 볼 수 있다. "법을 어기는 것이 나쁘지 않을 수도 있습니다. 법의 기능이 권리를 보호하지 못하고 오히려 권리를 침범하는 자들을 보호하는 그런 곳에서 말입니다." 모종의 평등 관념을 그 '표적'으로 삼아 공평성 조작을 보충하려는 낮은 단계들과는 달리, 단계 5에서 그 표적은 규범, 법, 절차 등이 된다. 조망의 이러한 전환은 다음의 엄연한 사실과 함수관계에 있다. 즉 생명과 자유에 대한 단계 5의 평등 관념들이 추리의 근본 가정들이고, 규범들의 토대를 제공하는데 비하여 낮은 단계들에서 평등의 관념은 규범, 법 등으로부터 도출되고, 또한 규범, 법을 정당화하기 위하여 채택된다. **상호성** 조작은 자유로운 계약을 맺는 개인들 간의 구체적인 상징적 등가물의 교환이라는 관점을 구성한다. 이렇게 볼 때 핵심 관념은 계약을 위한 자유로운 협약이지, 교환에 함축되어 있는 등가성 관념은 아니다. 규정적 역할채택 조작은 사회상황에 연루되어 있는 각 개인의 관점을 고려해야 할 필요성을 강조한다. 각 개인은 한 사람의 개인으로서 인정되고 계산되어야 한다는 것이다. 이 관념은 딜레마 Ⅳ에 대한 다음의 반응에 표현되어 있다. "의사는 부인을 살릴 것인지 죽일 것인지에 대해 그 부인의 관점을 채택해야 합니다. 존엄성과 자율성에 대한 그녀 자신의 의식을 존중해야 합니다." 평등성, 공평성, 상호성이 단계 5에서 어떻게 협조하는가는 기회균등의 쟁점에 관한 다음의 반응에서 볼 수 있다. "각자는 비록 다른 출발점에 서 있거나 불리한 위치에 있다 할지라도, 사회에 대해 자신이 공헌하고 그에 따라 적절한 이득을 취할 동등한 기회를 가져야 합니다." 이 단계에서의 **보편화 가능성** 조작은 인간생명과 자유의 가치에 대한 보편적 관심을 드러낸다. 도덕규범이나 도덕법은 어떠한 사회에서 살고 있는 인간에게도 일반화되거나 보편화되어야 한다.

단계 5에서 **분배적 정의**의 정의 조작들은 근본적 인권의 존중과 권리 및 가치의 합리적 위계를 중심으로, 또는 사회적 협력과 협약의 과정을 중심으로 구축된다. 사회적 협력과 협약을 중심으로 한 조작은 딜레마 Ⅲ에 대한 다음의 반응에 잘 나타난다.

> 문 - 지난번 우리들은 선험적 권리라는 것에 관해 이야기 나눈 바 있는데……
>
> 답 - 인간으로서 계속 존재할 수 있게 하는 그런 종류의 권리들에 대해 말한 바 있지요. 그러한 권리들은 우리 인간에 의해, 부연하면 모종의 사회적 과정을 통해 도달하는 협약에 의해 규정되어 왔습니다. 그 개념으로부터 도움을 받을 수 있겠지요...

교정적 정의도 또한 인권과 (또는) 사회복지에 초점을 맞추며, 그러기에 벌에 대한 보응적 관념은 거부된다. 예컨대 사형은 보응이라는 이유로 마땅히 거부된다. 응분의 과정에 관심을 나타내는 **절차적 정의**가 단계 5에서 교정적 정의와 밀접하게 관련된다. 응분의 과정을 일관성 있게 적용하는 실천은 (합리적으로 정당한 법 체제에서는) 현상 질서 위에서 각 개인으로 하여금 결정하게 하는 실천보다 더 많은 공평성을 인도할 것이라고 가정한다. 교정적 정의도 법을 해석하는 재판관의 분별성을 통하여 사회변화에 영향을 주는 방향으로 정위될 수 있다. 즉, "나는 재판관의 관점이 법의 교정력으로 작용할 수 있다고 봅니다. 그는 벌이 너무 가벼워서 마침내 법 자체가 잘못 적용되었다고 말할 수 있는 그런 선고를 내림으로써 그렇게 할 수 있습니다."

교환적 정의는 사회적 협약의 필수 형식으로서의 계약에 주목하는데, 이는 인간관계의 토대이다. 협약을 만들고 협약에 따를 수 있다는 것은 사회관계의 기초이며 사회적 의무의 원천이다. "사회는 다른 개인들과의 상호관계 맺음입니다. 훌륭한 신념에 대한 신뢰나 행위가 없다면, 당신은 그러한 관계의 기반을 갖지 못할 것입니다." 분배적 정의와 교정적 정의가 그러하듯이 교환적 정의도 협약에 이르는 당사자들의 권리존중에 주목할 것이다. 계약 준수의 중요성은 사람들이 내재적 가치와 존엄성을 가진 개인으로서의 자신의 권리에 대한 존중을 확보한다는 엄연한 사실에서 도출하며, 협약을 깨뜨리는 것은 다른 사람의 본래적 존엄성 내지 가치에 대한 침범으로 이해한다는 점이다.

단계 6. 보편화가능하고 가역적이고 규정적인 일반윤리적 원리의 도덕성 Stage 6: Morality of Universalizable, Reversible, and Prescriptive General Ethical Principle(s)

단계 6의 사회 도덕적 조망은 '도덕적 관점' 조망이다. 도덕적 조망이란 모든 인간이 자유롭고 평등한 자율적 인간들로서 서로에 대하여 이상적으로 채택하는 관점이다. 이것은 도덕적 의사결정에 의해 영향을 받게 될 각자의 관점 내지 주장에 대하여 동등하게 숙고하는 것을 뜻한다. 이러한 규정적 역할채택은 그 과정에서 공정성, 불편부당성, 가역성을 확보하도록 설계된 절차에 따라 이루어진다. 이러한 절차는 여러 방식으로 공식화된다. 그 가운데 하나의 공식이 '무지의 장막'에서 선택한다는 롤즈의 원초적 입장이다. 무지의 장막에서 선택자는 자신이 상황이나 사회에서 어떤 사람인지에 대하여 알지 못하므로, 특히 그 사회에서 가장 불리한 처지에 있는 사람(들)의 입장을 포함하여, 어떤 입장에서도 가장 잘 지낼 수 있는 원리나 방책을 선택해야 한다. 두 번째 공식은 '정의의 의자찾기' 공식이다. 이는 황금률의 이차적 적용이다. 하인즈는 죽어가는 사람, 약제사, 자기 자신의 관점을 채택할 뿐만 아니라, 그렇게 할 때 다른 사람들도(약제사, 죽어가는 사람) 저마다 자신의 주장을 내놓고 수정하면서 다른 사람의 관점을 채택할 것이라고 기대한다. 세 번째 공식은 실질적 대화에 대한 강조를 통하여 드러난다. 하버마스는 이를 이상적인 의사소통상황이라 부르고, 콜버그는 이를 내적 대화로 묘사한다. 네 번째 공식은 하르사니(Harsany)가 정식화한 공리주의로서 상황이나 사회 속에서 어느 누구도 될 수 있는 동등한 확률을 가진다는 조건 아래서 선택을 숙고하는 것이다. 이 공식은 연관된 사람들 각자의 관점을 숙고하고 이러한 관점들을 균등하게 고려하면서 딜레마에 응답할 때 나타난다. 이 공식은 모든 인간 각자의 본래적 가치, 존엄성, 평등성에 대한 명시적 진술에서도 나타난다. 사회의 재화 혹은 인간의 생존 및 발달과 같은 아무리 고상하고 소망스런 가치일지라도, 그 가치를 달성하는 수단이 아닌 오로지 목적으로서 인간을 존중하고 보호하려는 태도의 표명에서도 나타난다. 또한 이 공식은 보편화 가능성 준거, 즉 "나는 나의 입장(또는 하인즈의 입장)에 있는 어느 누구든지 내사 선택하는 방식대로 선택하기를 원하는 가"라는 질문에 답하려는 데서도 나타난다. 이 공식은 의사

결정을 위해 하나 혹은 다수의 일반 원리를 사용할 때도 나타난다. 일반 원리란 첫째 부정적 금지(죽이지 말라, 속이지 말라)보다는 적극적 규정이라는 점에서, 둘째 모든 상황과 모든 인간에게 적용된다는 데서 규칙이나 진리와 구분된다. 인간존엄성 존중은 때로 규칙을 깰 수도 있고, 사회적으로 인정받고 있는 권리를 침범할 수도 있다는 것(약을 훔치는 것, 고통 속에 있는 환자의 요청에 따라 치사량의 모르핀을 주는 것)을 함축할 수 있다. 단계 6의 일반 원리는 하나 혹은 다수일 수 있다. 단일한 원리로서 그것은 정의 원리, 인간존엄성의 원리, 유용성의 원리, 그리고 선의의 원리이다. 그 원리들은 연관된 모든 개인의 복지를 극대화하기 위한 행위, 보편적 인간보호의 태도, 즉 아가페이다. 정의의 원리들에는 각자의 생명의 질을 극대화하는 원리, 다른 사람의 자유와 양립하는 한에서 자유를 극대화하는 원리, 존경과 재화를 분배할 때의 공평성이나 공정성 원리 등이 포함한다. 이러한 원리들은 인권(그리고 상호적 의무)의 언어로 표현하거나 '형제애'에 의한 책임과 보호의 언어로 표현할 수 있다.

조작과 원리(Operations and Principles)

단계 6에서 우리가 논의해 온 조작들은 협조의 전체성을 형성한다. 이 전체성이 도덕적 의사결정을 위한 자의식적 구조를 구성하고 있다. 단계 5에서 법과 도덕규범들은 평등성, 공평성 등의 조작에 근거하고 있다. 단계 6에 오면 이러한 조작들은 자의식적 원리가 된다. 도덕적 작인과 도덕적 의사결정에 대한 이러한 자의식을 감안한다면, 규정적 역할채택(조망들의 균형) 조작과 보편화 가능성 조작은 도덕법이나 도덕규범을 지지하기 위해 제공된 이유들의 타당성을 검사하는 표준일 뿐만 아니라 조작적 원리들이 된다. 단계 6은 단계 5가 지닌 사회 선행적 조망을 넘어선 새로운 사회적 조망에 '기초 한다'기보다는, 도덕딜레마에 대하여 추리할 때 사회 선행적 조망이 처음부터 끝까지 관여하는 원리들로서 정의 조작들에 대한 신중한 사용에 기초한다. 이러한 추론의 특성으로 인하여 단계 6은 '정의의 의자 찾기'와 같은 절차의 원리와 대화할 것을 요구한다. 단계 5가 고정된 계약이나 협약의 관념을 바탕으로 한다면, 한편 단계 6은 협약이나 계약이 도달되는 과정, 그리고 그러한 협약의 기층을 이루는 절차의 공정성 확보를 지향한다. 인권을 보호하도록 설계된 단계 5의 고정된 계약과 협약에서는 인간적 신뢰와 공동체 유지의 중요성에 대한 인식을 기반으로 한다. 단계 6에서 신뢰와 관념은 대화, 인권 등의 선 조건이 된다. (우리가 주목해야할 것은 단계 5는 고정된 계약의 관념과 신뢰 및 공동체라는 기층적 관념을 균형 맞추는데 난점을 가지는데 반하여 단계 6은 정의의 의자 찾기의 파생물인 대화라는 조작을 통하여 이 문제를 해결한다는 점이다.)

단계 6에서 **분배적 정의**는 평등성의 원리 외에도 공평성이나 공정성의 원리를 사용한다. 이 단계의 공평성은 재능, 업적, 성취에 따른 특별한 보상을 참조하지 않는다. 이런 보상관념은 유전인자의 차이나 혹은 도덕적으로 자의적인, 즉 사회의 불평등 분배를 야기하는 교육적 사회적 기회의 차이로부터 비롯되는 것으로 본다. 그러나 단계 6의 공평성은 차등적인 욕구, 즉 가장 불리한 사람의 입장을 숙고하려는 욕구를 인식한다. 희소한 기본재화에 대한 분배가 불공평해야만 하는 경우(예를 들어 '구명보트' 딜레마에서 누가 살아남을 것인가의 쟁점), 힘있는 자나 사회적으로 유용한 자를 선정하기보다는 제비뽑기를 선택한다.

교정적 정의는 보응적이지 않다. 투옥이나 복수를 통한 형벌은 고립이나 억제력을 통해 현실적, 잠재적 범죄 희생자들의 복지나 권리를 보호하는데 필요하다고 이해되기도 하지만, 그 형벌의 근거는 무도덕성이나 비열성에 '앙갚음'을 하기 위하여 죽음이나 고통을 가하려는 것이 아니다. 범법자도 정의의 원리와 양립하는 한 존경받아야 할 존엄성을 지닌 인간으로 여겨진다. 예컨대 약을 훔치는 하인즈의 행위 혹은 안락사를 시킨 제퍼슨 의사의 행위는, 어떤 처벌을 필요로 한다고는 이해되지 않지만, 그런 행위들은 사람들에게 절차적 정의의 쟁점을 숙고하도록 요구한다.

교환적 정의는 상호존중과 신뢰를 계약과 약속의 기반으로 인식하는데 근거한다. 약속은 계약을 기초로 이해된다. 약속 위반은 신뢰의 침해인 동시에, 약속자와 피약속자가 가치와 존엄성을 지닌 자율적 인간으로서 상호존중하는 관계를 침해하는 일이다. 그것은 약속할 때 피약속자에게 부여된 권리의 침해이다. 약속은 상호존중의 도덕관계나 가역적 역할채택을 유지하는 한에서만 수정될 수 있고 침해될 수 있다. 예컨대 우리는 제3자가 위급한 상황에 처했을 때 그를 위해 약속을 깨뜨릴 수 있다. 이런 약속에 대하여, 도덕적 피약속자라면 이상적 역할채택이나 정의의 의자 찾기를 통하여 이해할 수 있다. 약속 위반은 자아의 성실성을 침범(단계 4)하기보다는 타인에 대한 성실성과 관계에 대한 성실성이라는 쟁점으로 이해된다.

부록 III

아홉 개의 가설적 딜레마[1)]

*이 붙은 질문은 면담시간이 제한되어 있을 때는 제외할 수 있다.

도덕판단 면담

A형

딜레마 III

유럽에서 어떤 부인이 암으로 죽어가고 있다. 의사가 보기에 그녀를 구할 수 있는 약이 딱 하나 있다. 그 약은 같은 마을의 약제사가 최근 발견한 일종의 라듐이다. 약을 제조하는데 비용도 많이 들었지만, 약제사는 약을 만드는데 든 비용의 열배 정도를 약값으로 매겨 놓았다. 그는 라듐을 만드는데 400달러가 들었고, 정량의 약에다 4,000달러를 매겨놓은 것이다. 부인의 남편인 하인즈는 돈을 빌리기 위하여 아는 사람을 모두 만나 통사정해 보았고 모든 합법적 수단을 다 동원해 보았지만, 약값의 절반밖에 되지 않는 2,000달러 정도를

---

1) "Appendix B: The Nine Hypothetical Dilemmas," in: L. Kohlberg, *Philosophy of moral development*, pp.640-651; 콜버그, 『도덕발달의 철학』(김민남 외 역, 교육과학사 2001, 615-627쪽)을 바탕으로 하였으나, 필자가 일부의 내용을 수정하였음을 밝힌다. 딜레마 번호는 1956년 콜버그의 첫 연구면담 때 붙여진 번호이다. 그 번호들이 곧바로 특정 딜레마를 지칭하는 고유번호가 되어, 딜레마 순서를 재배치할 때도 번호는 그대로 유지되었다(심리학, 615).

구했을 뿐이다. 그는 약제사를 찾아가 아내가 죽어가고 있다고 말하고, 좀 싼 값에 약을 팔든지 아니면 약값에 모자라는 돈은 외상으로 해달라고 간청하였다. 그러나 약제사는 이렇게 말하였다. "안 됩니다. 내가 그 약을 발견했습니다. 그 약으로 돈을 좀 벌어야겠습니다." 모든 합법적 수단을 다해 보았지만 별수 없었던 하인즈는 절망에 빠진 나머지, 약을 훔치려 약제사의 점포를 털 궁리를 한다.

1. 하인즈는 약을 훔쳐야만 하는가?

1a. 왜 훔쳐야 되는가? 또는 왜 훔치지 말아야 하는가?

*2. [다음 질문은 피험자의 도덕유형을 끌어내려는 것이다. 필요하다면 질문하시오] 실제 장면에 처했다고 보고 약 훔치는 것을 올바른가 아니면 그른가?

*2a. [다음 질문은 피험자의 도덕유형을 끌어내려는 것이다. 필요하다면 질문하시오] 왜 약을 훔치는 것이 올바른가? 또는 그른가?

3. 하인즈는 약을 훔칠 의무가 있는가?

3a. 왜 그런가?

4. 만약 하인즈가 아내를 사랑하지 않는데도 아내를 위해 약을 훔쳐야 하는가? (만약 피험자가 훔치지 않은 쪽으로 대답을 한다면 이렇게 묻는다.) 하인즈가 아내를 사랑하는지 사랑하지 않는지에 따라 하인즈가 해야 할 일이 달라지는가?

4a. 왜 그런가?

5. 죽어가는 사람이 아내가 아니고 낯선 사람이라고 생각하자. 하인즈는 그 낯선 사람을 위해서도 약을 훔쳐야 하는가?

5a. 왜 그런가?

*6. (피험자가 낯선 이를 위해서도 약을 훔쳐야 한다는 쪽에 선다면) 죽어가는 것이 애완동물이라고 상정하자. 하인즈는 그 동물을 구하기 위해서라도 훔쳐야 하는가?

*6a. 왜 그런가?

7. 다른 사람의 생명을 구하기 위해서라면 할 수 있는 어떠한 일이라도 하는 것이 중요한가?

7a. 왜 그런가?

*8. 하인즈는 훔치는 것은 법에 저촉된다. 훔치는 일은 도덕적으로도 그른 일인가?

*8a. 왜 그런가?

9. 일반적으로 사람들은 어떤 경우에도 법에 복종해야 하는가?

9a. 왜 그런가?

9b. 당신의 그 생각을 하인즈가 무엇을 해야 하는가의 질문에 적용시켜 보면, 어떤 대답을 할 수 있겠는가?

*10. [다음 질문은 피험자의 정위를 끌어내는 것이다. 필요하다면 질문하시오] 딜레마를 거듭 생각해 본 후에, 하인즈가 그 상황에서 해야 할 가장 책임 있는 일이 무엇인가를 말해보라.

*10a. 왜 그런가?

[딜레마 III'의 질문 1과 2는 선택이다. 만약 이 질문을 던질 의사가 없다면 딜레마 III'와 그 후속 이야기를 읽어준 후 질문 3부터 시작하시오]

딜레마 III'

하인즈는 약방에 몰래 침입해 들어갔다. 그는 약을 훔쳐 아내를 구했다. 다음날 신문에 약방 절도 기사가 실렸다. 하인즈와 알고 지내는 경찰관 브라운이 이 기사를 읽었다. 그는 하인즈가 그 약방에서 뛰쳐나와 도망간 것을 기억해 내고는, 약을 훔친 사람이 바로 하인즈임을 알아차린다. 브라운은 하인즈를 고발해야 할지, 말아야 할지 방황하고 있다.

*1. 경찰관 브라운은 하인즈의 행위를 보고해야 하는가?

*1a. 왜 그런가?

*2. 경찰관 브라운이 하인즈의 친한 친구라고 생각해보자. 그래도 그를 고발해야 하는가?

*2a. 왜 그런가?

후속 이야기

경찰관 브라운은 하인즈의 행위를 고발하였다. 하인즈는 체포되어 법정에 이송되었다. 배심원들이 선정되었다. 배심원들의 할 일은 그 사람이 유죄인가 아니면 무죄인가를 알아내는 일이다. 배심원들은 하인즈가 유죄라고 판정한다. 선고량을 결정하는 일은 재판관에 달려 있다.

3. 재판관은 하인즈에게 실형을 선고해야 하는가 아니면 실형을 유보하고 방면해야 하는가?

3a. 왜 그런가?

4. 사회라는 것을 생각한다면, 법을 어긴 사람은 벌을 받아야 하는가?

4a. 왜 그런가?

4b. 당신의 생각을 재판관의 결정에 적용하면 어떤 선고를 내릴 것인가?

5. 하인즈가 약을 훔친 것은 그의 양심이 시킨대로 행한 것이다. 범법자가 자기 양심으로부터 그런 행위를 했다고 해도 벌을 받아야 하는가?

*6. [다음 질문은 피험자의 정위를 끌어내려는 것이다. 필요하다면 질문하시오] 딜레마를 거듭 생각해 보고, 재판관이 해야 할 가장 책임 있는 일이 무엇인지 말해보라.

*6a. 왜 그런가?

[질문 7~12는 피험자의 윤리이론을 끌어내는 것이다. 필요하다면 질문하시오. 이 대답들은 도덕단계 평정에는 사용되지 않아야 한다.]

*7. 양심이라는 말은 너에게 어떤 의미인가? 만약 당신이 하인즈라면, 당신의 양심은 어떤 결정을 내리게 할 것 같은가?

*8. 하인즈는 도덕적 결정을 내려야 한다. 도덕적 결정이란 그 사람의 감정을 기반으로 해야 하는가? 아니면 올바르고 그름에 관한 그 사람의 사고와 추론을 바탕으로 해야 하는가?

*9. 하인즈의 문제는 도덕문제인가? 왜 그런가? 또는 왜 아닌가?

*9a. 일반적으로 무엇이 도덕문제를 형성하는가? 다시 말하면 도덕성이라는 말은 무엇을 의미하는가?

*10. 만약 하인즈가 진정으로 무엇이 올바른가를 숙고하여 해야 할 것을 결정하려 한다면, 세상에는 올바르다는 대답, 즉 올바른 해결책이 존재해야 한다. 하인즈의 문제와 같은 도덕문제에 모종의 올바른 해결책이 진정 존재하는가? 또는 사람들이 서로 의견일치를 보지 못했을 때 각자의 의견은 동등하게 다 올바른가? 왜 그런가?

*11. 당신이 지금 훌륭한 도덕적 결정을 내리고 있다는 것을 어떻게 아는가? 누구나 훌륭한 또는 적절한 결정에 도달 할 수 있는 방법이나 사고방식이 있는가?

*12. 대부분의 사람들은 과학의 사고와 추리는 올바른 답을 인도해 낼 수 있다고 믿는다. 도덕적 결정을 내리는 경우에도 이와 같이 말할 수 있는가? 과학과 도덕은 서로 다른가?

딜레마 I

죠는 야영을 매우 좋아하는 14세의 소년이다. 아버지는 만약 죠가 야영갈 만큼 충분히 돈을 모은다면 보내줄 수 있다고 약속하였다. 죠는 열심히 신문배달을 해서 야영경비 40달러를 넉넉히 저축하였다. 그러나 야영 갈 무렵이 되었을 때 아버지는 마음을 바꾸었다. 친구들이 아주 특별한 낚시여행을 계획하고 있었고, 때마침 아버지는 거기에 참가할 돈이 조금 모자라는 형편이었다. 아버지는 죠에게 신문배달을 해 모은 돈을 달라고 말했다. 죠는 야영을 포기하고 싶지 않았다. 죠는 아버지께 돈을 드리지 않겠다고 마음먹는다.

1. 죠는 아버지께 돈을 드리지 말아야 하는가?

1a. 왜 그런가?

[질문 2와 3은 피험자의 도덕유형을 끌어내는 것이다. 필요하다면 질문하시오]

*2. 아버지는 죠에게 돈을 달라고 말할 권리가 있는가?

*2a. 왜 그런가?

*3. 돈을 드리는 것은 착한 아들이 되는 것과 관련 있는가?

*3a. 왜 그런가?

*4. 죠가 스스로 돈을 벌었다는 사실이 이 상황에서 중요한가?

*4a. 왜 그런가?

5. 아버지는 죠가 돈을 번다면 야영을 보내줄 수 있다고 약속하였다. 아버지가 약속했다는 사실이 이 상황에서 가장 중요한가?

5a. 왜 그런가?

6. 일반적으로 약속은 왜 지켜야만 하는가?

7. 당신이 잘 알지 못하는 사람, 어쩌면 다시 보지 않을 그런 사람과의 약속도 지키는 것이 중요한가?

7a. 왜 그런가?

8. 아버지가 아들과의 관계에서 염려해야 할 가장 중요한 것은 무엇이라고 생각하는가?

8a. 왜 그것이 가장 중요한가?

9. 일반적으로, 아들에게 아버지의 권위가 서야 한다는 것은 왜인가?

9a. 왜 그런가?

10. 아들이 아버지와의 관계에서 염려해야할 가장 중요한 것은 무엇이라고 생각하는가?

10a. 왜 그것이 가장 중요한가?

*11. [다음 질문은 피험자의 정위를 끌어내는 것이다. 필요하다면 질문하시오] 딜레마를 거듭 생각해보고 죠가 이 상황에서 해야 할 가장 중요한 일이 무엇인지 말해보라.

*11a. 왜 그런가?

B형

딜레마 Ⅳ

악성 종양을 앓고 있는 한 부인이 있다. 그녀를 구할 의학적인 처방은 아무것도 없다. 그녀의 주치의 제프슨 박사는 그녀의 생명이 불과 6개월 남짓이라는 것을 알고 있다. 너무나 큰 고통을 받고 있지만, 그녀의 허약한 상태로는 모르핀과 같은 진통제도 사용할 수 없는 형편이다. 아마 그녀는 그런 진통제 주사로도 곧 죽어버릴지 모른다. 헛소리를 하고 고통스러워 몸을 가누지도 못한다. 그런 상태가 가실 때마다 그녀는 자신에게 모르핀을 놓아 조용히 죽게 해 달라고 제프슨 박사에게 간청한다. 고통을 이겨낼 수 없고 어차피 수개월 안에 죽을 목숨이라고 애원한다. 제프슨 박사는 안락사가 법에 저촉된다는 것을 알고 있지만, 그녀의 요청을 들어주려고 한다.

1. 제프슨 박사는 약을 주어 그녀를 죽게 해야 하는가?

1a. 왜 그런가?

*2. [다음 질문은 피험자의 도덕유형을 끌어내려는 것이다. 필요하다면 질문하시오] 당신이 그런 상황을 직접 만났다고 보고, 그녀에게 약을 주어 죽게 하는 것이 현실적으로 올바른가 아니면 그른가?

2a. 왜 올바르고 그런가?

3. 그 부인은 마지막 결정을 내릴 권리가 있는가?

3a. 왜 그런가?

*4. 그 부인은 기혼이다. 그녀의 남편은 그 결정에 개입해야 하는가?

*4a. 왜 그런가?

*5. [다음 질문은 피험자의 도덕유형을 끌어내려는 것이다. 필요하다면 질문하시오] 훌륭한 남편이라면 이 상황에서 무엇을 해야 하는가?

*5a. 왜 그런가?

6. 사람이 스스로 살아 있기를 원치 않을 때, 요컨대 자살을 원할 때도 어떤 형태로건 그는 살아야 할 의무를 가져야 하는가?

6a. 왜 그런가?

*7. [다음 질문은 피험자의 도덕유형을 끌어내려는 것이다. 필요하다면 질문하시오] 제프슨 박사는 그 부인에게 죽음에 이르는 약을 제공할 의무가 있는가?

*7a. 왜 그런가?

8. 애완동물이 심하게 다쳐 죽어가고 있을 때, 그 고통을 덜어주는 길은 죽이는 것이다. 이 부인의 경우에도 똑같이 말할 수 있는가?

8a. 왜 그런가?

9. 의사가 그 부인에게 죽을 약을 주는 것은 법에 저촉된다. 그것은 도덕적으로도 잘못인가?

9a. 왜 그런가?

10. 일반적으로, 사람들은 어떤 경우에도 법에 복종해야 하는가?
10a. 왜 그런가?
*10b. 제프슨 박사의 경우에 그 생각을 적용해 보면, 제프슨 박사는 어떤 조치를 취해야 하는가?
*11. [다음 질문은 피험자의 도덕정위를 끌어내려는 것이다. 필요하다면 질문하시오] 딜레마를 거듭 생각해 보고 제프슨 박사가 해야 할 가장 책임 있는 일이 무엇인지 말해보라.
*11a. 왜 ?

[딜레마 Ⅳ'의 질문은 선택이다. 만약 이 질문을 사용하지 않으려면, 딜레마 Ⅳ' 와 후속 이야기를 읽어주고 질문 2부터 시작하시오.]

딜레마 Ⅳ'

제프슨 박사는 그 부인에게 약을 주어 안락사를 시킨다. 마침 그때 제프슨 박사가 처한 상황을 잘 알고 있는 동료 의사 로저스박사가 지나가다 그 광경을 보았다. 제프슨 박사를 제지하려 했지만, 이미 투약을 해버렸다. 로저스 박사는 제프슨 박사의 행위를 고발해야 할 지 말아야 할 지를 방황하고 있다.

*1. 로저스 박사는 제프슨 박사를 고발해야 하는가?
*1a. 왜 그런가?

후속 이야기

로저스 박사는 제프슨 박사를 고발하였다. 제프슨 박사는 기소되고 배심원들이 선정된다. 배심원들이 할 일은 그가 유죄인가 무죄인가를 알아내는 일이다. 배심원들은 제프슨 박사의 유죄를 결정한다. 형량의 언도는 재판관에게 달려 있다.

2. 재판관은 제프슨 박사에게 실형을 선고해야 하는가, 아니면 형을 유예하고 그를 방면해야 하는가?

2a. 왜 그것이 최선인가?

3. 사회라는 것을 생각하면, 범법한 사람은 벌 받아야 하는가?

3a. 왜 그런가?

3b. 그 생각을 재판관이 어떤 판결을 내려야 하는가의 문제에 관련시켜 보겠는가?

4. 배심원들은 제프슨 박사가 법적으로 살인죄에 해당한다고 결정한다. 재판관이 그에게 사형(법적으로 가능한 형벌)을 선고하는 것은 올바른가? 그른가?

5. 사형을 선고하는 것이 여전히 올바른가? 왜 그런가? 네가 보기에 어떤 조건에서 사형이 선고되어야 한다고 보는가? 왜 그런 조건들이 중요한가?

6. 제프슨 박사가 그 부인에게 약을 준 것은 양심에 따라 행한 것이다. 양심에 따라 행위 했는데도 범법자는 벌을 받아야 하는가?

6a. 왜 그런가?

*7. [다음 질문은 피험자의 정위를 끌어내려는 것이다. 필요하다면 질문하시오.] 딜레마를 거듭 생각해 보고, 재판관이 해야 할 가장 책임 있는 일이 무엇인지 말해보라.

*7a. 왜 그런가?

[질문 8-13은 피험자의 윤리이론을 끌어내려는 것이기에, 필요할 때 사용해야 한다. 이 질문들의 대답은 도덕단계 평정에 이용해서는 안 된다.]

*8. 양심이라는 말이 당신에게 의미하는 바는 무엇인가? 만약 당신이 제프슨 박사라면, 당신의 양심은 어떤 결정을 내릴 것

같은가?

*9. 제프슨 박사는 도덕적 결정을 내려야 한다. 도덕적 결정은 그 사람의 감정을 토대로 하는가, 아니면 올바름과 그름에 관한 그 사람의 사고와 추리에 기초하는가?

*10. 제프슨 박사의 문제는 도덕적 문제인가? 왜 그런가?

*10a. 일반적으로 도덕적 문제를 형성하는 것은 무엇인가? 도덕성이라는 말은 당신에게 어떤 의미인가?

*11. 만약 제프슨 박사가 진정 무엇이 올바른가를 생각하고 해야 할 바를 결정하려 한다면, 그때는 분명 모종의 올바른 대답, 다시 말해 올바른 해결책이 있어야 한다. 제프슨 박사의 문제와 같은 도덕문제에 어떤 올바른 해결책이 있다고 보는가? 아니면 사람들의 의견일치를 보지 못했을 때 그들 각자의 의견은 동등하게 다 올바른가? 왜 그런가?

*12. 당신이 지금 훌륭한 도덕적 결정을 내렸다는 것을 당신은 어떻게 알 수 있는가? 누구나 훌륭한 또는 적절한 결정에 도달 할 수 있는 방법이나 사고방식이 있는가?

*13. 대부분의 사람들은 과학의 사고와 추론은 올바른 답을 인도할 수 있다고 믿는다. 도덕적 결정에서도 역시 그러한가? 아니면 그 점에서 과학과 도덕은 다른가?

딜레마 II

쥬디는 12세의 소녀이다. 어머니는 만약 쥬디가 아이 봐주기와 점심값 아껴 쓰기 등으로 입장권을 살 수 있는 돈을 저축한다면, 그 도시에서 곧 열리게 될 특별한 록 콘서트에 갈수 있도록 해주겠다고 약속했다. 쥬디는 15달러의 표값 외에도 5달러를 더 저축했다. 그러나 어머니는 마음을 바꾸어, 쥬디에게 학교에 입고 갈 새 옷을 사는데 그 돈을 쓰겠다고 말했다. 쥬디는 낙담했지만 어쨌든 음악회에 가기로 마음먹었다. 어머니에게 겨우 5달러를 저축했다고 말하고는 남은 15달러로 표를 샀다. 토요일 공연을 관람하고서, 어머니에게 하루 종일 친구와 놀았다고 말했다. 어머니는 그 사실을 몰랐고 그리고는 일주일쯤 지났다. 쥬디는 언니 루이지에게, 어머니에게 거짓말을 하고 공연장에 간 사실을 털어놓았다. 루이지는 어머니에게 쥬디가 한 짓을 말해야 할 것인가, 말아야 할 것인가를 방황하고 있다.

1. 루이지는 쥬디가 돈을 속였다고 어머니께 말해야 하는가? 아니면 입을 다물고 있어야 하는가?
1a. 왜 그런가?
*2. 말해야 할지 안해야 할지 곰곰이 생각하던 루이지는 쥬디가 동생이라는 사실을 생각한다. 동생이란 사실이 루이지의 결정에 중요한가?
*2a. 왜 그런가?
*3. [다음 질문은 피험자의 도덕유형을 끌어내려는 것이다. 필요하다면 질문하시오.] 어머니에게 말해야만 착한 딸이 되는가?
*3a. 왜 그런가?
*4. 쥬디가 돈을 스스로 벌었다는 사실은 이 상황에서 중요한가?
*4a. 왜 그런가?
5. 어머니는 만약 쥬디가 돈을 번다면 음악회에 가게 해주겠다고 약속했다. 어머니가 약속했다는 사실이 이 상황에서 가장 중요한가?
5a. 왜 그런가?
6. 일반적으로 약속은 왜 지켜야 하는가?
7. 네가 잘 알지 못하는, 그래서 어쩌면 다시 보지 않을 수도 있는 낯선 사람과의 약속도 지키는 것이 중요한가?
7a. 왜 그런가?
8. 어머니가 딸과의 관계에서 관심 가져야 할 가장 중요한 것은

무엇이라고 보는가?

8a. 그것이 가장 중요하다고 보는 이유는 무엇인가?

9. 일반적으로 딸에 대한 부모의 권위는 무엇이어야 하는가?

9a. 왜 그런가?

10. 딸이 어머니와의 관계에서 염두에 두어야 할 가장 중요한 것은 무엇이라고 보는가?

10a. 그것이 가장 중요하다고 보는 이유는 무엇인가?

[다음 질문은 피험자의 정위를 끌어내려는 것이다. 필요하다면 질문하시오.]

*11. 딜레마를 거듭 생각해 보고, 루이지가 이 상황에서 해야 할 가장 책임 있는 일이 무엇인지 말해 보라.

*11a. 왜 그런가?

C형

딜레마 V

한국전에서 해병중대가 중과부적으로 적진에서 후퇴하고 있는 중이었다. 중대는 다리를 끊으려 하지만, 적군이 이미 다리 저편에 당도해 있다. 다른 중대원들은 후퇴를 계속하고, 한 사람의 대원이 남아 다리를 폭파시킨다면, 그 중대는 어쩌면 무사히 대피할 수도 있다. 그러나 다리를 폭파한 병사는 살아서 돌아올 수 없다. 중대장은 어떻게 후퇴를 지휘해야 할지를 가장 잘 알고 있는 유일한 사람이다. 그는 지원병을 모집하지만 아무도 지원하지 않는다. 만약 그 자신이 간다면, 부하들은 안전하게 후퇴하지 못할 것이다. 그는 후퇴를 지휘하는 방법을 아는 유일한 사람이기 때문이다.

1. 중대장은 한 부하에게 명령하여 임무를 수행하게 해야 하는가? 아니면 스스로 가야 하는가?
1a. 왜 그런가?
2. 대원을 보내는 것이 곧 죽음을 뜻하는 데도, 중대장은 그런 대원을 (제비뽑기를 해서라도) 찾아 보내야 하는가?
2a. 왜 그런가?
3. 중대장은 자신이 가면 부하들의 안전한 후퇴를 보장할 수 없는데도 가야 하는가?
3a. 왜 그런가?
4. 그것이 최선이라고 생각한다면, 중대장은 한 부하에게 가라고 명할 권리가 있는가?
4a. 왜 그런가?
5. 선발된 대원은 갈 의무가 있는가?
5a. 왜 그런가?
6. 인간생명이란 도대체 무엇이기에 생명을 구하고 지키는 것이 그렇게 중요한가?
6a. 그것은 왜 중요한가?
*6b. 그것은 중대장이 해야 할 일을 결정하는데 어떤 역할을 하는가?
*7. [다음 질문은 피험자의 정위를 끌어내려는 것이다. 필요하다면 질문하시오] 딜레마를 거듭 생각해 보고, 중대장이 해야 할 가장 중요한 일이 무엇인지 말해보라.
*7a. 왜 그런가?

딜레마 Ⅷ

유럽의 어느 나라에 발장이라고 불리는 가난한 남자가 일자리를 찾지 못하고 있었다. 그의 누이나 형제도 마찬가지로 일자리를 찾았지만 일할 곳이 없었다. 돈 한 푼 없었기에 그는 형제들을 위해 식량과 의약품을 훔쳤다. 그는 체포되어 6년 실형선고를 받았다. 몇 년 지난 후 그는 감옥소를 탈출하여, 다른 도시로 가 새로운 이름으로 살았다. 그는 돈을 모아 큰 공장을 세웠다. 공장 일군들에게 최고의 임금을 주고, 이익금을 다 털어 좋은 의료봉사를 받을 여유가 없는 사람들을 위해 병원을 지었다. 20년이 지난 후 한 양복 재단사는 그 공장 주인이 바로 발장이며, 경찰이 내내 찾고 있는 탈옥수라는 것을 알았다.

1. 양복 재단사는 발장을 경찰에 신고해야 하는가?
1a. 왜 그런가?
2. 시민이라면 탈옥수를 신고할 의무가 있는가?
2a. 왜 그런가?
3. 발장이 양복 재단사의 가까운 친구라고 가정하자. 그래도 양복 재단사는 발장을 신고해야 하는가?
3a. 왜 그런가?
4. 만약 발장이 신고 되어 재판관 앞에 섰다면, 재판관은 다시 그를 감방에 보내야 하는가?
4a. 왜 그런가?
5. 사회라는 것을 염두에 둔다면, 범법자들은 처벌받아야 하는가?
5a. 왜 그런가?
5b. 그 생각을 재판관의 형량 선고에 관련시켜 보겠는가?
6. 발장이 음식과 의약품을 훔친 것은 양심에 따라 행위한 것이다. 범법자가 양심에 따라 범법했다고 해도 처벌받아야 하는가?
6a. 왜 그런가?
*7. [다음 질문은 피험자의 정위를 끌어내려는 것이다. 필요하다면 질문하시오] 딜레마를 거듭 생각해 보고, 양복 재단사가 할 수 있는 가장 책임 있는 일이 무엇인지 말해보라.

*7a. 왜 그런가?

[질문 8~13은 피험자의 윤리이론을 끌어내려는 것이기에 선택해서 사용해야 한다. 이 질문들의 대답은 도덕단계 평정에는 사용하지 말아야 한다.]

*8. 양심이라는 말은 당신에게 무엇을 의미하는가? 만약 당신이 발장이라면, 당신의 양심은 어떤 결정을 내릴 것 같은가?

*9. 발장은 도덕적 결정을 내려야 한다. 도덕적 결정이란 그 사람의 감정에 근거해 있는가, 아니면 올바름과 그름에 관한 그 사람의 사고와 추론에 근거해야 하는가?

*10. 발장의 문제는 도덕적 문제인가? 왜 그런가?

*10a. 일반적으로, 무엇이 도덕적 문제인가? 요컨대 도덕성이라는 말은 당신에게 어떤 의미가 있는가?

*11. 발장이 진정 무엇이 올바른가에 관해 생각해 보고서 행위를 결정하려 한다면, 거기에는 모종의 올바른 대답, 다시 말해 올바른 해결책이 있어야 한다. 발장의 문제와 같은 도덕문제에 진정 올바른 해결책이 있는가? 아니면 사람들 사이에 의견일치를 보지 못할 때, 그들 각자의 의견은 동등하게 다 올바른가? 왜 그런가?

*12. 당신이 지금 훌륭한 도덕적 결정을 내리고 있음을 당신은 어떻게 알 수 있는가? 누구나 훌륭한 또는 적절한 결정에 도달할 수 있는 방법이나 사고 양식이 존재하는가?

*13. 대부분의 사람들은 과학의 사고와 추론은 올바른 대답을 인도한다고 믿고 있다. 도덕적 결정에서도 그렇게 말할 수 있는가? 아니면 도덕과 과학은 이점에서 다른가?

딜레마 VII

형제간인 두 젊은이가 큰 난관에 봉착했다. 그들은 비밀리에 급히 마을을 빠져나가야 했고, 그래서 돈이 필요했다. 형인 카알은 점포에 들어가 1,000달러를 훔쳤다. 동생인 밥은 마을 사람들을 잘 도와준다고 알려져 있는 정년퇴직한 노인을 찾아가서, 자신이 수술을 요하는 병에 걸렸으며 수술비는 1,000달러가 든다고 말했다. 밥은 노인에게 수술비용을 빌려준다면 회복되는 대로 돈을 갚겠다고 약속했다. 사실 밥은 병을 앓고 있지도 않으며, 그 노인에게 돈을 갚을 생각도 없었다. 노인은 그런 줄도 모르고 돈을 빌려 주었다. 밥과 카알은 각기 1,000달러를 가지고 마을을 빠져 나갔다.

1. 카알처럼 훔치는 것과 밥처럼 속이는 것 중 어는 것이 더 나쁜가?

1a. 왜 그것이 더 나쁜가?

2. 노인을 속인데 대해 무엇이 가장 나쁜 짓이라고 보느냐?

2a. 왜 그것이 가장 나쁜가?

3. 일반적으로 약속은 왜 지켜야 하는가?

4. 당신이 잘 알지 못하는 사람, 다시는 안 볼 사람에게 한 약속도 지키는 것이 중요한가?

4a. 왜 그런가?

5. 사람은 왜 훔쳐서는 안 되는가?

6. 재산권의 가치나 중요성은 무엇인가?

7. 사람들은 어떤 경우에도 법에 복종해야 하는가?

7a. 왜 그런가?

*8. [다음 질문은 피험자의 정위를 끌어내려는 것이다. 필요하다면 질문하시오] 그 노인이 밥에게 돈을 빌려 준 것은 무책임한 짓이었는가?

*8a. 왜 그런가?

김 진(金珍)

울산대학교 철학 교수. 독일 루어대학(보쿰) 철학박사
한국연구재단 인문학단장, 한국칸트학회 및 대한철학회 회장(역임)
jinkim@ulsan.ac.kr

독일 루어-대학(보쿰)에서 철학, 기독교 윤리학, 한국학을 연구하였으며, 리차드 쉐플러(Richard Schaeffler) 교수의 지도 아래 철학박사 학위를 취득하였고, 1989년 이후 울산대학교 철학과 교수로 재직하고 있다.

저서로는 *Kants Postulatenlehre* (Peterlang, Frankfurt 1988), 『칼 마르크스와 희랍철학』(1990, 1998), 『철학의 현실문제들』(1994), 『아펠과 철학의 변형』(1998), 『칸트 · 순수한 이성의 한계 안에서의 종교』, 『선험철학과 요청주의』(1999), 『살고있는 순간의 어두움』(1999, 2001), 『칸트와 불교』(2000, 2004), 『칸트와 생태사상』, 『퓌지스와 존재사유』(2003), 『무아윤회 논쟁』, 『라이프니츠, 헤겔, 쇼펜하우어와 불교』, 『니체와 불교적 사유』, 『하이데거와 불교』, 『화이트헤드와 화엄형이상학』(2004), 『동성애의 배려윤리적 고찰』, 『칸트와 세계관의 철학』, 『하느님의 길』, 『최고선과 요청주의』 (2005), 『믿음 사랑 희망에 대하여』, 『에른스트 블로흐와 희망의 원리』(2006), 『페미니즘 윤리학』, 『처용설화의 해석학』(2007), 『종교란 무엇인가』, 『처용논쟁』(2008), 『하느님의 나라와 부처님의 나라』, 『한국사회를 움직이는 현대철학자들』(2009), 『칸트와 역사신학의 문제』(2011), 『다석 류영모의 종교사상』(2012), 『 쇼펜하우어의 의지와 표상으로서의 세계 읽기』(2013), 『인생교과서 칸트』(2015) 등이 있다.

역서로는 토마스 아퀴나스의 『존재자와 본질에 대하여』(서광사 1995)와 리챠드 쉐플러의 『역사철학』(철학과현실사 1997) 등이 있으며, 그밖에 『공학윤리』(2003), 『한의 학제적 연구』(2004), *Wahrheit und Erfahrung* (Würzburg 2004), 『동성애에 대한 기독교적 답변』(2011) 등 다수의 공저와 논문들이 있다.

주요 연구 분야는 칸트 및 현대 독일철학이고, 종교철학, 형이상학, 역사철학, 환경철학의 주제들에 관심을 가져왔으며, 최근에는 심리사상 분야에 대한 강의를 하고 있다.